# 墓制の展開にみる弥生社会

会下和宏 著

同成社

　　　　　　　　　　は　じ　め　に


　狩猟・採集社会を基盤にしていた縄文時代に後続する弥生時代は、日本列島に本格的な水稲耕作文化や中国大陸・朝鮮半島の金属器文化が伝播・展開した時代として位置付けられている。農耕の定着は人口増加をもたらし、大陸からの先進文化・情報の流入は、列島の在地社会に刺激を与えた。その結果、平板的だった社会は複雑化・階層分化し、地域的な集団統合が進展していったと考えられている。つづく古墳時代にいたると、列島中央部に位置する近畿中部に巨大な前方後円墳が造営される。さらに列島各地においても、これを縮小・模倣した規模・内容の「古墳」が再現的に造営されるようになる。半ば画一的、企画的な墳墓が各地で造営され、相対的に規模の大きなものは近畿中央部に分布することから、古墳時代は列島規模で中心－周辺関係が敷衍した時代として、一般的には理解されている。

　一方、古墳時代に先行する弥生時代の墳墓は、特に1960年代以降、列島各地において新たな事例が増加した。例えば、弥生中期の九州北部では甕棺墓、近畿中部・東海・関東では方形周溝墓、弥生後期の山陰地域では四隅突出型墳丘墓といった地域的な特徴をもつ墓制が展開し、第1章で後述するように、「古墳」成立へ向けての階梯を視野にいれた多くの研究がなされてきた。

　また、1990年代後半以降、土器編年研究や年輪年代法・AMS分析法などによる実年代研究の進展によって、弥生時代の年代観に修正が加えられ、九州や近畿の年代観を同一テーブルの上に乗せて議論できるようになってきた。さらに朝鮮半島南部や中国大陸の墳墓資料も視野にいれて、東アジア史的枠組みの中で弥生墳墓を論じることが可能になった。

　しかし、これまで必ずしも日本列島各地の弥生墳墓を通時的かつ網羅的に取り上げて分析し、比較検討した研究は多くなかったようにみられる。また日本列島外の墳墓との比較研究も、これからが本格化・活発化していくといってよい状況であろう。

　こうした研究状況のなかで、本書では弥生墳墓について以下の手順で検討を加える。まず第1章では、これまでの弥生墳墓に関する研究史を回顧し、研究の方向性を展望する。第1章で認識した研究視点のもとに、第2章と第3章では、弥生時代の日本列島に展開した各地の墓制について、墓域構成、墳丘ないし区画、墓壙・埋葬施設・副葬品などの諸属性の時期的変遷や地域的特色を抽出し、その社会的背景について考察を加える。さらに第4章では、朝鮮半島や中国大陸の漢代併行期を中心とする墳墓資料の様相を概観したうえで、弥生墳墓を東アジア世界のなかで相対化し、その特色を考えたい。以上の検討を通して、日本列島弥生時代墓制の社会的、歴史的な特質・意義について叙述するものとする。

# 目　次

はじめに

## 第1章　墳墓からみた弥生社会の研究史 ……………………………………………………………… 1

1. 戦前の研究　1
2. 戦後から1960年代の研究　2
3. 1970年代〜1980年代の研究　4
4. 1990年代以降の研究　6
5. まとめと課題　10

## 第2章　墓域・区画・墓壙の様相 ……………………………………………………………… 13

### 第1節　墓域構成の変化、区画墓の展開　13

1. 各地域の様相　13
2. 墓域構成変化の背景　25
3. まとめ　28

### 第2節　近畿中部における方形周溝墓の配置形態　29

1. 研究史　30
2. 方形周溝墓配置形態の諸類型　31
3. 個別遺跡の事例　32
4. 造墓規格線　40
5. 方形周溝墓配置形態の推移　40
6. 方形周溝墓配置形態からみた被葬者　41
7. まとめ　42

### 第3節　弥生墳墓の墓壙規模──木棺墓・木槨墓を中心に──　42

1. 墓壙規模の様相　43
2. 墳墓他要素と墓壙規模との関係　57
3. 墓壙規模大型化の背景　59
4. まとめ　61

第 4 節　区画墓に付随するその他の遺構　61

 1. 区画墓に関連する遺構の事例　61
 2. 墓壙埋め戻し後の遺構　71
 3. 墳丘上や周囲の建物跡　72
 4. まとめ　73

第 5 節　未成人埋葬の様相　74

 1. 土器棺墓　74
 2. 木棺墓・箱式石棺墓など　79
 3. まとめ　85

## 第 3 章　副葬行為の地域性と変遷　87

第 1 節　西日本の様相　87

 1. 各地の様相　87
 2. 副葬品目決定の背景　94
 3. 副葬品地域性の背景　102
 4. まとめ　103

第 2 節　東日本の様相――中部から関東を中心に――　104

 1. 副葬品の様相　104
 2. 副葬品と区画・墓壙との関係　111
 3. 西日本墳墓との比較からみた東日本弥生社会の特質　114
 4. まとめ　116

第 3 節　玉類副葬　116

 1. 朝鮮半島における玉類副葬の概要　116
 2. 弥生時代における玉類副葬の地域性と変遷　117
 3. 出土状況からみた玉類の使用法と意味　127
 4. 玉類副葬の諸段階　134
 5. まとめ　136

第 4 節　鉄器副葬　136

 1. 日本列島における鉄器副葬の様相　137
 2. 朝鮮半島南東部における鉄器副葬の様相　142
 3. 流通からみた鉄器副葬　142
 4. まとめ　144

第5節　鉄剣・鉄刀　145

1. 鉄　剣　145
2. 鉄　刀　154
3. 各型式の分布状況　156
4. 副葬された鉄刀剣と墳墓他要素との関係　160
5. まとめ　165

# 第4章　東アジアからみた弥生墳墓 …………………………………………………………… 169

第1節　二里頭文化期・二里岡文化期における墓の様相　169

1. 二里頭文化期の墓　169
2. 二里岡文化期の墓　175
3. 二里頭文化期・二里岡文化期の墓と弥生墳墓の比較　175
4. 二里頭文化期・二里岡文化期と弥生時代の社会　177

第2節　前漢皇帝陵と諸侯王墓の墳丘・墓壙　178

1. 前漢皇帝陵の様相　178
2. 前漢諸侯王墓の様相　180
3. まとめ　182

第3節　漢墓における璧・鏡・刀剣の副葬配置　183

1. 漢墓の事例　183
2. 璧・鏡・刀剣の副葬配置　185
3. 器物を重ね置く副葬の状況　187
4. まとめ　187

第4節　漢代併行期前後の東アジアにおける鏡の「重ね置き副葬」　188

1. 日本列島における完形鏡の「重ね置き副葬」　188
2. ａ型副葬のルーツ　197
3. ｂ型・ａ＋ｂ型副葬のルーツ　200
4. 日本列島における破砕鏡の「重ね置き副葬」　204
5. まとめ　209

第5節　東アジアからみた弥生墳墓の地域性　209

1. 日本列島における弥生墳墓の地域性　209
2. 東アジアにおける弥生墳墓の地域性　214
3. 地域性の背景　217
4. まとめ　219

## 終章　弥生墳墓の意義 ……………………………………………………………… 223

### 第1節　弥生墳墓の変遷と特色　223

### 第2節　死への対応や社会統合の手段としての弥生墳墓儀礼　225
1. 文化人類学・民俗学における死生観と葬送儀礼の研究　225
2. 死への対応手段としての弥生墳墓儀礼　227
3. 集団統合強化のための弥生墳丘墓の儀礼　228

### 第3節　弥生墳墓にみる日本列島外からの影響　232

主要参考文献　237
挿図出典　251
挿表出典　260
おわりに　267
遺跡索引　271

# 凡　例

（1）　庄内式併行期から「古墳」出現以前の時期を弥生終末期とした。所属時期は個別地域土器編年に依拠している。そのため地域間の型式細部にわたる厳密な併行関係については、本書の本旨に大きな影響がない場合、考慮にいれない。

（2）　地域区分と地域名は、主に旧国名を使用するが、各地域の地理的特徴を考慮して便宜的に対応した。

- 九州北部（肥前・筑前・筑後・豊前）
- 九州南部（日向・肥後）
- 山陽（周防・安芸臨海部・備後臨海部・備中・備前）
- 四国（伊予・讃岐・阿波・土佐）
- 近畿中部（淡路・播磨・摂津・河内・和泉・大和・山城・近江）
- 山陰（石見臨海部・出雲・伯耆・因幡）
- 中国山地（石見・安芸・備後の江の川水系中上流域・美作）
- 近畿北部（但馬・丹後・丹波）
- 北陸（若狭・越前・能登・越中・越後）
- 東海（伊勢・尾張・美濃・三河・遠江・駿河・伊豆）
- 中部高地（信濃・甲斐）
- 関東北西部（上野）
- 関東北東部（常陸・下野）
- 関東南部（相模・武蔵・安房・上総・下総）

また適宜、県名や本州日本海側・瀬戸内側といったより広域の地域名を使用する場合もある。

（3）　土壙墓・木棺墓・石棺墓・甕棺墓といった被葬者が埋葬される最小範囲の施設を「埋葬墓」、1基から複数基のこうした埋葬墓が、血縁的、階層的関係など何らかの結合原理によって空間的に集合したものを「単位墓」として使用する（岩松1992a）。単位墓には、溝・盛土・地山削り出し・石材などによって視覚的に明瞭な区画を周囲に有するものと無区画のものとがある。前者を「区画墓」と呼び、おもに溝によって区画された「周溝墓」、おもに周囲の削り出しによって区画された「台状墓」、おもに盛土によって区画された「墳丘墓」などの用語（近藤1977）を包括する概念として使用する。木棺・木槨・石棺など埋葬墓の内部構造を表す場合は「埋葬施設」を使用する。また、遺跡の参考文献において個々の埋葬墓名に命名使用されている「主体部」「埋葬施設」という名前は、そのまま引用した。

（4）　文中で使用する「副葬品」という用語は、煩雑さを避けるため、生前から着装されていた装身具や人体嵌入の可能性がある石鏃・石剣なども包括して使用する場合がある。

（5）　紙幅の都合で、挿図と一部の挿表で引用・参照した遺跡参考文献以外の大半は、割愛させていただいた。

墓制の展開にみる弥生社会

# 第1章　墳墓からみた弥生社会の研究史

　本章では、弥生墳墓に関するこれまでの研究史を回顧し、今後の研究方向を展望したうえで、次章以降における研究上の視点を認識するものとする。弥生墳墓を素材にした研究には、人骨、埋葬姿勢、副葬品、埋葬施設、墳丘・区画、墓域構成、立地など、様々な属性について検討したものや、そこから社会組織に言及したものまで厖大・多岐にわたる。そこで本章では、主に墳墓の様相からその造墓集団の社会について考察を加えたものを機軸としながら概観していきたい。

## 1. 戦前の研究

　弥生墳墓に関わる研究史を回顧すると、古くは福岡藩の国学者・青柳種信による福岡県糸島市三雲南小路遺跡や同井原鑓溝遺跡における甕棺墓の記録まで遡ることができるだろう（青柳 1822 など）。明治期以降、弥生土器が初めて縄文土器と区別して認識されたのは、1884（明治 17）年の東京都文京区向ヶ丘貝塚での発見においてである（坪井 1889）。明治期には、その時代的位置付けや使用した人種・民族に主たる関心が向けられたが、そもそも弥生時代が独立して画された一時代としては認識されていない段階であった。また、この時期における先史・原史時代の墳墓研究については、主に地上で視認できる高塚古墳が対象であった。
　大正期にはいると、まず九州北部の弥生墳墓資料について検討が加えられるようになっていく。例えば中山平次郎は、九州北部における甕棺墓の調査研究を主導し、弥生土器の時代が、純然たる石器専用時代と金属器時代（古墳時代）の過渡期に位置する金石両器併用の時代であると唱えた（中山 1917a〜d）。また、梅原末治は銅剣銅矛について論じるなかで、これらが出土する墳墓として甕棺墓と石棺墓に注意を向け、こうした墓制と朝鮮半島との関連性を指摘している（梅原 1923a〜d・1924a〜c）。
　大正期に三角縁神獣鏡をはじめとした鏡研究をリードしていた富岡謙蔵は、九州北部出土の鏡について型式学的検討を加え、1899 年に発見された福岡県春日市須玖岡本遺跡D地点甕棺墓や上記の三雲南小路遺跡の出土鏡が王莽以前、井原鑓溝遺跡出土鏡が王莽前後ないし後漢を下らない時代のものであるとした（富岡 1918）。この研究は、考古学的な手法によって弥生土器の所属時期に絶対年代を与えた点で学史的に重要な位置を占める。また、「当代に於ける彼我の交通を証明するものとして貴重」（富岡 1918：pp.23-24）であると述べていることは、弥生時代の九州北部を中国大陸との交流から理解する視点の初源的な言及といえよう。
　富岡謙蔵の鏡研究を受けて、中山平次郎は、30 余面もの古式鏡が出土した須玖岡本遺跡D地点や三雲南小路遺跡の甕棺墓が、「古代の日支交通関係開始に深き関係を有せる極めて高貴の人の墳

墓」（中山1929：p.32）と考え、「魏志倭人伝」の奴国や伊都国の王墓と推定した（中山1929）。また、甕棺墓から鏡が出土する事例が稀であり、そのなかでも須玖岡本遺跡と三雲南小路遺跡の出土鏡数が群を抜いていることから、副葬鏡の有無や多寡によって甕棺墓被葬者に階層性があることを既に指摘している（中山1922ab・1927）。森本六爾も甕棺墓について詳細に検討したなかで、数個ないし数十個が群在し、副葬品をもつものがあることから、庶民の墳墓のみでなく、社会的高級者のものもあることを説いた（森本1927ab）。1933年以降、弥生時代が農業を生産基盤にしたとする観点から矢継ぎ早に研究を推進した森本は、須玖岡本遺跡の「大石」について、これを運搬し、構築するために使役された非常な人力を想定し、「人民の経済生活が農業本位制であり、既に分業が発生し、使役するものと使役されるものとの別のあった社会はひとつの氏族制度の社会である」（森本1933：p.26）といった社会構造に関する唯物史観的な言及をしている。

　また、昭和初期になると、それまでの遺物や点的な遺構の検討に主眼を置いた研究状況から、さらに面的に遺構を捉える調査研究に進展していく。京都帝国大学考古学研究室が、1929年に実施した須玖岡本遺跡B地点の面的な調査区では、10基の甕棺墓が埋存し、数基ずつでグルーピングできる墓域構成をなしていたことが指摘されている（島田ほか1930）。この視点は、その後の鏡山猛らによる遺構論に示唆を与えた。

　つづいて鏡山猛は、甕棺墓や箱式石棺墓について、立地、墓域構成、埋葬姿勢、主軸の方位などにも注意を払い、さらに集落遺跡における集団構成との関係も考慮にいれた総合的な検討を行った（鏡山1939・1941・1942）。箱式石棺墓については、造営するのに労力が軽少なこと、副葬品が乏しいこと、幼少者を納めた場合があること、群集する場合があることなどをふまえ、一般部民も営んだ家族墓として採用されたと考えた。また、世界の民族誌を参考にしつつ、副葬行為とは、死者の身辺を飾る、死霊の再帰浮遊を防ぐ、死屍に邪鬼が襲うことを防ぐ、死者の財の所有権が死によって消滅しないことを示すなどの意味をもつと考え、副葬行為の意義という根源的課題について、先鞭をつける言及を行っている。

　以上のように、大正期頃までの弥生墳墓研究は、工事などで点的に出土した九州北部の甕棺墓・石棺墓などが対象になり、弥生土器編年研究や青銅器研究といった個別的な遺物論に主な関心が向けられた。また、舶載品を有する一部の甕棺墓被葬者が中国大陸と関係をもっていたことや被葬者間に階層性があることが説かれるなど、墳墓から造墓集団の社会について言及されるようになった。昭和期になると、鏡山猛の甕棺墓・箱式石棺墓研究に代表されるように、戦後に展開する遺構論としての弥生墳墓研究の先駆けとなる視点もいち早く現れた。

## 2．戦後から1960年代の研究

### （1）九州北部の調査研究

　第二次大戦後も1960年代半ば頃までは、主に九州北部において弥生墳墓の注目すべき調査研究が遂行された。なかでも1953～54年調査の佐賀県神埼郡吉野ヶ里町三津永田遺跡（金関丈・坪井・金関恕1961a）、1957・1966年調査の佐賀県唐津市宇木汲田遺跡、1963～65年調査の福岡県飯塚市立岩堀田遺跡、1965年調査の福岡県糸島市平原遺跡などをはじめとする学術的発掘調査は、甕棺墓群の墓域構成や青銅器・鉄器などの副葬状況を知るうえで貴重な成果をもたらした。この

他、1953～57 年に調査された山口県下関市土井ヶ浜遺跡（金関丈・坪井・金関恕 1961b）も弥生前期から中期の集団墓の様相を知るうえで、銘記しておくべき重要な調査成果であろう。

　こうした諸成果から読み取れる弥生社会についての叙述も、九州北部を中心になされている。小林行雄が著述した概説書では、須玖岡本遺跡 D 地点甕棺墓について、「かかる労働力を個人の墓の造営のために動員しえたということは、この甕棺に葬られた人が財富権力ともに衆に抜きんでた地位を占めていたことによるものと考えられるのであって、弥生式時代中期の北九州の文化は、まさしくかかる階級発生の初期の状態にあったわけである」（小林行 1951：pp.155-156）と述べ、古墳時代社会を階級社会とし、弥生中期をここにいたる初期段階に位置付けている。鏡山猛は、戦前からの自身の研究を継承発展させて、面的に調査された甕棺墓群を群集状況からグルーピングするという視点で分析し、これらが福岡県福岡市比恵遺跡などの環溝集落における何らかの集団を反映していることを推察した（鏡山 1956ab・1957・1959）。また、九州北部を中心にした甕棺墓・石棺墓などの墳墓資料について、「一般に埋葬が大規模な儀礼を伴い、いわゆる厚葬といわれるような段階は、高塚古墳の時代で代表されるが、弥生時代はその前駆的な意味をもつ時代であり、また縄文時代よりも一歩すすんだ状態である」（鏡山 1955：p.33）と評価した。藤田等もまた、「弥生期における埋葬は、内的に副葬品における相違がありながらも、外的にはいちじるしい相違をみせず、つねに共同墓地の位置を構成している。多量の副葬品も族長的な権威づけであって、階級社会への傾斜をしめしているにすぎない」（藤田等 1966：p.320）と評価した。

　以上の叙述にみられるように、弥生中期の九州北部は、一部の墳墓に稀少な副葬品が認められるものの、大規模な労働力動員が伴う高塚古墳を造営した古墳時代と比べると階級社会を志向する萌芽期にすぎないという評価が与えられた。また、この時期まではまだ九州北部以外は資料不足であり、弥生墳墓から古墳への発展過程を具体的に追跡できる状況ではなかったといえる。

**（2）本州における新資料の増加**

　以上のような状況を経て 1960 年代以降になると、高度経済成長期の国土開発に伴う首都圏や関西圏を中心とした発掘調査の増加に連動して、本州においても、それまで知られていなかった弥生時代の墓制が徐々に明らかにされていき、その社会について論じられるようになった。近畿中部では 1963 年、兵庫県加古川市西条 52 号墓のように弥生後期に遡る墳墓が検出され、近畿地域における古墳成立の過程を知るうえで手がかりになる資料として期待された（田辺・佐原 1966）。関東南部や近畿中部においては、1964 年に調査された東京都八王子市宇津木遺跡（大場 1965）をはじめ、平面方形状に周溝をめぐらせる方形周溝墓の検出事例が増え、注目を集めた。一方、北陸では 1966 年に調査された福井県福井市原目山墳墓群、瀬戸内地域では 1964 年以降に調査された岡山県岡山市都月坂 2 号墓・岡山県総社市鋳物師谷 1 号墓・同 2 号墓・同伊与部山墳丘墓など、丘陵尾根に立地する墳丘墓が検出されるようになった。

　近藤義郎は、こうした弥生墳墓の変遷を三階梯の発展段階に分けて提示している（近藤義 1967）。すなわち、集団墓地のなかに不均等がほとんどみられない第 1 段階、集団墓地のなかに不均等が生じてくる第 2 段階、集団内の特定のグループまたは特定の人物の墓地ないし墓域が画されてくる第 3 段階で、以降の研究において参考にされる普遍的有効性をもつ分類となった。

　こうして 1960 年代のうちに、弥生墳墓にも墳丘・区画をもつものが各地で判明したが、方形周

溝墓などと前期古墳との間には、墳丘規模や副葬品の点で、なお間隙が大きいこともまた明らかとなった。すなわち、集団の共同墓地のなかから、特定の人物およびその集団の墓地を独立させ、隔絶させる傾向を見せ始めたという階級分化のプロセスに曙光が当てられたものの、弥生墳墓と古墳との内容的な格差は大きく、「自らの歴史的発展の中で、共同体的社会規制を打ち破った段階」（大塚・井上 1969：p.104）に前期古墳が生起したという歴史的評価がなされるにいたったのである。

## 3. 1970年代～1980年代の研究

### （1）「弥生墳丘墓」の提唱と調査研究

　1970年代以降、開発工事に伴う発掘調査事例がさらに増加し、弥生墳墓の資料も飛躍的に蓄積されていく。特に吉備や山陰など、中国地域で主導された「弥生墳丘墓」の調査成果が、前方後円墳において想定される政治的な舞台装置としての役割を考えるうえでも注目されるところとなった。

　中国山地の江の川水系流域では1968年、最初の四隅突出型墳丘墓の事例として島根県邑智郡邑南町順庵原1号墓が発見され（石塚・門脇 1971）、地域的に展開した特異な形態をもつ発生期古墳として注目された。しかし、その後の事例増加や出土土器編年網の整備（藤田憲 1979）などから、江の川水系流域や山陰・北陸に展開した弥生時代の地域墓制であることが明らかにされていった（池田ほか 1980・1985、田中義 1992など）。近藤義郎は、山陰や吉備において増加した、こうした墳丘墓の検出例を整理して、出土土器年代や墳墓諸要素から、これらが画一性を志向した前方後円墳に先行する「弥生墳丘墓」であると位置付けた（近藤義 1977・1983）。この提唱は、以後、歴史的意義をもつ学術用語として定着していったといえる。また、1970年代後半から1980年代に発掘調査された岡山県倉敷市楯築墳丘墓（近藤義編 1992）や島根県出雲市西谷3号墓（渡辺編 1992ほか）など、弥生後期後葉頃における地域最大級の墳丘規模をもつ「弥生墳丘墓」の内実が解明されたことは、前期古墳との差異を考えるうえで、きわめて大きな成果となった。

　こうした中国地域の「弥生墳丘墓」事例の充実に伴って、近藤義郎は、吉備の特殊器台・壺のセット、山陰の四隅突出型墳丘墓など、一定地方の諸集団が一定の埋葬祭祀の形態を共有することによって祭祀的同族というべき関係に結ばれていたと考えた（近藤義 1983）。すなわち、古墳時代における前方後円墳の列島規模での波及を大和連合と地域首長との擬制的同祖同族関係の設定と考え、その前奏としての弥生時代には山陰地域や吉備地域などにおいて祭祀的結合による地域的な部族連合が達成されていたと考えたのである。また、特殊器台・壺などから想定される共飲共食儀礼などの墳墓祭祀が、後継首長による首長霊の鎮魂・継承の意味をもつと解釈し、「弥生墳丘墓」がある面で政治性を帯びたものであったことを読み取った。近藤義郎によって唱えられた、「弥生墳丘墓」や古墳が首長霊継承儀礼の場としての意味があったとする仮説は、考古学的な実証手続きの必要性など、様々な議論・反論を喚起したことも含めて、古墳の歴史的意義を考えるうえで大きな影響力を保持することになったといえる。

　この他、「弥生墳丘墓」に関する言説として岩永省三は、弥生後期の瀬戸内海沿岸地域や日本海沿岸地域における大型墳丘墓の出現と青銅祭器全般の廃絶が有機的に関連した現象であるという重要な指摘をおこなっている（岩永 1986）。大型墳丘墓を成立させた社会を考えるうえで、青銅器埋

納という埋葬以外の側面から考察を加えたこの仮説は、現在も有効性をもっており卓見であったといえる。

#### （2）墓域構成からみた造墓集団

　各地での一遺跡における広範囲な発掘調査によって墓域全体の解明が進むのに伴い、一墳墓の副葬品保有状況だけではなく、墓域構成に目を向けた造墓集団の発展過程を捉える研究がみられるようになる。九州北部では高倉洋彰が、墓地の構造や副葬品状況に応じて以下のタイプを設定し、（1）から（4）への発展段階を考えた（高倉 1973）。
　（1）伯玄社タイプ：前代の墓域と重複せず、それを包み込むように展開する墓地。
　（2）汲田タイプ：墓地内部に群構成がみられ、群同士で副葬品保有の格差がある墓地。
　（3）立岩タイプ：共同墓地から脱した豊富な副葬品をもつ特定集団墓。
　（4）宮の前タイプ：封土や区画施設などをもつような少数の墳墓による墓地。特定有力者集団
　　　や特定有力者の墓。
　高倉の研究は、墓域構成と副葬品保有状況の両者の視点から類型化して社会の発展過程を捉えようとした点で、以降の諸研究に影響を与える先駆的なものであったといえる。
　一方、近畿では、都出比呂志が、弥生中期における方形周溝墓の区画内の被葬者は家長とその世帯、周溝外の無区画の土壙墓群は家長世帯以外の世帯員と具体的に解釈し、周溝による区画の有無によって、「世帯共同体」内の家長世帯と他の世帯員とが区別されていたと考えた（都出 1970）。また石野博信は、近藤義郎が 1967 年に提示した分類を基礎にして、主に区画墓の有無という属性を機軸に、弥生後期から古墳前期の九州北部・瀬戸内中部・近畿・山陰・北陸における各地の集団墓の墓域構成について西日本を包括する分類を提示した（石野 1973）。近藤義郎も、各地の集団墓や台状墓・墳丘墓を概観し、弥生後期ないし終末期には、集団内のある特定グループが大多数の集団成員から区画・分離された墓域に一定の儀礼行為を伴って埋葬され、さらに特定の人物がグループからさえ隔絶されるという一般的傾向を看取した（近藤義 1983）。

#### （3）地域間の比較研究

　九州北部以外の中国地域や近畿中部での資料が充実してくると、異なる地域同士での墳墓の比較検討がなされるようになり、地域性の認識や、古墳時代の開始を射程にいれつつ、両地域の社会的、政治的、経済的な特徴・発展度について論じられるようになった。
　例えば甲元眞之は、九州北部において、青銅器副葬墓が断続的で、墓地の連続性が稀薄であることから、世俗的な権威やその社会的地位が受け継がれることは少なく、社会的に固定された階層は生じえなかったと考えた。これに対し、瀬戸内から畿内にかけての地域は、方形周溝墓や方形台状墓と無区画の土壙墓群との墓域構成のあり方から富の蓄積と継承が可能な父系出自での社会階層の分化が進んでいったと考え、弥生中期末葉ないし後期初頭以降は、これが九州北部の社会階層化にも影響を与えたと想定した（甲元 1975）。
　白石太一郎は、近畿において、弥生前期の段階で無区画の土壙墓群や土器棺墓群からなる墓地内に方形周溝墓が出現していることから、近藤義郎が 1967 年に提示した墓域構成の第 3 段階が既に成立していたとした（白石 1981）。これに対し、九州北部では、顕著な外部表象を有した墳丘墓の

析出は、近畿や中国地域に比べると未発達であることから、弥生後期までは第1・2段階に留まっていたとみることができるとして、墳丘・区画の有無を重視した各地域社会の発展段階を考えた。

また春成秀爾は、九州北部では、選択居住婚、拮抗関係にある男女からなる不安定な集団の傾向を示すのに対し、畿内の方形周溝墓社会では、埋葬墓の配置や木棺の有無などから、弥生中期以降における夫方居住婚の優勢、男性被葬者の優位があり、父系制的傾向をもっていることを想定した。畿内では、周溝で区画された家族墓のあり方からうかがえるような世帯の相対的自立が進み、それを前提とする世帯間の階層分化が進行しているが、九州北部では、墳丘の顕著な発達をみない点から、世帯の相対的自立化はなお緩慢であったとし、親族組織や社会構造の面において、畿内が九州北部より相対的に進んでいたと論じた（春成 1985）。

墳丘・区画の存在を重視するこうした畿内優位説に対して、九州北部においても一部の墓ではあるが須玖岡本遺跡D地点・三雲南小路遺跡・福岡県朝倉郡筑前町東小田峯遺跡・福岡県福岡市吉武樋渡遺跡などには墳丘ないし区画をもつものがあることが、柳田康雄によって指摘されている（柳田 1986a）。さらに上記の墳丘重視説の一方で、柳田康雄は下記の通り副葬状況を重視する。すなわち、特に弥生中期後半以降、多量の鏡の副葬が特徴的な九州北部に対して、畿内には墓に副葬しようにも「物」がなかったために副葬できなかったと考えた。そして、副葬するほどの社会分化が進んでいなかった畿内に対して、九州北部の優位性を主張した（柳田 1986b）。

以上のような、ある意味で「九州対近畿」的構図のきらいもする議論の結果、同じ西日本においても、弥生中期を中心にした九州北部墳墓の一部では鏡・武器形青銅器などのきわめて豊富な副葬品が見られる一方、近畿ないし瀬戸内では副葬行為が稀薄で、墳丘ないし区画の造営が特徴的な墳墓要素であることが、改めて大方の共通認識となったといえる。しかし、異なる墓制を採用する地域同士で、墳丘・区画や副葬品の有無など、墳墓の一部属性のみを抽出して比較し、論者それぞれの仮説に立脚しながら社会発展段階の優劣を演繹的に議論していたようにも見受けられる。今少し他地域も包括した分析対象資料の蓄積や論証の深化を経なければならない状況であったといえよう。さらには、奈良盆地南東部にみられる古墳前期・巨大前方後円墳の存在が前提となって、前段階の弥生後期近畿中部の社会的、政治的な優位性・中心性がアプリオリに想定されていたために（北條 2000）、考古資料をいかに解釈すれば、当地域主導による古墳時代社会の開始にスムーズに結び付けて叙述しうるかという点に立論の意識が向けられていたようにも思われる。

## 4. 1990年代以降の研究

### （1）墳墓諸属性の総合的な検討

1980年代の議論の延長として、日本列島内各地において社会の階層化・複雑化がどのように進行し、古墳時代につながるのかが引き続き研究上の関心となる。この時期は、パーソナルコンピューターの低価格化と性能向上が影響してか、厖大な考古資料データの網羅的なデータベース化と計量的分析による研究手法がみられるようになる。すなわち増大した資料をもとに、墳墓がもつ様々な属性のうちの一部だけでなく、副葬品・棺・墓壙・墳丘・墓域構成などの内容・規模を総合的に分析して、属性間の有意な相関関係を読み取ることで、被葬者間の階層性を見出そうとするものである。また、副葬品組成にも一定の約束事や地域性があり、他の属性と関連しながら、被葬者

のランクを反映していることがわかってきた。

　寺沢薫は、九州北部と畿内における弥生墳墓の墓域構造と副葬品組成の両面を丹念に再検討し、九州北部では弥生中期後半には「特定個人墓」が現れ、隔絶性や青銅器の個人集中が看取できるのに対し、畿内では「纒向型前方後円墳」などの大型墳丘墓まで待たなければならないとした（寺沢1990）。九州北部の甕棺墓遺跡を分析した下條信行は、弥生中期後半の王墓の条件として、多量の副葬品と墳丘をもち、単独の甕棺墓が墓域を占有する特定個人墓であるA王墓、墳丘や自然的高所に副葬品をもった複数の甕棺墓がある特定集団墓のB・C王墓を明示する（下條1991）。副葬品組成として、A王墓は面径15cm以上の大型前漢鏡20面前後・ガラス璧・ガラス製勾玉・銅矛などを、B・C王墓は面径5〜11cmの小型前漢鏡1面程度・武器形鉄器を保有するという、九州北部における副葬ルールを明らかにした。こうして九州北部においては、王墓同士にも格差があり、奴国と伊都国を最上位とする地理的な中心－周辺関係があることを看取した。同様に、九州北部における甕棺墓の諸属性を計量的に分析した中園聡は、副葬品をもつものは、甕棺サイズ（器大）が大きいという属性同士の相関関係を把握した（中園1991）。また、特に弥生中期後半では、赤色顔料と鏡副葬との相関関係、ガラス璧・鏡20面以上・武器形青銅器複数・ガラス勾玉副葬の緊密性、これらの副葬品と鉄製利器・貝輪との排他性などを看取した。

　こうしたなか、溝口孝司は、田中良之の骨考古学的方法による親族関係の研究成果（田中良1995）やミトコンドリアDNA分析などの新しい研究法による成果にも注意をはらい、九州北部では、自身の定義による「区画墓Ⅰ・Ⅱ」が、いくつかの共同体的血縁集団の代表者が集合して葬られた墓域であると想定した。そして、弥生後期後葉から古墳時代開始直前に現れる「区画墓Ⅲ」が、本当の特定集団墓、すなわち高倉の「立岩タイプ」の墓域と考え、この時期には中部瀬戸内・四国北東部・山陰・近畿北部においても「区画墓Ⅲ」が成立していたとみた（溝口2000）。溝口の仮説は、従来区画された埋葬墓のまとまりが血縁的関係・家族関係を投影したものとして先験的、前提的に解釈されてきた諸研究に対し疑問を投げかけ、根底から再検討を迫る新しいモデルを提示することになったといえる。しかし一方で、このモデルもまた一仮説にすぎず、今後の検証の必要性が課題であることに変わりはない。

　四隅突出型墳丘墓などが展開する山陰では、弥生後期後葉頃、超大型の四隅突出型墳丘墓、それ以外の墳丘墓、無区画の土壙墓・木棺墓という順序で、墳丘の有無・規模による階層的秩序が想定された（渡辺1998など）。また、これらの属性は、貼石・列石の構造とも相関関係が認められた（松本2003b）。さらには墳丘有無・規模、墓壙規模、鉄刀剣・ガラス製管玉有無といった副葬品内容、施朱の諸要素においても相関関係がみられることから、中間層が挟在する三段階程度のヒエラルヒッシュな階層差が墳墓に表現されたと考えた（会下2000・2002など）。

　一方、近畿中部では、大庭重信が、岩松保の墓域構成の研究（岩松1992ab）を発展させて、弥生中期の畿内における方形周溝墓の墓域構成・墳丘規模、墳丘内の埋葬配列、赤色顔料などの諸要素の相関を分析した。これによれば赤色顔料をもつ埋葬は、中心埋葬に認められ、長軸15m以上の墳丘規模をもつという相関関係があること、さらに弥生中期後葉では、特に大型の方形周溝墓で中心的埋葬墓以外の埋葬墓にも赤色顔料がみられることなどを看取し、埋葬配列・墳丘規模・赤色顔料の使用という3要素において、他と比べて優位にある墓を上位階層墓と呼称した（大庭重1999）。すなわち、弥生中期後葉の畿内における拠点的集落構成員の墓は、共同墓地から脱した首

長墓、共同墓地内の上位階層墓、それ以外の方形周溝墓、明瞭な区画施設をもたない墓という多層的な階層分化が生じていたとする。また、藤井整による近畿中部の方形周溝墓の検討では、方形周溝墓の中心主体は基本的に成人のみであることから、小児のうちから成人を従えるほどの社会的地位をもちえない社会であったと評価し、近畿の弥生後期までの社会は、階層化しつつも世襲を実現できずにいる、部族的でありながら首長制の側面も有する不平等社会と評価している（藤井2009）。

　以上のように、被葬者の人骨資料が残存しにくいという制約がありながらも、蓄積されてきた墳墓資料の諸属性を新たな視点もふまえて総合的、総体的に分析し、造墓集団の親族構造や社会構造に切り込んでいこうとする研究が進められてきている。なお、九州北部の一部や近畿中部では、弥生後期における墳墓資料が依然として断片的で、不明な部分が多い。この時期の様相解明が課題といえる。また、墳墓の諸属性から総合的に読み取れる表層的な格差が、例えば一世代だけの扱いの差を反映したものなのか、あるいは数世代にわたって世襲的に継承された生得的、固定的な差であったのか、これらをいかにして弁別するのかといった方法論の一層の吟味が課題となろう。

## （2）欧米考古学からみた弥生墳墓研究

　特に1990年代以降、日本考古学の弥生・古墳時代研究においても、欧米考古学や文化人類学の理論・動向などに目配りがなされるようになった。なかでも世界の民族誌から導かれた新進化主義文化人類学による、バンド社会・部族社会・首長制社会・国家という社会進化の著名な段階設定（サーヴィス 1979）は、唯物史観による歴史叙述の退潮と連動するかのように、弥生後期から古墳時代の国家形成過程の議論に、しばしば参照され始めた印象がある（鈴木靖 1993、都出 1996など）。こうした趨勢は、大きくは東西冷戦体制の崩壊という現代史の動向ともまったく無関係ではないのかもしれない。

　こうした新進化主義の立場から墳墓資料を検討した研究として、例えば田中良之は、九州北部墳墓資料にみられる墓域構成・副葬品・歯冠計測値などを分析し、弥生時代を部族社会から階層化した首長制社会へと移行した時代とみて、そのプロセスについて考察を加えた（田中良 2000）。また、首長制社会のなかにも多様性があると考えられ（松木 1999b）、ティモシー・アールらは、貢納などによって集約された農業生産物の政治的再分配による必需品財政（staple finance）と専門工人や交易ルートを掌握することによって集積した威信財・財貨を活用する貴重品財政（wealth finance）とがあることを提唱した（Earle 1991）。折しも日本海側にある丹後半島などの近畿北部では、京都府与謝郡与謝野町大風呂南1号墓（白数ほか 2000）や京都府京丹後市赤坂今井墳丘墓（岡林峰・黒坪・石崎ほか 2004）をはじめとした、大型墓壙や鉄剣・ガラス製小玉などの豊富な副葬品を有する、弥生後期から終末期の台状墓・墳丘墓の検出が相次ぎ、当該期の本州のなかで個性的な墳墓内容をもつ地域として注目されることとなった。可耕地となる平野が比較的狭小な丹後地域において、豊富な鉄・ガラス製品が副葬される現象は、当地の集団が日本海を介した独自の交渉ルートをもっていたことを暗示しており、この地域の首長権力発展の原動力が、交易の掌握に由来していることが想定された。福永伸哉は、階層化が進み、中心性をもつ社会への発展要件として、上記のティモシー・アールらがあげた、首長制社会における必需品財政と貴重品財政の二つのあり方を引用し、丹後地域の弥生社会の展開を考えるうえでは、後者が参考になると考えた（福永伸

2002）。以上のように、日本列島各地の弥生社会を画一的、単系的な発展段階説のなかに押し込めて解釈するのではなく、各地における地勢的、地形的環境や経済的基盤に応じた、多様な特徴をもった社会類型を想定する視点の必要性が認識されることとなった。

## （3）東アジアからみた弥生墳墓研究

　戦後、日本列島内の枠組だけで完結してきたきらいのある弥生時代研究も、特に1990年代以降、中国・韓国考古学界との研究交流が活発化する。年輪年代測定をはじめとした弥生時代の実年代研究が進んだことも手伝って、広く東アジア世界の一部として、弥生社会を捉えなおす研究が進んだ。こうした動向は、中華人民共和国や韓国の経済発展に連動した開発工事に伴う発掘調査の増加にも起因していよう。

　墳墓の比較研究については、早くから西谷正による論考（西谷 1980）がみられるほか、小田富士雄・韓炳三編『日韓交渉の考古学（弥生時代編）』（小田・韓炳三編 1991）や後藤直・茂木雅博編『東アジアと日本の考古学Ⅰ』（後藤・茂木編 2001）があり、東アジア各地の研究者による研究を日本語で知ることができる。

　また、日本列島と中国大陸における異なる時代の墳墓資料をはじめとする考古資料から、両者の社会を比較した研究もみられる。例えば王巍は、日本列島西部の弥生中期から後期と中国大陸龍山時代を比較して国家形成過程の類似点と相違点を抽出した。さらに、西日本の邪馬台国時代と中原の二里頭文化を比較して両者が階級社会であったと解釈するなど、異なる地域の異なる時代同士での比較考古学的な研究を行っている（王巍 1993）。

　1990年代以降、山陰・近畿北部・北陸など、日本海側各地をはじめ、東日本の中部高地・関東の弥生後期墳墓において、舶載品とみられる鉄剣・鉄刀など、鉄製武器の出土例が相次ぎ（村上 2000：pp.162-165、野島 2004）、さらに朝鮮半島南部においても原三国時代の墳墓調査進展によって鉄刀剣資料が増加した。こうした九州北部以外の列島諸地域における大型舶載鉄器の副葬に代表されるように、弥生後期の本州社会においても日本海を介した列島外からの文物や思想の流入が具体的にイメージできるようになった。また、埋葬施設においても楯築墳丘墓や西谷3号墓などにみられる木槨構造について、朝鮮半島からの影響を看取する説がみられた（田中清 1997、広瀬 1997：p.229）。

　こうした動向のなかで、墳墓などが語る日本列島弥生社会を東アジア世界周辺に位置付けて、その展開を叙述する研究がみられるようになった。例えば高倉洋彰は、九州北部各地の弥生社会を「金印国家群」と呼んで、いわゆる厚葬墓にみられる副葬品変遷などの画期を中原の動きに連動したものと捉えるなど、積極的に東アジア全体動向からの視点で叙述した（高倉 1995）。広瀬和雄も、九州北部や朝鮮南部の副葬品変遷を整理して、中国王朝を中核とし、そこから放射状に等距離をもった複数の政治集団の分立、中心－周辺という構造をもった東アジア世界が、紀元前1世紀中ごろに誕生したと捉える（広瀬 1993・1997：p.211）。同様に高久健二も、三韓の墳墓の変遷を整理したうえで、日本列島の弥生墳墓にみられる弥生中期後半の厚葬墓の出現、弥生後期後半の墳丘墓の大型化などが、楽浪郡を含む東アジア全体の動向と決して無関係ではないことを論じた（高久 2001）。また松木武彦は、紀元前後から紀元3世紀後半における埋納青銅器や各種墳丘墓をシンボルとした地域ブロックの動態や社会階層化・統合を看取し、こうした変動の背景について中国金属

器文明圏の東方への膨張現象という大局的な視点から説明した（松木 1997）。

5. まとめと課題

以上みてきたように、弥生墳墓の様相は、平板的な縄文時代社会から、階層社会と目される古墳時代社会にいたる移行過程を復元するうえで、重要な研究対象であった。戦後の経済成長に伴う国土の開発過程に連動して各地の発掘調査が進展し、1960年代以降は、本州各地でも弥生墳墓の地域的展開過程が明らかにされていく。すなわち、各地の墳墓の墓域構成、墳丘ないし区画の形態・外表施設、埋葬施設・副葬品などの個性的様相が明らかになり、地域性が把握できるようになった。そして、列島規模で斉一性が高い古墳時代の「古墳」内容と対比する視点において、地域的特色が大きいことが、弥生墳墓の特質であることが認識されたのである。

また、墓域構成・墳丘規模・墓壙規模・埋葬施設・副葬品内容など各属性の相関関係から被葬者間にランク付けがあることが看取された。時期によっては、こうした有意なランクが見出せる地域とそうでない地域、すなわち数段階の階層的な社会の生成が読み取れる地域と比較的平板的な社会しかイメージできない地域との差が抽出された。つまり、弥生時代各時期の日本列島諸地域において、必ずしも社会段階・類型が一様ではなかった可能性が考えられるようになる。ただし社会組織が、墓制にどの程度ストレートに投影されるのかという前提にも注意を払っておくことはいうまでもない。

いずれにしても、こうした地域性が現れる背景の説明のひとつとして、広く中原を中心とした東アジア世界システムの周辺に日本列島弥生社会を位置付け、漢帝国からの物資・人・情報・思想の流入や刺激が、弥生社会に及ぼした影響が考慮されることになった。こうした伝播論的言説は、中山平次郎や森本六爾の時代からみられたことではあるが、近年の趨勢については、中華人民共和国や韓国における考古資料増加に加えて、伝統的な東アジア冊封体制への回帰をイメージさせるような中華人民共和国の経済的、政治的台頭といった現代史の動向とも無関係ではないようにも思われる。

さて、上記で認識したように、列島諸地域に展開した墓制の地域性の要因や、墳墓からいかに親族組織や社会組織を復元するのかといった遠大な課題が積み残されている。そのうえで今後の研究遂行上の分析視点のひとつとして、まず第1には、墳墓が基本的に遺体を埋葬するという精神的営為の場であるという原点に今一度立ち返り、墳墓にみられる各属性が、当時の人間のどういった精神世界を投影しているのかについて、考古学的に改めて検討すべきであるということをあげておきたい。埋葬行為・葬送儀礼は、人間の死という不可避の現象に直面した際、残された生者がとる対応手段といえる。地域や時代における様々な墳墓の様相の相違は、一面でこうした精神世界の有りようの違いに根ざしているとも考えられる。したがって、墳墓資料の分析にあたっては、墳丘・埋葬施設の造営や葬送儀礼の営みが、どのように死と向き合い、どういった精神的、心理的動機に突き動かされたものであったのか、どのような死生観に基づいて死者を表象化したプロセスであったのか（内堀 1997）、といった検討から出発する必要があろう。

第2の視点として、神ないし霊、それにまつわる儀礼が、社会の結合力強化の役割を担ったとする考え（サーリンズ 1972：p.214）を参考にするなら、葬送者らが死霊や祖先神をどのように認識

し、これに関わる墳墓祭祀・葬送儀礼が社会統合にとってどのような役割を担ったのかという問題が関心の対象となる。これは、人口が増加し、集落が分岐していく弥生時代の列島各地域における政治的、社会的統合を考えるうえで重要な課題であろう。また、初期国家段階とも説かれる後続の古墳時代に「古墳」がなぜ誕生し、営々と造営され続けたのかという根源的課題のアプローチにもなろう。

　第3の視点としては、経済発展に伴う発掘調査の増加によって、朝鮮半島南半部・中国大陸では、今後も新たな資料の蓄積が予想されることから、こうした列島外の墳墓と弥生墳墓との比較分析があげられる。列島在来の基層的な死生観・他界観が、朝鮮半島や中国大陸など、列島外社会からの先進的な思想体系・観念・宗教の波及によって、どのように重層化ないし変容していったのか、こうした社会の外側からの思想流入や文物の導入が、社会の複雑化・階層化やその統合・維持にどのような役割を果たしたのかといったテーマについてもアプローチできよう。

　以上の3つの視点をふまえて、本書では、第2～3章において日本列島中央部を中心にした各地域における弥生墳墓の諸属性について比較検討を行う。その際、まず第1視点である死への対応手段としての墳墓祭祀という問題意識から、墓制の内容や構造の特徴がどのような意味・役割を有していたのかを解釈する。こうした作業で導かれた墳墓の諸属性がもつ意味を確認しつつ、各地域に展開した墓制の時期・地域的特徴が、地域社会の統合においてどのような役割を果たしていたのかという第2視点についても考察を加えたい。第3視点については、第4章において、中国大陸・朝鮮半島における漢代の墓制を概観し、それが日本列島の弥生墳墓に与えた影響を抽出する。以上の視点に基づいたうえで、東アジア世界の周辺において、社会が複雑化・階層化していき、古墳時代社会が成立する過程としての弥生時代における墳墓の社会的、歴史的意義について総括するものとしたい。

# 第2章　墓域・区画・墓壙の様相

## 第1節　墓域構成の変化、区画墓の展開

　本節のテーマは、弥生中期から弥生終末期ないし古墳出現期頃までを中心にした日本列島中央部における区画墓の墓域構成を類型化し、その変化を帰納的に整理することにある。そのうえで、こうした様相が当時のどのような社会組織や変化を反映しているのかについてアプローチしたい。

### 1.　各地域の様相

　弥生墳墓の墓域構成を分析して、その背景にある社会組織や古墳時代への道程を考察した論考は、これまでも多くの論者によってなされてきた。本節では、こうした既往研究も参考にしながら、日本列島各地域を概観し、比較検討したうえで、墓域構成の地域性と普遍性について考える。
　さて、墳丘・周溝などによって区画された1基から複数基の埋葬墓は、何らかの紐帯で結ばれた集団のまとまりを視覚的に表現したものとみなされる。区画内の埋葬墓数の多寡によって、その区画墓は個人墓・家族墓・集団墓などと解釈される。ここでは、多数基が群集する方形周溝墓、大型の墳丘をもつ墳丘墓や古墳など、様々な区画墓を同一視点で比較検討するために、以下のように単純化した分類を設定しておきたい。まず、同一墓域内に3基以上の区画墓が存在する場合をA類配置、1基ないし2基のみが占地する場合をB類配置とする。また、1基の区画墓の区画内（墳丘裾部や周溝内を除いた墳頂部・台状部）における埋葬墓基数が3基以上の場合をa類区画墓、1～2基のみをb類区画墓に細分する。必要に応じて、これらを組み合わせ、表1のように呼称する。区画墓や埋葬墓の基数を1～2基と3基以上で分類するのは、九州北部から関東南部にかけての弥生墳墓を概観した際、1～2基のみの区画墓で1墓域を構成する場合や、1～2基のみの埋葬墓で1基の区画墓を構成する場合が多く見受けられるからである。

表1　区画墓と埋葬墓の構成パターン

| 分類 | 墓域内の区画墓数<br>（A：3基以上　B：1～2基） | 墳頂部・台状部の埋葬墓数<br>（a：3基以上　b：1～2基） |
|---|---|---|
| Aa類 | 3基以上（A類配置） | 3基以上（a類区画墓） |
| Ab類 | 3基以上（A類配置） | 1～2基（b類区画墓） |
| Ba類 | 1～2基（B類配置） | 3基以上（a類区画墓） |
| Bb類 | 1～2基（B類配置） | 1～2基（b類区画墓） |

以下では、九州北部から関東南部までを大きな地域で区分し、前述の分類をもとに、特に大型の区画墓を中心にしながら整理しておく。第3章第1節第3項で述べるように、山陰では、長辺約20m以内の墳丘墓が多数を占めるが、弥生後期後葉頃以降、墳丘規模が大型化して長辺約20～40mの墳丘墓が散見されるようになる。さらに、弥生後期後葉頃には長辺が23.5mより大型の墳丘墓に鉄刀剣が副葬される傾向がある。こうした現象から帰納して、山陰では墳丘長辺の規模が概ね20m程度を境に、有意な区分が想定される。そこで、突出部を除いた区画墓（周溝墓は周溝内側下端間）の長辺ないし長径が、20m前後を超えるものを一律に大型区画墓と呼称しておきたい。もとより、20mを境とした区分がどの程度有意な基準であるかは、時期・地域によっても異なると考えられる。一方で、墳丘造営作業に投入される労働力や墳丘の視覚的な効果を勘案した時、ある程度の普遍的な目安にもなりえよう。ここでは、考察していくうえでの作業概念として使用しておきたい。

**九州北部**

　九州北部では、明確な周溝や墳丘が判然とした区画墓はあまり一般的ではないものの、弥生前期から散見される。常松幹雄の整理（常松 2007）を参考に時期ごとにみていきたい。まず弥生前期では、福岡県朝倉郡筑前町東小田峯1号墳丘墓でコ字形の溝に囲まれた長辺約19m・短辺約12m以上のBa類区画墓がみられる。弥生中期前葉の代表的な区画墓である佐賀県神埼郡吉野ヶ里町吉野ヶ里遺跡ST1001墳丘墓（図1-2）は、長軸約40～45m・短軸30m弱の隅丸長方形のBa類大型区画墓で、単独で立地する。墳丘墓内にある14基の埋葬墓の被葬者集団を家族とみなす説もあるが（寺沢 1990）、溝口孝司は、特定の世帯や家族への所属とは異なる基準に基づいて選抜された可能性を考え、血縁原理以外の紐帯を想定している（溝口 2000）。弥生中期中葉の福岡県福岡市吉武樋渡遺跡の区画墓（図1-1）は、長辺約25.7m・短辺約16.5mの長方形プランが想定されるBa類である（常松 2006：p.26）。

　弥生中期後半では、福岡県糸島市三雲南小路遺跡（図1-3）が、2基の大型甕棺墓をもち、長辺約32m・短辺約31mを測る不整長方形プランのBb類大型区画墓とみられており、多量の前漢鏡・青銅器など、潤沢な副葬品をもつことから王墓と称されている。また、同じく王墓といわれる福岡県春日市須玖岡本遺跡D地点でも、墳丘状の高まりがあったと推定されている。以上のように、弥生中期までの九州北部でみられる区画墓は、単独占地のB類配置が多い。区画内部には、なんらかの配置原理に基づいた埋葬墓が多数基配置されるa類区画墓の場合が多いが、三雲南小路遺跡のように2基埋葬のBb類もある。墳丘平面規模は、三雲南小路遺跡のように30mを超える大型区画墓もあり、形態は方形や長方形を志向している。

　つづく弥生後期になると、弥生中期後半までにみられた30m以上の規模をもつ大型区画墓は、影を潜めるようである。弥生後期中葉から終末期頃とみられる福岡県糸島市平原1号墓（図1-4）は、長辺約14m・短辺約10.5mの周溝による方形区画をもち、中央に中型墓壙[(2)]の木棺墓が1基ある。5基の円形・方形区画墓で墓域を構成するAb類である。弥生終末期になると、大型区画墓が再び散見されるようになる。例えば、福岡県行橋市下稗田H地区1号墓（図1-5）は1辺約21mの規模で、10基以上の埋葬墓をもつa類区画墓である。しかし、当該期に本州日本海側を中心に分布するような長辺約40mに達するまでの大型区画墓はみられない。

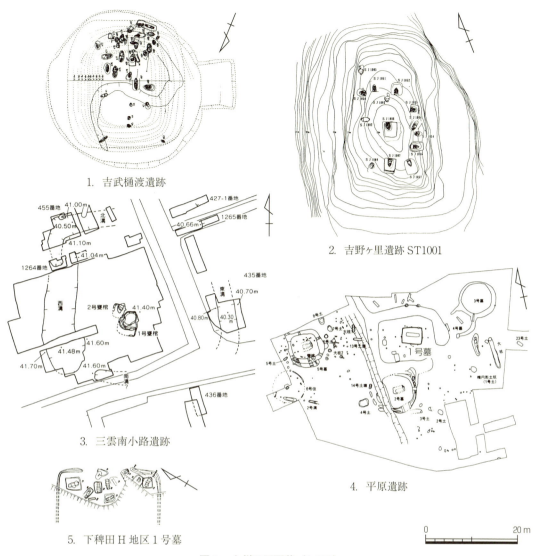

1. 吉武樋渡遺跡
2. 吉野ヶ里遺跡 ST1001
3. 三雲南小路遺跡
4. 平原遺跡
5. 下稗田H地区1号墓

図1　九州の区画墓（1/800）

## 山　陰

　弥生前期から中期前葉までは、まだ区画墓は少なく、無区画の集団墓がみられるにすぎない。弥生中期中葉以降では、出雲平野の島根県出雲市青木遺跡（図2-2）や同中野美保遺跡で、方形貼石墓や四隅突出型墳丘墓が検出されている。青木遺跡は、弥生中期後葉から後期後葉にかけての計12基の区画墓が検出されたA類配置である。このうち弥生中期後葉頃の青木4号墓は、墳丘本体が南北長約16.2mを測る四隅突出型墳丘墓であるが、区画内の埋葬数は不明である。この他、鳥取県東伯郡琴浦町梅田萱峯遺跡では、隣接する集落からの日常的眺望を意識した場所に、Bb類の方形貼石墓が1基のみ孤立的に配置されており、モニュメント的様相を呈している。また、弥生中期末葉ないし後期初頭の鳥取県岩美郡岩美町新井三嶋谷1号墓（図2-1）は、長辺約26.5m・短辺約18mの規模をもつBa類大型区画墓である。

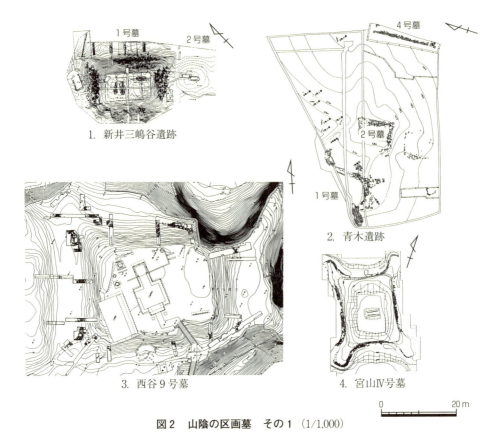

1. 新井三嶋谷遺跡
2. 青木遺跡
3. 西谷9号墓
4. 宮山Ⅳ号墓

**図2　山陰の区画墓　その1　（1/1,000）**

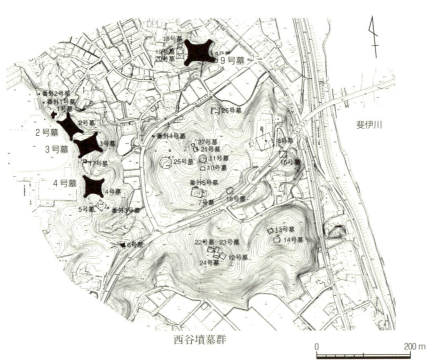

西谷墳墓群

**図3　山陰の区画墓　その2　（1/8,000）**

弥生後期にはいると四隅突出型墳丘墓や方形墓の事例が増加し、これらが群集するＡ類配置が多くなる。また、伯耆・因幡など山陰東部では、弥生後期中葉以降、同一墓域に併存していた区画墓と無区画土壙墓・木棺墓群が、墓域を異にしていくことが指摘されている（松井潔 1996）。弥生後期中葉頃からは、再び大型区画墓がみられるようになり、長辺約 24ｍ・短辺約 18ｍ の鳥取県鳥取市門上谷１号墓、長辺約 23.5ｍ・短辺約 17ｍ の鳥取県東伯郡湯梨浜町宮内３号墓のように鉄刀やガラス製管玉が副葬されているなど、区画規模と副葬品内容とに相関関係が見出せる。

弥生後期後葉の出雲西部地域では、島根県出雲市西谷３号墓（長辺約 40ｍ・短辺約 30ｍ）・同２号墓（長辺約 35ｍ・短辺約 24ｍ）・同４号墓（長辺約 34ｍ・短辺約 27ｍ）など、長辺が 30ｍを超えるような複数基の大型区画墓を含む四隅突出型墳丘墓のＡ類配置（図3）がある一方、青木遺跡１・２号墓のように、約 9〜14ｍ 規模の四隅突出型墳丘墓Ａ類配置（図2-2）もある。出雲東部地域の安来平野でも、島根県安来市塩津山６号墓（長辺約 29・短辺約 26ｍ）・同 10 号墓（長辺約 34ｍ・短辺約 26ｍ）など、長辺が 30ｍ 前後を超える大型区画墓の四隅突出型墳丘墓が同一丘陵に配置される一方、島根県安来市仲仙寺８・９・10 号墓など、約 18ｍ 規模の四隅突出型墳丘墓Ａ類配置もある。弥生後期後葉頃には、大型区画墓を含むＡ類配置と含まないＡ類配置、さらに無区画の木棺墓群に分化する傾向がうかがえ、墓壙規模や鉄刀剣・ガラス製管玉の有無といった副葬品内容の点でも相関関係が想定されることから、墓域ごとの階層性がうかがえる。すなわち、当該期の山陰では、四隅突出型墳丘墓が「体制」として採用され（渡辺 2000）、墳墓・墓域の諸相から３段階程度の階層性が看取できそうである。以上の詳細については、第２章第３節および第３章第１節において後述する。

以上のように、山陰の区画墓は、弥生中期段階までは単独で存在するＢ類配置もみられるものの、弥生後期では墓群を形成するＡ類配置の場合が多くなる。弥生後期後葉では、大型区画墓を含むＡ類配置とそうでないＡ類配置、無区画墓群に分化し、重層的な秩序の形成を看取できるのが特徴である。区画内の埋葬墓数については、池淵俊一の整理によると、弥生中期まで区画内１基埋葬が半数を占めるが、弥生後期前半、後期後葉と多数基埋葬が増加し、弥生終末期になると再び１基埋葬が増加に転じ、古墳前期になると１〜２基埋葬が 80％近くを占めるようになるという（池淵 2007）。

#### 近畿北部

弥生中期の大型区画墓の範疇にはいる事例としては、Aa類の京都府京丹後市奈具１・２号墓などがある。また弥生中期中葉頃には、方形貼石墓が出現する。このうち京都府与謝郡与謝野町寺岡遺跡 SX56 方形周溝墓（図4-2）の第１主体、同日吉ヶ丘遺跡 SZ01 方形貼石墓（図4-1）の埋葬墓SX01 など、長辺約 30ｍ 以上の大型区画墓は、区画内埋葬墓が１〜３基程度に限定され、中型から大型墓壙をもつことを特徴とする。これらは、１〜２基の区画墓で墓域を構成するＢ類配置である。

つづく弥生後期初頭に至ると墓制の内容が一変し、京都府京丹後市三坂神社墳墓群（図4-3）や京都府京丹後市左坂墳墓群のように丘陵尾根上に不定形な平坦面を連綿と確保して多数基埋葬するAa類の台状墓が盛行する。台状墓は家族墓と想定されており（肥後 1996）、前代までみられなかった鉄器・ガラス製小玉を副葬するものが多くなるなど、墓制の変化が副葬品内容の転換とも連動している。弥生中期から後期へのこうした墓制の転換について、福永伸哉は、「丹後社会は、英雄的な首長がみずからの墳墓だけを大きく作る比較的素朴な社会構造から、首長との血縁的、系譜

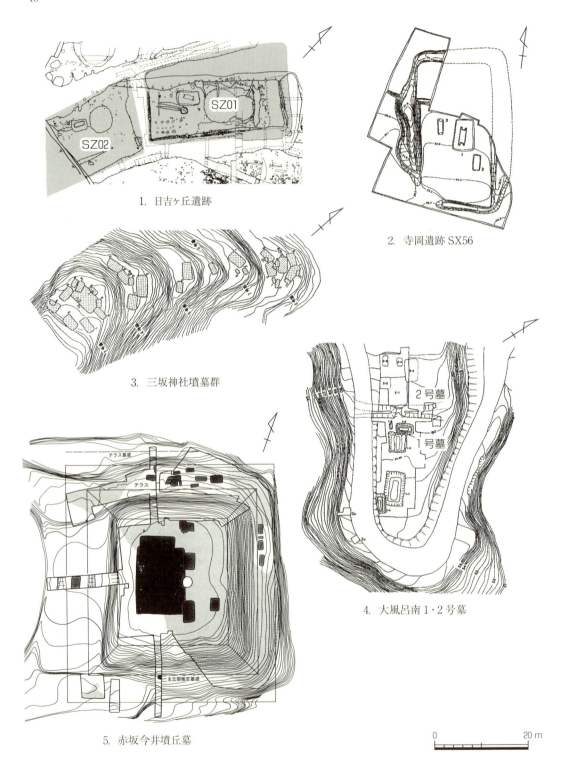

1. 日吉ヶ丘遺跡
2. 寺岡遺跡 SX56
3. 三坂神社墳墓群
4. 大風呂南1・2号墓
5. 赤坂今井墳丘墓

図4　近畿北部の区画墓（1/800）

的な遠近によって集団間の階層的優劣がなかば固定化していくような、いわば円錐クラン的な社会のありようへと、大きな変貌を遂げたのである」（福永伸 2002：p.97）と解釈し、社会組織が複雑化した反映であるとみる。つづく弥生後期後葉では、長軸 27 m 前後を測る大型の台状部を有した京都府与謝郡与謝野町大風呂南 1 号墓が特筆される。1 号墓第 1 主体（図 4-4）は、大型墓壙と鉄剣 11・鉄鏃 4・鉄製漁撈具・有鉤銅釧 13・ガラス釧・貝輪片・ガラス製勾玉 10・緑色凝灰岩製管玉 272 などの潤沢な副葬品をもっていることから、特別な地位にある埋葬墓と考えられている。大風呂南墳墓群では、あわせて 10 基の台状墓が確認されており、このうち 1・2 号墓（図 3-4）の 2 基のみが、別の尾根上に独立して小墓域を形成している。多数基の台状墓で構成される A 類配置から B 類配置への分離独立志向をうかがわせる。

　弥生後期末ないし終末期頃になると、京都府京丹後市赤坂今井墳丘墓（図 4-5）のように、丘陵を完全に切断して方形に整えた、貼石をもたない大型墳丘墓が現れる。これは、単独で立地する B 類配置となる。長辺約 39 m・短辺約 36 m という墳丘規模や立体的な形状を有することから、山陰や北陸など日本海沿岸他地域における 40 m 級の大型区画墓の二次的影響が想定されている（福永伸 2004・福島 2010 など）。赤坂今井墳丘墓は、墳頂部中央に長軸約 14 m もある超大型墓壙を有するが、その周囲にも 5 基の埋葬墓があり、多数基埋葬の a 類区画墓となる点で弥生後期後葉の様相を引き継いでいる。これに対し、古墳前期まで時期の下る京都府京丹後市大田南 2 号墳は、長辺約 22 m・短辺約 18 m を測る方墳の墳丘中央に埋葬墓が 1 基のみある b 類区画墓であり、中国鏡が副葬されるなどの新来要素も加わって、前代との間に画期が見出せる（肥後 2007）。

　以上のように、近畿北部では、弥生中期後葉までに大型区画墓で中・大型墓壙をもつ Bb 類が出現するが、弥生後期には断絶し、台状墓が連綿と展開する Aa 類へと急変する。つづく弥生後期後葉ないし終末期にいたって再び単独配置の B 類配置が現れる。

　**北　　陸**

　弥生中期の大型区画墓では、Ab 類となる福井県福井市太田山 2 号墓（長辺約 23 m・短辺約 17 m、図 5-2）、同 1 号墓（長辺約 19 m・短辺約 13 m、図 5-1）が最も古く、弥生中期中葉までさかのぼる可能性がある。このうち 2 号墓の埋葬墓からは管玉 501 点が出土している。福井県鯖江市亀山 2 号墓は弥生中期後葉とされ、長辺約 19.5 m・短辺約 16.5 m を測る墳丘規模で Ab 類である。このように北陸では、弥生中期段階で 20 m 前後の区画規模をもち、なおかつ区画内埋葬墓が 1 ～ 2 基しかない b 類大型区画墓が出現しており、日吉ヶ丘遺跡 SZ01 方形貼石墓などの近畿北部と同様の現象を看取できる。

　弥生後期後葉頃の福井県福井市小羽山墳墓群は、6 基の四隅突出型墳丘墓を含む 38 基の区画墓で構成される A 類配置で、このうち大型区画墓の範疇にはいるものは、26 号墓（長辺約 26 m・短辺約 21 m、図 5-3）、30 号墓（長辺約 26 m・短辺約 22 m、図 5-4）である。26 号墓は、区画内に 6 基の埋葬墓をもつ a 類区画墓であるのに対し、30 号墓は 1 基埋葬の b 類区画墓であり、a 類・b 類の両者が同一墓域に併存する。石川県金沢市七ツ塚墳墓群も、弥生後期後葉から弥生終末期にかけて営まれた a 類区画墓と b 類区画墓が混在する A 類配置の方形台状墓・周溝墓群である。このうち 1 号墓は、1 辺約 26 m を測る大型区画墓で多数基埋葬の a 類区画墓となる。

　弥生終末期の大型区画墓では、福井県福井市南春日山 1 号墓（図 5-6）が長辺約 40 m・短辺約 29 m の規模をもつ 40 m 級の規模で、大型墓壙の埋葬墓が存在している。この他、石川県河北郡津

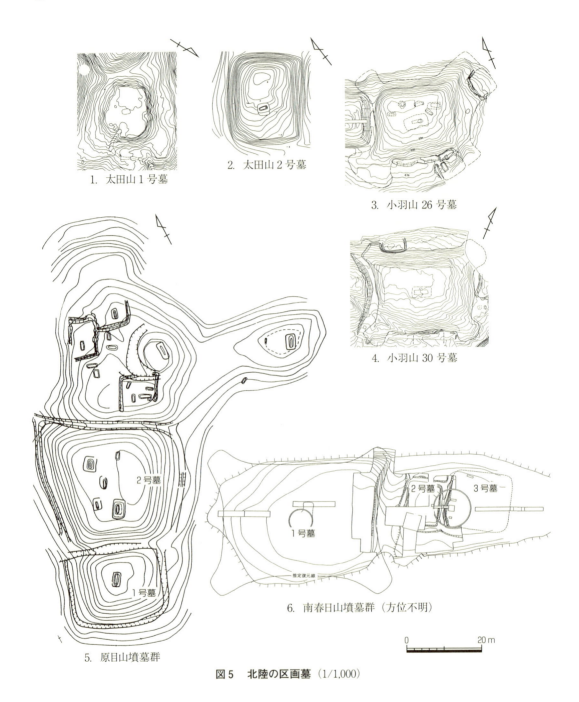

1. 太田山1号墓
2. 太田山2号墓
3. 小羽山26号墓
4. 小羽山30号墓
5. 原目山墳墓群
6. 南春日山墳墓群（方位不明）

**図5　北陸の区画墓**（1/1,000）

幡町七野1号墓が1辺約20mのa類区画墓、福井県福井市原目山1号墓（図5-5）が長辺約25m・短辺約20mのb類区画墓、同2号墓が1辺約30mのa類区画墓、福井県吉田郡永平寺町乃木山墳丘墓が長辺約34m・短辺約23mのa類区画墓である。

　以上のように北陸では、弥生中期まではb類区画墓が多く、弥生後期後葉頃から大型区画墓にa類区画墓が現れ、同一墓域のなかでa類区画墓とb類区画墓とが併存する事例がみられるようになる。

**江の川水系上流域**

　この地域では、弥生中期後葉頃から広島県三次市殿山38号墓、同陣山1・2・3・4号墓、同宗祐池西1・2号墓、広島県庄原市佐田峠3・4号墓などの四隅突出型墳丘墓が展開する。このうち大型区画墓に相当するものは、弥生中期末葉から後期初頭頃とみられる広島県庄原市佐田谷3号墓（図6-1）が、長辺約24ｍ・短辺約11ｍの規模をもち、Ａ類配置をなす。また、方形貼石墓の広島県三次市花園1号墓は、弥生後期前半頃に墳丘が整備されたあと、墳丘拡張を経て、弥生終末期ないし古墳前期初頭までの長期にわたって営まれた、長辺31.3ｍ・短辺19.8ｍを測る大型区画墓で、Ａａ類となる（桑原 1990）。この地域の区画墓は、弥生中期以来、弥生終末期までＡ類配置、多数基埋葬のａ類区画墓が多い。

**瀬戸内**

　弥生中期段階頃までの区画墓としては、岡山県赤磐市四辻峠台状墓や同四辻土壙墓遺跡Ｂ地区方形台状墓など、1辺約14～15ｍを測り、Ｂａ類の方形台状墓がみられる。弥生後期前半には、岡山県倉敷市黒宮大塚北丘墓（図6-2）がＢａ類で1辺約19ｍを測る。

　この地域で本格的な大型区画墓が出現するのは、弥生後期後葉における岡山県倉敷市楯築墳丘墓（図6-4）の段階である。2方に突出部をもつ直径約40ｍの円形墓で、単独占地のＢ類配置である。区画内の埋葬墓は大型墓壙の中心的埋葬墓のほかにも多数あることが予想されている（松木 2002）。このほかの大型区画墓では、岡山県岡山市雲山鳥打1号墓（図6-3）が長辺約20ｍ・短辺約15ｍ、黒宮大塚南丘墓（図6-2）が長辺約33ｍ・短辺約28ｍ、岡山県総社市鋳物師谷2号墓が長辺約20～30ｍ・短辺約10ｍの規模をもつ。これらは、多数基埋葬のａ類区画墓、Ｂ類配置ないし区画墓3基程度の配置が多い。

　弥生終末期の大型区画墓では、岡山県倉敷市女男岩墳丘墓が1辺約20ｍ程度の墳丘墓で1基埋葬のＢｂ類、四国の香川県丸亀市石塚山2号墓（図6-5）が直径約25ｍを測る円形墓で、区画内には土器棺墓を除くと2基の埋葬墓のみとなり、区画内埋葬墓がより限定化されてくる傾向がうかがえる。以上のように、この地域の大型区画墓は、弥生後期の山陰や北陸とは異なり、Ａ類配置をとらず、単発的なＢ類配置をとる場合が多い傾向にある。

　また、弥生後期から終末期にかけては、岡山県総社市殿山墳墓群・岡山県岡山市郷境墳墓群・同みそのお遺跡など、小規模の区画墓が尾根上に多数連接するＡ類配置の事例がある。これらは、弥生終末期である下田所式併行期になると区画内埋葬墓数が1～4基と急激に減少することが指摘されており（松木 2002、大久保 2007など）、小規模区画墓のレベルでもａ類区画墓からｂ類区画墓への変化がうかがえる。

**近畿中部**

　弥生前期から造営され始める方形周溝墓は、平地に群集するＡ類配置の場合が多いのが特徴である。また、弥生中期の大阪府池田市宮之前遺跡や古墳前期の兵庫県尼崎市田能遺跡・大阪府大阪市瓜破北遺跡では、方形周溝墓と無区画の土壙墓・木棺墓が同一墓域内に併存する状況もみられる。

　弥生中期後葉では、大阪府大阪市加美Ｙ1号墓（長辺約26ｍ・短辺約15ｍ、図7-2）のような大型区画墓がみられるが、区画内の埋葬墓は23基にもおよぶａ類区画墓となる。兵庫県尼崎市田能3号墓（図7-1）は、1辺約15ｍ以上になるとされ、復元すると周溝外側1辺約26ｍ、周溝内

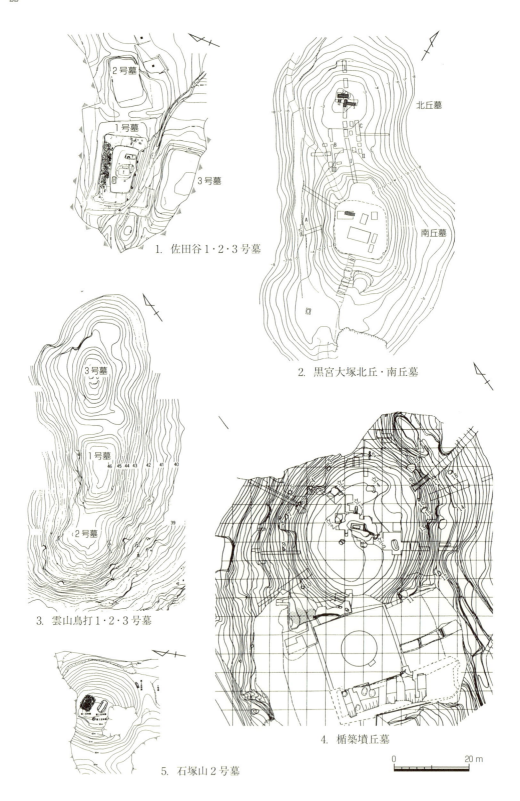

図6 江の川水系上流域・瀬戸内の区画墓 (1/1,000)

1. 佐田谷1・2・3号墓
2. 黒宮大塚北丘・南丘墓
3. 雲山鳥打1・2・3号墓
4. 楯築墳丘墓
5. 石塚山2号墓

側1辺約19mとなる比較的大型の方形周溝墓で、台状部には埋葬墓が2基あるb類区画墓となる。こうした大型区画墓は、B類配置となる可能性があり、共同墓地を脱した上位階層墓と考えられている（大庭重 1999）。

弥生後期の様相は判然としないが、方形周溝墓の数が減少することが指摘されており、方形周溝墓被葬者の選別化・限定化が進むと推定されている（岩松 1992b）。また、弥生終末期には、区画墓内の埋葬墓も単独化を志向するb類区画墓となる（岩松 1992b）。

以上のように近畿中部では、弥生前期から中期に方形周溝墓という墓制が普及し、弥生中期後葉頃、B類配置の大型区画墓とA類配置の小型区画墓とが墓域を異にすると考えられている。さらに弥生後期ないし終末期以降は、台状部の埋葬墓数が減少してb類区画墓を志向するようになる。

### 東　海

東海の方形周溝墓も、近畿中部と同様、群集することを属性にするかのようにA類配置をとる場合が多い。大型区画墓のA類配置は、平面規模で格差がある他の小型区画墓と同一墓域に共存する。弥生中期の大型区画墓としては、弥生前期末葉から後期後葉までの方形周溝墓が300基以上検出されている愛知県名古屋市朝日遺跡において、SZ208（長辺約33.5m・短辺約22m）・SZ254（県教育委員会SX057、長辺約23.5m・短辺約20m）・SZ301（1辺約33m、図7-3）などがみられる。他の小型方形周溝墓と同一墓域に存在するA類配置で、区画内の埋葬墓については、台状部が削平されているため不明である。弥生後期の大型区画墓では、愛知県豊田市川原遺跡（図8-2）のSZ01・02・04（長辺約19〜26.5m）が、後期前葉から中葉頃に造営されたAa類大型区画墓となる。ただし、ここでは玉類・鉄器などの副葬品がみられない。弥生終末期の大型区画墓には、前方後方型が散見され、愛知県清洲市廻間遺跡SZ01（図7-4）が推定墳丘長約25m・後方部幅約19m、愛知県尾西市西上免遺跡SZ01（図8-1）が墳丘長約40.5m・後方部長約25mを測り、後者はA類配置である。両者とも区画内の埋葬墓は不明である。

区画内埋葬墓数については、現在の静岡県域の方形周溝墓では、弥生中期中葉から後期を通じて1〜2基埋葬が9割前後以上になる（松井一 1998）。後述する関東南部と同様、b類区画墓が多数を占めることがわかる。現在の愛知県域では、区画内埋葬墓が判明した事例は少ないが、前述した川原遺跡の弥生後期SZ01・02・04、愛知県一宮市山中遺跡の弥生後期SZ10・15方形周溝墓などでa類区画墓が散見されている。

### 関東南部

関東南部の方形周溝墓も、近畿中部・東海と同様、多数基が群集するA類配置をとる場合が多い。弥生中期後半の宮ノ台期段階では、千葉県佐倉市大崎台B地区7号墓や神奈川県横浜市折本西原1次調査区1号墓・2次調査区3号墓（図7-5）のように、地域社会の中核をなす集落居住区内に比較的規模の大きい方形周溝墓が占地する場合がある（石川 1999）。また、東京湾東岸では、千葉県袖ヶ浦市美生遺跡第4地点や千葉県君津市常代遺跡のように、弥生中期から後期にかけて住居数に対する方形周溝墓の数が激減する現象がみられる。すなわち、拠点的な集落の構成員でもその被葬者は相当に限定されるようで（石川 1999）、弥生後期の近畿中部で想定された方形周溝墓造営の限定化と同様の現象がうかがえる。

弥生終末期から古墳出現期の大型区画墓では、東京湾東側において後円部径約32m以上の千葉県市原市神門5号墓、後円部径約23mの千葉県市原市小田部古墳などの前方後円型墳丘墓や墳丘

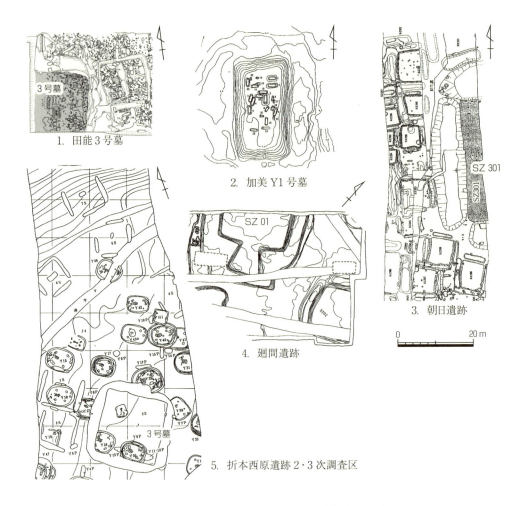

**図7　近畿中部・東海・関東南部の区画墓（1/1,000）**

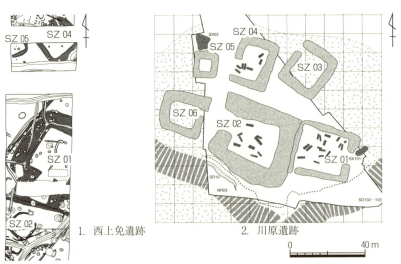

**図8　東海の区画墓（1/2,000）**

長約 33.7 m・後方部長約 21.9 m の千葉県木更津市高部 30 号墓、墳丘長約 31.2 m・後方部幅約 19.5 m の同 32 号墓などの前方後方型墳丘墓がある。こうした大型区画墓は、下記のように当地域で伝統的にみられる 1 基埋葬の b 類区画墓である。

　区画内埋葬墓数については、関東南部における弥生中期後半の方形周溝墓のうち、台状部における 1 基埋葬が 118 基、2 基以上の埋葬が 12 基と、ほぼ b 類区画墓で占められ、その傾向は弥生後期以降もつづく可能性が高いという（大村 1991）。すなわち関東南部では、弥生中期以来、一貫して b 類区画墓が大半を占め、古墳出現期にいたったと考えられる。

## 2. 墓域構成変化の背景

### （1）大型区画墓の墓域構成

　前節で各地域を概観したところ、弥生中期や後期初頭までの段階では、主な事例だけでも九州北部（吉野ヶ里遺跡 ST1001 墳丘墓、吉武樋渡遺跡、三雲南小路遺跡）、山陰（新井三嶋谷 1 号墓）、近畿北部（寺岡遺跡 SX56 方形周溝墓、日吉ヶ丘遺跡 SZ01 方形貼石墓、同 SZ02 方形周溝墓、奈具 1・2 号墓）、近畿中部（加美 Y1 号墓、田能 3 号墓）、北陸（太田山 1・2 号墓、亀山 2 号墓）、江の川水系上流域（佐田谷 3 号墓）、東海（朝日遺跡 SZ208・254・301）など、各地で方形を中心にした大型区画墓が散見された。こうした弥生中期から後期初頭段階における大型区画墓を含む墓域構成をみると、九州北部・山陰・近畿北部・近畿中部などでは、区画墓 1～2 基のみが占地する B 類配置をとる傾向にあり、孤立的、単発的な造営がうかがえる。また、この他の地域においても大型区画墓のみが、隣接して多数基、群集することは少ない。

　つづく弥生後期前半頃には、大型区画墓が減少し、その造営が一旦廃れるかのようである。東海の川原遺跡 SZ02・04 など、一部では散見されることから、今後の新たな発見も否定できないが、特に長辺 30 m を超えるような大型区画墓は総じて一時的に減少するようである。

　しかし、弥生後期後葉ないし終末期段階では、山陰・瀬戸内・近畿北部・北陸・東海・関東南部などで長辺・長径 20～40 m の大型区画墓が再び散見されるようになる。特に、日本海側の山陰から北陸における西谷 3・9 号墓（図 2-3）・鳥取県鳥取市西桂見墳丘墓・赤坂今井墳丘墓・南春日山 1 号墓、さらに吉備における楯築墳丘墓は、突出部を除いた長辺や長径が約 40 m に達するまでの規模をもっており、墳墓造営における労働力の集中化が看取できる。こうした 40 m 級の大型区画墓の墓域構成をみると、A 類配置・B 類配置の双方がある。これらの区画内にある中心的埋葬墓は、判明しているもので長軸 6.0 m 以上の大型墓壙を有しており、区画規模と墓壙規模が相関している。

### （2）区画内埋葬墓の数

　区画内における埋葬墓数を地域ごとに概観すると、九州北部では弥生中期後半まで一部を除いて a 類区画墓が主流だが、弥生終末期には b 類区画墓もみられるようになる。山陰では、比率的に弥生中期は b 類区画墓が多いが、弥生後期には a 類区画墓が多くなり、弥生終末期になると再び b 類区画墓が多くなるという方向性がうかがえる。近畿北部では、弥生後期から終末期には a 類区画墓が主流で、古墳前期にいたって b 類区画墓が現れる。北陸では、弥生中期の方形周溝墓・台状

墓はb類区画墓が多いが、弥生後期後葉から終末期にはa類区画墓もみられるようになる。瀬戸内では、弥生後期後葉までa類区画墓が主流で、弥生終末期からb類区画墓へと変化する傾向がうかがえる。近畿中部でも、弥生後期ないし終末期以降、b類区画墓へと変化する傾向がある。静岡県域・関東南部では、弥生中期中葉以来、古墳出現期まで一貫してb類区画墓が大半である。また、各地でみられる弥生終末期から古墳出現期のいわゆる「纒向型前方後円墳」をはじめとした、前方部をもつ大型区画墓をみると、埋葬墓が1基のみのb類区画墓が大半である（橋本博1996ほか）。以上のように、区画内埋葬墓数は地域・時期によって様々であるが、弥生終末期頃以降の山陰・瀬戸内・近畿中部をはじめとした各地において、多数基埋葬のa類区画墓から1～2基の限定された埋葬墓を設置するb類区画墓への変化を志向することが確認できよう。

### (3) b類大型区画墓の様相

大型区画墓のうち、区画内埋葬墓が1～2基に限定されたb類区画墓を概観すると、弥生中期以

**表2　b類大型区画墓の墓壙規模・副葬品**

| 旧国 | 所在地 | 遺跡名 | 区画墓名 | 区画規模 | 配置 | 埋葬墓名 | 墓壙規模 | 時期 | 朱 | 鉄刀剣 | 管玉 | 勾玉小玉 | その他 |
|---|---|---|---|---|---|---|---|---|---|---|---|---|---|
| 筑前 | 福岡県糸島市 | 三雲南小路 | | 32×31 | B類 | 1号甕棺 | - | 中期後葉 | ● | | ガ60～ | ガ勾玉3 | 鏡31～、青銅武器、ガラス璧8、金銅四葉座金具8 |
| | | | | | | 2号甕棺 | - | 中期後葉 | ● | | | 翡勾玉1 ガ勾玉12 | 鏡22～、ガラス垂飾1 |
| 丹後 | 京都府与謝野町 | 日吉ヶ丘 | SZ01 | 32×20 | B類 | SX01 | M | 中期中葉 | ● | | 677～ | | |
| 越前 | 福井県福井市 | 太田山 | 1号 | 19×17 | A類 | 主体部 | S | 中期中葉 | | | | | |
| 越前 | 福井県福井市 | 太田山 | 2号 | 23×17 | A類 | 主体部 | S | 中期中葉 | ● | | 501 | | |
| 越前 | 福井県鯖江市 | 亀山 | 2号 | 20×17 | A類 | 1・2主体部 | S | 中期後葉 | | | | | |
| 摂津 | 兵庫県尼崎市 | 田能 | 3号 | 周溝外26、内19（復元） | B類 | 16号木棺 | M | 中期後葉 | ● | | 632 | | |
| | | | | | | 17号木棺 | S | 中期後葉 | ● | | | | 銅釧1 |
| 越前 | 福井県福井市 | 小羽山 | 30号 | 26×22 | A類 | 埋葬施設 | M | 後期後葉 | ● | 剣1 | 114 | ガ勾玉1 | |
| 因幡 | 鳥取県鳥取市 | 桂見 | 1号 | 22×20 | A類 | 第1主体 | M | 終末期 | | 剣1 | ガ4 | ガ小玉6 | 鉄鏃1 |
| 出雲 | 島根県安来市 | 宮山 | Ⅳ号 | 19×15 | B類 | 第1主体 | M | 終末期 | ● | 刀1 | | | |
| 越前 | 福井県福井市 | 原目山 | 1号 | 20×20 | A類 | 木棺 | M | 終末期 | | 刀2 | 323 | ガ小玉728 | |

注）区画規模は、端数を四捨五入して、メートル単位で表示。ガ：ガラス製、翡：翡翠製。

来、中・大型墓壙をもち、金属器やガラス製品、多量の碧玉製管玉など、特別な副葬品を有し、施朱される場合が多いという傾向がある（表2）。ｂ類大型区画墓は、1～2基だけの埋葬墓を設置するうえで必要とする面積に対して、明らかに広い区画空間を確保・占有して造営されている。これは、広い区画や立体的な墳丘を誇示したり、葬送儀礼参列者を区画内に多数収容する空間を確保したりするなどの意識が働いた結果かもしれない。いずれにしても、墳墓諸要素にみられる特定人物だけを対象としたこのような扱いは、ｂ類大型区画墓被葬者が、集団のなかから析出された何らかの特別な地位・職掌にいた人物であったことに由来するとみてよいだろう。

　弥生中期後半段階のｂ類大型区画墓の副葬品としては、九州北部の三雲南小路遺跡で前漢鏡53面以上・青銅製近接武器・ガラス璧・金銅製四葉座金具・ガラス製管玉・勾玉など、近畿北部の日吉ヶ丘遺跡SZ01方形貼石墓で碧玉・緑色凝灰岩製管玉677点以上、近畿中部の田能3号墓で碧玉製管玉632点や銅釧、北陸の太田山2号墓で碧玉製などの管玉501点がみられる。弥生中期段階までの近畿・北陸におけるｂ類大型区画墓では、九州北部のように金属製品・ガラス製品が副葬されずに、数百点にのぼる碧玉製管玉の集中的な副葬によって他の埋葬墓との差別化がはかられるという傾向が看取できる。前述のように、弥生中期には大型区画墓が多数基群集することは少なく、単発的な造墓で完結する傾向がみて取れる。この時期には、こうした被葬者に対する特別扱いが、後続する世代に継承されたり、同世代の血縁的親縁者にまで及ばなかったりしたことをうかがわせる。

　弥生後期前半では、前記したように、こうした大型区画墓自体が少なくなる可能性があるが、特にｂ類大型区画墓はみられない。この時期は、特定人物のためだけに多数の労働力を結集した大型区画墓を造営しうるような社会から一時的に遠のいたのだろうか。

　弥生後期後葉では、北陸の小羽山30号墓で短剣1点・碧玉製管玉103点・ガラス製管玉10点・ガラス製勾玉1点が副葬される。弥生終末期では、山陰の鳥取県鳥取市桂見1号墓でガラス製管玉・小玉・鉄剣・鉄鏃、島根県安来市宮山Ⅳ号墓（図2-4）で大刀1点、北陸の原目山1号墓で鉄刀2点・碧玉製管玉323点・ガラス製小玉728点が副葬される。瀬戸内の石塚山2号墓は、成人墓に限れば2基埋葬となる半ばｂ類の区画墓であり、竪穴式石槨の第1主体に短剣2点が副葬されている。このように当該期では、本州・四国でも鉄製近接武器や多量のガラス製・碧玉製玉類を有することが特徴といえる。こうした文物やその素材は、特に鉄刀剣やガラスのように、海を隔てた遠隔地から水運によって入手したものが多いとみられる稀少な財物であり、被葬者ないし葬送者が、それらを入手するルートや保有できる能力をもっていたことを示していよう。

　また、弥生後期後葉以降でｂ類大型区画墓がA類配置をとる場合は、同一墓域にある別の大型区画墓も特別な副葬品をもつ場合が多い。桂見1号墓に後続する桂見2号墳では中国鏡2点・鉄刀・刀子・鉇が副葬されており、原目山2・3号墓では、複数の鉄刀などが副葬されている。同一墓域内における個々の区画墓は、同一世代の時間的範囲内に累積的に造墓された場合もあれば、世代を超えて累代的に造墓された場合も考えられる。いずれにしても、ある墓域構成原理で結ばれた被葬者・葬送者達が、弥生中期段階と比べるとより安定的ないしは継続的に財物を入手できるルートをもち、それを保有し消費できる力を有していたものと推察できそうである。

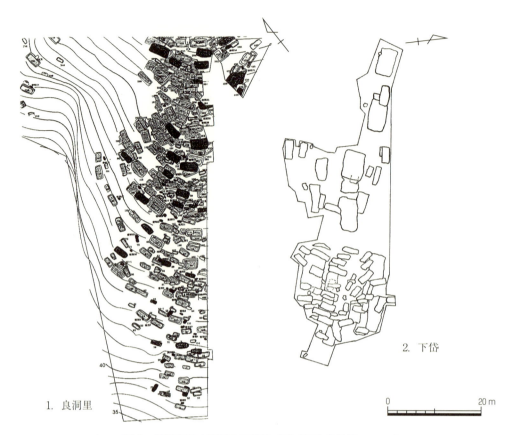

**図 9　朝鮮半島南東部の墳墓群**（原三国時代後期、1/800）

## 3. まとめ

　上記の検討から、以下のように①②③の段階が確認できた。①段階は弥生中期から後期初頭頃で、各地に大型区画墓が散見されるようになる。しかし孤立的、単発的なB類配置や小規模区画墓と併存するA類配置が多く、大型区画墓同士のA類配置は少ない。当該期のb類大型区画墓は、九州北部では金属製品・ガラス製品を、本州では多量の碧玉製玉類を有する。②段階は弥生後期前半頃で、一時的に大型区画墓ないしb類大型区画墓が減少する可能性がある。③段階の弥生後期後葉から終末期頃には、大型区画墓が再び増加し、本州日本海側を中心にして40m級のものもみられるようになる。当該期のb類大型区画墓は、鉄製近接武器やガラス製玉類といった特別な副葬品を有し、さらにA類配置をとる場合は、同一墓域における他の大型区画墓でも特別な副葬品がみられ、稀少品のより安定的、継続的な保有・消費状況がうかがえる。

　以上の現象や画期は、他地域の墓制の二次的模倣もあろうが、造墓集団の社会組織やその変容の一端を投影したものでもあろう。大型区画墓の出現が、何らかの特定集団・個人の析出を単純に反映した現象とみなせるなら、①段階で萌芽的に現れた特定集団・個人が、②段階では一旦後退し、③段階で再び現れ、安定化するという波があったとも想定できる。ここで短絡的にイメージされるような、階層的な社会と平板的な社会が振り子運動のように現れる現象は、例えば高地ビルマのグ

ムサ・グムラオ社会のように世界の民族誌でも知られており（リーチ 1995 など）、弥生中期から弥生終末期頃までのこうした曲折も、地域によっては類似した現象として理解できるかもしれない。もとより、大型区画墓とそれ以外の区画墓とが、どのような有意な質的差異をもっているかは、時期・地域ごとに他の墳墓属性も包括したうえで、さまざまな視点から検討していく必要がある。そのうえで①②③の諸段階が、どのような社会であったかを評価していく必要があろう。

　さて、松木武彦は、定型化した前方後円墳の特徴から、確立した首長墓の特性について、（ⅰ）特定個人が集団埋葬から分離独立した墓域を営むこと、（ⅱ）中心埋葬を核として施設や道具立てがそれを幾重にも取り巻く重環構造を呈することという2つの現象に着目した（松木 2002）。（ⅰ）は、埋葬墓・区画墓同士の関係性に関わり、（ⅱ）は、個別埋葬墓・区画墓自身の構造に関わる現象といえる。（ⅰ）の動きについては、弥生後期後葉から終末期頃、小規模区画墓の A 類配置や同一墓域における区画墓・無区画墓の併存配置による墓域から脱して、大型区画墓が独立した墓域を志向していることが、各地で改めて確認できた。（ⅱ）の動きとしては、時期・地域によって中心埋葬墓の内側から重環構造が強化される場合と区画墓の外側からなされる場合とがみて取れる。すなわち単純にみれば、九州北部では棺内に比較的豊富な副葬品がいれられるなど、内側に力が注がれる一方、本格的な大型墳丘の造営が弥生後期では稀薄で、古墳時代にいたって後追い的に発達する。これに対し、日本海側各地を中心にする本州では、弥生中期から貼石を備える手間をかけた区画墓が現れ、さらに弥生後期後葉以降は立体的な墳丘をもつ大型区画墓が発達するなど、外側に力が注がれる。その一方で、多種多量の副葬品の拡充化は比較的遅れる。このように列島各地で力を注ぐ墳墓要素が異なり、古墳時代の「古墳」に帰結する道筋が異なっている。

　また、当該期の朝鮮半島南部では、慶尚南道金海市良洞里遺跡（図 9-1）・蔚山市蔚州区下垈遺跡（図 9-2）・慶尚北道浦項市玉城里遺跡などのように、主軸をほぼ一定にそろえた埋葬墓が多数基密集して配置され、強い団体規制をイメージさせる墓域構成をなす。大型区画墓が集団墓域から分離独立した本州日本海側とは対照的な様相をみせる一方、これらのなかには日本列島よりもはるかに多種多量の鉄器が副葬される埋葬墓がみられる。これは、本州のように外側から重環構造が強化される比重が高い場合と、（ⅰ）の動きや b 類区画墓志向とが関連すると読み取ることができる。

## 第 2 節　近畿中部における方形周溝墓の配置形態

　近畿中部における弥生時代墓制として代表的な位置を占める方形周溝墓は、数基が周溝を共有連接したり、近接したりして築造されるものが多く認められる。さらに、墓域内における方形周溝墓配置関係を観察すると、墓道的機能を有した空閑地を確保しながら、幾つかの小群によって構成されることが知られている。こうした現象は、その集団に保持された紐帯に従った継起的な造墓活動の結果であると考えられている。すなわち、こうした方形周溝墓配置の様相は、被葬者集団内部の社会構成の一面を反映したものであると想定できる。本節では、こうした視点から、近畿中部の方形周溝墓群を対象に、これらの配置形態について考察し、その背後にある被葬者集団の性格、集団構成の理解に接近する一助とするものである。

## 1. 研究史

　まず、方形周溝墓に関する諸研究のうち、占地や墓域構成に着目して造墓集団の社会構成に言及しているものを、近畿を中心に整理しておきたい。水野正好は、方形周溝墓について、一人の家長なり、家長夫妻の死を契機として築かれ、死の順序にそって特定の家族員を追葬していくと具体的に措定して、本質的には、方形周溝墓は「家族墓」と呼ぶべきものと位置付けた（水野 1972）。この、一方形周溝墓が家族成員の墓であるという提起は、以降の多くの研究者によって前提とされる仮説となった。さらに、これらが、しばしば接し合い、時には周溝を共有するような関係で、次々と列状に、群列をなし数基が一群を形成していく傾向のあることを指摘し、一家族が、時間的に継起して、数世代にわたって家族墓を営んだことを示していると解釈した。水野が提示した分析視点は、方形周溝墓を群構成で把握するというその後の研究の嚆矢となったといえる。

　都出比呂志は、神奈川県横浜市歳勝土遺跡などの事例を分析し、方形周溝墓群は雑然と群集するのではなく、墓道ともいうべき空間地を境界として3～4の支群に分かれ、計画的な配置が認めうるとする。そのうえで、「互いに連結しつつ時期を異にして築造された三基前後の方形周溝墓群を一つのユニットとして発掘区域内に合計10ユニットが指摘できる。このユニットが一世帯の2～3世代の累世的墓域とすれば、ユニットが数個集まった支群こそが先述の小集落に対応する世帯共同体に対応するものといえよう」（都出 1984：pp.137-138）と述べ、ユニットが一世帯の墓の累世的な軌跡によるまとまり、支群（ユニットのまとまり）が世帯共同体の墓であると具体的に解釈した。

　また岸本一宏は、近畿地域における方形周溝墓の事例を広範に集め、その群集構造を類型化している（岸本 1988）。すなわち、

Ⅰ　単一の小群のみで構成されるもの
Ⅱ　墳丘墓群が複数の小群より構成されるもの：大阪府枚方市星丘西遺跡・同交北城ノ山遺跡・京都府長岡京市南栗ヶ塚遺跡・同神足遺跡・三重県津市納所遺跡など
Ⅲ　Ⅱ類型が100m程度から数100mの距離をおいていくつかの群に分かれるもの：大阪府池田市宮之前遺跡・大阪府茨木市東奈良遺跡・大阪府高槻市郡家川西遺跡・大阪府和泉市池上遺跡・大阪府堺市四ツ池遺跡・大阪府東大阪市瓜生堂遺跡

とし、それぞれが小規模集落・中規模集落・大規模集落の墓域に対応すると想定している。

　以上のように、方形周溝墓からなる墓域は、様々なレベルのまとまりが重層した構造をなしていることがわかってきた。こうしたなか、岩松保は、近畿地域における墓域構造を以下の5段階の位相に分解して定義した（岩松 1992ab）。

① 埋葬墓：被葬者が埋葬されるための最小範囲の墓。周溝墓の埋葬施設や土壙墓・木棺墓・土器棺墓などがある。
② 単位墓：複数の埋葬墓が、有機的な関連をもって一定の空間内に配置されたもの。視覚的な区画を有するものとして周溝墓・台状墓などがある。
③ 単位墓群：複数の単位墓が有機的な関連をもって群集するもの。
④ 小墓域：単位墓群によって構成される墓域。大集落では、居住域の周囲に数か所に分かれて

みられる。
⑤ 墓域：1か所から複数か所の小墓域。一つのムラに対して1か所の小墓域をもつ単独型、一つのムラに対して複数の小墓域をもつ複数型がある。

　そのうえで各時期の墓域構造のモデル化を図る。そこから集団構成の変遷を整理し、集団内の格差が進展していく階梯を復元した。具体的には、弥生前期新相における単位墓としての周溝墓の出現、弥生中期中葉頃の単位墓集団間における格差の出現、弥生中期中葉新相の有力単位墓集団の出現、弥生後期新相頃の有力単位墓集団の成長と有力小墓域集団の出現、弥生終末期の「社会墓・階層墓」としての周溝墓への変質という流れを示し、周溝墓の性格が家族墓から社会墓・階層墓へ、さらに古墳へと変質する歴史的過程を想定した。

　都出・岸本・岩松の諸研究は、墓域内の方形周溝墓を群構成で把握し、さらに隣接する居住域の集落と対応させながら、墓域内分割原理が集落内の集団構成を反映していると考えるものである。その様相は、集落の規模・類型によって異なり、さらに岩松は時期的に推移・変質することを説いた。ただし、多数基埋葬の一つの方形周溝墓が、一家族を埋葬した墓であるとする前提は、被葬者の人骨や歯が残存することが少ない現状の資料からは検証不能であるため、あくまで一仮説の域を出ないものである。近年では、出土人骨の歯冠計測値に基づいた親族構造の研究（田中良 1993）を参考にするなどして、河内の多数基埋葬の方形周溝墓が、夫婦を含む世帯の墓ではなく、出自集団であるリネージ・クラン内の分節とみる解釈もある（中村・秋山 2004）。ただし、こうした見解もまた一つの仮説である。現状において、同一方形周溝墓内の被葬者に夫婦が含まれているか否かについては、論者によって意見が分かれるが、いずれにしても多数基埋葬の被葬者同士には、親子・兄弟など、何らかの血縁的関係を有していた者が含まれるとみる点は共通認識といってよい。

　また、都出によって提示された、弥生中期のユニット（岩松の単位墓群）が一世帯の墓の累世的築造のまとまりであるという解釈に対しても、福田聖はこれらがほぼ同時期の造営であると想定している（福田 2007）。前田清彦も単位墓群を形成する2～3基の周溝墓間に土器型式1～2型式程度の時間幅しか想定できないことから、これらを造営した社会集団はお互いに顔を認識できる同時期の血縁関係者とみている（前田 2009）。

　以上のように、埋葬墓がまとまった周溝墓（単位墓）や周溝墓がまとまった単位墓群の集合原理が何であったのかについての解釈をめぐっては、近年、混沌としつつある。こうした集合原理が地域・時期によっても画一的であった保証はない。ただし、墓域内における単位墓群、さらには小墓域といったまとまりは、集団内部の何らかの関係を反映したものであるという見通しは許されよう。

## 2. 方形周溝墓配置形態の諸類型

　これまでの研究にもみられたように、墓域内において継起的に造墓された単位墓群構成は、集団内部の何らかの関係・構造を反映したものであると推定されている。本節においても、この前提にたったうえで、近畿中部における方形周溝墓群の配置形態を類型化し、その内容をみていくことで、被葬者集団の様相に接近していきたい。

　方形周溝墓各グループ内の配置状況を概観すると（図10）、周溝を共有しながら連接するもの

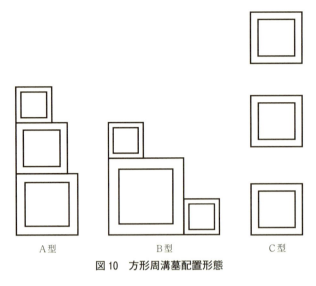
図10　方形周溝墓配置形態

と、周溝を共有せず、四周が独立して存在するものとに大別できる。そこで、周溝を共有して連接するものをAないしB型配置形態、周溝を共有せず、独立するものをC型配置形態とする。これまでの諸研究にもあるように、周溝を共有しながら配置されるもののなかには、3基以上が直線状・直列状を志向して一方向に連接するものと、一方向を志向せず先行するものを核に同心円状・団子状を志向しながら連接するものとが認められる（岸本1987）。それぞれをA型配置形態・B型配置形態とする。なお両者の認定にあたっては、3基以上の周溝墓からなる一つの単位墓群内における配置状況から峻別するものとしたい。

## 3. 個別遺跡の事例

弥生時代から古墳前期の方形周溝墓配置形態がわかる近畿地域の主要な調査例を表3に整理した。以下では、これらのうち、より良好な事例について観察していく。

### （1）弥生前期から中期

**兵庫県尼崎市東武庫遺跡（図11-1）**

大阪平野の西側、武庫川の東約1kmに位置する。1992〜93年度の調査で、弥生前期前半から中期前葉の方形周溝墓計22基が検出された。これらは、配置や主軸の方向からAからEまで5群の単位墓群に分かれるとみられている。このうち、A群（1・2・15〜18号墓）・B群（11・13・14号墓）・D群（19〜22号墓）はA型配置形態、C群（3〜8・12号墓）はB型配置形態をなしている。本遺跡の事例は、近畿中部における方形周溝墓が、初源期の段階から、群集する傾向にあること、A型・B型双方の配置形態を有することを示す貴重な調査成果となった。

**大阪府高槻市安満遺跡（図11-2）**

淀川右岸に位置する。これまでの調査によって弥生時代各期の遺物や集落の検出をみている。方形周溝墓は、弥生中期前葉のものを中心に多数基判明しており、このうち1967年に実施された9地区の調査では、弥生中期前葉所属の16基が検出されている。

この配置状況をみると、調査区中央の墓道的な空閑地を挟んで、大きくAとB、2群の周溝墓が直列状に並行しながら連接している。両群は、空閑地が介在して分離していることから、全体的にA型配置形態をとるといえる。また、両群とも、空閑地側の周溝を概ね直線状にそろえるようにして連接していることが注意される。A1墓から弥生前期に近い中期前葉の壺が、A5墓からはより新相の壺が出土していることや、連接する周溝の切りあい関係から、A群では南西から北東

表3 近畿中部の方形周溝墓配置形態一覧

| 遺跡名 | 所在地 | 時期 | 配置形態 | 埋葬墓数 | 備考 |
|---|---|---|---|---|---|
| 東奈良G4地区 | 大阪府茨木市 | 前期 | A | 2～6 | |
| 東武庫 | 兵庫県尼崎市 | 前期から中期前葉 | A・B | 1～4 | 擬朝鮮系無文土器。漆塗竪櫛。 |
| 池上Ⅰ地区 | 大阪府和泉市 | 前期後葉 | C | 1～2 | |
| 山賀 | 大阪府東大阪市・八尾市 | 中期前葉 | A・B | 1 | 無区画墓あり。 |
| 安満9区 | 大阪府高槻市 | 中期前葉 | A・B | 1～5 | |
| 楠葉野田西52次 | 大阪府枚方市 | 中期前葉 | B | | |
| 岡崎 | 京都府京都市 | 中期前葉・後葉 | A | | |
| 京都大学構内BE29区 | 京都府京都市 | 中期前葉 | B | | |
| 南栗ヶ塚 | 京都府長岡京市 | 中期前葉 | A | 2 | |
| 下植野南 | 京都府大山崎町 | 中期前葉から中葉 | A・B・C | 1～4 | 石剣・石鏃。 |
| 亀井・城山 | 大阪府大阪市 | 中期前葉から中葉 | A・B | 1～5 | |
| 神足右京10次 | 京都府長岡京市 | 中期前葉から中葉 | A・C | 1～5 | 無区画墓あり。 |
| 鬼虎川 | 大阪府東大阪市 | 中期前葉から中葉 | B | 1～2 | |
| 西ノ辻 | 大阪府東大阪市 | 中期 | A | 1～ | |
| 宮之前 | 大阪府池田市 | 中期前葉から中葉 | A・B | 1～7 | 無区画墓あり。 |
| 鈴の宮 | 大阪府堺市 | 中期前葉から中葉 | A | 1 | |
| 三河 | 奈良県三宅町 | 中期前葉から中葉 | B | | |
| 東土川 | 京都府京都市 | 中期前葉から後葉 | A | | 石剣・石鏃（溝内埋葬）。 |
| 服部 | 滋賀県守山市 | 中期前葉から後葉 | A・B | 1～4 | |
| 交北城ノ山 | 大阪府枚方市 | 中期中葉 | A・B・C | | 無区画墓あり。管玉。 |
| 瓜破 | 大阪府大阪市 | 中期中葉 | B | 2 | 無区画墓あり。 |
| 池上F地区 | 大阪府和泉市 | 中期中葉 | B | | |
| 原 | 奈良県五条市 | 中期中葉 | B | | 石包丁・石槍ほか。 |
| 星丘西C地区 | 大阪府枚方市 | 中期中葉から後葉 | A | 1～4 | |
| 東奈良A6-FGIJK地区 | 大阪府茨木市 | 中期中葉から後葉 | A・B | 5 | 無区画墓あり。 |
| 亀井・城山 | 大阪府大阪市 | 中期中葉から後葉 | C | 3～12 | |
| 瓜生堂 | 大阪府東大阪市 | 中期中葉から後葉 | B | ～18 | 無区画墓あり。 |
| 四ツ池Ⅰ地区 | 大阪府堺市 | 中期中葉から後葉 | A | 1 | |
| 郡家川西48-F地区 | 大阪府高槻市 | 中期後葉 | C | 5 | |
| 楠・荒田町13次 | 兵庫県神戸市 | 中期後葉 | B・C | 1～4 | |
| 巨摩廃寺 | 大阪府東大阪市 | 中期後葉 | B | 1～4 | |
| 西畑 | 奈良県生駒市 | 中期後葉 | C | | |
| 郡家川西65-OP地区 | 大阪府高槻市 | 後期 | A | | |
| 紅茸山 | 大阪府高槻市 | 後期 | C | 1～2 | |
| 寺中 | 兵庫県洲本市 | 後期 | B・C | | |
| 巨摩廃寺 | 大阪府東大阪市 | 後期 | B | 3～15 | ガラス製勾玉、管玉。 |
| 岡崎 | 京都府京都市 | 後期から終末期 | A・C | | |
| 久宝寺 | 大阪府八尾市 | 後期から古墳前期 | B・C | 1～2 | 前方後方型（1号墓）。 |
| 若槻カナヤケ地区 | 奈良県大和郡山市 | 終末期 | B・C | | |
| 久宝寺竜華地区 | 大阪府八尾市 | 終末期から古墳前期 | B・C | 1～2 | |
| 馬場 | 京都府長岡京市 | 終末期から古墳前期 | B・C | 1 | 小型仿製鏡片。 |
| 亀井北 | 大阪府大阪市 | 終末期から古墳前期 | B・C | 1～2 | |
| 成法寺 | 大阪府八尾市 | 終末期から古墳前期 | C | | |
| 東郷 | 大阪府八尾市 | 終末期から古墳前期 | B・C | | |
| 太田 | 奈良県当麻町 | 終末期から古墳前期 | B・C | | |
| 田能 | 兵庫県尼崎市 | 古墳前期 | C | | 無区画墓あり。 |
| 矢部 | 奈良県田原本町 | 古墳前期 | B・C | | |

34

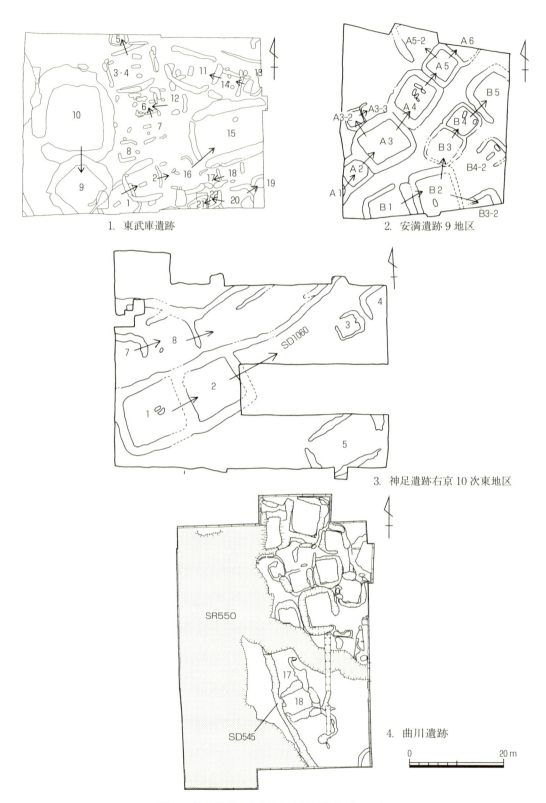

図11 弥生前期から中期の方形周溝墓 (1/800)

方向への築造順序が想定されている。また、A3墓には、A3-2墓とA3-3墓がB型配置形態で後続して連接している。同様に、B群についても、おおむね南西から北東方向への築造順序が想定される。さらに、B2墓には、いわば枝分かれ状に、B3墓とB3-2墓が後続して連接する。また、B3墓の築造が北側にずれているために、A4墓もこれに並行して北側にずれた配置をとると解釈されている。

　以上の配置状況から注目できることは、方形周溝墓の連接にあたって、墓道的な空閑地によってA群とB群を分離させる意識が強く働いている点であろう。このことは、空閑地側の周溝を基準として造墓がなされている点や、B3墓を避けるように、空閑地を確保してA4墓を配置している点などから理解できる。

### 京都府長岡京市神足遺跡（図11-3）

　低位段丘上にある弥生中期の拠点集落と目される遺跡である。これまでの調査によって竪穴住居跡・掘立柱建物跡・方形周溝墓・無区画土壙墓などが検出され、居住域・墓域の具体相が明らかにされている。墓域は、方形周溝墓を中心とする小墓域3群と無区画の土壙墓を中心とする小墓域に分かれるとみられている。

　右京10次東地区の調査では、弥生中期前葉から中葉までの7基の方形周溝墓が検出されている。このうち1・2・7・8号墓は、周溝を共有しながら2列の直列状に連接するA型配置形態をとる。また、弥生中期中葉に属する1・2号墓は、SD1060が各々の北辺周溝の役割を果たし、さらに東側に伸びることが認められる。久保哲正は、この溝について「墓地の中で一定の規格性を生み出し、各周溝墓の占地に対して規制力が働いていたと見ることができるのではなかろうか」（久保1986：p.445）と解釈する。すなわち、直列状に連接するA型配置形態をとって造墓を行う際に、あらかじめ造墓規格線的な溝を設定しておくことによって、方形周溝墓群を整然と配列させるわけである。具体的には、SD1060を北辺周溝として1号墓・2号墓が築造され、将来さらに東側に墳墓を連接させる予定であったのだろう。同様に、SD1060の北側には、これを南辺周溝として7号墓・6号墓が築造されており、さらに東側に「L」字状の溝を追加しながら新たな方形周溝墓を連接させる計画であったと考えられる。

### 奈良県橿原市曲川遺跡（図11-4）

　大和盆地南辺、曽我川・葛城川流域に立地する。2004年度調査によって、弥生中期前葉から中葉の方形周溝墓が19基、弥生終末期の方形周溝墓が11基検出されている。このうち、弥生中期の方形周溝墓19基は、北群16基がB型配置形態をとる。南群3基のうち、並列する周溝墓17・18の2基は、「コ」の字状の周溝平面形をなし、西辺の周溝は南北溝SD545によって代用されている。このSD545は、墓域の西側を画する役割を担っていたと考えられる。

### 大阪府東大阪市・八尾市山賀遺跡（図12-1）

　旧大和川分流・楠根川中流域に形成された自然堤防上に立地する。近畿自動車道建設に伴って実施された調査では、弥生前期中葉から後期後葉までの遺構面から環濠状遺構・方形周溝墓・水田などが検出されている。方形周溝墓は、「その2調査区」から3基、「その3調査区」から4基検出され、いずれも弥生中期前葉に属する。「その2調査区」の1～3号墓は、周溝が共有しないC型配置形態だが、近接して直列状に配列されており、A型配置形態を志向している。これらは、前代の弥生前期後葉に掘削・構築された環濠状遺構とされる大溝や土手を再利用して造墓したものであ

36

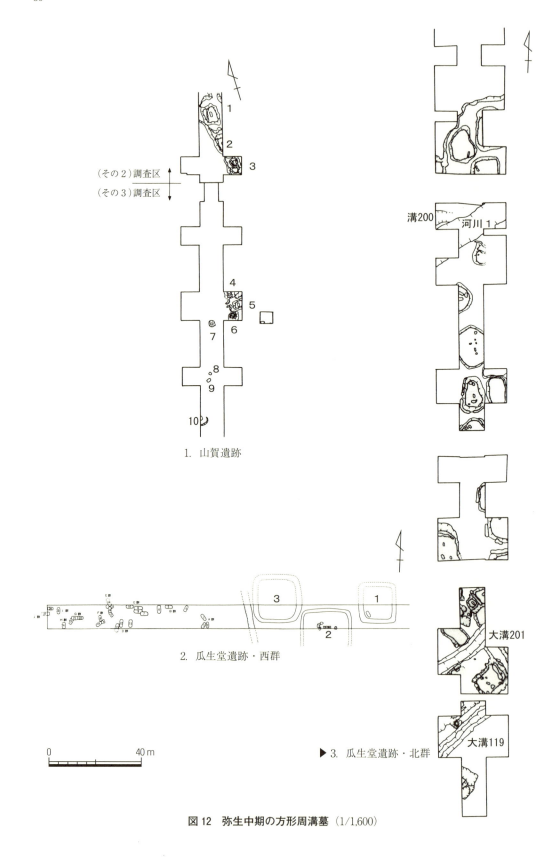

図 12 弥生中期の方形周溝墓 (1/1,600)

る。また、「その3調査区」の4〜6号墓は、B型配置形態をとる。なお、山賀遺跡の方形周溝墓は、いずれも埋葬墓が1基のみの1基埋葬である。

**大阪府東大阪市瓜生堂遺跡・巨摩廃寺遺跡（図12-2・3）**

　瓜生堂遺跡は、河内平野中央部の楠根川流域に位置する弥生中期の遺跡である。当時存在した河内潟南岸に立地する。巨摩廃寺遺跡は、瓜生堂遺跡の南隣にある遺跡だが、遺構のない広場的な空間を介して分離している。両遺跡で検出された弥生中期の方形周溝墓群は、大きく西群（瓜生堂遺跡、図12-2）・北群（瓜生堂遺跡、図12-3）・南群（巨摩廃寺遺跡）の3墓域に分離している。加えて、西群の3号墓の西側にある南北溝を介したさらに西側には、周溝をもたない複数の土壙墓群が存在している。さらに、北群の方形周溝墓群は、北東から南西方向に横断する河川1や大溝119・大溝201によって分離している。

　調査区が細長であるため、方形周溝墓の全体的な配置状況を把握することが困難であるが、総じてB型配置形態を志向すると考えられる。前述したように、北群では、方形周溝墓群が溝や河道によって分割されており、平面形態から大溝119・大溝201に主軸を合わせるように築造されている。このことから、大溝119・大溝201は、墓域を分離・区画したり、墳丘の主軸を規定したりする役割をなした造墓規格線的な溝であったと想定できよう。また、西群の3号墓の西側にある南北溝は、方形周溝墓を築造しうる範囲と無区画土壙墓のみしか築造できない範囲を区分する機能を有していたと考えられる。これも造墓規格線の役割を担ったものと評価できる。

## （2）弥生後期から終末期・古墳前期

**京都府京都市岡崎遺跡（図13-1）**

　京都盆地を南流する鴨川の東域にある弥生時代から古墳時代の遺跡である。これまでの継続的な調査によって、方形周溝墓・自然流路などが検出されている。1992年度の調査地は、鴨川支流・白川氾濫原の緩やかな微高地上に位置し、弥生後期から終末期までの方形周溝墓が10基検出されている。出土土器から、2・6・7・8号墓が弥生後期、1・3・10号墓が弥生終末期に属するとみられる。これらの10基は、直列状連接のA型配置形態をとるC群・D群、独立して存在するC型配置形態のA群・B群に分かれている。

　注目されるのは、A型配置形態をとるD群4基の南辺が、SD209という比較的深く幅広の東西溝によって代用され、各々の方形周溝墓が、これを基準にして列状に整然と構築されていることである。周溝の切りあい関係でみたD群内各方形周溝墓の築造順序やSD209との前後関係は不明であり、この溝が4基の築造当初に掘削されたものか、各々の方形周溝墓築造時に順次伸長、掘削されたものかは判然としない。しかし、平面形態が明らかに1本の貫通した溝である点、他の周溝と比較して南辺のみが大型である点を重視すると、この溝が造墓当初に掘削されたものである蓋然性が高いと解釈できよう。だとすれば、SD209はD群方形周溝墓の造墓規格線的な性格を有したものと考えられる。そして、D群が東西方向に連接するというA型配置形態の造墓計画が当初から予定されていたことを示唆しよう。

　本調査区の周辺部では、北約400mのところで弥生中期前葉の方形周溝墓が2基、弥生中期後葉の方形周溝墓が2基、計4基が東西方向に連接して築造されており、周溝を共有して連接するD群のあり方に類似している。近畿他地域でも、前述の安満遺跡や神足遺跡のようにA型配置形

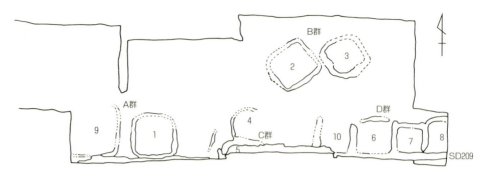

1. 岡崎遺跡

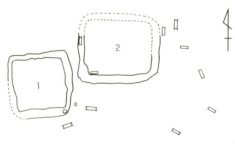

2. 田能遺跡

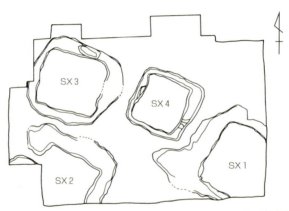

3. 成法寺遺跡

4. 久宝寺遺跡

図13 弥生後期から古墳前期の方形周溝墓 (1/800)

態が弥生中期にみられる。すなわち、岡崎遺跡では、同一小墓域内で、弥生中期に盛行するA型配置形態をとる単位墓群と後述する弥生終末期に盛行するC型配置形態をとる単位墓群とが共存している点が特徴的であるといえる。

**兵庫県尼崎市田能遺跡（図13-2）**

猪名川流域の沖積地に形成された遺跡で、1965～66年実施の第4調査区からは、弥生中期から古墳前期までの住居跡・溝・方形周溝墓・土壙墓などが検出されている。方形周溝墓は、弥生中期後葉とみられる3号墓と古墳前期の1号墓・2号墓がある。古墳前期の1号墓・2号墓は、近接しながらも周溝を共有しない各々独立したC型配置形態をとっている。2基の方形周溝墓は、主軸方向を一致させつつ、半分ほどずらした位置にあり、先にみた岡崎遺跡B群と同一配置パターンである。また、2基の周囲には無区画の木棺墓が検出されており、方形周溝をもつ1号墓・2号墓との間に格差を看取することができる。

**大阪府八尾市成法寺遺跡（図13-3）**

河内平野に位置する弥生後期に成立した遺跡である。1981年の調査では弥生終末期から古墳前期に属する方形周溝墓SX1～4が4基検出されている。これらは、周溝を共有しない各々独立したC型の配置形態をとっている。このうち、SX2は、西側周溝中央に陸橋部を有した形状をなしている。

**大阪府八尾市久宝寺遺跡（図13-4）**

河内平野南部、平野川・長瀬川流域に位置している。1982～83年の調査では、F区において弥生後期から古墳前期の方形周溝墓4基が検出されている。弥生後期末頃の築造と推定される第1号墓は、1辺12m以上の長方形状の主丘に幅6.5m・長さ4.5mの方形突出部が付随した形状を呈する。主丘中央のやや北よりから東西方向の埋葬墓が1基検出されている。つづいて、1号墓の北側に、弥生終末期前半頃に属するとみられる2号墓がB型配置形態をとって連接する。弥生終末期後半から古墳前期初頭頃の築造とみられる3号墓は、1号墓の西側5mにC型配置形態をとって存在しており、台状部から2基の埋葬墓が検出されている。古墳前期前半頃に属

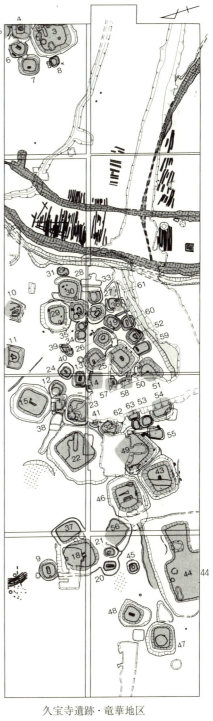

久宝寺遺跡・竜華地区

0　　　　40m

図14　弥生終末期から古墳前期の方形周溝墓（1/1,600）

する4号墓は、1号墓の東側くびれ部にB型配置形態をとって接しており、台状部から埋葬墓が1基検出されている。以上は、周溝切りあい関係や出土土器から、1号墓・2号墓・3号墓・4号墓の順序で構築されたと想定されている。すなわち、弥生後期末に構築された大型で特異な平面形態をもつ1号墓を中核として、これを意識しながら取り巻くように、古墳前期前半頃にいたるまで順次、造墓が行われたといえる。

**大阪府八尾市久宝寺遺跡・竜華地区（図14）**

弥生終末期から古墳前期前半頃までの期間に築造された60基近い方形周溝墓や無区画の土壙墓・木棺墓が検出されている。方形周溝墓は、台状部における埋葬墓が1基のみの個人墓が大半である。築造順序の復元を参考にすると、A・B・C型配置形態をとる。また、弥生終末期前半頃と比較して、それ以降に築造された方形周溝墓は、総じて墳丘規模が大型化している。特筆されるのは、墓域の南西側空閑地に、弥生終末期末葉から古墳前期初頭頃とみられる墳長約33.5mの前方後方墳である44号墳が築造されている点である。弥生終末期から古墳出現期の方形周溝墓（方墳）を造営した集団のなかから、前方後方型という特別な墳形を有した「古墳」に埋葬される被葬者が析出された過程を示す事例といえよう。

## 4. 造墓規格線

上記でみたように、弥生中期の神足遺跡・瓜生堂遺跡・曲川遺跡、弥生後期から終末期の岡崎遺跡では、造墓規格線的な溝の存在が観察できた。こうした溝は、排水機能を有していた可能性もあるが、いずれにしても平面形態からみて、小墓域全体や各単位墓群の墓域範囲を画したり、周溝墓を整然と配列させたりする機能をになっていたものと考えられる。つまりその存在は、連接する被葬者集団の造墓範囲が、ある程度あらかじめ設定されていたことを示しており、さらには小墓域内における他群の造墓集団に対して造墓範囲の確保・占有を表明しておく意義を有していたと想定できよう。

また、こうした規格線がない場合でも、A型の配置形態をとる際は、墓道側など片側の周溝を基準にして連接したり、墓域全体のなかで、各々の群が概ね一定方向を志向しながら造墓を進めたりしていることから、造墓集団構成員全体の合意ないし規制による、ある程度の造墓方針があったことを示唆しよう。

## 5. 方形周溝墓配置形態の推移

上述した遺跡や他の調査例をもとに、以下では、近畿中部地域における方形周溝墓配置形態の推移を整理しておく。

### （1）弥生前期から中期

基本的に、A型・B型配置形態をとるものが多く、比較的、均質的で密集度の高い墓域構成となっている。A型配置形態では、東武庫遺跡・安満遺跡・岡崎遺跡・南栗ヶ塚遺跡・星丘西遺跡・東奈良遺跡・神足遺跡・郡家川西遺跡などがある。総じて摂津・山城・北河内地域など、淀川水系

流域の遺跡に多くみられる。一方、全体にB型配置形態を志向するものは、瓜生堂遺跡・巨摩廃寺遺跡・大阪府大阪市亀井・城山遺跡・奈良県磯城郡三宅町三河遺跡などにみられ、河内潟南側の河内平野、大和盆地の遺跡に多く分布している。

　A型配置形態とB型配置形態を決定する要因は何であったろうか。各単位墓群の造墓範囲に着目すれば、A型配置形態は細長い平面範囲を占めるが、B型配置形態では不定形な同心円状の平面範囲となる。したがって小墓域内において、一定方向の直線的な墓道が設定された全体プランであればA型配置形態になるとも考えられる。地形条件や集団の慣習とも無関係ではなかったかもしれない。ただし、各単位墓群の造墓範囲は、概ね計画的に割り当てられていたと想定できるため、ここでは両者の配置形態が結果的にそうなったのではなく、当初から何らかの配置方針があったということについて一応確認しておきたい。

**（2）弥生終末期から古墳前期**
　基本的に、C型ないしB型配置形態をとるものが多く、A型配置形態はほとんどみられなくなる。すなわち、個々の方形周溝墓が周溝を共有せず、弥生中期段階のA型・B型配置形態と比較してより独立的様相を強めるといえる。しかし、なお近接する周溝墓とは主軸方向を一致させ、一定の規則的配置をみせており、周辺周溝墓との有機的規制関係を意識しながら占地していることがうかがえる。独立して立地するC型配置形態は、連接するA型・B型配置形態と比較すると、1基あたりの占拠空間が広いという特徴をもつ。また、弥生中期のA型・B型配置形態にみられたような網目状の密集度の高い造墓活動は少なくなり、墓域内で余裕ある占地がなされている。久宝寺遺跡・竜華地区では、弥生終末期から古墳出現期の間に60基近い方形周溝墓ないし方墳が造営されており、当該期のなかでは、多数基が比較的高い密集度で造営されている事例となる。しかし、前方後方墳の44号墳は、同一小墓域に配置されながらも、他の方形周溝墓ないし方墳とは間隔をあけたC型配置形態をとって空間を占拠している点で、この時期の特徴を志向しているといえよう。

## 6. 方形周溝墓配置形態からみた被葬者

　以上、方形周溝墓配置形態の推移を整理した。弥生前期から中期段階における方形周溝墓の配置形態は主にA型とB型が存在する。先行する方形周溝墓に後続する方形周溝墓が連接するという現象は、その背後に各方形周溝墓被葬者同士の何らかの親縁的な関係を想定させる。A型とB型、両者の選択要因は判然としないが、単位墓群集団の主体性とするより、小墓域全体の方針に準拠していたようである。

　瓜生堂遺跡・神足遺跡・宮之前遺跡などでは、方形周溝墓のほかに無区画の土壙墓が検出されており、両者間に周溝区画の有無という点で格差が想定されている。一方、方形周溝墓被葬者間同士の格差についてはどうであろうか。弥生中期中葉から後葉においては、墳丘規模長軸15m前後以上の方形周溝墓中心埋葬において赤色顔料がみられるという相関関係が指摘されている。さらに弥生中期後葉では、田能3号墓や大阪府大阪市加美Y1号墓など、墳丘が比較的大型のものに副葬行為が散見される。以上のことから、①田能3号墓・加美Y1号墓などの共同墓地を脱した上位

階層墓、②上位階層墓を含む方形周溝墓群、③上位階層墓を含まない方形周溝墓群、④無区画墓群という、①から④までの多層的な格差がみられると考えられている（大庭重 1999）。ただし①を首長墓や上位階層墓と呼称するにしても、同時期の九州北部と比較すると副葬品保有において、あるいは近畿北部と比較すると墓壙規模において、卓越性が顕著であるとはいえない。赤色顔料の有無と墳丘規模の大小という表層的な不均等が、被葬者間のどのような内容の優劣や社会関係を表現しているのかについては、より具体的に追究していく必要があるように思われる。

つづく弥生後期の状況は不明な点が多いが、弥生終末期にはいると、方形周溝墓の築造数が限定化され、周溝墓内の埋葬墓も1基埋葬を志向することから、周溝墓自体の性格が、「個人墓」「階層墓」へと変質化していくことが指摘されている（岩松 1992b）。すなわち、この時期の方形周溝墓による単位墓群ないし小墓域は、選別された社会的有力者のみによって構成される傾向にあったといえる。当該期としては、比較的多数基の方形周溝墓からなる久宝寺遺跡・竜華地区の小墓域においても、1基埋葬が大半であり、古墳前期初頭頃の前方後方墳である44号墳もC型配置形態をとっている。弥生終末期に多くみられるC型配置形態は、一定範囲の墓域内において、造墓当初から多数基の連接を志向しないことを前提に計画されているので、それだけ方形周溝墓被葬者が限定化され自立性を強めたことを意味していよう。

加えて、この時期には、C型ないしB型配置形態をとり、突出部が付随した前方後方型の久宝寺1号墓や周溝1辺の中央部に陸橋を有した巨摩廃寺3号墓・加美14号墓・大阪府八尾市八尾南遺跡SX2・成法寺遺跡SX2・奈良県磯城郡田原本町法貴寺遺跡などで出現している。後者は、葬送儀礼などの際に方形周溝内空間の隅部にある陸橋から出入りするという従来の導線の基本原則からは逸脱した事例になるわけである。こうした周溝自体の平面形態変化も方形周溝墓被葬者の変質と連動したものではなかろうか。

## 7. まとめ

以上、方形周溝墓の配置形態に主眼を置いて、その背後にある配置原理や被葬者像にアプローチした。方形周溝墓の配置状況は、被葬者の集団内関係や社会的位置を視覚的に示していると考えられる。後続する方形周溝墓は、先行するものを意識したうえで設定される。それは周溝が何度かの再掘削を受け、長期的に手入れがなされていたことからもうかがえよう。すなわち方形周溝墓がもつ本質のひとつは、周囲の周溝墓と有機的関係を維持しながら群集することであり、こうした視点からも、その配置形態は一定の意義をもつ属性といえる。もとより、配置形態のみから背後にある被葬者の集団構成を導き出すにはやや一面的で推論の域を出ない部分が多い。現段階では、現象面の様相を整理するに留まって、本節の結びとしておきたい。

## 第3節　弥生墳墓の墓壙規模——木棺墓・木槨墓を中心に——

弥生時代の土壙墓・木棺墓・木槨墓・石棺墓などにおいて、墓壙は時期・地域を問わず、被葬者・棺・槨を納める機能を有した必要不可欠の普遍的要素である。これらを概観すると、こうした

目的の遂行にとって必要最小限規模のものから、必要以上に大規模なものまでみられる。本節では、時期・地域的に通覧することができる墓壙規模に焦点をあて、その格差が他の墳墓要素とどのように相関し、どのような意味をもつのかについて検討する。そのうえで、階層化社会進展の様相に接近するうえでの一考察とする。なお本節では、木棺・木槨・石棺などを納めるための墓壙のみを取り上げ、甕棺墓の墓壙は除外した。九州北部でみられる成人用甕棺は、墓壙内において斜方向に納められた場合が多く、木棺墓などと同列に比較することが適切でないからである。

## 1. 墓壙規模の様相

後述する山陰の資料から帰納した様相を参考にして、分析作業のために埋葬墓の墓壙規模を長軸6.0m前後以上の大型墓壙（図15-1）、長軸3.5m前後から6.0m前後の中型墓壙（図15-2·3）、長軸3.5m前後以内の小型墓壙（図15-4）に3区分し、墳丘・副葬品との関わりを視野にいれて概観したい。厳密には、遺跡の残存状況が検出された土壙規模に影響する場合もありうる。また、各地域の墓壙規模を画一的な基準で大・中・小に区分する方法についてはやや乱暴なきらいもあるが、ここでは時期・地域的な様相を整理し比較するために使用するものである。

管見にふれた中型から大型墓壙をもつ埋葬墓の一覧を、木棺墓・石棺墓などは表4、木槨墓は表5に示した。以下では、まず山陰を時期的に通覧したあと、他地域についてもみていくことにする。なお、文中で用いる副葬品組成の類型は、第3章第1・2節でも後述するように、鏃 arrowheads を a、玉類 beads を b、鏡 mirrors を m、腕輪などの輪形の飾り rings を r、刀剣矛戈槍などの近接武器 swords を s、鉇・刀子・斧などの工具・道具類 tools を t、その他を＊として、これらを単にアルファベット順に組み合わせて表示したものである。ただし有機質遺物は除外している。

### （1）山陰（図16）

**弥生前期から中期後葉（Ⅰ～Ⅳ期、図16-1）**

弥生前期から中期中葉頃の鳥取県東伯郡湯梨浜町長瀬高浜遺跡では、概ね長軸3.0m前後以内・短軸2.0m前後以内の小型墓壙に納まるものが多い。弥生中期後葉頃以前の島根県松江市友田遺跡では、概ね長軸約2.5m以内・短軸約1.5m以内の小型墓壙に納まる。両遺跡とも、副葬玉類・石器を有する埋葬墓があるが、墓壙規模との間に有意な相関性は看取できない。

**弥生後期初頭から中葉（Ⅴ-1～2期、図16-2）**

前代までの長軸約3.0m以内・短軸約2.0m以内の小型墓壙のまとまりと、長軸4.0m以上で2段墓壙を有するなどした中型墓壙のまとまりとに大別できる。長軸4.0m以上で2段墓壙を有する墳墓は、四隅突出型墳丘墓の鳥取県東伯郡湯梨浜町宮内1号墓第1主体（長軸4.9m以上・短軸3.3m、副葬品bs型）・同第2主体（長軸4.2m以上・短軸2.9m、副葬品s型）・同第3主体（長軸4.4m・短軸1.9m、副葬品b型）、方形の同宮内2号墓第1主体（長軸4.3m・短軸1.25m、副葬なし）、方形墓の鳥取県鳥取市布施鶴指奥墳丘墓第1主体（長軸4.8m・短軸3.4m、副葬品なし、朱）、鳥取県鳥取市門上谷1号墓第3主体（長軸5.1m・短軸2.0m、副葬品s型）などがある。因幡・伯耆の事例が多く、鉄剣・鉄刀を保有する傾向がある。一方、長軸約3.0m以内・短軸約2.0m以内の小型墓壙埋葬墓で副葬品をもつものは稀で、鉄鏃1点や玉類1点などが散見される

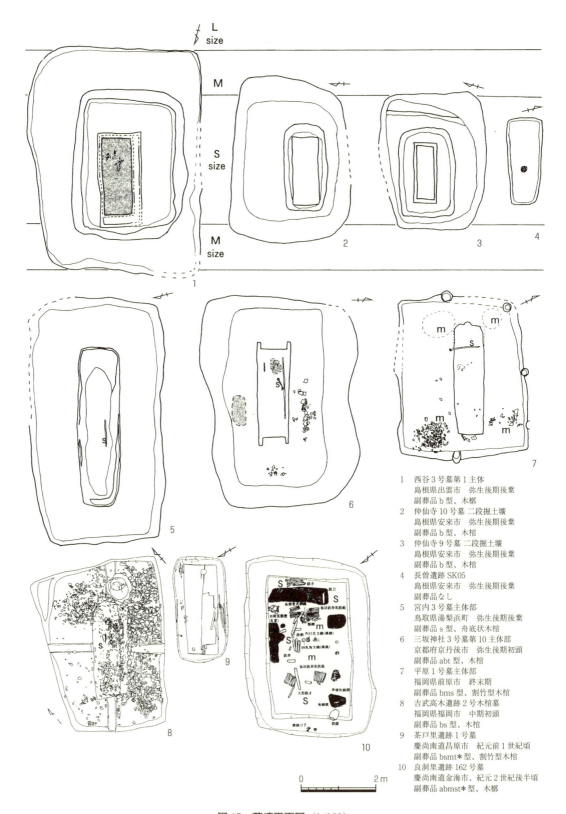

図15 墓壙平面図 (1/100)

表4 中型から大型墓壙をもつ埋葬墓一覧（木棺・石棺など）

| 旧国 | 所在地 | 遺跡名 単位墓名 | 埋葬墓名 | 墓壙形態 | 長軸 | 短軸 | 類型 | 形態 | 時期 | 副葬類型 | 朱 | 副葬品 |
|---|---|---|---|---|---|---|---|---|---|---|---|---|
| 筑前 | 福岡県鞍手町 | 高木 | D9 | 2段 | 3.6 | 2.52 | M | 木棺 | 前期末～中期後 | - | | |
| | | | D30 | 2段 | 3.77 | 2.78 | M | 木棺 | 前期末～中期後 | b | | 管玉1 |
| | | | D32 | 2～3段 | 4.3 | 3.55 | M | 木棺 | 前期末～中期後 | - | | |
| | | | D33 | 2～3段 | 3.95 | 4.2 | M | 木棺 | 前期末～中期後 | b | | 管玉4 |
| | | | S2 | 2段 | 3.8 | 2.62 | M | 石棺 | 中期後半 | - | | |
| | 福岡県福岡市 | 吉武高木 | 2号木棺 | 素掘 | 4.6 | 3.65 | M | 木棺 | 中期初頭 | bs | | 銅剣1、管玉13、勾玉1 |
| | | | 3号木棺 | 素掘 | 3.7 | 2.9 | M | 木棺 | 中期初頭 | bms | | 鏡1、銅剣矛戈4、管玉95、勾玉1 |
| 筑前 | 福岡県糸島市 | 平原1号墓 | 主体 | 2段 | 4.6 | 3.5 | M | 割竹木棺 | 後期中葉～終末期 | bms | ● | 鏡40、素環頭大刀1、玉類多数 |
| 出雲 | 島根県出雲市 | 西谷3号墓 | 第4主体 | 2段 | 6 | 4.5 | L | 木棺 | 後期後葉 | bs | ● | 鉄剣1、管玉20 |
| | 島根県安来市 | 仲仙寺9号墓 | 2段土壙 | 2段 | 3.7 | 2.8 | M | 木棺 | 後期後葉 | b | ● | 管玉11 |
| | | | 土壙 | 素掘 | 3.5 | 1.7 | M | 木棺 | 後期後葉 | - | | |
| | | 仲仙寺10号墓 | 2段土壙 | 2段 | 4.5 | 3.3 | M | 木棺 | 後期後葉 | b | | 管玉28 |
| | | | 土壙 | 素掘 | 4.5 | 3 | M | 木棺 | 後期後葉 | - | | |
| | | | 土壙 | 素掘 | 3.7 | 1.8 | M | 木棺 | 後期後葉 | - | | |
| | | 宮山IV号墓 | 1 | 2段 | 4 | 3 | M | 木棺 | 終末期 | s | ● | 鉄刀1 |
| | | 安養寺1号墓 | 第2主体 | 素掘 | 3.7 | 1.5 | M | 木棺 | 終末期 | - | ● | |
| 伯耆 | 鳥取県湯梨浜町 | 宮内1号墓 | 第1主体 | 2段 | 4.9～ | 3.3 | M～ | 舟底木棺 | 後期中葉 | bs | ● | 鉄剣1、管玉34 |
| | | | 第2主体 | 2段 | 4.2～ | 2.9 | M～ | 舟底?木棺 | 後期中葉 | s | ● | 鉄刀1 |
| | | | 第3主体 | 素掘 | 4.4 | 1.9 | M | 木棺 | 後期中葉 | b | ● | 管玉13 |
| | | 宮内2号墓 | 第1主体 | 素掘 | 4.3 | 1.25 | M | 舟底木棺 | 後期前葉 | | | |
| | | 宮内3号墓 | 主体 | 2段 | 6.7 | 3.6 | L | 舟底木棺 | 後期後葉 | s | | 鉄刀1 |
| 伯耆 | 鳥取県倉吉市 | 阿弥大寺1号墓 | 第1主体 | 素掘 | 3.7～ | 1.7～ | M～ | 木棺 | 後期中葉 | - | | |
| | | 大谷後口谷1号墓 | 第1主体 | 2段 | 3.9 | 2.6 | M | 木棺 | 後期後葉 | | | |
| | | 大谷後口谷2号墓 | 第1主体 | 素掘 | 3.5 | 1.7 | M | 木棺 | 後期後葉 | - | | |

| 旧国 | 所在地 | 遺跡名 単位墓名 | 埋葬墓名 | 墓壙形態 | 長軸 | 短軸 | 類型 | 形態 | 時期 | 副葬類型 | 朱 | 副葬品 |
|---|---|---|---|---|---|---|---|---|---|---|---|---|
| 伯耆 | 鳥取県倉吉市 | 藤和墳丘墓 | 主体 | 2段 | 5.9 | 4.6 | M | 割竹木棺 | 終末期 | - | | |
| 因幡 | 鳥取県岩美町 | 新井三嶋谷1号墓 | 第1主体 | ? | 5.3 | 5.7 | M | 木棺2基 | 中期末〜後期初 | ? | | |
| | | | 第2主体 | ? | 3.7〜 | 1.5 | M | ? | 中期末〜後期初 | ? | | |
| | | | 第3主体 | ? | 5 | 1.8 | M | ? | 中期末〜後期初 | ? | | |
| | 鳥取県鳥取市 | 松原1号墓 | 第1主体 | 2段 | 3.7 | 2.4〜 | M | 木棺 | 後期前葉 | bs | ● | 鉄剣1、管玉17、小玉60 |
| | | 門上谷1号墓 | 第3主体 | 素掘 | 5.1 | 2 | M | 木棺 | 後期中葉 | s | | 鉄刀1 |
| | | | 第5主体 | 素掘 | 4.1 | 1.5 | M | 木棺 | 後期中葉 | - | | |
| | | | 第13主体 | 素掘 | 3.7 | 1.4 | M | 木棺 | 後期中葉 | - | | |
| | | 門上谷2号墓 | 第7主体 | 素掘 | 3.7 | 2 | M | 木棺 | 後期後葉 | - | | |
| | | 桂見1号墓 | 第1主体 | 2段 | 4.9 | 2.65 | M | 木棺 | 終末期 | abs | | 鉄剣1、鉄鏃1、管玉4、小玉6 |
| 但馬 | 兵庫県豊岡市 | 妙楽寺5A | 5A3 | 素掘 | 4 | 2.4 | M | 土壙 | 後期 | ? | | |
| | | 立石103C群 | 第11主体 | 2段 | 3.65 | 1.56 | M | 木棺 | 後期 | s | | 鉄剣1 |
| | | 立石99地点 | 第1主体 | 素掘 | 3.8 | 1.5 | M | 木棺 | 後期 | - | | |
| 丹後 | 京都府与謝野町 | 寺岡SX56 | 第1主体 | 素掘 | 6.7 | 4.2 | L | 木棺 | 中期後葉 | - | | |
| | | 日吉ヶ丘SZ01 | SX01 | 素掘 | 5.2 | 3.2 | M | 木棺 | 中期後半 | b | ● | 管玉430〜、炭化米35〜 |
| | | 坂野丘 | 第1主体 | 2段 | 5.9 | 3.1 | M | 木棺 | 中期後葉 | - | ● | |
| | 京都府京丹後市 | 三坂神社3号墓 | 第10主体 | 素掘 | 5.69 | 4.27 | M | 木棺 | 後期初頭 | abt | ● | 鉄鏃2、鉇1、刀子1、管玉12、勾玉1、小玉10、水晶棗玉16ほか |
| | | 三坂神社4号墓 | 第2主体 | 素掘 | 4.51 | 2.34 | M | 木棺 | 後期初頭 | b | ● | 管玉3 |
| | | 三坂神社5号墓 | 第1主体 | 素掘 | 3.72 | 2.3 | M | 木棺 | 後期 | - | | |
| | | 三坂神社7号墓 | 第1主体 | 素掘 | 3.97 | 2.26 | M | 木棺 | 後期 | t | ● | 刀子1 |
| | | 三坂神社8号墓 | 第7主体 | 素掘 | 4〜 | 2.1 | M | 木棺 | 後期初頭 | bt | ● | 鉇1、小玉63 |
| | 京都府与謝野町 | 大風呂南1号墓 | 第1主体 | 素掘 | 7.3 | 4.3 | L | 舟底木棺 | 後期後葉 | abrst | ● | 鉄剣11、鉄鏃4、銅釧13、管玉272、勾玉10ほか |

| 旧国 | 所在地 | 遺跡名 単位墓名 | 埋葬墓名 | 墓壙形態 | 長軸 | 短軸 | 類型 | 形態 | 時期 | 副葬類型 | 朱 | 副葬品 |
|---|---|---|---|---|---|---|---|---|---|---|---|---|
| 丹後 | 京都府 与謝野町 | 大風呂南 1号墓 | 第2主体 | 2段 | 4.2 | 2.1 | M | 舟底木棺 | 後期後葉 | ast | | 鉄剣2、鉄鏃2、鑿状鉄器1 |
| | | | 第3主体 | 2段 | 4.2 | 3.8 | M | 舟底木棺 | 後期後葉 | bst | ● | 鉄剣1、鉇1、管玉31 |
| | | | 第4主体 | 2段 | 3.7 | 2.1 | M | 舟底木棺 | 後期後葉 | b | | 管玉53 |
| | | 大風呂南 2号墓 | 第1主体 | ? | 5.9 | 3.8 | M | ? | 終末期 | ? | | |
| | 京都府 京丹後市 | 帯城 B台状墓 | 北1主体 | 2段 | 4.1 | 2.4 | M | 木棺 | 終末期 | s | | 鉄剣1 |
| | | | 北10主体 | 2段 | 4.5〜 | 1.8 | M | 木棺 | 後期 | − | | |
| | | 金谷 1号墓 | 第1主体 | 2段 | 5 | 2.7〜 | M | 舟底木棺 | 終末期 | − | ● | |
| | | | 第2主体 | 2段 | 3.5 | 1.9 | M | 木棺 | 終末期 | b | ● | 管玉6〜、勾玉2 |
| | | | 第6主体 | 2段 | 3.6 | 1.55 | M | 舟底木棺 | 終末期 | st | | 鉄剣1、鉇1 |
| | | | 第15主体 | 2段 | 3.8 | 2.4 | M | 木棺 | 終末期 | ast | ● | 鉄剣1、鉄鏃1、鉇1 |
| | | 坂野丘 | 第2主体 | 2段 | 5.5 | 3 | M | 木棺 | 終末期 | bs | ● | 鉄剣1、管玉32、勾玉6、小玉500〜 |
| | | 浅後谷南 墳墓 | 第1主体 | 2段 | 6.5 | 4.4 | L | 舟底木棺 | 終末期 | bst | ● | 鉄剣2、鉇1、勾玉5、小玉200〜300 |
| | | | 第2主体 | 2段 | 4.6 | 3.9 | M | 舟底木棺 | 終末期 | s | ● | 鉄剣2 |
| | | | 第3主体 | 2段 | 3.6 | 2.6 | M | 割竹木棺 | 終末期 | − | | |
| | | | 第6主体 | 2段 | 3.7 | 2.3 | M | 舟底木棺 | 終末期 | | | |
| | | 赤坂今井 墳丘墓 | 第1主体 | 2段 | 14 | 10.5 | L | 舟底？木棺 | 後期末〜終末期 | ? | | |
| | | | 第2主体 | 2段 | 4.5 | 2.4 | M | 舟底木棺 | 後期末〜終末期 | t | | 鉇1 |
| | | | 第3主体 | 2段 | 3.55 | 2.3 | M | 木棺 | 後期末〜終末期 | t | | 鉇1 |
| | | | 第4主体 | 2段 | 7 | 4.2 | L | 舟底木棺 | 後期末〜終末期 | bst | | 鉄剣1、鉇1、管玉127〜、勾玉25〜 |
| 丹波 | 兵庫県 篠山市 | 内場山 墳丘墓 | SX9 | 2段 | 6.06 | 4.86 | L | 木棺 | 終末期 | s | ● | 鉄剣1 |
| | | | SX10 | 2段 | 7.38 | 3.1 | L | 木棺 | 終末期 | ast | | 鉄刀1、鉄鏃17、鉇1 |
| | | | SX11 | 2段 | 4.75 | 2.94 | M | 木棺 | 終末期 | st | ● | 鉄剣1、鉇1 |
| | | | SX12 | 2段 | 3.6 | 1.8 | M | 木棺 | 終末期 | − | | |
| | | | SX13 | 2段 | 3.7 | 2.02 | M | 木棺 | 終末期 | − | | |
| 若狭 | 福井県 若狭町 | 向山B | SK01 | 素掘 | 3.9 | 1.15 | M | 土壙 | 中期末〜後期前 | | | |

| 旧国 | 所在地 | 遺跡名 単位墓名 | 埋葬墓名 | 墓壙形態 | 長軸 | 短軸 | 類型 | 形態 | 時期 | 副葬類型 | 朱 | 副葬品 |
|---|---|---|---|---|---|---|---|---|---|---|---|---|
| 若狭 | 福井県 若狭町 | 向山B | SK05 | 素掘 | 4.1 | 2.2 | M | 土壙 | 後期中葉 | - | | |
| | | | SK07 | 素掘 | 4.4 | 1.6 | M | 土壙 | 終末期 | - | | |
| | | | SK09 | 素掘 | 3.9 | 1.9 | M | 土壙 | 後期中葉 | s | | 鉄剣1 |
| | 福井県 福井市 | 小羽山 30号墓 | 埋葬施設 | 素掘 | 5.18 | 3.07 | M | 木棺 | 後期後葉 | bs | ● | 鉄剣1、管玉113、勾玉1ほか |
| | 福井県 鯖江市 | 王山 5号墓 | 第2主体 | 素掘 | 5.9 | 2.5 | M | 木棺 | 終末期 | s | | 鉄刀1 |
| | 福井県 福井市 | 原目山 I号 | 土壙 | 2段 | 4 | 2.5 | M | 木棺 | 終末期 | bs | | 鉄刀2、管玉323、小玉728 |
| | | 原目山 II号 | 1号土壙 | | 5.06 | 3.3 | M | 木棺 | 終末期 | bs | | 鉄剣1、小玉11 |
| | | | 4号土壙 | 3段 | 4 | 3.25 | M | 木棺 | 終末期 | s | | 鉄刀1 |
| | | 原目山 IV号 | 土壙 | 素掘 | 4.9 | 2.25 | M | 木棺 | 終末期 | t | | 鉇1 |
| | | 原目山 V号 | 1号土壙 | 3段 | 4 | 2.5 | M | 割竹木棺 | 後期 | - | | |
| | 福井県 永平寺町 | 乃木山 墳丘墓 | 2号 | 2段 | 5.13 | 2.35 | M | 舟底木棺 | 終末期 | st | | 鉄刀4、鉇1 |
| 備後 | 広島県 三次市 | 矢谷 MD1 | SK5 | 2段 | 3.85 | 3.95 | M | 木棺 | 終末期 | b | ● | 管玉5 |
| 備中 | 岡山県 総社市 | 鋳物師谷 第2号 | F主体 | 素掘 | 5 | 4 | M | 竪石 | 後期後葉 | b | | 管玉1 |
| 備前 | 岡山県 岡山市 | 都月坂 2号 | 中心主体 | 素掘 | 4.6 | 3.75 | M | 竪石 | 終末期 | - | | |
| 播磨 | 兵庫県 たつの市 | 半田山 1号墓 | 第1主体 | 2段 | 5.1 | 3.7 | M | 木棺 | 終末期 | ams | ● | 鉄剣1、鏡1、銅鏃1 |
| 摂津 | 兵庫県 尼崎市 | 田能 3号墓 | 16号 | 素掘 | 3.6 | 2 | M | 木棺 | 中期後葉 | b | ● | 管玉632 |
| 河内 | 大阪府 八尾市 | 久宝寺 3号墓 | 中央主体 | 素掘 | 5 | 1.3 | M | 木棺 | 終末期 | - | | |
| | | | 東主体 | 素掘 | 4.45 | 1.1 | M | 木棺 | 終末期 | - | | |
| | 大阪府 枚方市 | 中宮ドンバ 1号墓 | 主体 | 素掘 | 4 | 2 | M | 木棺 | 終末期 | ast | ● | 鉄剣1、鉄鏃1、刀子2 |
| | 滋賀県 高島市 | 熊野本 墳丘墓 | 木棺 | | 5 | 2 | M | 木棺 | 終末期 | b | ● | 小玉600 |
| 武蔵 | 東京都 八王子市 | 神谷原 SX17 | 主体 | 素掘 | 4.86 | 2.48 | M | | 終末期 | | | |
| 上総 | 千葉県 君津市 | 常代 SZ26 | SK160 | 素掘 | 4.5 | 1.1 | M | | 中期中葉 | - | | |
| | 千葉県 市原市 | 小田部新地14号墓 | 主体 | 素掘 | 3.78 | 2.63 | M | 木棺 | 中期後葉 | | | |
| | 千葉県 袖ヶ浦市 | 向神納星2 SE016 | 埋葬施設 | 素掘 | 3.8 | 2.3 | M | 木棺 | 中期後葉 | | | |
| | | 向神納星3 SE029 | 埋葬施設 | 素掘 | 3.8 | 2 | M | 木棺 | 中期後葉 | b | | 管玉2 |

| 旧国 | 所在地 | 遺跡名 単位墓名 | 埋葬墓名 | 墓壙形態 | 長軸 | 短軸 | 類型 | 形態 | 時期 | 副葬類型 | 朱 | 副葬品 |
|---|---|---|---|---|---|---|---|---|---|---|---|---|
| 上総 | 千葉県袖ヶ浦市 | 向神納星3 SE030 | 埋葬施設 | 2段 | 4 | 2.4 | M | 木棺 | 中期後葉 | b | | 管玉14 |
| | | 向神納星3 SE033 | 埋葬施設 | 素掘 | 3.9 | 2.7 | M | 木棺 | 中期後葉 | - | | |
| | | 向神納星3 SE035 | 埋葬施設 | 素掘 | 3.8 | 2.7〜 | M | 木棺 | 中期後葉 | b | | 管玉1 |
| | | 向神納星3 SE039 | 埋葬施設 | 2段 | 4.7 | 2.7 | M | 木棺 | 中期後葉 | b | | 管玉1 |
| | | 向神納星3 SE048 | 埋葬施設 | 素掘 | 3.7 | 2.7 | M | 木棺 | 中期後葉 | b | | 管玉1 |
| | | 向神納星3 SE052 | 埋葬施設 | 素掘 | 4 | 2.4 | M | 木棺 | 中期後葉 | b | | 管玉6 |
| | | 向神納星3 SE053 | 埋葬施設 | 素掘 | 4.1 | 2.9 | M | 木棺 | 中期後葉 | - | | |
| | | 向神納星3 SE055 | 埋葬施設 | 素掘 | 3.8 | 2 | M | 木棺 | 中期後葉 | | | |
| | 千葉県富津市 | 前三舟台 16号址 | 埋葬施設 | 素掘 | 3.94 | 2.68 | M | 木棺 | 中期後〜後期 | | | |
| | | 川島 4号墓 | 埋葬施設 | 素掘 | 4.1 | 0.9 | M | | 後期 | | | |
| | 千葉県袖ヶ浦市 | 境 11号址 | 埋葬施設 | 素掘 | 3.55 | 1.2 | M | 木棺 | 後期 | | | |
| | 千葉県君津市 | 畑沢 SE03 | 主体 | 素掘 | 4 | 1.95 | M | 木棺 | 後期 | | | |
| | 千葉県市原市 | 神門 3号墓 | 主体 | 素掘 | 4.13 | 1.3 | M | 木棺 | 終末期〜 | abst | ● | 鉄剣1、鑓1、鉇1、管玉11、小玉103 |
| | | 神門 4号墓 | 埋葬施設 | 素掘 | 4.05 | 1.2 | M | 割竹？木棺 | 終末期〜 | abst | ● | 鉄剣1、鉄鏃41、鉇1、管玉73±、勾玉3、小玉420〜 |
| | | 小田部古墳 | 土壙 | 素掘 | 3.9 | 0.56 | M | | 終末期〜 | b | ● | 管玉3？ 小玉282〜 |
| 下総 | 千葉県千葉市 | 星久喜 4号墓 | | | 3.62 | 1.76 | M | | 中期後葉 | - | | |
| | 千葉県佐倉市 | 大崎台 第2号 | 主体 | 素掘 | 3.54 | 2.02 | M | 木棺 | 後期 | | | |

にすぎない。

なお、埋葬墓の内部は不明だが、弥生中期末葉から後期初頭頃に位置付けられる鳥取県岩美郡岩美町新井三嶋谷1号墓第1主体（長さ5.3m・幅5.6m、木棺2基あり）・同第3主体（長軸5.0m・短軸1.8m）は、山陰地域における中型墓壙の早い事例となる。後述する丹後からの影響を受けた可能性がある。

**弥生後期後葉（V-3期、図17-1）**

前代までの小型墓壙と中型墓壙のまとまりに、長軸6.0m前後以上の大型墓壙のまとまりが付加されて、概ね3段階程度に大別される。長軸6.0m前後以上を測る大型墓壙クラスのものは、墳丘長辺約40m・短辺約30mを測る四隅突出型墳丘墓の島根県出雲市西谷3号墓第1主体（長軸6.1

表5　中型から大型墓壙をもつ埋葬墓一覧（木槨）

| 旧国 | 所在地 | 遺跡名 単位墓名 | 埋葬墓名 | 墓壙形態 | 長軸 | 短軸 | 類型 | 時期 | 副葬類型 | 朱 | その他 |
|---|---|---|---|---|---|---|---|---|---|---|---|
| 筑前 | 福岡県飯塚市 | スダレ | D35 | 2段 | 4.47 | 4.25 | M | 中期前半 | - | | |
| 筑前 | 福岡県福岡市 | 比恵 | SX03 | 2段 | 4.1 | 1.8 | M | 中期前半 | - | ● | |
| 筑前 | 福岡県飯塚市 | 鎌田原 | 6号主体 | 2段 | 6.45 | 4.25 | L | 中期前～中葉 | s | | 銅戈1、赤色顔料 |
| 出雲 | 島根県出雲市 | 西谷3号墓 | 第1主体 | 2段 | 6.1 | 4.8 | L | 後期後葉 | bs | ● | 鉄剣1、管玉52、勾玉2、小玉170 |
| 出雲 | 島根県安来市 | 安養寺1号墓 | 第1主体 | 素掘 | 5 | 3.3 | M | 終末期 | - | ● | |
| 因幡 | 鳥取県鳥取市 | 布施鶴指奥1号墓 | 第1主体 | 2段 | 4.8 | 3.4 | M | 後期前半 | - | ● | |
| 越前 | 福井県福井市 | 小羽山26号墓 | 第1埋葬 | 2段 | 6.5 | 3.4 | L | 後期後葉 | b | ● | 管玉1（墓壙上） |
| 越前 | 福井県永平寺町 | 乃木山墳丘墓 | 1号埋葬 | 2段 | 7.13 | 4.41 | L | 終末期 | s | | 鉄刀1、鉄剣1、木製枕1 |
| 備後 | 広島県庄原市 | 佐田谷1号墓 | SK2 | 素掘 | 3.85 | 3.23 | M | 後期初頭 | - | | |
| 備中 | 岡山県倉敷市 | 楯築墳丘墓 | 中心主体 | 2段 | 9 | 6.25 | L | 後期後葉 | bs | ● | 鉄剣1、管玉494～、勾玉1、小玉94～、瑪瑙製棗玉1 |
| 備中 | 岡山県岡山市 | 雲山鳥打1号墓 | 第3主体 | 素掘 | 3.7 | 2.7 | M | 後期後葉 | - | | |
| 山城 | 京都府城陽市 | 芝ヶ原墳丘墓 | 主体 | 素掘 | 4.47 | 2.45 | M | 終末期 | bmrt* | | 鉇1、鏡1、銅釧2、管玉187、勾玉8、小玉1276ほか |

m・短軸4.8m、副葬品b型、朱、図15-1）や第4主体（長軸6.0m・短軸4.5m、副葬品bs型、朱）、墳丘長辺23.5m・短辺約17mを測る鳥取県東伯郡湯梨浜町宮内3号墓主体部（長軸6.7m・短軸3.6m、副葬品s型、図15-5）などがある。これらは、墳丘規模が大型で、鉄刀剣やガラス製管玉などが副葬される傾向がある。これに次ぐ長軸4.0m前後・短軸3.0m前後の中型墓壙クラスのものは、長辺約19m・短辺約19mを測る四隅突出型墳丘墓の島根県安来市仲仙寺10号墓2段掘土壙（長軸4.5m・短軸3.3m、副葬品b型、図15-2）・土壙（長軸4.5m・短軸3.0m、副葬品なし）、長辺約19m・短辺約16mを測る四隅突出型墳丘墓の同仲仙寺9号墓2段掘土壙（長軸3.7m・短軸2.8m、副葬品b型・朱、図15-3）、方形墓の鳥取県倉吉市大谷後口谷墳丘墓主体部（長軸3.9m・短軸2.6m、副葬品なし）などがあり、碧玉製管玉のみの副葬や副葬がなされない傾向がある。このように、この時期の山陰では、墓壙規模と墳丘規模・副葬品組成の相関関係がうかがえる。この現象については、第3章第1節において改めて詳述する。

**弥生終末期（Ⅵ期、図17-2）**

　大型墓壙クラスの事例が乏しいが、前代と同様の傾向がうかがえる。しかし、四隅突出型墳丘墓で大型墓壙クラスの鳥取県倉吉市藤和墳丘墓主体部（長軸5.9m・短軸4.6m）が副葬品をもたないにもかかわらず、四隅突出型墳丘墓の島根県安来市宮山Ⅳ号墓第1主体部（長軸4.0m・短軸3.0m、副葬品s型、朱）や鳥取県鳥取市糸谷1号墓第2主体部（長軸2.67m・短軸1.42m、副葬

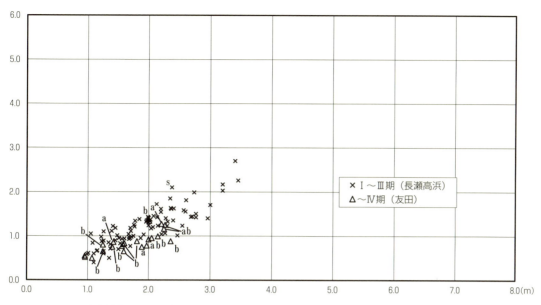

1 弥生前期から中期後葉
　　長瀬高浜遺跡（鳥取県湯梨浜町）・友田遺跡（島根県松江市）

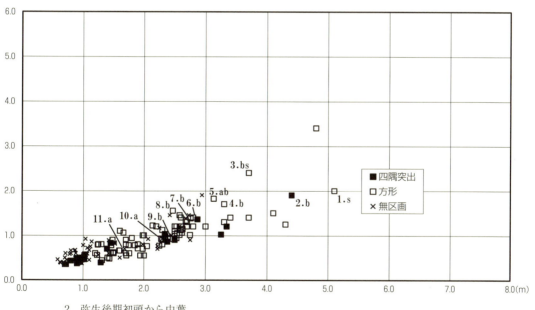

2 弥生後期初頭から中葉
　1　門上谷1号墓第3主体　（鳥取県鳥取市）　　7　松原1号墓第4主体　（鳥取県鳥取市）
　2　宮内1号墓第3主体　　（鳥取県湯梨浜町）　8　松原1号墓第2主体　（鳥取県鳥取市）
　3　松原1号墓第1主体　　（鳥取県鳥取市）　　9　仙谷3号墓第16埋葬（鳥取県大山町）
　4　門上谷1号墓第1主体　（鳥取県鳥取市）　　10　仙谷3号墓第5埋葬　（鳥取県大山町）
　5　松原1号墓第3主体　　（鳥取県鳥取市）　　11　布施鶴指奥遺跡SX06（鳥取県鳥取市）
　6　門上谷1号墓第12主体（鳥取県鳥取市）

図16　墓壙規模と副葬品組成　その1

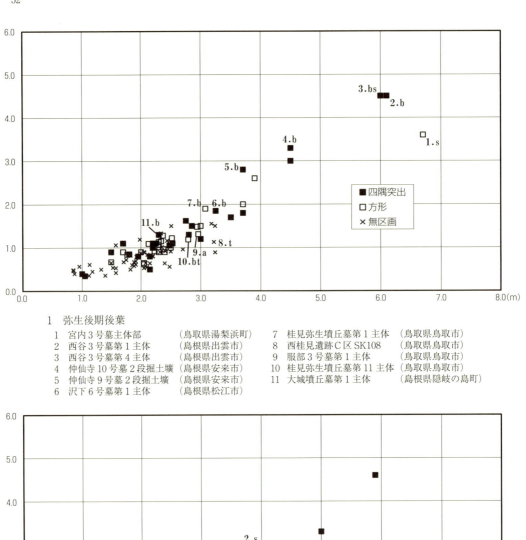

1 弥生後期後葉
1 宮内3号墓主体部　　　　　（鳥取県湯梨浜町）
2 西谷3号墓第1主体　　　　（島根県出雲市）
3 西谷3号墓第4主体　　　　（島根県出雲市）
4 仲仙寺10号墓2段掘土壙　　（島根県安来市）
5 仲仙寺9号墓2段掘土壙　　（島根県安来市）
6 沢下6号墓第1主体　　　　（島根県松江市）
7 桂見弥生墳丘墓第1主体　　（鳥取県鳥取市）
8 西桂見遺跡C区SK108　　　（鳥取県鳥取市）
9 服部3号墓第1主体　　　　（鳥取県鳥取市）
10 桂見弥生墳丘墓第11主体　 （鳥取県鳥取市）
11 大城墳丘墓第1主体　　　　（島根県隠岐の島町）

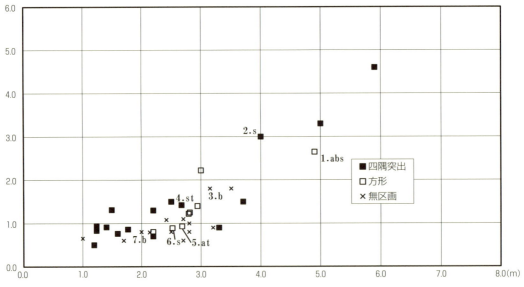

2 弥生終末期
1 桂見1号墓第1主体　　　　（鳥取県鳥取市）
2 宮山4号墓第1主体　　　　（島根県安来市）
3 島田黒谷遺跡Ⅴ区SK01　　（島根県安来市）
4 糸谷1号墓第2主体　　　　（鳥取県国府町）
5 桂見1号墓第3主体　　　　（鳥取県鳥取市）
6 桂見1号墓第4主体　　　　（鳥取県鳥取市）
7 島田黒谷遺跡Ⅴ区SK04　　（島根県安来市）

図17　墓壙規模と副葬品組成　その2

品 st 型）のように、小型から中型墓壙であっても鉄製近接武器を保有するなど、前代までの墓壙規模と副葬品内容との相関関係がやや崩れる様相がうかがえる。しかし、当該期の様相を結論するには、西谷4・9号墓など、最大級の墳丘規模をもつ資料の墓壙規模・副葬品内容を明らかにする必要があろう。

　上記でみたように弥生前期から中期までは、墓壙規模が、概ね長軸 3.0 m 以内・短軸 2.0 m 以内に納まる。墓壙の掘削は、必要最低限の労働力によってなされた。弥生後期にはいると墓壙規模に格差が生まれ、弥生後期後葉頃にいたると西谷3号墓や宮内3号墓などの大型墓壙クラス、これに次ぐ中型墓壙クラス、これに次ぐ小型墓壙クラスの概ね3段階程度に弁別しうるまでになる。長軸 6.0 m 以上の大型墓壙クラスは大型四隅突出型墳丘墓の中心的埋葬墓で鉄刀剣・ガラス製管玉などによる副葬品 bs 型、中型墓壙クラスは中型四隅突出型墳丘墓・方形墓の中心的埋葬墓で碧玉製管玉などによる副葬品 b 型、小型墓壙クラスは墳丘墓のその他埋葬墓や無区画の木棺墓・土壙墓などが概ね適合する。すなわち、最高位埋葬は、墳丘・墓壙規模で明らかに他と格差をもち、鉄刀剣やガラス製管玉など、遠隔地流通によって入手した稀少品が副葬される。弥生後期後葉頃の山陰地域においては、墳丘・墓壙・副葬品の3要素が相関関係にあることから、被葬者間の階層性が体系的、体制的（渡辺 2000）に反映・表示されていた蓋然性がある。こうした相関関係の原則が一単位墓・一墓域内で完結するものではなく、山陰地域の幾つかに認められる点は、墓制にみられる被葬者間関係の表示が、一地域内の縦の関係に加えて、地域同士の横の関係にまで及んだものであった可能性を示唆しよう。しかし、弥生終末期では、こうした原則が緩和されたかのような状況になり、小型墓壙クラスの墳丘墓の埋葬墓でも鉄製近接武器副葬が散見されるようになる。

### （2）九州北部（甕棺墓は除外）

　弥生前期から中期の中・大型墓壙の事例として、弥生中期初頭の福岡県福岡市吉武高木遺跡2号木棺（長軸 4.6 m・短軸 3.65 m、副葬品 bs 型、図 15-8）・同3号木棺（長軸 3.7 m・短軸 2.9 m、副葬品 bms 型）、弥生前期末葉から中期中葉頃の福岡県鞍手郡鞍手町高木遺跡 D32 号土壙墓（長軸 4.3 m・短軸 3.55 m、副葬品なし）、弥生中期前半の福岡県飯塚市スダレ遺跡 D35 号墓（長軸 4.47 m・短軸 4.25 m、副葬品なし）、弥生中期前半から中葉の福岡県嘉麻市鎌田原遺跡6号主体（長軸 6.45 m・短軸 4.25 m、副葬品 s 型）などがある。吉武高木遺跡では、中型墓壙の2・3号木棺に各種青銅製近接武器・多鈕細文鏡などが副葬され、墓壙規模と副葬品に相関関係が認められる一方、高木遺跡 D32 号墓などのように副葬品をもたないものもみられる。

　弥生後期から終末期では、福岡県糸島市平原1号墓主体部（長軸 4.6 m・短軸 3.5 m、副葬品 bms 型）が中型墓壙をもつ（図 15-7）。一部、棺内副葬の可能性もあるが、墓壙内棺外からは、AからEのまとまりで鏡片が散乱して検出されており、墓壙内スペースが埋葬儀礼の場として利用されたことを示している。当該期は、平原1号墓主体部以外では、いずれも小型墓壙の範疇に納まる場合が多い。集団墓の事例として、弥生後期初頭から前半の木棺墓・土壙墓・石蓋土壙墓・石棺墓など 61 基で構成される佐賀県三養基郡上峰町二塚山遺跡をみると、最も大きい 19 号失蓋土壙墓（長軸 3.24 m・短軸 2.44 m、副葬品 s 型）は鉄剣が、これに準ずる 17 号失蓋土壙墓（長軸 3.1 m・短軸 1.78 m、副葬品 bm 型）は連弧文偽銘帯鏡1・ガラス製勾玉1・ガラス製小玉2が副葬され、この2基のみに施朱がみられる。この他、鏡・鉄刀剣が副葬されるものは、墓壙規模がわずかに大

きい傾向があるものの、いずれも長軸3.2ｍ前後以内・短軸2.5ｍ以内であり、あくまで小型墓壙の範疇に納まっている。その他、福岡県若宮市汐井掛遺跡や福岡県京都郡みやこ町徳永川ノ上遺跡など、弥生後期から終末期頃の集団墓で鉄刀剣が副葬される事例があるが、いずれも小型墓壙の範疇に留まっている。

### （3）江の川水系上流域

　弥生前期では、広島県山県郡北広島町岡の段Ｃ地点遺跡で木棺墓が検出されており、いずれも長軸2.5ｍ前後以内・短軸1.5ｍ前後以内の小型墓壙に納まる。弥生中期後葉の塩町式期に到ると、広島県三次市宗祐池西1号墓・同殿山38号墓・同陣山墳墓群1～5号墓など、初源的な四隅突出型墳丘墓が出現するが、これらの墳丘内にある埋葬墓は、まだ小型墓壙の範疇に留まっている。弥生後期初頭以降では、広島県庄原市田尻山1号墓・同佐田谷1号墓・広島県山県郡北広島町歳ノ神墳墓群第3～4号墓などの四隅突出型墳丘墓がみられる。このうち、佐田谷1号墓SK2（長軸3.9ｍ・短軸3.4ｍ、木槨、副葬品なし）が中型墓壙の範疇にはいる。弥生終末期では、広島県三次市矢谷MD1号墓SK5（長軸3.95ｍ・短軸3.85ｍ、副葬品ｂ型）が中型墓壙である。以上のように、この地域では弥生中期後葉以降に墳丘墓がみられるようになるものの、墓壙規模という要素ではそれほど格差が拡がらないようである。

### （4）吉備南部

　弥生中期後葉では、例えば岡山県赤磐市四辻土壙墓遺跡Ｂ地区方形台状墓をみると、長軸2.65ｍ以内の小型墓壙に納まる。弥生後期後葉頃の墳丘墓をみると、岡山県倉敷市楯築墳丘墓第1主体（長軸約9.0ｍ・短軸約6.25ｍ、副葬品bs型、朱）が最も大型の墓壙を有する。つづいて、岡山県総社市鋳物師谷2号墓Ｆ主体（長軸約5.0ｍ・短軸4.0ｍ、副葬品ｂ型）・岡山県岡山市雲山鳥打1号墓第2主体（長軸約4.38ｍ・短軸約2.5ｍ、副葬品ｂ型、朱）が中型墓壙、岡山県総社市新本立坂墳丘墓第3主体（長軸約3.14ｍ・短軸約1.28ｍ、副葬品ｂ型、朱）・同第15主体（長軸約2.66ｍ・短軸約1.14ｍ、副葬品なし）が小型墓壙となる。以上は、墓壙規模と副葬鉄剣の有無の間に相関関係が見出せる。しかし、つづく弥生終末期になると、岡山県岡山市みそのお遺跡のように小型墓壙の埋葬墓でも鉄剣が副葬されるようになる。

### （5）近畿北部

　この地域では、弥生中期中葉の京都府与謝郡与謝野町日吉ヶ丘遺跡SZ01方形貼石墓、弥生中期後葉の京都府与謝郡与謝野町寺岡遺跡SX56方形周溝墓・京都府京丹後市小池13号墓・京都府舞鶴市志高1・2・3号墓など、方形貼石墓が出現する（野島1991）。このうち、寺岡遺跡SX56方形周溝墓第1主体（長軸6.7ｍ・短軸4.2ｍ、副葬品なし）、日吉ヶ丘遺跡SZ01方形貼石墓の埋葬墓SX01（長軸5.2ｍ・短軸3.2ｍ、副葬品ｂ型・朱）など、墳丘長辺約30ｍ程度のものに、中型から大型墓壙がみられる。また、京都府京丹後市坂野丘遺跡第1主体（長軸5.9ｍ・短軸3.1ｍ、副葬品なし、朱）では、墓壙内から破砕された壺形土器・甕形土器が出土しており、墓壙内で儀礼がおこなわれたことを示している。これは、弥生後期に近畿北部で盛行する「墓壙内破砕土器供献」（宮村1992、肥後1994ab）の早い事例となる。

弥生後期については、既に墓壙規模・配置と副葬品組成の関係について考察した研究があり（野島・野々口 1999・2000）、墓壙規模と鉄剣副葬の相関関係が高いことがわかっている。まず弥生後期初頭の京都府京丹後市三坂神社墳墓群では、最も副葬品の種類が多い3号墓第10主体部（長軸5.69 m・短軸4.27 m、副葬品 abt 型、図 15-6）が中型墓壙で、他は長軸約4.0 m 以内・短軸約2.4 m 以内に納まる。弥生後期後葉から終末期では、京都府与謝郡与謝野町大風呂南1号墓第1主体（長軸7.3 m・短軸4.3 m、副葬品 abrst 型、朱）・兵庫県篠山市内場山墳丘墓 SX 9（長軸6.06 m・短軸4.86 m、副葬品 s 型、朱）・同 SX10（長軸7.38 m・短軸3.1 m、副葬品 ast 型）・同 SX11（長軸4.75 m・短軸2.94 m、副葬品 st 型・朱）・坂野丘遺跡第2主体（長軸5.5 m・短軸3.0 m、副葬品 bs 型、朱）・京都府京丹後市金谷1号墓第2主体（長軸5.0 m・短軸2.7 m 以上、副葬品なし）など、中型から大型墓壙クラスに鉄剣をもつ事例が多い。一方で小型墓壙クラスの埋葬墓でも鉄剣を保有するものがみられる。

### （6）北陸

既に、弥生後期後葉頃から終末期にかけての墳丘墓について、墳丘・墓壙・木棺規模や副葬品の関係を検討した研究がある（古川 1997）。弥生後期後葉頃の福井県福井市小羽山墳墓群では、26号墓第1埋葬（長軸6.5 m・短軸3.4 m、副葬品 b 型、朱）が最大規模の大型墓壙をもつ。四隅突出型墳丘墓の30号墓中心主体（長軸5.3 m・短軸3.0 m、副葬品 bs 型、朱）がこれに次ぐ規模で、同時期とみられる西谷3号墓と副葬品組成や玉類細部において高い類似性がある。その他の埋葬墓は、長軸3.5 m 以内・短軸1.8 m 以内の小型墓壙に納まり、玉類や鉄製工具・鉄鏃などが1種類副葬されるか副葬がなされない（副葬品 a・b・t 型・副葬品なし）。小羽山墳墓群では、最大規模の26号墓第1埋葬が墓壙上で碧玉製管玉1点のみ検出されたに留まるが、これに次ぐ30号墓埋葬施設が鉄剣を有しており、墓壙規模と副葬品にある程度の相関関係がうかがえる。

弥生終末期に到ると、例えば福井県福井市原目山墳墓群では、2号墓1号土壙（長軸5.06 m・短軸3.3 m、副葬品 bs 型）が最大の墓壙規模を測り、鉄剣を保有するなど、長軸4 m 以上のものに鉄刀剣が副葬される。ただし、ここでは長軸約2.0 m 程度の小型墓壙サイズでも鉄刀副葬がみられる。福井県吉田郡永平寺町乃木山墳丘墓1号埋葬（長軸7.13 m・短軸4.41 m、副葬品 s 型）は鉄刀1・素環頭鉄剣1、同2号埋葬（長軸5.13 m・短軸2.35 m、副葬品 st 型）は鉄刀4・鉇1、福井県鯖江市王山墳墓群では5号墓第2主体（長軸5.9 m・短軸2.5 m、副葬品 s 型）が鉄刀を保有しており、いずれも中型から大型墓壙で鉄刀剣の副葬がみられる点から、墓壙規模と副葬品組成との間に一定の相関関係が看取できよう。

### （7）近畿中部

近畿で盛行する方形周溝墓をみると、墓壙規模は長軸3.0 m 以内・短軸2.0 m 以内の小型墓壙クラスに納まるものが多く、格差が少ない。弥生中期後葉頃には、兵庫県尼崎市田能3号墓・大阪府大阪市加美Y1号墓のように、区画規模が大型のものが散見され、階層的に優位な家族墓が出現するとされている（寺沢 1990）。ただし、墓壙規模からみると、田能3号墓では、台状部にある16号墓（長軸3.6 m・短軸2.0 m、副葬品 b 型・朱）・17号墓（長軸3.45 m・短軸1.85 m、副葬品 r 型）がわずかに大きい墓壙をもつにすぎない。弥生終末期後半頃では、大阪府八尾市久宝寺第3

号墓西側主体部（長軸5.0m・短軸1.3m）・同東側主体部（長軸4.45m・短軸1.1m）が中型墓壙をもつが、副葬品はみられない。

### （8）中部高地・関東

弥生中期中葉から後葉の段階で、房総半島東京湾沿岸部における方形周溝墓の埋葬墓に中型墓壙が散見される。弥生後期では、中部高地から関東南部にかけての周溝墓において、長剣を含む鉄剣や鉄銅釧などの副葬が散見されるものの、副葬品有無にかかわらず、大半の埋葬墓が小型墓壙の範疇に納まる。例えば、弥生後期後葉頃の周溝墓が検出された群馬県渋川市有馬遺跡では、墓壙規模が長軸2.9m以内・短軸1.5m以内の小型墓壙クラスに納まり、長剣・短剣・鉄銅釧・玉類などの副葬品との相関関係も看取できない。弥生後期の中部高地から関東においては、墓壙規模と副葬品との間に有意な関係が稀薄であることを示唆していよう。

### （9）朝鮮半島南東部

高久健二が示した慶尚南道昌原市茶戸里遺跡・慶尚南道金海市良洞里遺跡の木棺墓・木槨墓の変遷を参考にすると（高久 2000）、木棺墓がみられる紀元前1世紀頃、小型木槨墓が出現する紀元後2世紀代までは小型墓壙の範疇にはいるが、紀元後2世紀後半代になると良洞里遺跡162号墓（墓壙規模長軸5.0m・短軸3.4m、図15-10）のような大型木槨墓が出現する。3世紀代にいたると良洞里遺跡235号墓（墓壙規模長軸7.6m・短軸3.9m）のような、さらに大型の木槨墓が出現し、原三国時代後期に中型から大型墓壙の範疇にはいる埋葬墓がみられるようになる。

以下では副葬品との関係をみておこう。まず原三国時代前期に位置付けられる紀元前1世紀頃の茶戸里遺跡1・2次調査では、14基の木棺墓・木槨墓・甕棺墓が検出されている。これらは、小型墓壙クラスに納まるものが大半である。第4号墓（長軸3.4m・短軸1.6m）が最大の墓壙規模だが、鉄矛2点をもつにすぎない（副葬品s型）。第1号墓（長軸2.78m・短軸0.85m）は、星雲文鏡1・鉄矛1・鉄剣3・環刀子1・銅剣2・青銅帯駒1・鋸歯文銅環1・銅環1・五銖銭3・鉄戈1・板状鉄斧4・柱状鉄斧1・袋斧2・鋳斧1・鉄鋤2・鉄鎌1・漆塗り弓・弓矢・ガラス製小玉など、最も豊富な副葬品を保有するが、小型墓壙クラスに留まっている（副葬品bsmt＊型、図15-9）。

つづく原三国時代後期に位置付けられる蔚山市蔚州区下岱遺跡では、92基以上の木槨墓などが検出されている。時期差を捨象すれば、76号墓（長軸7.72m・短軸3.84m、副葬品abst型）・23号墓（長軸7.2m以上・短軸4.4m、副葬品bst型）・2号墓（長軸6.86m・短軸3.84m、副葬品abst型）・43号墓（長軸6.6m・短軸3.84m、副葬品abst＊型）など、特に長軸6.0m前後以上の大型墓壙では、多種類の副葬品と複数の鉄矛・鉄剣・素環頭鉄刀を保有する傾向がある。墓壙規模が小さいものほど、副葬品種類は減少する傾向にあり、小型墓壙で長軸2.5m以下のものは、副葬品がみられないか、副葬品1～2種類程度になる。以上のように朝鮮半島南東部では、原三国時代後期にいたって墓壙規模が拡大し、副葬品内容・量とも相関する点がうかがえる。

以上の点を、副葬品や墳丘との関係もふまえて要約的に整理すると、下記の通りになる。

**弥生前期から中期後葉**

九州北部の一部では、既に弥生前期末葉頃ないし中期初頭頃から中型墓壙が現れ、木槨をもつも

のや青銅製近接武器を保有するものがある。近畿北部では、弥生中期中葉から後葉頃の長辺30m程度の貼石墳丘をもつ埋葬墓に、中・大型墓壙が出現する。現状の資料では、江の川水系流域・山陰・近畿中部における弥生中期後葉頃の墳丘をもつ埋葬墓は、概ね小型墓壙の範疇に留まる。近畿中部では、弥生中期後葉頃にいたると方形周溝墓同士で区画規模に格差が散見されるようになるが、墓壙規模は概ね均質的である。

**弥生後期初頭から後葉**

弥生後期中葉から後葉の山陰・近畿北部・吉備南部・北陸では、中型から大型墓壙をもつ埋葬墓が占有的に鉄製近接武器をもつ傾向にある。一方、対馬・九州北部・近畿北部・中部高地・関東北西部・関東南部では、小型墓壙の埋葬墓でも鉄製近接武器をもつ場合が多い。江の川水系流域・山陰・吉備南部の墳丘墓において木槨をもつ埋葬墓は、中型から大型墓壙で占められる。山陰では、弥生後期中葉頃で小・中型墓壙の概ね2段階、弥生後期後葉頃になると小・中・大型墓壙の概ね3段階の墓壙規模のまとまりに格差がひろがり、鉄製近接武器・ガラス製管玉の有無といった副葬品組成と序列的相関関係にある。原三国時代後期の朝鮮半島南東部、弥生後期後葉頃の吉備南部、弥生後期後葉頃の近畿北部でも、小型から大型まで墓壙規模に格差があり、鉄製近接武器などの副葬品内容と相関関係にある。一方、中部高地から関東南部では、副葬品有無にかかわらず、大半の埋葬墓が小型墓壙で占められ、墓壙規模と副葬品の相関関係が稀薄である。

**弥生終末期**

墓壙規模と副葬品内容は概ね相関関係をもつ傾向にあるが、九州北部・山陰・北陸・吉備南部では、小型墓壙の埋葬墓においても鉄製近接武器副葬が散見される。

## 2. 墳墓他要素と墓壙規模との関係

ここでは上記でみた墓壙規模の様相が、墳丘・埋葬施設種類・副葬品種類など、他の墳墓要素とどのような関係にあるかを整理する。

### （1）埋葬施設との関係

**木槨（表5）**

田中清美は、日本列島の弥生墳墓木槨が、九州北部では弥生中期初頭に登場、弥生後期にはみられなくなり、替わって中部瀬戸内・山陰地域の墳丘墓に採用されるとしており、その系譜を楽浪漢墓など、朝鮮半島・中国大陸に求めた（田中清 1997）。表5のように、埋葬施設にこうした木槨構造をもつものの墓壙規模は、弥生中期の九州北部では中型から大型墓壙がみられ、弥生後期の本州では中型から大型墓壙で占められており、木槨と墓壙規模に関連がうかがえる。ただし、前述のように朝鮮半島南東部では、2世紀代に小型木槨が出現し、2世紀後半代から3世紀にかけて木槨が大型化しており、これを納めるための必要最低限の規模として墓壙規模を設定している。これに対し、日本列島の木槨墓は、木槨規模との相関関係はあるものの、墓壙規模のみが比較的大型である点が特徴的である。例えば、弥生中期前半から中葉の鎌田原遺跡6号主体（木槨規模長軸3.59m・短軸0.88m、墓壙規模長軸6.45m・短軸4.25m）、弥生後期後葉の西谷3号墓第1主体（木槨規模長軸2.6m・短軸1.25m、墓壙規模長軸6.1m・短軸4.8m）、楯築墳丘墓（木槨規模長軸3.6m・

短軸 1.6 m、墓壙規模長軸 9.0 m・短軸 6.25 m）などは、朝鮮半島南東部の同規模木槨の墓壙と比較しても 2〜5 m の長軸差がある。これは、木槨に限らず木棺構造の埋葬墓でも同様である。

**舟底状木棺**

いわゆる舟底状木棺は、組み合わせ式箱形木棺と異なり、刳抜式で小口部分平面や横断面の形状が舟に類似する（石崎 2001）。表 4 の通り、丹後半島では、弥生中期後葉頃の中・大型墓壙をもつ埋葬墓は組み合わせ式木棺をもつが、弥生後期後葉から終末期にいたると、中・大型墓壙をもつ埋葬墓は舟底状木棺である場合が多く、相関関係がある。なお、丹後地域以外でも、九州北部・山陰・北陸・近畿中部・関東南部などの中・大型墓壙の一部で、舟底状木棺・割竹形木棺といった刳抜式の木棺が散見される。

### （２）副葬品種類との関係（表 6、図 18）

ここでは、墓壙規模の格差が、墳丘や副葬品とどのような関係にあるのか整理しておく。内部が判明した、弥生前期から中期 27 例、弥生後期から終末期 98 例の中・大型墓壙埋葬墓の副葬品内容をみると、表 6 および図 18 の通りとなる。弥生前期から中期では、副葬品を有する埋葬墓が 48.1％にのぼり、なかでも玉類の副葬が多い。このうち 4 資料は碧玉製ないし緑色凝灰岩製管玉を 100 点以上もっており、管玉の多量副葬と墓壙規模が関連する可能性を示唆する。弥生後期から終末期では、副葬品を有する埋葬墓が 62.2％にのぼり、鉄製近接武器や玉類の副葬が多い。玉類をもつ埋葬墓は、玉類多量副葬を志向する場合や、日本海側では新来要素のガラス製管玉やガラス製勾玉を含む場合が大半である。さらに限定して、内部が判明した弥生後期から終末期の大型墓壙の埋葬墓 11 資料をみると、玉類をもつ埋葬墓 7 資料（63.6％）、鉄製近接武器をもつ埋葬墓 10 資料（81.8％）、鏡をもつ埋葬墓 0 資料（0.0％）、鉄製工具類 3 資料（27.3％）、副葬品がない埋葬墓 0 資料（0.0％）、朱ないし赤色顔料をもつ埋葬墓 7 資料（63.6％）となる。また、大型墓壙をもつ埋葬墓と同一の単位墓・墓域内における他の埋葬墓も包括すると、鉄製近接武器副葬および施朱がほぼ例外なく確認できる。

詳細は第 3 章第 5 節で後述するが、特に刀や全長 40 cm・剣身長 32 cm 前後以上の長剣、剣身長 13 cm 前後から 32 cm の短剣 I（川越 1993）などの鉄製近接武器は大型墓壙と高い相関関係をもっている。したがって、後述するように近接武器が副葬された被葬者に成人男性が多いとする仮説を首肯すれば、大型墓壙の被葬者も成人男性である場合が多いことになる。また、一般に素環頭

表 6　中・大型墓壙をもつ埋葬墓の副葬品など（甕棺墓は除く）

|  | 弥生前期から中期（27 資料） | 弥生後期から終末期（98 資料） |
| --- | --- | --- |
| 副葬品あり | 13 資料（48.1％） | 61 資料（62.2％） |
| 玉類 | 12 資料（44.4％） | 31 資料（31.6％） |
| 青銅製近接武器 | 3 資料（11.1％） | 0 資料（0％） |
| 鉄製近接武器 | 0 資料（0％） | 37 資料（37.7％） |
| 鏡 | 1 資料（3.7％） | 3 資料（3.0％） |
| 鉄製工具類 | 0 資料（0％） | 20 資料（20.4％） |
| 朱・赤色顔料 | 4 資料（14.8％） | 36 資料（36.7％） |

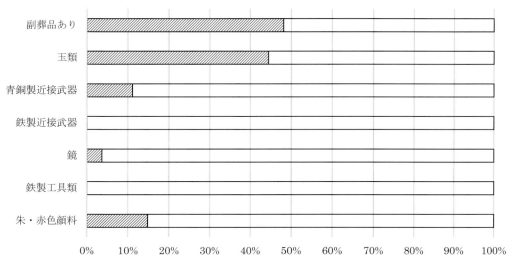

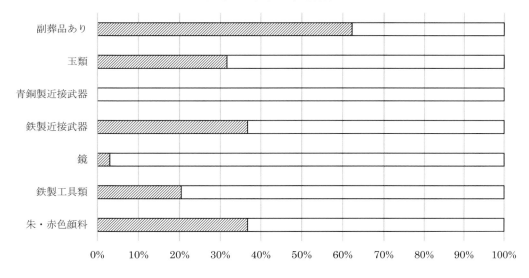

**図18　中・大型墓壙をもつ埋葬墓の副葬品などの比率**（甕棺墓は除く）

鉄刀・長剣・短剣Iが舶載品ないし九州北部製である可能性が高いことは（川越 1993、村上 2000：p.162）、大型墓壙をもつ埋葬墓の被葬者集団がこうした遠隔地の文物を入手できるコネクションを有していたことを示唆していよう。

## 3. 墓壙規模大型化の背景

　ここでは、墓壙規模の大型化がなぜ生じるのかについて考えたい。楯築墳丘墓中心主体の大型墓壙について近藤義郎は、「主として槨の組み立てと排水施設の設定のためということになる。（中略）槨の組み立て作業には数人が立ち回る広さが必要であるから、壙底はいきおい広くせざるを得

ないわけである」（近藤義 1992a：p.151）と述べ、作業空間確保という合理的要因によって説明している。上記でみたように、木槨をもつ埋葬墓は総じて中型から大型墓壙をもつことからも首肯できる説明だが、木棺をもつ埋葬墓でも大型墓壙をもつ点、朝鮮半島南東部木槨墓と比較して棺槨規模より墓壙規模が大きい点、墓壙規模が鉄製近接武器副葬と相関関係をもつ点などの諸現象を考慮にいれた説明も必要であろう。

　墓壙が、埋葬過程において視覚的に認知されるのは、その造営から木棺槨設置、遺体安置を経て、埋め戻し完了までの限定された段階である。そこで、こうした葬送過程に墓壙拡大化の要因を探ってみたい。弥生後期の近畿北部では、いわゆる墓壙内破砕土器供献（宮村 1992、肥後 1994ab）が盛行することから、墓壙を埋め戻す前段階において、墓壙内という画された空間に注意が集まる儀礼の一イベントを認めることができる。また、先にみたように平原1号墓でも、墓壙内棺外で破砕状態の鏡群が検出されていた（図15-7）。こうした儀礼スペースの確保に加えて、儀礼の局面で被葬者・儀礼執行者・参列者の3者が同時に居合わせ、相互に見渡せる共有空間を確保したい場合、儀礼執行者・参列者の多数化は墓壙規模の大型化へと作用しよう。墓壙開口時の儀礼過程において、参列者が墓壙内の空間を視認するという場面想定が正しいとすれば、より大型の墓壙は、参列者に対して被葬者や儀礼執行者の格付け・権威を誇示する意味も含まれてくるだろう。このように考えた場合、墓壙規模は、墓壙内での儀礼執行、参列者人数の多寡、人間関係・社会関係と関わりをもつという可能性がある。墓壙規模が大型化に向かうほど、儀礼執行者・参列者が増加し、儀礼内容が複雑化したと考えた場合、それだけ多くの者が葬送儀礼の場面を共有・認知するという行為の社会的重要性が高まったといえる。ただし、山陰における墳丘墓では、むしろ墓壙埋め戻し後、墳丘最上部造営完了後に、いわゆる供献土器が検出される場合が多い。儀礼過程のどの段階において参列者からの注目を最重視していたのか、こうした儀礼の場となる墳丘の存在意義も含めて、吟味する必要があろう。

　ところで前述したように、朝鮮半島南東部における原三国時代では、副葬品の多量化と木棺から木槨へ、さらに木槨大型化への変遷とが連動していることから、副葬品配置空間確保のための木槨大型化が先導して墓壙規模大型化につながったことが推測される。中国大陸でも、山東龍山文化晩期頃に出現した木槨が社会階層分化を背景に出現したもので、多数の副葬品を入れる空間を与えるために創り出されたものとみられており（黄暁芬 1994）、副葬品多量化志向が木槨やこれに伴う墓壙の大型化へと作用したと考えられている。第4章第1節で概観する、二里頭文化期から二里岡文化期における墓壙規模の若干の大型化も副葬空間の確保が主因であろう。これに対し日本列島における弥生墳墓は、棺槨規模の大型化を牽引するほどの副葬品はみられない。棺内にわずかな副葬品をもつものが大半であるにもかかわらず、棺槨規模に比べて必要以上に墓壙大型化を志向する点が特徴的である。単純化してみれば、朝鮮半島や中国大陸における諸地域では、副葬品拡充という墳墓構造の内側から不均等が進行したのに対し、日本列島では、墳丘拡大や墓壙規模拡大という外側からそれが現れたといえる。さらに、こうした差異は、後続して展開する前期古墳にまで尾を引くものと考えられる。

## 4. まとめ

 以上、墓壙という普遍的要素を取り上げ、墳丘・副葬品との関係もふまえながら列島規模で比較し、若干の考察を加えた。その結果、弥生前期末葉頃から九州北部で、弥生中期中葉頃から近畿北部で、弥生後期頃から山陰や吉備南部で一部の埋葬墓の墓壙規模が大型化することを確認した。弥生後期から終末期の中・大型墓壙は木槨・舟底状木棺・鉄刀剣副葬などと相関関係がある点を看取した。さらに、中国大陸や朝鮮半島では、副葬品の多量化が木槨規模の大型化を先導したのに対し、日本列島では副葬品数量や棺槨規模を主因としていない点を指摘した。

## 第4節　区画墓に付随するその他の遺構

 前節までのところで、弥生墳墓を構成する区画・墓壙・埋葬施設などの遺構について検討を加えてきた。しかし弥生墳墓には、こうした遺構以外にも建物跡・土坑・柱穴・敷石状遺構など、葬送行為と密接に関連することをうかがわせる遺構の存在が散見される。こうした遺構も墳墓でおこなわれた儀礼全体の復元にアプローチするうえで看過できないものである。そこで本節では、区画墓におけるこうした事例を整理して、若干の考察を加えるものとする。

### 1. 区画墓に関連する遺構の事例

#### （1）墳丘上の柱穴群・建物跡・土坑など
**鳥取県東伯郡琴浦町梅田萱峯墳丘墓　P1～P9（図19-1）**

 梅田萱峯墳丘墓は、弥生中期後葉頃の方形貼石墓である。墳丘規模は、長辺約11.3 m・短辺約8.6 mを測る。埋葬墓が2基検出され、うち墳丘中央の第1主体部墓壙規模は、長軸2.62 m・短軸2.54 mを測る。

 この墓壙を取り囲むように、一部墓壙埋土を切る位置から9基の柱穴（P1～P9）が検出された。柱穴群が掘立柱建物になると仮定すれば、北側のみに独立棟持柱をもつ1間・3間（梁行2.76 m・桁行6.3 m）の形態をなす。層位関係から、柱穴は墳丘「1次盛土」造営ののちに掘りこまれたとみられる。柱穴規模は、長軸66～138 cm・短軸53～82 cm、深いもので深さ116 cmを測る。柱抜き取り痕を伴うものもある。なお、P3掘方埋土出土の甕片は、墳丘墓の約5 m北側に位置する竪穴住居跡SI26中央ピットから出土した土器と接合しており、両遺構の共時性を示唆している。

**京都府与謝郡与謝野町日吉ヶ丘遺跡 SZ01 方形貼石墓　SB04・SH05・SH06・SK01（図20-1）**

 日吉ヶ丘遺跡SZ01方形貼石墓は、弥生中期中葉頃とみられる方形貼石墓である。墳丘規模は、推定で長辺約32 m・短辺約20 mを測る。肥後弘幸によって、以下の建物跡が、方形貼石墓SZ01と関連する、何らかの儀礼に伴う施設であることが指摘されている（肥後2010）。

 まずSB04は、方形貼石墓SZ01上の南東隅にある2間・3間の総柱建物跡である。北東側に独立棟持柱状のピットがあるが、反対側では検出されておらず、梅田萱峯墳丘墓の柱穴配置と類似す

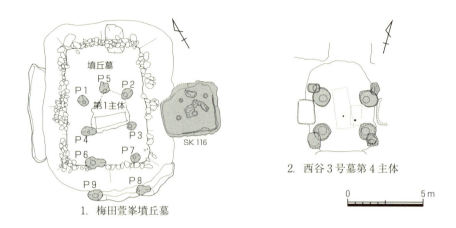

図19 区画墓に付随する遺構 その1 （1/250）

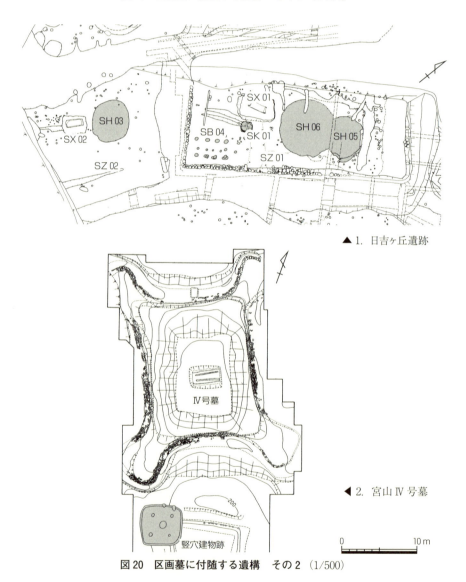

図20 区画墓に付随する遺構 その2 （1/500）

る（肥後 2010）。弥生中期とみられるが詳細な時期は不明である。柱の抜き取り穴と考えられる痕跡があり、方形貼石墓 SZ01 の墳丘築造に先行するものである可能性が指摘されている。SH05 は、方形貼石墓 SZ01 上にある直径約 5.3 m の円形竪穴建物跡である。建物跡中央には、炭化物を多く含んだ小土坑がある。SH06 は、方形貼石墓 SZ01 上にある直径約 7.7 m の円形竪穴建物跡である。SH05 と一部が重複するが、切り合い関係は不明で、方形貼石墓 SZ01 築造時に人為的に埋められた可能性がある。床面整地層上面には焼土層・炭化物層が部分的に検出されている。SK01 は、長軸約 1.6 m・短軸約 1.4 m、深さ約 28 cm の方形土坑で時期は不明である。土坑壁に沿って木杭列跡がある。

### 京都府与謝郡与謝野町日吉ヶ丘遺跡 SZ02 方形周溝墓　SH03（図 20-1）

日吉ヶ丘遺跡 SZ02 方形周溝墓は、弥生中期中葉頃とみられる方形周溝墓である。墳丘規模は、長辺約 21 m 以上・短辺約 18.5 m 程度に復元されている。墳丘上にある SH03 は、埋葬墓 SX02 の北側にある直径約 5.0〜5.4 m の円形竪穴建物跡である。方形貼石墓 SZ01 ないし方形周溝墓 SZ02 の築造に伴い人為的に埋められた可能性があるという。

### 島根県出雲市西谷 3 号墓　第 4 主体柱穴群（図 19-1）

西谷 3 号墓は、弥生後期後葉の四隅突出型墳丘墓である。突出部を除いた墳丘規模は、東西約 40 m・南北約 30 m を測る。墳頂中央部に大型墓壙の第 1 主体と第 4 主体が並列する。長軸約 6 m・短軸約 4.5 m・深さ約 1.4 m の第 4 主体墓壙上には、木槨を取り囲む位置に、直径 110〜125 cm・深さ 60〜90 cm というドラム缶内法のような柱穴が 4 基ある。直径約 30〜40 cm の円柱が立てられ、さらにその外側にも副柱が立てられたと推定される。主柱穴の柱痕部上半には、完形に近い土器片が多数落ち込んでいたことから、柱が徐々に立ち腐れしたのではなく、柱根が急速に腐ってその部分が空洞化したか、あるいは柱を抜き取ったと想定されている。すなわち、本施設は、恒常的な構築物ではなく、祭儀終了後、土器の集積と前後して撤去された施設であった可能性が高いという（渡辺 1993）。

### 島根県安来市宮山Ⅳ号墓　墳丘内ピット（図 20-2）

宮山Ⅳ号墓は、弥生終末期の四隅突出型墳丘墓である。突出部を除いた墳丘規模が長辺約 18.8 m・短辺約 15 m を測る。詳細は不明だが、Ⅳ号墓墳丘内に相当するグリッドにおいて、「径約 60 cm のピットが確認され内部に木炭、焼土、弥生土器があった」（松本 2003a：p.133）という記録があることから、何らかの遺構が存在していたと推定されている。

### 岡山県倉敷市楯築墳丘墓　墳丘頂部 1〜5 号立石（図 21-1）

楯築墳丘墓は、弥生後期後葉の 2 方に突出部をもつ円形墳丘墓である。突出部を除いた墳丘規模は、直径約 40 m を測る。墳丘上には、もともと 10 数個の巨石があり、1970 年代の発掘調査時には、5 個の人為的に立てられた石が遺存していた。1 号立石は棒状で地表上の長さ約 3.2 m・幅約 1.3 m、2 号立石は扁平板状で長さ約 3.0 m・幅約 1.8 m、3 号立石は扁平状で長さ約 3.8 m・幅約 2.9 m、4 号立石は不整形で長さ約 2.4 m・幅約 1.5 m、5 号立石は細身の棒状で長さ約 2.4 m・幅約 0.8 m を測る。このうち、1・2・5 号立石は、中心主体墓壙の周囲をめぐる位置に配置されている。5 号立石は、墓壙から南に延びる排水暗渠溝の上位にあることから、墓壙埋め戻し後に立てられた可能性が高い。

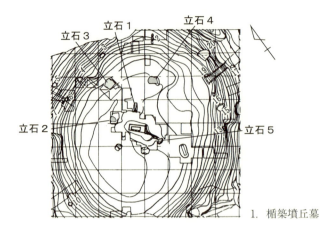

1. 楯築墳丘墓

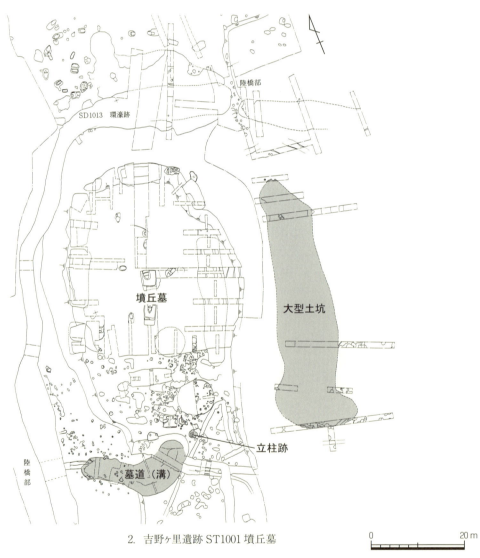

2. 吉野ヶ里遺跡 ST1001 墳丘墓

図21 区画墓に付随する遺構 その3 (1/800)

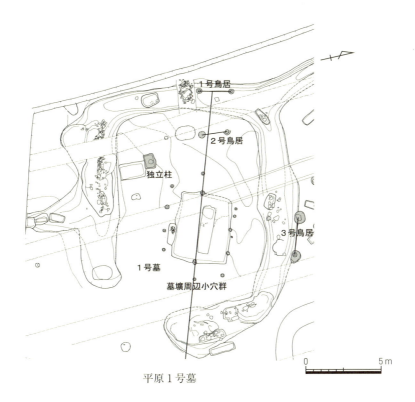

図22　区画墓に付随する遺構　その4　(1/250)

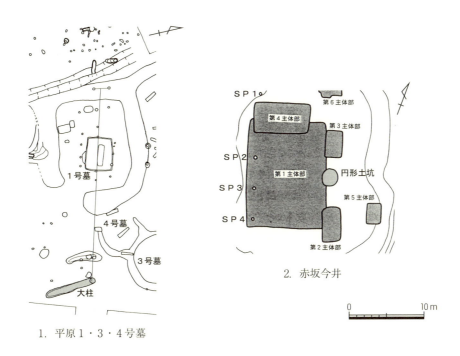

1．平原1・3・4号墓

2．赤坂今井

図23　区画墓に付随する遺構　その5　(1/500)

**福岡県糸島市平原1号墓　墓壙周辺小穴群・「独立柱」など（図22）**

　平原1号墓は、弥生後期中葉から終末期頃の長辺約14m・短辺約10.5mを測る方形墳丘墓である。1号墓と関連が想定される遺構として、墓壙周辺小穴群、3対の「鳥居状遺構」、「独立柱」と命名された柱穴がある。このうち、墓壙周辺小穴群は、主体部の墓壙周囲を平行四辺形状に15基の柱穴が取り囲むもので、掘立柱建物か杭列の可能性がある。報告書によれば、墓壙よりも新しい可能性があるが、前後関係は断定できないという。「独立柱」とされる遺構は、主体部の南西側に位置する、長軸90cm・短軸65cmの柱穴で、内部に直径30cmの柱痕をもつ。

**京都府京丹後市赤坂今井墳丘墓　SP1～4・円形土坑・第1埋葬埋土上面土坑（図23-2、図24-3）**

　赤坂今井墳丘墓は、弥生後期末ないし終末期の方形墳丘墓である。墳丘規模は、長辺約39m・短辺約36mに復元できる。墳丘頂部からは6基の埋葬墓が検出されている。墳丘頂部、第1埋葬の墓壙上面でSP2～4の3基、第4埋葬の北側でSP1の1基、計4基の柱穴が検出されており、南北に主軸をとる一連の柱穴列とみられる（図23-2）。柱穴は、直径30～50cm・深さ36～55cmを測る。これらは、第1埋葬墓壙埋め戻し後に構築され、第4埋葬構築時に破壊された可能性があることから、第1埋葬の儀礼に伴う柱穴列と考えられる。さらに、SP1・SP2の2か所の柱穴埋土中からは墓壙上面の破砕土器とみられる弥生土器片が出土していることから、第1埋葬墓壙上での儀礼終了後、まもなく柱が撤去されて埋め戻されたものと推定されている。さらに、第1埋葬の東辺中央を切る位置には、直径約2m・深さ約1.5mの円形土坑が検出されている（図23-2）。これは、墓壙西側の柱穴列との位置関係から判断して、計画的に掘削されたものである可能性がある。土坑底部に木柱の圧痕ないし腐食痕が認められることから、第1埋葬墓壙埋め戻し後に、大型の木柱が立てられ、儀礼終了後も存在していたと想定される。このほか、第1埋葬埋土上面の陥没痕からは、南北約1.2m・深さ約0.9mを測る円形プランの土坑1基が検出されている（図24-3）。この土坑壁面下部は赤変しており、埋土中に炭とみられる炭化物が多量に含まれていたため、土坑内で火が用いられたと判断されている。この土坑は、木棺腐朽に伴う陥没痕形成後、さらに約20年弱経過して、一定程度埋没したのちに掘りこまれたものと推定されており、第1埋葬に対して行われた、いわば追善供養的な儀礼に伴うものであると考えられている。

## （2）墓壙埋土上の円礫群

**鳥取県岩美郡岩美町新井三嶋谷1号墓　第1主体**

　新井三嶋谷1号墓は、弥生中期末葉から後期初頭頃の貼石方形墳丘墓で、長辺約26.5m・短辺約18mの墳丘規模を測る。墳頂部から第1～3主体が検出されている。第1主体は、東西約5.3m・南北約5.6mの墓壙規模を測る。第1主体部上面からは2か所で黒褐色土の落ち込みが検出されており、2基の木棺が存在していたと推定される。落ち込みからは、壺・器台・高坏などの土器片、炭、30数点の直径5～10cmの円礫および直径1～5cmの玉砂利が出土している。

**西谷3号墓　第4主体**

　上記した西谷3号墓第4主体の墓壙埋土上からは、多量の土器や円礫が検出されている。これらの状況を復元すると、まず上述した四本柱の中央部に朱が付着した石が置かれ、その周りに円礫群が置かれる。円礫群上にはその後、儀礼に使用したと考えられる200個体以上の土器が一括して集積されたと考えられている（渡辺1995）。

1. 楯築墳丘墓中心主体

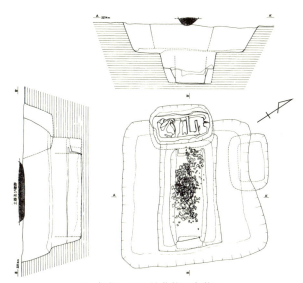

2. 矢谷MD1号墓第5主体

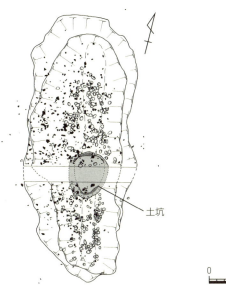

3. 赤坂今井墳丘墓第1埋葬

図24　区画墓に付随する遺構　その6　(1/100)

**楯築墳丘墓　中心主体（図24-1）**

　中心主体墓壙上のほぼ木槨の範囲にあたる位置に、約4mの長さで円礫堆が検出されている。円礫堆からは、特殊器台・特殊壺・高坏・脚付直口坩・装飾高坏などの破片、勾玉形・管玉形・人形・家形土製品、鉄器、火を受けた形跡のある弧帯石、植物の種子、朱・炭・灰などが出土している。以上の状況から、「楯築の円丘中心部に埋葬される首長の霊前には、特殊器台30個ないしそれ以上が置かれ、その各々に乗せられた特殊壺（なかには長頸壺）の中にはおそらく酒が入っていたと思われる。（中略）高坏と脚付直口坩は、（中略）5、60個を超える多数となろう。しかしその多くは円礫堆に遺棄されたものと思われる。（中略）このように、特殊壺・特殊器台さらに高坏・脚付直口坩の圧倒的に顕著な存在から考えて、楯築の埋葬祭祀の中心が共飲共食儀礼にあったことは明らかである。それは（中略）亡き首長の霊威を次代の首長と集団がひき継ぐための呪的な祭祀行為であったと考えられる」（近藤義1992b：pp.155-156）と、具体的に儀礼行為の内容が復元されている。

**広島県三次市矢谷MD1号墓　第5主体・第10主体（図24-2）**

　矢谷MD1号墓は、2基の四隅突出型墳丘墓が結合したような前方後方型を呈する弥生終末期の墳丘墓である。中心的な位置にある第5主体は、墓壙の長さ約3.95m・幅約3.8mを測る。埋土上において上位から径3～15cmの角礫群が検出され、その下位から土器片が出土している。特殊壺・特殊器台以外の土器破片は完形に復元できないことから、墳丘上ではなく別の場所で壊したものを持ち込んだ可能性が考えられている（妹尾1995）。ただし、逆に墳丘上での土器破砕の後、一部を撤去した可能性も想定できよう。また、第10主体からも埋土上から礫群が検出されている。

**京都府与謝郡与謝野町大風呂南1号墓　第1主体部・第3主体部**

　大風呂南1号墓は、弥生後期後葉頃の台状墓である。台状部から5基の埋葬墓が検出されている。第1主体部の墓壙は、長さ7.3m・幅4.3mを測る。墓壙検出面で直径10～20cm前後の50個以上の円礫が多数出土している。円礫検出面からの土器の出土はみられないが、約1.5m下位の木棺検出面で破砕された甕が出土している。第3主体部の墓壙は、長さ4.2m・幅3.8mを測る。1号墓第1主体部と同様に墓壙検出面において円礫が多数出土している。

**京都府与謝郡与謝野町大風呂南2号墓　第1主体部**

　2号墓は、区画溝を隔てて1号墓の西側に隣接する。5基の埋葬墓が検出されている。第1主体部の墓壙は、長軸5.9m・短軸3.8mを測る。第1主体部検出面中央部の木棺陥没痕内から、1号墓第1主体部と同様に約50個以上の円礫が出土した。円礫に伴って壺・鉢・高坏・器台の土器細片が散乱して出土しており、墓壙上で土器破砕を伴う祭祀が行われたと考えられている。

**赤坂今井墳丘墓　第1埋葬・第4埋葬（京都府京丹後市、図24-3）**

　上記した赤坂今井墳丘墓の墳頂部で検出された第1埋葬は、長軸約14m・短軸約10.5mの墓壙を有する。この墓壙中央部分からは、長軸約7m・短軸約2.5mの木棺腐朽に伴う陥没痕が検出されており、陥没痕内埋土から長軸約6～12cm・短軸約5～10cmを測る多量の円礫や比較的大型の土器片が出土した。円礫は、分布密度も比較的均一であることから、墓壙上で墓壙中央にばら撒かれたと推定されている。土器は、45個体以上が確認されており、円礫ばら撒き後に破砕したものであると考えられている。

　第4埋葬は、第1埋葬墓壙北辺を切り込む位置に設営されている。墓壙中央付近で、長軸約3.9

m・短軸約 0.9 m を測る木棺腐朽に伴う陥没痕が検出された。陥没痕内からは、長軸約 6～12 cm・短軸約 6～10 cm を測る 146 個の円礫が出土した。さらに円礫の上位から細片化した土器片が検出されており、打ち割られたもののうち、いくつかの破片を散布したと想定されている。土器は、壺・高坏・器台などである。

#### 福井県福井市片山鳥越 5 号墓　第 1 埋葬

片山 5 号墓は、弥生終末期頃の方形墳丘墓で、長辺約 16.5 m・短辺約 14.5 m の墳丘規模を測る。第 1 埋葬の墓壙は、長軸 3.6 m・短軸 2.2 m を測る。ここでは、2 層の礫集積層が検出されており、墓壙を旧表土面まで埋め戻した段階と墳丘頂部が完成した段階の 2 回にわたって面的に礫を集積したようである。下位の礫集積層は、5～20 cm の角礫が長軸約 2.5 m・短軸約 1.9 m の範囲に分布する。上位礫集積層の上位からは、あらかじめ破砕され持ち込まれたとみられる土器片が検出されている。

#### 京都府城陽市芝ヶ原墳丘墓　主体部

芝ヶ原墳丘墓は、弥生終末期頃の前方後方型の墳丘墓である。後方部は、長辺約 21 m・短辺約 19 m を測る。長軸 4.74 m・短軸 2.45 m を測る墓壙の主体部が 1 基検出されている。墓壙上面には、長軸 4.4 m・短軸 2.5 m の範囲に 20 cm の厚さで堆積した礫が検出された。礫層上半部からは壺・高坏の破片が出土しており、打ち壊して礫上に置かれた可能性が想定されている。

### （3）墳丘周囲の竪穴建物跡・土坑・柱穴跡など

#### 佐賀県神埼郡吉野ヶ里町吉野ヶ里遺跡 ST1001 墳丘墓　大型土坑など（図 21-2）

吉野ヶ里遺跡では、弥生中期前半から後半頃の隅丸長方形状の ST1001 墳丘墓が検出されている。墳丘規模は、長軸約 40～45 m・短軸約 30 m 弱を測る。この墳丘墓に付随して、墓道とみられる溝、立柱跡、墳丘墓東側の大型土坑などが検出されている。このうち、墳丘墓東側の大型土坑は、長軸約 56 m・短軸約 12 m の規模をもつとみられ、祭祀用と考えられる弥生中期後半から後期後半までの丹塗土器を含む、多量の土器が出土している。このことから、この大型土坑は、墳丘墓に対する祭祀に用いられた器物を長期にわたって廃棄しつづけた場所であった可能性が高いと考えられている（七田　2005：pp.41-43）。

#### 梅田萱峯墳丘墓　SK116（図 19-1）

墳丘墓の東側裾部を切り込んで形成されている。南北 3.4 m・東西 3.84 m の不整方形を呈し、深さは最大 22 cm を測る。土坑底面からピットが検出されているが浅いことから柱穴とは考え難いようである。墳丘墓の主軸と平行し、出土土器が墳丘墓と同時期の弥生中期後葉に比定されることから、関連性がうかがえる。

#### 宮山Ⅳ号墓　竪穴建物跡（図 20-2）

竪穴建物跡は、Ⅳ号墓南西突出部に隣接して検出されている。隅丸方形の平面形態で、南北 5.4 m・東西 5.6 m の規模である。床面中央には、長軸 1 m・短軸 0.9 m のピットがあり、内部からは火を受けた板石や焼土が検出されている。ピット南側には木炭、ピット東西両側および床面北西隅部には焼土が検出されている。建物に伴うとみられる出土遺物には、鼓形器台 1 点がある。報告者はこの建物跡について、一般の住居というより埋葬遺跡という特殊な場に伴う建物として理解している（前島　1974）。

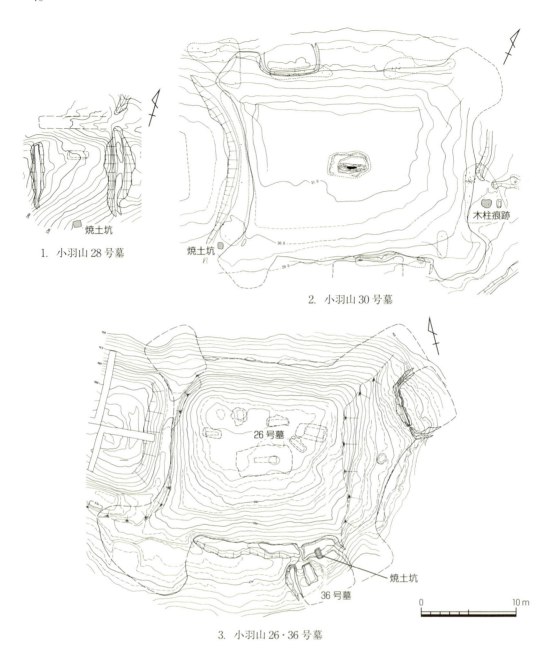

図 25　区画墓に付随する遺構　その 7　(1/400)

**福井県福井市小羽山 28 号墓　焼土坑（図 25-1）**
　小羽山 28 号墓は、丘陵尾根を区画溝で切断して造成した弥生後期後葉の方形墳丘墓である。墳丘規模は、長辺約 10.3 m・短辺約 8.9 m を測る。墳丘南側の墳丘外、テラス上とみられる位置に略長方形の焼土坑 1 基が検出されている。焼土坑は、墳丘にほぼ平行しており、上面で長軸 0.97 m・短軸 0.74 m・深さ 0.19 m を測る。覆土は、枝状の炭化材など炭化物を多く含み、土坑壁は赤く焼けていた。

**福井県福井市小羽山 30 号墓　木柱痕跡・焼土坑（図 25-2）**

　小羽山 30 号墓は、弥生後期後葉の四隅突出型墳丘墓である。突出部を除いた墳丘規模は、長辺約 26.2 m・短辺約 21.8 m を測る。墳丘北東側テラス上に木柱痕跡がある方形土坑 1 基、墳丘後背の切断溝内に方形の焼土坑 1 基が検出されている。

　木柱痕跡がある方形土坑は、墳丘の東にあり、長軸 1.14 m・短軸 0.94 m・深さ 0.14 m を測る。土坑底面から 0.4 m の深さまで柱痕跡が検出されており、径 20 cm 前後の柱が立てられていたと想定されている。さらに埋土が意図的に埋められた状況であることから、柱は人為的に抜き取られた可能性がある。方形土坑上面出土土器などから判断して、この柱は 30 号墓に伴うものであった可能性が高いとみられる。焼土坑はほぼ方形で、長軸 0.73 m・短軸 0.67 m・深さ 0.08 m を測る。覆土は、小枝を燃やしたとみられる炭化材が堆積し、土坑壁は赤く焼けていた。焼土坑は主軸方向が、30 号墓の墳丘主軸と一致していることから、関連をもつ可能性がある。

**福井県福井市小羽山 36 号墓　焼土坑（図 25-3）**

　小羽山 36 号墓は、周溝によって区画された弥生終末期頃の方形墳丘墓である。墳丘規模は、長辺約 7 m・短辺約 5.5 m に復元される。墳丘北辺の一部に重複する位置に焼土坑 1 基がある。焼土坑は長方形で、長軸約 1.2 m・短軸約 0.65 m を測る。

**平原 1 号墓　「大柱」（図 23-1）**

　前述の平原 1 号墓墓壙東端から 14.8 m 離れた場所に位置する。直径約 65 cm の柱を立てたとみられる大型の柱痕跡で「大柱」と命名されている。柱を立てる際のスロープが付随し、全体として長さ 6.82 m・幅 0.85〜1.05 m、北端の深さ 1.67 m を測る。「大柱」は、「1 号鳥居」と墓壙周辺小穴群中央 4 穴を結ぶラインの延長上に位置することから、1 号墓との何らかの関連性がうかがえる。

　以上、検出位置ごとに墳墓に関連すると想定される遺構をみてきた。墳丘・墓壙・埋葬施設以外にも、葬送儀礼との関連が示唆される様々な遺構が散見できることが改めて確認できた。

## 2.　墓壙埋め戻し後の遺構

　上記でみた事例のうち、明らかに墓壙埋め戻し後の遺構であると証明できるものを整理すると、以下のようになる。

**（1）墓壙埋土上の建物跡・柱穴列・柱穴**（梅田萱峯墳丘墓第 1 主体 P1〜9、西谷 3 号墓第 4 主体柱穴群、赤坂今井墳丘墓第 1 埋葬 SP1〜4・円形土坑（木柱痕））

　弥生中期後葉の梅田萱峯墳丘墓 P1〜9 の事例が最も古く、弥生後期後葉から終末期頃の事例もある。複数の柱穴で構成される場合、屋根や壁の有無など、具体的な構築物の詳細は不明である。数本の柱が墓壙中央部を囲繞する事例もあれば、墓壙片側のみの柱列になる事例もあり、その形態は多様であったようである。壁や横断幕などが付随していたとすれば、外部からの視線を遮断し、儀礼空間の神秘性・秘匿性を演出するといった役割が想定されよう。なお、墳丘上における木柱・木柵施設は、古墳時代の古墳においても認められており、弥生墳丘墓での事例が継受されたものとみられている（岡林孝 2011）。

また、梅田萱峯墳丘墓・西谷3号墓・赤坂今井墳丘墓の柱群とも、墓壙上での儀礼終了後、撤去されたと考えられており、恒久的な性格をもった施設ではなかった。一方で、赤坂今井墳丘墓第1埋葬東辺にある単独の木柱（円形土坑）のように、儀礼終了後も抜き取られずに立っていたと考えられる事例も認められる。

**（2）墓壙埋土上の礫群**（新井三嶋谷1号墓第1主体、楯築墳丘墓中心主体、西谷3号墓第4主体、大風呂南1号墓第1主体部・第3主体部、大風呂南2号墓第1主体部、赤坂今井墳丘墓第1埋葬・第4埋葬、片山鳥越5号墓第1埋葬、芝ヶ原墳丘墓主体部）

特に弥生後期後葉頃以降から事例が増加し、四隅突出型墳丘墓・円形墓・方形墓・台状墓など、各地の異なる墳形の墳丘墓において採用されている。また、墳丘規模や墓壙規模が大きく、副葬品を保有するなど、各地域の上位階層墳墓を中心にしてみることができる。このことは、地域の上位階層集団間で、墓壙埋め戻し後の儀礼行為内容の情報が伝達されたことを示唆する。表7のように、礫に伴って儀礼に用いられたとみられる土器が伴出する場合が多い。礫の上位から土器が検出される場合と、下位から検出される場合とがあり、儀礼の順序や細部においてバリエーションがみられる（近藤・渡辺・妹尾・古川・東森ほか 1995：pp.139-141）。墳墓に遺された土器群の配置を検討した古屋紀之の研究によれば、弥生後期後葉頃に吉備・山陰で隆盛した、墳丘墓内の埋葬墓上に土器を廃棄する葬送祭祀が、四国北東部・播磨・近畿北部・北陸などの葬送祭祀にも影響を及ぼしたと考えられている（古屋 2007：p.213）。墓壙埋土上の礫敷設も、こうした埋葬墓上に土器を廃棄する儀礼と一体で伝播したものといえよう。

**（3）土坑**（赤坂今井墳丘墓第1埋葬埋土上面土坑）

火が用いられた痕跡が残る赤坂今井墳丘墓第1埋葬埋土上面土坑は、木棺腐朽に伴う陥没痕が一定程度埋没した後に掘りこまれたものであることから、20年弱程度見積もられた時間経過ののちの何らかの儀礼行為であると想定されている。なお、墓壙埋め戻しとの時間的前後関係は不明だが、日吉ヶ丘遺跡SZ01方形貼石墓・梅田萱峯墳丘墓・宮山IV号墓・小羽山28号墓・同30号墓・同36号墓でも墳丘内や墳丘周辺で土坑が検出されている。これらの土坑では、埋土から炭化物が検出されたり、土坑壁面が赤変したりしているため、赤坂今井墳丘墓第1埋葬埋土上面土坑と同様に、火を用いた何らかの行為がなされた可能性がある。

## 3. 墳丘上や周囲の建物跡

上記のほか、日吉ヶ丘遺跡SZ01方形貼石墓内で検出されたSB04・SH05・SH06、日吉ヶ丘遺跡SZ02方形周溝墓内で検出されたSH03、宮山IV号墓南側に隣接する竪穴建物跡など、墳丘墓の内部や周囲に、非日常的な性格を示唆する建物が設営される場合がある。日吉ヶ丘遺跡SZ01方形貼石墓の建物跡は、墳丘盛土によって埋められた可能性があるので、そうであるなら、これらは墳丘の完成に先行するものとなる。ただし、こうした建物が使用された期間と墓壙埋め戻しとの前後関係は不明である。墓壙埋め戻し前に使用されたとすれば、遺体の仮安置やこれに関わる儀礼を行う場であった可能性が浮上しよう。墓壙埋め戻し後であったとすれば、遺体埋葬終了後における儀礼と

表7　墓壙埋土上における礫群の事例

| 墳　墓　名 | 円礫と土器の関係 | 備　考 |
| --- | --- | --- |
| 鳥取県新井三嶋谷1号墓 第1主体 | 円礫と土器が伴出 | 副葬品不明 |
| 島根県西谷3号墓 第4主体 | 円礫上に土器 | 石杵、朱、副葬品（長剣・玉類） |
| 岡山県楯築墳丘墓 中心主体 | 円礫と土器が伴出 | 朱、副葬品（長剣・玉類） |
| 広島県矢谷MD1号墓 第5主体 | 角礫下に破砕した土器 | 赤色顔料、副葬品（玉類） |
| 京都府大風呂南1号墓 第1主体 | 円礫のみ | 朱、副葬品（長剣・銅釧・玉類ほか） |
| 京都府大風呂南1号墓 第3主体 | 円礫のみ | 朱、副葬品（短剣・鉇・玉類） |
| 京都府大風呂南2号墓 第1主体 | 円礫と土器が伴出 | 副葬品不明 |
| 京都府赤坂今井墳丘墓 第1埋葬 | 円礫上に破砕した土器 | 副葬品不明 |
| 京都府赤坂今井墳丘墓 第4埋葬 | 円礫上に破砕した土器 | 副葬品（短剣・鉇・玉類） |
| 福井県片山鳥越5号墓 第1埋葬 | 角礫上に破砕した土器 | 朱、副葬品なし |
| 京都府芝ヶ原墳丘墓 主体部 | 円礫上に破砕した土器 | 副葬品（鏡・銅釧2・玉類） |

の関連も一考する必要がある。

　ところで、鳥取県東伯郡湯梨浜町宮内遺跡では、弥生後期後葉頃の鉄刀が副葬されていた宮内3号墓に近接して、鏡などの特殊遺物が出土する竪穴住居が存在する。また、島根県邑智郡邑南町順庵原1号墓の南約30mにある順庵原B遺跡では、復元径約10mを測る石見地域最大級の竪穴住居跡が検出されている。中川寧は、宮内遺跡や順庵原B遺跡のこうした事例に着目し、建物が近接する墳丘墓被葬者と何らかの関連があるものと解釈する（中川 2007）。また、梅田萱峯墳丘墓のP3掘方埋土出土の甕が、墳丘墓の約5m北側に位置する竪穴住居跡SI26中央ピットから出土した土器と接合したことは、墳丘墓と竪穴住居SI26との共時性を示していよう。以上の事例のように、墳墓に近接して建物跡がある場合は、日吉ヶ丘遺跡SZ01方形貼石墓や宮山Ⅳ号墓で検出された建物跡で想定される埋葬前ないし後の儀礼が、こうした場所でなされたことも一考しておきたい。

## 4．まとめ

　再葬墓を除いた弥生墳墓における葬送行為の工程を復元すると、基本的には概ね以下のようになろう。①墳丘や台状部の造営ないし墓壙設営場所の確保、②墓壙設営、③棺・槨設置、④遺体運搬・安置、⑤副葬行為、⑥棺・槨閉塞、⑦墓壙埋め戻し、⑧墳丘造営完了。ただし、墳丘の有無、墳丘造営と埋葬の前後関係、棺・槨の有無、棺外副葬など、墓制によって①から⑧の省略・変化形態はありうる。墓壙埋土上や墓壙内における、いわゆる「供献土器」の検出などから、これらの諸段階において様々な葬送儀礼がなされていたことが想定できる。多様な遺構は、こうした基本的プロセスに加えて、建物や柱の設営・撤去、土坑掘削といった作業、これに伴う様々な儀礼の諸段階があったことを示唆する。当然、遺体が墳墓へ運搬されてくるまでの前段階にも何らかの儀礼があったに違いない。①から⑧の過程が、どの程度の期間のうちに進行したのかも問題である。しかし、これらの詳細すべてを考古学的に復元することは難しい。

さらにどの程度一般化できるか今後の類例増加を待つ必要があるが、吉野ヶ里遺跡ST1001墳丘墓東側の大型土坑や赤坂今井墳丘墓第1埋葬埋土上面土坑のように、埋葬完了から数十年以上経た後続世代における儀礼行為をうかがわせる遺構の存在も散見された。このことは、埋葬完了からかなり長期の時間経過ののちにも、儀礼対象としての死者ないし死霊が墳丘墓内に存在する、あるいは往還するといった観念があったことを示唆しないだろうか。

ところで、「死」の儀礼をめぐる議論に先鞭をつけた著名な文化人類学者ロベール・エルツは、未開社会における「死」は瞬間的な現象ではなく、時間の経過のなかで継続する事柄だと述べた（エルツ 1980）。エルツが示したインドネシアにおける二次埋葬の考察によれば、段階的な一連の儀礼によって、霊が現世をさ迷う「宙ぶらりん」の状態から、最終的には祖先の霊の共同体に加わり安定した地位を獲得するという。もちろん、こうした葬送観念が弥生時代のそれに短絡的に当てはめられるわけではない。しかし、弥生墳丘墓においても、様々な儀礼の諸段階がみられることは、被葬者の「死」が段階的に進行し、完了したことを想像させるのである。

## 第5節　未成人埋葬の様相

弥生人の一生や死生観念を推測するうえで、成人と未成人の埋葬形態の対比からアプローチする視点はひとつの切り口といえる。また、社会階層化を推し量る一指標として、特定の未成人埋葬に対する特別な扱い方の有無を抽出することは、有効な視点ともいわれている（Flannery 1972：p.403）。本節では、こうした関心から弥生時代の未成人埋葬[3]について墓域における配置、副葬品内容などを改めて整理してみたい。個別地域における未成人埋葬の研究は、既に蓄積されているので、これらを参考にしつつ、主として土器棺墓・木棺墓などを対象とし、九州から関東南部地域を概観する。

### 1.　土器棺墓

#### （1）土器棺墓の被葬者年齢

まず、土器棺墓の被葬者年齢に関する既往研究について概観しておこう。福岡県福岡市金隈遺跡では、弥生時代に所属する367基の甕棺墓が埋葬人骨とともに検出されている。ここでの甕棺口径と埋葬人骨との関係をみると、口径30cm未満の甕棺では、乳児および幼児を中心とする12歳未満の乳幼小児骨で占められ、成人骨がみられない。口径30〜39cmでは幼児骨が大半を占めるが、口径40〜49cmになると半数程度が成人骨となり、それ以上では、1体を例外にすべて成人骨で占められるようになる（中橋・土肥・永井 1985）。九州北部における未成人埋葬を整理した藤田等の研究によれば、汲田式・立岩式の時期にやや混乱するものの、概ね5〜6歳以下に日常土器を転用した土器棺墓、それ以上では土壙墓・箱式石棺墓、埋葬用の甕棺墓が採用されることが想定されている（藤田等 1988）。一方、近畿中部では、兵庫県尼崎市田能遺跡で弥生中期中葉の土器棺墓に生後6か月の乳児、弥生後期の土器棺墓に幼児、弥生中期中葉の土器棺墓に妊娠6か月ないし生後4か月の胎児ないし乳児が埋葬されている。こうした事例から、土器棺墓の採用は、胎乳幼児段階

の被葬者を対象としていたと想定されている（馬目 1987）。また、藤井整は、近畿の弥生前期から中期頃における人骨検出例から、3～5歳を越える幼小児が木棺墓・土壙墓、2歳以下が土器棺墓に埋葬されるとし、土器棺と木棺は階層差ではなく、年齢階梯制を表示する埋葬施設と想定した（藤井 2001a）。岡山県内の土器棺について検討した小林利晴は、岡山県倉敷市上東遺跡などの事例から、弥生後期の吉備南部では、生後間もない乳児が土器棺に埋葬され、1歳以上の幼児は土器棺墓ではなく土壙墓に埋葬されること、被葬者の大小に関係なく弥生後期の土器棺に大型品が存在することを指摘した（小林利 2002）。そして、これら土器棺の打ち欠き口径は 27 cm 前後以下のものが大半であることから、岡山県内における土器棺が乳児専用のものであったと結論し、土器棺の法量格差の背景に、身分差の反映を想定する。西日本を包括して、埋葬人骨が残存する土器棺墓を集成した角南聡一郎は、土器棺墓が、弥生中期の近畿では胎乳児に採用されること、弥生後期の讃岐では 7歳前後までに採用されること、弥生前期末葉から中期初頭の山口県周辺では原則的に胎乳児に採用されるが、成人身体の一部分の埋葬のために採用される場合もあることなどを指摘している（角南 1999a）。また、東日本の事例では以下のものがある。弥生後期後葉の関東北西部・群馬県渋川市有馬遺跡では、土器棺墓からの出土人骨 5 体が、1歳前後・3歳前後・3～4歳・4歳前後・幼児であり、4歳以下の幼児が土器棺に納められる傾向がうかがえる（森本・吉田 1990）。弥生後期中葉から後葉の群馬県高崎市新保遺跡では、7号周溝墓第 1 主体部壺棺被葬者が胎児、11 号周溝墓第 1 主体部壺棺被葬者が 4～5 幼児とみられている（森本・吉田 1988）。また、中部高地でも、土器棺被葬者に胎児から幼児が想定されている（青木一 1990）。

　以上の先行研究を参照すると、土器棺墓を採用する地域においては、再葬墓のような二次的埋葬を除いて、概ね 3～5歳前後以下の胎乳幼児などが土器棺墓埋葬の対象になっていたことが改めて確認できる。ただし、時期的、地域的には、弥生後期吉備南部のように乳児のみに土器棺採用が限定される場合、讃岐のように 7歳前後まで採用される場合などのばらつきがみられる。なお、世界の様々な民族誌をみると、「生後 1 年の乳児については、人類社会に共通して、『赤ちゃん』の段階が認識されているようで（中略）自分の意志や感情を表現できるようになる満 4歳前後までの時期については、（中略）だいたい世界共通に『小さい子ども』扱い」（原 1979：pp.225-228）されるようである。これを参考にするなら、弥生時代土器棺墓における多くの被葬者年齢の範囲は、こうした「赤ちゃん」や「小さい子ども」として認識される普遍的年齢階梯を概ね反映したものであることが想定できよう。

　なお、既に指摘されているように、死亡率と比較して墓域における土器棺墓の比率が少ないことから考えると、ある集団においてすべての胎乳幼児が墓域に埋葬されたわけではないようである。さらに、土壙墓をはじめとした、その他の埋葬形態も想定できるので、年齢という属性だけで一律に土器棺墓が採用されたのではないだろう。本州西部における土器棺墓は、弥生中期の近畿から弥生後期・終末期の瀬戸内に、さらに古墳前期の山陰へ敷衍するという大まかな盛行範囲が想定されており（角南 2002）、こうした地域的な伝統や流行も考慮する必要がある。

　また、縄文時代の子供の埋葬について体系的に論じた山田康弘の研究によれば、縄文時代の土器棺墓被葬者は、新生児早期死亡例であった場合が多いこと、さらに土器を母胎として捉える世界の民族誌事例から、誕生や再生の象徴として土器が利用されていた可能性を想定している（山田 1997 など）。縄文時代の状況、さらに東アジア他地域の様相も視野に入れれば、弥生時代の土器棺

墓においても、こうした胎乳幼児に対する普遍的な再生観念が隠喩・象徴として内包されている可能性を一考すべきであろう。

### （2）土器棺墓の配置

土器棺墓の配置については、坂口滋皓・角南聡一郎・忽那敬三などによる整理があり（坂口1991、角南1999ab、忽那2004など）、時代・地域を問わず、以下に示すA型・B型配置が普遍的にみられる。

　A型：未成人墓と成人墓が近接・重複して配置
　B型：未成人墓だけ配置（B1型：未成人墓単数／B2型：未成人墓複数）

A型配置の場合、近接・重複する成人墓と未成人墓は、近親の血縁的紐帯を想定させ、こうした関係が死後にも投影されることを観念したものであろう。B型配置は、A型配置のような血縁原理による分節ではなく、年齢区分によるまとまりとなる。両者が併存する具体的な要因は明言できないが、例えば疫病による集団感染死といった死因の違いなどが想像できる。なお乗安和二三は、乳児段階で成人墓の墓域に埋葬される選択原理として、「世帯共同体を将来的に維持継続していくことを周囲から期待されながらも早逝した特定の存在の子どもに対しては、集団成員権獲得以前にしても特別な扱いがなされた」（乗安2005：p.415）という可能性を想定している。

### （3）土器棺墓の副葬品

既に、近畿・中四国における土器棺墓の副葬品については、角南聡一郎によって整理されている（角南1999b）。これによれば、鏃を1点のみ副葬する場合がある点、種子を副葬する場合がある点などが指摘されている。以上もふまえたうえで、表8をみると、土器棺墓には、管玉・翡翠製勾玉・ガラス製小玉などの玉類1点から数点、瀬戸内などでは鏃1点が副葬される傾向がある[5]。玉類と鏃は、特に西日本の成人墓では両者とも同一埋葬墓に副葬される場合があるが、土器棺墓ではどちらかが選択され、1種類のみが採用される傾向を示す。鏃は、弥生後期・終末期頃になると鉄製である場合が多く、成人墓副葬品と同様の傾向を示している。1基あたりの玉類点数は、明らかに木棺墓などの玉類点数に比べて少ない。1点から数点のみという少なさは、鏃1点だけの副葬と同様に、何らかの象徴とみられ、例えば、辟邪などが観念されたのかもしれない。なお、縄文時代の子供の副葬品でも、石鏃1点、玉類1点から数点の場合が散見され（山田1997）、時代・地域を越えて伏流する普遍的、基層的な副葬形態だった可能性もある。また、副葬品をもつ土器棺墓は、同一墓域の成人墓も副葬品をもつ場合が多いことから、墓域集団の文物の入手能力という経済的要因もある程度反映されていることがうかがえよう。

配置形態からみると、一般にA型・B型とも副葬品内容に有意な差異を見出しづらい。A型配置のうち、長辺約39m・短辺約36mの大型区画や大型墓壙の中心主体を有する弥生後期末から終末期頃の京都府京丹後市赤坂今井墳丘墓では、第19周辺主体部土器棺墓で全長6.6cmを測る小振りの鏃が副葬されている。鏃の副葬は、弥生後期から終末期の近畿北部で盛行する副葬品だが、土器棺墓からの副葬例は稀少であることから、胎乳幼児の年齢階梯を表示する土器棺という埋葬施設を採用しながらも、副葬行為という要素では特別な扱いを受けたことが推察できる。

表8 土器棺墓の副葬品一覧

| 旧国 | 所在地 | 遺跡名 区画墓名 | 埋葬墓名 | 時期 | 配置 | 管玉 | 勾玉 | 小玉 | 鏃 | その他 |
|---|---|---|---|---|---|---|---|---|---|---|
| 周防 | 山口県 岩国市 | 奥ヶ原 | ST-5 | 後期 | B1 | 1 | | | | |
| | 山口県 山口市 | 木崎 | 14号壺棺 | 終末期 | A | | | | 鉄1 | |
| | | | 15号壺棺 | 終末期 | A | | | | 鉄1 | |
| | | | 17号壺棺 | 終末期 | A | | | | 鉄1 | |
| | | 糸谷 | 2号壺棺 | 終末期 | B2 | | | | 鉄1 | 石包丁1（棺外） |
| 伯耆 | 鳥取県 湯梨浜町 | 長瀬高浜 | SXY01土器棺 | 前〜中期 | A | 碧42 | | | | |
| 丹波 | 兵庫県 篠山市 | 内場山墳丘墓 | 2号土器棺 | 終末期 | A | | | | | 不明鉄器1 |
| 丹後 | 京都府 京丹後市 | 赤坂今井墳丘墓 | 第12主体 | 後期末〜終末期 | A | | | | | 鉇1 |
| 備中 | 岡山県 岡山市 | 甫崎天神山A群 | 土器棺D | 後期前葉 | A | | | ガ3 | | ガラス製棗玉1 |
| | | 津寺・西川区 | 土器棺1 | 後期前葉 | B1 | | | | 鉄1 | |
| 備前 | 岡山県 岡山市 | 矢坂山 | | 後期 | | | | | 銅1 | |
| | | 原尾島・三股ヶ・丸田区 | 土器棺2 | 後期前葉 | B2 | ガ1 | | ガ9 | | |
| | 岡山県 赤磐市 | 便木山 | K5 | 後期後葉 | A | 碧1 | | | | |
| 伊予 | 愛媛県 松山市 | 持田3丁目 | 土器棺4 | 前期 | A | 1 | | | | |
| | | 祝谷6丁目 | 1号壺棺 | 中期後葉〜後期前葉 | A | | | | | 貝輪2 |
| | | 朝美澤B地区 | SK1 | 後期 | B2 | | | 土1 | | |
| | | 福音小学校構内 | 1号壺棺 | 後期後葉 | B2 | | | | 鉄1 | |
| | 愛媛県 砥部町 | 水満田 | 1号壺棺 | 後期 | B2 | | | | 石1 | |
| | 愛媛県 西予市 | 桧木田 | 壺棺 | 後期 | B1 | | | | | 炭化米10〜 |
| | 愛媛県 松山市 | 斎院烏山 | 10号壺棺 | 終末期 | B1 | 1 | | | | |
| 土佐 | 高知県 香美市 | ひびのきサウジ | SK22（壺棺5） | 終末期 | B2 | | | | | 鉄器（鉄鎌？） |
| 讃岐 | 香川県 大川町 | 大井 | 小児甕棺 | 終末期 | A | | 翡1 | | | |
| 播磨 | 兵庫県 神戸市 | 玉津田中 | SP46001 | 中期後葉 | B2 | | | | | 剝片6、炭化米6〜、炭化種子2〜 |
| | | | SP46002 | 中期後葉 | B2 | | | | | 剝片10、炭化米2、炭化種子4〜 |
| | | | SP46009 | 中期後葉 | B1 | | | | | 剝片1 |
| 摂津 | 兵庫県 尼崎市 | 東武庫5号墓 | 土器棺 | 前期末葉 | A | | | | 石1 | |
| | 大阪府 高槻市 | 安満 | 壺棺 | 中期後葉 | ? | | | | | 磨製石剣1 |

| 旧国 | 所在地 | 遺跡名 区画墓名 | 埋葬墓名 | 時期 | 配置 | 管玉 | 勾玉 | 小玉 | 鏃 | その他 |
|---|---|---|---|---|---|---|---|---|---|---|
| 摂津 | 兵庫県 芦屋市 | 会下山 | M地区1号土壙 | 後期初頭 | A | | | ガ1 | | |
| 和泉 | 大阪府 和泉市 | 池田下 | 土器棺3 | 中期後葉 | A | | | | | 剥片1 |
| 大和 | 奈良県 田原本町 | 法貴寺 | 壺棺1 | 後期 | B2 | | | | 鉄1 | |
| | | 唐古・鍵 | SX101 | 終末期 | B1 | 碧1 | | ガ3〜 | | |
| 紀伊 | 和歌山県 和歌山市 | 太田・黒田 | 土器棺 | 中期中葉 | B1 | | | | | 砥石1 |
| 上野 | 群馬県 渋川市 | 有馬土器棺A群 | SK123 | 後期後葉 | B2 | | | ガ3 | | |
| | | | SK404 | 後期後葉 | B2 | | | ガ2 | | |
| | | 有馬土器棺B群 | SK369 | 後期後葉 | B2 | | | ガ13 | | |
| | | | SK373 | 後期後葉 | B2 | | | ガ4 | | |
| | | 有馬土器棺D群 | SK72 | 後期後葉 | B2 | | | ガ6 | | |
| | 長野県 飯山市 | 小泉Ⅱ区 | 17号住居内埋葬 | 中期後葉 | | | | 10 | | |
| 信濃 | 長野県 佐久市 | 周防畑B2号周溝墓 | | 後期前半 | A | | | ガ1 | | |
| | | 周防畑B | 26号土壙 | 後期前半 | B1 | | | ガ4 | | |
| | | | 27号土壙 | 後期前半 | A | | | ガ | | |
| | 長野県 長野市 | 篠ノ井・聖川堤防地点 SDZ4円周墓 | 土器棺（周溝内） | 後期後半 | A | | | ガ3 | | |
| | | 篠ノ井・新幹線地点円形周溝墓 | 土器棺202 | 後期後半 | A | | | ガ20 | | |
| | | | 土器棺203 | 後期後半 | A | 鉄1 | | ガ1 | | |
| | | 松節 | 77号住居址合口壺棺 | 後期後半 | | 鉄1 | | ガ9 | | |
| | | 石川条里 | SK1124土器棺 | 後期後半 | B2 | 碧1 鉄1 | | ガ1 | | |
| | 長野県 佐久市 | 竹田峯 | 第2号特殊遺構（壺棺） | 後期後半 | | 碧2 | | ガ2 | | |
| | 長野県 中野市 | 牛出古窯 | 5号住居内埋葬 | 終末期 | | 碧5 鉄5 瑪1 | 翡2? 1 | ガ3 | | 鉇1、砥石1 |
| 常陸 | 茨城県 ひたちなか市 | 差渋 | 第117号土壙 | 中期後葉 | A | | | | | 貝輪未成品2 |
| | 茨城県 那珂湊市 | 柳沢 | 第3号甕棺 | 中期後葉 | B2 | 1 | | | | |

## 2. 木棺墓・箱式石棺墓など

### (1) 木棺墓・箱式石棺墓などの被葬者年齢

　まず、木棺墓が採用される被葬者年齢下限に関係する既往研究について概観しておこう。静岡県静岡市瀬名遺跡では、弥生中期頃とみられる7区7・12・14号方形周溝墓にある木棺墓の人骨が、それぞれ4歳前後の幼児、少年期、16〜22歳女性？であることが判明している（山口 1994）。また、近畿地域の弥生前期から中期頃では、前述のように人骨検出例から3〜5歳を越える幼小児には木棺墓・土壙墓が採用される（藤井 2001a）。中国地域の弥生後期の広島県東広島市手島山墳墓群では、B群箱式石棺墓SK13に幼児、B群石蓋木棺墓SK19に幼児が埋葬されている（沢元 1991）。こうした事例からみて、これらの地域では、被葬者が概ね3〜5歳前後・幼児の年齢を超えると木棺墓などが採用されることが改めて確認できる。すなわち、土器棺墓が採用されなくなる年齢を超えると、葬送儀礼の準備から執行までのプロセスが成人葬送の場合と同様となる木棺墓などが多く採用されたといえる。

### (2) 幼小児木棺墓・箱式石棺墓などの規模

　大村直は、畿内の各期における木棺規模と埋葬人骨年齢との関係を示した頻度分布図における2つのピークが、生命安定期にあたる若年層をはさんだ、小児期以下の累積からなる領域と成人の累積からなる領域に対比されるものと推定した（大村 1991）。なお、近畿の埋葬人骨が遺存した木棺墓規模をみると、弥生中期では幼小児が木棺外法長辺110cm以下に集中するが、弥生後期では、大阪府東大阪市巨摩廃寺2号方形周溝墓8号埋葬施設のように、5歳から6歳の幼小児であっても長辺約160cmという成人用と変わらない規模の木棺に入る場合が散見されるようになる（藤井 2001b）。

　また、弥生後期の広島県内における主要墳墓の棺内法規模分布によれば、長さが50〜130cmと150〜210cmに集中するらしい（梅本・佐々木 1998）。出土人骨事例をみると、成人墓27例は長さ155〜205cm、小児墓4例は長さ105〜125cm、幼児墓2例は長さ100〜105cmとなることから、前者のグループが幼小児墓、後者が成人墓であると考えられている。同じく弥生後期の丹後半島における京都府京丹後市左坂墳墓群・京都府京丹後市大山墳墓群・兵庫県豊岡市上鉢山・東山墳墓群の木棺外法を示す木棺小口板間の長さ分布では、70〜130cm、170〜220cmに集中している（肥後 1996）。確認されている棺材の厚さが5〜15cmなので、棺内法の集中域は、弥生後期の広島県内の様相と概ね近似するといえる。上記の先行研究から、弥生後期のこれらの地域における木棺墓などの場合、概ね内法長100〜130cm以下であれば、被葬者が幼小児である可能性が高いといえる。

　ただし、関東北西部にある弥生後期の有馬遺跡での事例をみると、10号墓SK426は左側臥屈葬、壮年が埋葬された19号墓SK142が棺内法長約115cmしかないことなどから、本墳墓群では全般に屈葬が採用されたと想定される。また、新保遺跡の弥生後期中葉から後葉に属する7号周溝墓第2主体部で検出された性別不詳・壮年は、左側臥屈葬で検出されている。中部高地にある長野県長野市篠ノ井遺跡群新幹線地点の円形周溝墓木棺墓出土人骨の検出状況では屈肢葬がほとんどで

あると報告されている。こうした事例から、弥生後期でも中部高地や関東北西部など、地域によっては伸展葬ではなく屈葬ないし屈肢葬であることが想定できるため（本間 2004）、小規模の木棺墓・土壙墓などを一律的に幼小児埋葬であるとは即断できない。

### （3）幼小児木棺墓・箱式石棺墓・周溝墓などの配置

　弥生後期・終末期頃を中心にした広島県内における幼小児墓の配置形態としては、幼小児墓のみが群集する、幼小児墓が成人墓に近接して造られる、幼小児墓と成人墓が重複するなど、A・B型配置双方がみられる。このうち、広島県山県郡北広島町須倉城遺跡 SK 6・32・34、同歳ノ神第 6 号墓 SK 6-1、広島県東広島市入野中山遺跡 SK11・15・21、手島山墳墓群 A 群 SK 6 など、広島県内の箱式石棺墓・木棺墓における幼小児墓と成人墓の重複例によれば、高齢男性が埋葬された先行する成人墓の掘方を壊して幼小児墓が作られる場合が多いらしい（梅本・佐々木 1998）。つまり葬送者が、先行世代高齢男性の記憶に連なる意識のもとに幼小児を埋葬していることがうかがえる。この意味について具体的に解釈することは難しいが、重複させて配置することで、幼小児の霊魂を先祖に対して統合させようとした意識があったのかもしれない。九州北部では、先行する甕棺墓上部の小マウンドを意図的に切り込んで新たな墓が設けられる現象について、ある種の「ご先祖様」のような人物のそばに葬ることによって、その死者の系譜的連続を表示したとする解釈もある（溝口 1998、溝口 2000：p.235）。

　弥生中期頃の瀬名遺跡や大阪府東大阪市・八尾市山賀遺跡では、台状部に埋葬墓を 1 基のみもつ方形周溝墓が直列状に連接し、成人や幼小児が埋葬されており、A 型配置構成をとっている。この場合は、周溝墓が連接することで幼少児の系譜が表示されているのかもしれない。また、弥生終末期の一部の事例を除いて土器棺墓を中心的埋葬墓にもつ周溝墓が一般的存在でないことは、被葬者が 3～5 歳前後以上の幼小児のみ、周溝掘削を伴う成人と同様の葬送プロセスが採用されたといえる。本章第 2 節でみたように、墓域内における一定面積を占有する周溝墓の配置構成は、墓域集団の合意のもとで、ある程度計画的におこなわれていたと考えられるので、3～5 歳前後以上になると共同体構成員としての資格・認知が得られたことを示唆するのではなかろうか。

　一方、山陰地域でも、墳丘内に埋葬墓を 1 基しかもたない墳丘墓に幼小児が埋葬されている事例がある。弥生後期初頭から前葉頃の四隅突出型墳丘墓である鳥取県米子市妻木晩田遺跡群洞ノ原 5 号墓（墳丘 1 辺 2.1 m、墓壙長軸 0.97 m・短軸 0.65 m）、方形墓である同 17 号墓（墳丘推定長辺 1.5 m 前後・短辺 1.25 m 前後、墓壙長軸 0.85 m・短軸 0.40 m）は、墓壙規模からみて幼小児が埋葬されていると推定できる。墓域配置構成からは、他の四隅突出型墳丘墓や方形墓の周辺埋葬として位置付けられる。これらは、被葬者が低年齢の場合、墳丘規模がきわめて小さいという相関関係がうかがえ、被葬者が幼小児であることが埋葬完了後も認知できる事例といえる。

### （4）幼小児木棺墓などの副葬品

　弥生時代埋葬人骨の集成表によれば、幼小児の副葬品・着装品は、玉類、石鏃 1 点、貝輪などが多い（本間 2002）。また前述のように、弥生後期から終末期の西日本において木棺外法長辺 130 cm 以内の木棺墓は、幼小児墓である可能性が高いことから、こうした事例で副葬品をもつものを表 9 にまとめた。この結果、ガラス製小玉を中心に 1 点から約 300 点程度の玉類をもつ事例が多い

### 表9 外法長軸130cm以内の木棺墓・石棺墓等副葬品一覧（弥生後期から終末期の本州西部のみ）

| 旧国 | 所在地 | 遺跡名 | 単位墓名 | 埋葬墓名 | 時期 | 配置 | 朱 | 管玉 | 勾玉 | ガラス製小玉 | 鏃 | 鉇 | その他 |
|---|---|---|---|---|---|---|---|---|---|---|---|---|---|
| 出雲 | 島根県出雲市 | 西谷 | 3号墓 | 第3主 | 後期後葉 | A | ● | | | | | | |
| 安芸 | 広島県東広島市 | 手島山 | B群 | SK13 | 後期 | A | ● | | | | | | |
| | | | | SK19 | 後期 | A | ● | | | | | | |
| | | | | SK20 | 後期 | A | ● | | | | | | |
| | | | | SK21 | 後期 | A | ● | | | | | | |
| 備後 | 広島県府中市 | 門田A | II群 | SK18 | 後期前葉～古墳初 | A | | | | 6 | | | |
| | | | III群 | SK25 | 後期前葉～古墳初 | A | | | | 34 | | | |
| | | | VI群 | SK47 | 後期前葉～古墳初 | A | | 碧1 | | 2 | | | |
| 備前 | 岡山県岡山市 | みそのお6区 | 47号墓 | 第22主 | 後期後葉 | A | ● | | | | | | |
| | | | | 第25主 | 後期後葉 | A | ● | | | | | | |
| 河内 | 大阪府大阪市 | 巨摩廃寺 | 2号墓 | 9号 | 後期前葉 | A | ● | | | | | | |
| | | | | 10号 | 後期前葉 | A | ● | | ガ1 | 13 | | | |
| 丹後 | 京都府京丹後市 | 三坂神社 | 3号墓 | 第5主 | 後期初頭 | A | ● | | | 190 | | | |
| | | | | 第13主 | 後期前葉 | A | | | | 296 | | | |
| | | | 4号墓 | 第3主 | 後期前葉 | A | | | | 167 | | | |
| | | | 8号墓 | 第13主 | 後期 | A | ● | 碧4 | | 15 | | | |
| | | 左坂 | 14-2号墓 | 第11主 | 後期前～後葉 | A | | | | 11 | | | |
| | | | 24-1号墓 | 第1主 | 後期前～後葉 | A | | | | 79 | | | |
| | | | 24-2号墓 | 第23主 | 後期前～後葉 | A | ● | | | | | | |
| | | | | 第24主 | 後期前～後葉 | A | | | | 11 | | | |
| | | | 25号墓 | 第5主 | 後期前～後葉 | A | | 碧4 | | 102 | | | |
| | | | | 第8主 | 後期前～後葉 | A | | | | 11 | | | |
| | | | 26号墓 | 第6主 | 後期前～後葉 | A | ● | | | 197 | | | |
| | | | | 第7主 | 後期前～後葉 | A | ● | | | 29 | | | |
| 但馬 | 兵庫県豊岡市 | 上鉢山・東山 | 3号墓 | 第8主 | 後期前葉 | A | ● | | | | | | |
| | | | 4号墓 | 第10主 | 後期前葉 | A | | | | 138 | | | |
| | | 立石・山崎 | 4号墓 | 第2主 | 後期後半～古墳初 | A | | 碧1 | | | | | |
| | | 土屋ヶ鼻 | 6号墓 | 第2主 | 後期 | A | | | | | 鉄1 | 1 | 砥石 |
| | | | | 第5主 | 後期 | A | | | 1 | | | | |
| | | | | 第6主 | 後期 | A | | | | | 鉄1 | 1 | |

| 旧国 | 所在地 | 遺跡名 | 単位墓名 | 埋葬墓名 | 時期 | 配置 | 朱 | 管玉 | 勾玉 | ガラス製小玉 | 鏃 | 鉇 | その他 |
|---|---|---|---|---|---|---|---|---|---|---|---|---|---|
| 但馬 | 兵庫県豊岡市 | 妙楽寺 | 4A墓 | 4A3 | 終末期 | A | | | | | | 1 | 短剣1 |
| | | | 6A墓 | 6A4 | 終末期 | A | | | | | | 1 | |
| | | | 5C墓 | 5C3 | 終末期 | A | | | | | | 1 | |
| | | | 7-7墓 | 第5主 | 終末期 | A | | | | | | 1 | |
| | | | 7-7墓 | 第6主 | 終末期 | A | | 5 | ガ1 | 1 | | | |
| | | | 16-2墓 | 第3主 | 終末期 | A | | | | | 鉄1 | 1 | |
| 越前 | 福井県福井市 | 小羽山 | 33号墓 | 埋葬施設 | 後期後葉 | A | | | 翡1 | | | | |

注）碧（碧玉製）、ガ（ガラス製）、翡（翡翠製）、鉄（鉄製）。施朱のみも掲載。

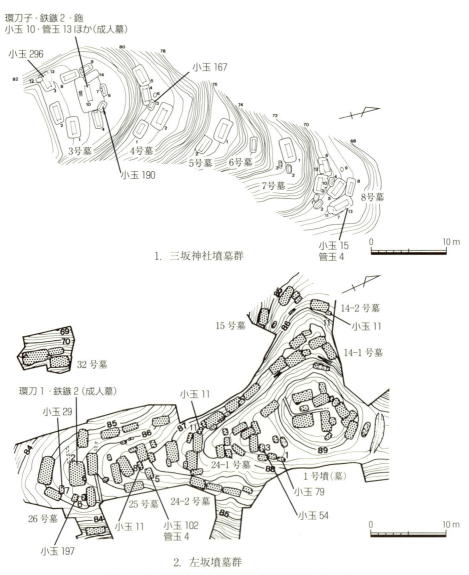

1. 三坂神社墳墓群
2. 左坂墳墓群

図26　幼小児墓と中心的な成人墓の副葬品（1/500）

ほか、鉄鏃1点や鉇1点をもつもの、副葬品をもたないが施朱がなされるものも散見される。玉類と鉄器は、特に西日本の成人墓では両者とも同一埋葬墓内に副葬される場合があるが、幼小児木棺墓では土器棺墓と同様に、どちらかが選択される傾向がある。特に、弥生後期の丹後地域では、京都府京丹後市三坂神社墳墓群や左坂墳墓群のように、成人墓では鉄鏃・鉇などの鉄器と玉類の双方が副葬されていても、幼小児墓に限定すれば玉類のみが副葬されている場合が多い。

　ここで、A型配置のうち、近接する成人墓の墓壙規模や副葬品内容によって、幼小児木棺墓の副葬品内容に格差が現れるのかについて検討しておきたい。ここでは、弥生中期後半や後期以降に中・大型墓壙が分布し、鉄器・玉類などの副葬品をもつ埋葬墓が多い近畿北部2遺跡の事例を表10で確認しておこう。

　まず、三坂神社墳墓群（図26-1）では、幼小児墓とみられる埋葬墓（棺外法長軸130 cm以内の木棺墓、長軸130 cm以内の土壙墓）のうち、副葬品をもつものが5基ある。これらは、いずれも玉類をもっている。このうち、最も大きい墓壙規模（長軸5.69 m・短軸4.27 m）で、素環頭刀子などの豊富な副葬品を有する成人墓・3号墓第10主体部と同じ台状墓内に所属する3号墓第5主体部はガラス製小玉190点、3号墓第13主体部はガラス製小玉296点をもつ。これに対し、他の台状墓に所属する4号墓第3主体部はガラス製小玉167点、8号墓第13主体部は碧玉製管玉4点・ガラス製小玉15点のみに留まっており、比較的数量が少ない。

　左坂墳墓群（図26-2）では、幼小児墓とみられる埋葬墓（棺外法長軸130 cm以内の木棺墓、長軸130 cm以内の土壙墓）のうち、副葬品をもつものが6基あり、いずれも玉類をもっている。このうち、本墳墓群では比較的大きな墓壙規模（長軸3.8 m・短軸2.55 m）で、素環頭鉄刀・鉄鏃が副葬された成人墓・26号墓第2主体部と同じ台状墓内に所属する26号墓第6主体部はガラス製小玉197点、26号墓第7主体部はガラス製小玉29点をもつ。これに対し、他の台状墓に所属する、14-2号墓第11主体部はガラス製小玉11点、24-1号墓第1主体部はガラス製小玉79点、24-1号墓第3主体部はガラス製小玉54点、24-2号墓第24主体部はガラス製小玉11点、25号墓第5主体部は碧玉製管玉4点・ガラス製小玉102点、25号墓第8主体部はガラス製小玉11点となり、26号墓第6主体部と比較すると、格差がある。すなわち、両墳墓群におけるこうした現象は、台状墓における中心的な成人墓の墓壙規模や鉄刀有無などの副葬品内容にみえる優劣が、同じ台状墓に所属する幼小児の副葬玉類数量にも反映されている可能性を示唆している。

　また、第3章第5節でも後述する弥生終末期の兵庫県豊岡市妙楽寺4A墓第3主体は、木棺外法長さ約125 cm・幅約45 cmを測り、棺板材の厚さを約5 cmと見積もると、棺内法長さが約115 cmの規模となることから、幼小児墓と推定される。ここには、現存長25.9 cm・幅2.2 cmの短剣と鉇が副葬されていた。4A墓第3主体は、稀少な大刀・短剣をもつ成人墓の4A墓第2主体と切りあい関係にあるA型配置である。鉄剣・鉄刀が副葬された埋葬墓において年齢が判明している被葬者をみると、鉄製・青銅製に限らず、成年から熟年男性が多く、本来、成人以上に所有ないし副葬が許される器物とみられるにもかかわらず、4A墓第3主体では幼小児に短剣が副葬されており、稀有な事例となる。ここでも、同じ台状墓における中心的な成人墓の優位な副葬品内容が、幼小児墓の副葬品内容に反映されている現象を看取できる。弥生後期から終末期における、こうした現象は、副葬品の質・量が被葬者年齢階梯に規定されることを基本としつつも、台状墓を構成するような、ある単位の血縁集団の経済力・地位などが、幼小児レベルの埋葬に投影されること

表10 三坂神社墳墓群・左坂墳墓群の幼少児墓一覧

| 遺跡名 | 台状墓名 | 埋葬墓名 | 時期 | 種類 | 木棺外法規模 | 朱 | 碧玉製管玉 | ガラス製小玉 | 備考 |
|---|---|---|---|---|---|---|---|---|---|
| 三坂神社 | 3号墓 | 第5主体 | 後期初頭 | 木棺墓 | 1.12 × 0.43 | ● | | 175 | 首飾り1、手玉2。 |
| | | 第12主体 | | 木棺墓 | (0.75 × 0.35) | | | | |
| | | 第13主体 | 後期前葉 | 木棺墓 | (1.15 × ) | | | 296 | |
| | 4号墓 | 第3主体 | 後期前葉 | 木棺墓 | 0.9 × 0.45 | | | 167 | |
| | 7号墓 | 第2主体 | | 木棺墓 | 0.97 × 0.44 | | | | |
| | | 第3主体 | | 木棺墓 | 0.7 × 0.28 | | | | |
| | 8号墓 | 第2主体 | | 木棺墓 | 1.24 × 0.37 | | | | |
| | | 第4主体 | | 木棺墓 | 0.75 × 0.25 | | | | |
| | | 第11主体 | | 木棺墓 | (1.0 × 0.5) | | | | |
| | | 第13主体 | | 木棺墓 | | ● | 6 | 15 | |
| 左坂 | 1号墳下層墓 | 第7主体 | | 木棺墓 | 0.75 × 0.32 | | | | |
| | 14-2号墓 | 第9主体 | 後期前～後葉 | 木棺墓 | 0.87 × 0.38 | | | | |
| | | 第11主体 | 後期前～後葉 | 木棺墓 | 0.7 × 0.33 | | | 11 | |
| | 24-1号墓 | 第1主体 | 後期前～後葉 | 木棺墓 | 0.78 × 0.3 | | | 79 | |
| | | 第2主体 | | 土壙墓 | | | | | |
| | | 第3主体 | | 木棺墓 | | ● | | 54 | |
| | | 第12主体 | | 木棺墓 | (0.8 × 0.32) | | | | |
| | 24-2号墓 | 第15主体 | | 木棺墓 | 1.05 × 0.43 | | | | |
| | | 第23主体 | | 木棺墓 | 0.9 × 0.26 | ● | | | |
| | | 第24主体 | 後期前～後葉 | 木棺墓 | 0.37 × 0.25 | | | 11 | |
| | | 第26主体 | | 土壙墓 | | | | | |
| | | 第27主体 | | 木棺墓 | 0.7 × 0.25 | | | | |
| | | 第28主体 | | 土壙墓 | | | | | |
| | | 第29主体 | | 木棺墓 | 0.65 × 0.3 | | | | |
| | | 第31主体 | | 土壙墓 | | | | | |
| | | 第33主体 | | 土壙墓 | | | | | |
| | 25号墓 | 第2主体 | | 土壙墓 | | | | | |
| | | 第3主体 | | 木棺墓 | (0.9 × 0.43) | | | | |
| | | 第4主体 | | 木棺墓 | 1.0 × 0.38 | | | | |
| | | 第5主体 | 後期前～後葉 | 木棺墓 | 1.12 × 0.45 | | 4 | 102 | |
| | | 第8主体 | 後期前～後葉 | 木棺墓 | 0.7 × 0.3 | | | 11 | |
| | | 第12主体 | | 木棺墓 | 0.67 × 0.23 | | | | |
| | | 第17主体 | | 土壙墓 | | | | | |
| | | 第18主体 | | 土壙墓 | | | | | |
| | 26号墓 | 第5主体 | | 木棺墓 | 0.8 × 0.36 | | | | |
| | | 第6主体 | 後期前～後葉 | 木棺墓 | 0.88 × 0.4 | ● | | 197 | |
| | | 第7主体 | 後期前～後葉 | 木棺墓 | 0.76 × 0.35 | | | 29 | |
| | | 第10主体 | | 土壙墓 | | | | | |
| | 32号墓 | 第5主体 | | 土壙墓 | | | | | |

を示しているのではなかろうか。

## 3. まとめ

以上でふれた点について、再度、要約しておきたい。まず、区画（墳丘）内における埋葬墓が1基のみの区画墓を主に造営する墓域では、概ね3〜5歳前後以上の幼小児でも単独で区画墓を造営する場合があり、墓域集団構成員としての資格や認知が反映されている。そして、胎乳幼児は玉類か鏃、弥生後期から終末期の幼小児は玉類か鉄器が、選択的に副葬される場合が多い。また、弥生後期から終末期における近畿北部の幼小児木棺墓では、台状墓によって副葬玉類の数量に格差がみられたり、短剣が副葬されたりする事例があり、生来的な血縁系譜によって格差が現れる場合がある。

註
（1） 墳丘裾部や周溝内を除いた墳頂部・台状部における埋葬墓が1基のみの場合を「1基埋葬」、2基の場合を「2基埋葬」、3基以上を「多数基埋葬」と呼称しておく。
（2） 木棺墓・木槨墓・石棺墓などの墓壙規模を長軸6.0ｍ前後以上の大型墓壙、長軸3.5〜6.0ｍ前後の中型墓壙、長軸3.5ｍ前後以下の小型墓壙と呼称する。土器棺墓の墓壙は含まない。墓壙規模の検討については、第2章第3節で詳述する。
（3） 年齢区分の用語については、各遺跡報文の分類をそのまま引用するが、筆者の考察に際しては、乳児0歳、幼児1〜5歳、小児6〜11歳、若年12〜19歳、19歳以下を未成人、20歳以上を成人とする。本節では主として小児以下について検討する。
（4） 中国では、仰韶文化前期・陝西省西安市半坡遺跡における幼児甕棺の穿孔が霊魂出入りのための通路と考えられているなど（王巍 1991）、新石器時代から漢代にいたるまで土器棺の孔が、魂の通路であると考えられている（大形 2000：p.57）ただし、土器棺の穿孔については、排水機能のためとみる説（鄭澄元 1991、亀山 1995）もある。また、今村佳子は、中国新石器時代の土器棺墓について、「土器棺葬の背景には、再生観念があったと捉えることは妥当ではないかと思われる。つまり、仰韶文化半坡類型期には、死児に対して再生の願いをかけて、選択的に土器棺葬が行われていたと考えられる」（今村佳 1998：pp.28-29）としている。
（5） 表8のほか、中期後葉・亀井31トレンチ1号方形周溝墓5号土器棺からは、腐蝕が著しい鉄器が検出されており、「長さ約30cm、幅約4cmで、鉄刀と思われる」（杉本・岩瀬ほか 1986：p.206）として報告されている。当該期の近畿中部では、成人墓においても鉄刀の副葬は知られていないため、今後の明確な類例増加を待ちたい。

# 第3章 副葬行為の地域性と変遷

## 第1節 西日本の様相

　本節では、弥生前期から終末期にわたる、越中・近江以西の日本列島西部広範囲における弥生墳墓副葬品の様相を地域的に通覧し、その地域性と変遷を把握する。そのうえで、こうした様相の背景について考察を加える。具体的には、玉類・武器・工具・鏡などの副葬品集成をもとに、まず時期・地域的な製品組成と数量を整理し、これらと墳丘および埋葬施設、その他の要素との相関関係も視野にいれながら考察する。

### 1. 各地の様相

　以下では、日本列島西半部における約 1250 基の埋葬墓の副葬品組成・数量を弥生前期から終末期まで通観していく（表 11）。副葬品組成の類型については既に多くの先行研究があるが、本節では松木論文の分類（松木 1999a）を参考にして、これに細分を加え、以下の通りとした。すなわち、鏃 arrowheads を a、玉類 beads を b、鏡 mirrors を m、腕輪などの輪形の飾り rings を r、刀剣矛戈槍などの近接武器 swords を s、鉇・刀子・斧などの工具・道具類 tools を t、その他を ＊ として、これらを単にアルファベット順に組み合わせて表示する。なお、有機質遺物は除外している。数量や舶載・仿製などの細分も可能だが、ここでは品目の組成に力点を置いた分類としている。

#### （1）弥生前期から中期前葉

　副葬品の品目組成・素材から、西日本を九州北部と本州西部の 2 地域に大別することができる。九州北部の一部墳墓では、北東アジア青銅器文化の系譜に連なる銅剣・銅矛・銅戈などの青銅製武器をはじめとして、玉類・多紐細文鏡・磨製石剣・磨製石鏃などが副葬される。これに対し、響灘沿岸地域を除く本州西部・四国では、青銅製武器が個人の副葬品としては採用されず、石剣の鋒や石鏃・碧玉製管玉が主要な副葬品目になる。特に、日本海側沿岸部や四国瀬戸内沿岸部でみられるが、近畿中部では少ない。本州西部・四国では、以降も青銅製武器が個人の副葬品としてではなく、埋納祭器として扱われる道を歩む。

##### 九州北部

　主に支石墓などに副葬された朝鮮系有茎磨製石鏃・碧玉製管玉に替わって、甕棺墓分布地帯では

表 11 西日本地域の副葬品組成一覧

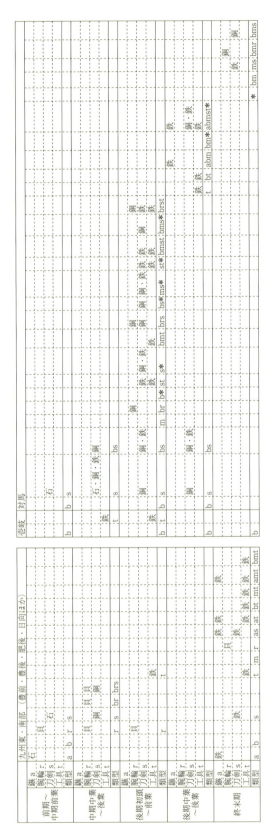

| | | 日本海側 | | | | | | | | | |
|---|---|---|---|---|---|---|---|---|---|---|---|
| | | 山陰（石見・出雲・伯耆・因幡） | | | | | | | | | |
| 前期～中期前葉 | 鏃 a | 石 | | | | | 石 | | | | |
| | 腕輪 r | | | 貝 | | | | | | | |
| | 刀剣 s | | | | 石 | | | | | | |
| | 工具 t | | | | | 石 | | | | | |
| | 類型 | a | b | r | s | t | ab | | | | |
| 中期中葉～後葉 | 鏃 a | 石 | | | | | 石 | | | | |
| | 腕輪 r | | | 貝 | | | | | | | |
| | 刀剣 s | | | | | | | | | | |
| | 工具 t | | | | | | | | | | |
| | 類型 | a | b | r | | | ab | | | | |
| 後期初頭～前葉 | 鏃 a | 鉄 | | | | | | | | | |
| | 腕輪 r | | | | | | | | | | |
| | 刀剣 s | | | | | | | | | | |
| | 工具 t | | | | | | | 石 | | | |
| | 類型 | a | | | | | | bt* | | | |
| 後期中葉～後葉 | 鏃 a | 銅・鉄 | | | | | | | | | |
| | 腕輪 r | | | | | | | | | | |
| | 刀剣 s | | | | 鉄 | | | | 鉄 | | |
| | 工具 t | | | | | 鉄 | | | | | |
| | 類型 | a | b | | s | t | | | bs | | |
| 終末期 | 鏃 a | 鉄 | | | | | | | | | 鉄 |
| | 腕輪 r | | | | | | | | | | |
| | 刀剣 s | | | | 鉄 | | | | | 鉄 | 鉄 |
| | 工具 t | | | | | 鉄 | | | | 鉄 | |
| | 類型 | a | | | s | t | | | | st | abs |

| | | 日本海側 | | | | | | | | | | | | | | | |
|---|---|---|---|---|---|---|---|---|---|---|---|---|---|---|---|---|---|
| | | 近畿北部（但馬・丹後・丹波） | | | | | | | | | | | | | | | |
| 前期～中期前葉 | 鏃 a | 石 | 石 | 石 | | | | | | | | | | | | | |
| | 腕輪 r | | | | | | | | | | | | | | | | |
| | 刀剣 s | | | 石 | | | | | | | | | | | | | |
| | 工具 t | | | | | | | | | | | | | | | | |
| | 類型 | a | ab | as | | | | | | | | | | | | | |
| 中期中葉～後葉 | 鏃 a | | | | | | | | | | | | | | | | |
| | 腕輪 r | | | | | | | | | | | | | | | | |
| | 刀剣 s | | | | | | | | | | | | | | | | |
| | 工具 t | | | | | | | | | | | | | | | | |
| | 類型 | | | | b | | | | | | | | | | | | |
| 後期初頭～前葉 | 鏃 a | 銅・鉄 | | | | | 鉄 | 銅・鉄 | | 鉄 | | | | | | | |
| | 腕輪 r | | | | | | | | | | | | | | | | |
| | 刀剣 s | | | | | | | | | | | | | | | | |
| | 工具 t | | | | | 鉄 | | 鉄 | 鉄 | 鉄 | | | | | | | |
| | 類型 | a | | | b | t | ab | at | bt | abt | | | | | | | |
| 後期中葉～後葉 | 鏃 a | 鉄 | 鉄 | 鉄 | | | | 鉄 | | | | 鉄 | 鉄 | | 鉄 | | |
| | 腕輪 r | | | | | | | | | | | | | | 貝・銅・ガラス | | |
| | 刀剣 s | | | 鉄 | | | | | | | 鉄 | 鉄 | 鉄 | 鉄 | 鉄 | | |
| | 工具 t | | | | | 鉄 | | 鉄 | 鉄 | | | 鉄 | 鉄 | 鉄 | 鉄 | | |
| | 類型 | a | ab | as | b | t | | at | bt | | s | ast | abst | bst | abrst | | |
| 終末期 | 鏃 a | 鉄 | | 鉄 | | | | 鉄 | | | | 鉄 | | | | | |
| | 腕輪 r | | | | | | | | | | | | | | | | |
| | 刀剣 s | | | 鉄 | | | | | | | 鉄 | 鉄 | | 鉄 | | 鉄 | 鉄 |
| | 工具 t | | | | | 鉄 | | 鉄 | | | | 鉄 | | 鉄 | | | 鉄 |
| | 類型 | a | | as | b | t | | at | | | s | ast | | bst | | bs | st |

| | | 日本海側 | | | | | | | | | |
|---|---|---|---|---|---|---|---|---|---|---|---|
| | | 北陸（若狭・越前・加賀・能登・越中） | | | | | | | | | |
| 前期～中期前葉 | 鏃 a | | | | | | | | | | |
| | 腕輪 r | | | | | | | | | | |
| | 刀剣 s | | | | | | | | | | |
| | 工具 t | | | | | | | | | | |
| | 類型 | | | | | | | | | | |
| 中期中葉～後葉 | 鏃 a | | 石 | 石 | | | | | | | |
| | 腕輪 r | | | | | | | | | | |
| | 刀剣 s | | | | | | | | | | |
| | 工具 t | | | 石 | | | | | | | |
| | 類型 | b | bt | ab* | | | | | | | |
| 後期初頭～前葉 | 鏃 a | | | | | | | | | | |
| | 腕輪 r | | | | | | | | | | |
| | 刀剣 s | | | | | | | | | | |
| | 工具 t | | | | | | | | | | |
| | 類型 | | | | | | | | | | |
| 後期中葉～後葉 | 鏃 a | | | | 銅・鉄 | | | | | | |
| | 腕輪 r | | | | | | | | | | |
| | 刀剣 s | | | | | 鉄 | | 鉄 | 鉄 | | |
| | 工具 t | | | | | | 鉄 | | 鉄 | | |
| | 類型 | b | | | a | s | t | bs | st | | |
| 終末期 | 鏃 a | | | | 鉄 | | | | | 鉄 | 銅・鉄 |
| | 腕輪 r | | | | | | | | | | |
| | 刀剣 s | | | | | 鉄 | | 鉄 | 鉄 | 鉄 | 鉄 |
| | 工具 t | | 鉄 | | | | | | 鉄 | | 鉄 |
| | 類型 | b | bt | | a | s | | bs | st | as | abst |

| | | 中国山地 | | | | |
|---|---|---|---|---|---|---|
| | | 江の川中上流 | | | | |
| 前期～中期前葉 | 鏃 a | 石 | | | | |
| | 腕輪 r | | | | | |
| | 刀剣 s | | | | | |
| | 工具 t | | | | 石 | |
| | 類型 | a | b | | t | |
| 中期中葉～後葉 | 鏃 a | | | | | |
| | 腕輪 r | | | | | |
| | 刀剣 s | | | | | |
| | 工具 t | | | | | |
| | 類型 | | | | | |
| 後期初頭～前葉 | 鏃 a | | | | | |
| | 腕輪 r | | | | | |
| | 刀剣 s | | | | | |
| | 工具 t | | | | | |
| | 類型 | | b | | | |
| 後期中葉～後葉 | 鏃 a | | | | | |
| | 腕輪 r | | | | | |
| | 刀剣 s | | | | | |
| | 工具 t | | | | | |
| | 類型 | | b | | | |
| 終末期 | 鏃 a | | | | | 鉄 |
| | 腕輪 r | | | | | |
| | 刀剣 s | | | 鉄 | | |
| | 工具 t | | | | 鉄 | |
| | 類型 | | b | s | t | am |

| | | 瀬戸内海沿岸・近畿 | | | | | | | | | | | | | | | | | | |
|---|---|---|---|---|---|---|---|---|---|---|---|---|---|---|---|---|---|---|---|---|
| | | 山陽・四国（周防・安芸・備前・備後・美作・四国ほか） | | | | | | | | | | | | | | | | | | |
| 前期～中期前葉 | 鏃 a | 石 | | | 石 | | | 石 | | | | | | | | | | | | |
| | 腕輪 r | | | | | 貝 | | | | | | | | | | | | | | |
| | 刀剣 s | | | 石 | | | 石 | | | | | | | | | | | | | |
| | 工具 t | | | | | | | 石 | | | | | | | | | | | | |
| | 類型 | a | b | s | ab | br | bs | abt | | | | | | | | | | | | |
| 中期中葉～後葉 | 鏃 a | 石・鉄 | | | 石 | | | | | | | | | | | | | | | |
| | 腕輪 r | | | | | | | | 貝 | | | | | | | | | | | |
| | 刀剣 s | | | | | | | | | | | | | | | | | | | |
| | 工具 t | | | | | | | | | 鉄 | | | | | | | | | | |
| | 類型 | a | b | | ab | | | | r | t | | | | | | | | | | |
| 後期初頭～前葉 | 鏃 a | | | | | | | | | | | | | | | | | | | |
| | 腕輪 r | | | | | | | | | | | | | | | | | | | |
| | 刀剣 s | | | | | | | | | | | | | | | | | | | |
| | 工具 t | | | | | | | | | | | | | | | | | | | |
| | 類型 | | b | | | | | | | | | | | | | | | | | |
| 後期中葉～後葉 | 鏃 a | 鉄 | | | 鉄 | | | 鉄 | | | | | | | | | | | | |
| | 腕輪 r | | | | | | | | | | | | | | | | | | | |
| | 刀剣 s | | | | | | 鉄 | | | | | | 鉄 | | | | | | | |
| | 工具 t | | | | | | | 鉄 | | 鉄 | | 鉄 | | 鉄 | | | | | | |
| | 類型 | a | b | | ab | | bs | abt | | t | b* | mt | st | bmt | | | | | | |
| 終末期 | 鏃 a | 鉄 | | | 鉄 | | | | | | | | | | | 鉄 | | | 鉄 | 鉄 |
| | 腕輪 r | | | | | | | | | | | | | | | | | | | |
| | 刀剣 s | | | 鉄 | | | 鉄 | | | | | | 鉄 | | | | | | 鉄 | 鉄 |
| | 工具 t | | | | | | | | | 鉄 | | | | 鉄 | | 鉄 | | 鉄 | 鉄 | |
| | 類型 | a | b | s | ab | | bs | | | t | | | st | bmt | m | at | bm | bt | ast | abms |

| | | 瀬戸内海沿岸・近畿 | | | | | | | | | | | | | | | | | | | |
|---|---|---|---|---|---|---|---|---|---|---|---|---|---|---|---|---|---|---|---|---|---|
| | | 近畿中南部（播磨・摂津・河内・大和・山城・近江・紀伊） | | | | | | | | | | | | | | | | | | | |
| 前期～中期前葉 | 鏃 a | 石 | 石 | | | | | | | | | | | | | | | | | | |
| | 腕輪 r | | | | | | | | | | | | | | | | | | | | |
| | 刀剣 s | 石 | 石 | | | | | | | | | | | | | | | | | | |
| | 工具 t | | | | | | | | | | | | | | | | | | | | |
| | 類型 | as | abs | | | | | | | | | | | | | | | | | | |
| 中期中葉～後葉 | 鏃 a | | | 石 | | | | | | | | | | | | | | | | | |
| | 腕輪 r | | | | | | | 銅 | 銅 | | | | | | | | | | | | |
| | 刀剣 s | | | | | 石 | | | | | | | | | | | | | | | |
| | 工具 t | | | | | | 石 | | | | | | | | | | | | | | |
| | 類型 | | | a | b | s | t | r | br | | | | | | | | | | | | |
| 後期初頭～前葉 | 鏃 a | | | | | | | | | | | | | | | | | | | | |
| | 腕輪 r | | | | | | | | | | | | | | | | | | | | |
| | 刀剣 s | | | | | | | | | | | | | | | | | | | | |
| | 工具 t | | | | | | 鉄 | | | | | | | | | | | | | | |
| | 類型 | | | | b | | t | | | | | | | | | | | | | | |
| 後期中葉～後葉 | 鏃 a | | | | | | | | | | | | | | | | | | | | |
| | 腕輪 r | | | | | | | | | | | | | | | | | | | | |
| | 刀剣 s | | | | | | | | | | | | | | | | | | | | |
| | 工具 t | | | | | | | | | | | | | | | | | | | | |
| | 類型 | | | | | | | | | | | | | | | | | | | | |
| 終末期 | 鏃 a | | | 銅・鉄 | | | | | | | 鉄 | | | | 鉄 | 鉄 | | | | | |
| | 腕輪 r | | | | | | | | | | | | | | | | | | | | 銅 |
| | 刀剣 s | | | | | 鉄 | | | | | | | | 鉄 | 鉄 | 鉄 | 鉄 | | 鉄 | 鉄 | |
| | 工具 t | | | | | | 鉄 | | | | 鉄 | | | | | 鉄 | | 鉄 | 鉄 | 鉄 | 鉄 |
| | 類型 | | | a | b | s | t | | | m | at | bm | b* | ms | ams | ast | bms | bmt | bst | bmst | bmrt* |

弥生中期初頭頃から銅剣・銅矛・銅戈などの青銅製近接武器、石鏃・磨製石剣などの石製武器、碧玉製管玉・翡翠製勾玉・ガラス製小玉などの玉類、貝輪・銅釧などによる組成がみられるようになる。著名な弥生中期初頭の福岡県福岡市吉武高木遺跡3号木棺や佐賀県唐津市宇木汲田遺跡甕棺12号では、多紐細文鏡も散見される（a・b・r・s・t・ab・ar・as・br・bs・ms・bms・bmt 型など）。

**本州西部・四国**

本州西部では、埋葬墓として木棺墓・土壙墓・石棺墓などがあり、今のところ日本海側の山陰・近畿北部および四国の瀬戸内側で散見される。主要には、石鏃・磨製石剣・碧玉製管玉1～2種類による副葬品組成をなす（a・b・s・ab・as・bs 型など）。玉類は、碧玉製管玉が主だが、島根県松江市古浦砂丘遺跡・愛媛県松山市持田町3丁目遺跡では翡翠製勾玉がみられる。また、山陰や中国山地の一部では、既に朱ないし赤色顔料が使用されている。

山陰・中国山地や四国における弥生前期の墓制としては、墓壙埋土上に多量の石材を石蓋状・塊状に配したり、埋土中・埋土上に数点配したりするいわゆる「配石墓」があり、これらに管玉・石鏃などが副葬されている。例えば、島根半島沿岸部の島根県松江市堀部第1遺跡や江の川水系中流域の島根県邑智郡美郷町沖丈遺跡・広島県山県郡北広島町岡の段C地点遺跡、四国の徳島県徳島市庄・蔵本遺跡、持田町3丁目遺跡では、主として石鏃・管玉の双方ないし一方が副葬されている。また、弥生前期後半に遡る埋葬墓を区画した周溝墓・台状墓のうち、香川県丸亀市佐古川・窪田遺跡で不整円形周溝墓3から碧玉製管玉2点が出土している。さらに、弥生中期前葉にかけての周溝墓・台状墓では、京都府京丹後市豊谷1号墓で石鏃22点、兵庫県豊岡市駄坂舟隠13号墓で碧玉製管玉125点が副葬され、近畿北部において石鏃や管玉の多量副葬が散見される。ただし、石鏃については射込まれた可能性も排除できないだろう。

## （2）弥生中期中葉から後葉

**九州北部**

副葬行為がより盛行する。弥生中期後半の著名な福岡県春日市須玖岡本遺跡D地点甕棺墓や福岡県糸島市三雲南小路遺跡1号・2号甕棺墓では、漢鏡2～3期の前漢鏡30面以上のほか、銅剣・銅矛・銅戈・玉類・ガラス璧、その他の文物が集中的に副葬されている（bms*型）[1]。これらの墳墓は、前漢鏡を機軸に多種多量性を志向する突出した副葬品内容であることから、それぞれ地域の階層最上位にたつ、いわゆる王墓と目される（下條 1991）。このほか、福岡県飯塚市立岩堀田遺跡が、漢鏡3期の前漢鏡や鉄製近接武器・工具などによる副葬品組成をなす（bms・bmt・mst・mrs型ほか）。

鏡の副葬は、以上の事例のほかにも漢鏡3期の重圏文鏡・連弧文鏡などが、弥生中期後半の立岩式甕棺においてみられる（岡村 1999：p.32）。こうした前漢鏡の副葬開始は、この時期頃に前漢文化の影響が強まったことを如実に示していよう。また近接武器では、前代の石剣・銅剣・銅矛・銅戈に加えて、鉄剣・鉄矛・鉄戈が加わる。

**本州西部**

本州では、基本的に前代の副葬体系を踏襲しているが（a・b・ab型ほか）、近畿中部・北陸でも副葬品をもつ墳墓が出現するなど、副葬行為の拡散が認められる。副葬品の素材としては、弥生中

期後葉頃からガラス製品・鉄器が点的に散見され始める。例えば、岡山県津山市西吉田遺跡土壙墓3のガラス製小玉5点、大阪府大阪市加美Y1号墓1号主体部のガラス製勾玉1点・小玉2点、同2号主体部のガラス製小玉1点、岡山県赤磐市四辻土壙墓遺跡B地区方形台状墓第26土壙の鉄鏃などである。

## （3）弥生後期初頭から前葉

### 九州北部

鏡を副葬する埋葬墓が増加する。代表的な事例としては、福岡県糸島市井原鑓溝遺跡で方格規矩四神鏡など21面以上（ms*型）、佐賀県唐津市桜馬場遺跡で方格規矩四神鏡2面（bmrs型）、佐賀県神埼郡吉野ヶ里町三津永田遺跡104号甕棺で獣帯鏡1面（ms型）などがみられる。弥生後期初頭から前半にあたる桜馬場式から三津式甕棺において漢鏡4期の鏡が副葬される傾向にある。近接武器は、ほぼ鉄器で占められるようになる。鉄剣よりも鉄刀が相対的に多く、特に素環頭を有する鉄刀・刀子は、弥生中期後半頃から弥生終末期にかけて当地域で集中的に分布している（今尾1982、児玉1982）。また、上記したように井原鑓溝遺跡では方格規矩鏡など21面以上（ms*型）、桜馬場遺跡では有鉤銅釧26点（bmrs型）がみられるなど、一部の墳墓で一品目の多量集中的な副葬が看取できる。

### 対　馬

対馬では、弥生後期初頭頃にいたって副葬品を有する箱式石棺墓が顕在化する。小型仿製鏡、銅剣・銅矛・鉄剣などの近接武器、ガラス製小玉などを機軸に各種青銅製品などが、多様性を志向して潤沢に副葬される（brst・bmst・bms*型ほか）。ガラス製小玉を副葬するものには、長崎県対馬市塔ノ首遺跡箱式石棺3号のように、8000点を越える集中的な事例もある。この時期の九州北部では近接武器が鉄製で占められるのに対し、対馬では銅剣・広形銅矛などの青銅製も弥生終末期まで副葬されるようである。また鉄製近接武器は、鉄刀よりも鉄剣が相対的に多い。当該期における潤沢な副葬行為の背景としては、『魏志倭人伝』の「南北市糴」の記事に垣間見えるように、朝鮮半島・九州北部間の中継交易による文物入手によって説明できよう（田村1986ほか）。

### 近畿北部

丹後・但馬においては、京都府京丹後市三坂神社墳墓群・京都府京丹後市左坂墳墓群・京都府京丹後市大山墳墓群などの台状墓で、弥生後期初頭段階からガラス製小玉や鉄器を機軸にした副葬行為が顕在化する。これらでは、鉄鏃・鉇・刀子といった武器・工具、ガラス製小玉といった玉類などが組み合わさる（a・b・t・ab・at・bt・abt型）。このうち、弥生後期初頭に比定される三坂神社3号墓第10主体部は、素環頭刀子1点・鉇1点・鉄鏃2点・ガラス製玉類・水晶製玉類・漆塗り木製品をもつ（abt型）。本州他地域に先駆けて弥生後期初頭段階から副葬品目の多様性を志向している。本州日本海側における集落遺跡からの鉄器出土は、弥生中期後葉ないし後期から本格化することから（野島1997・池淵1998など）、こうした副葬品内容の変化は、集落における鉄・鉄器流通の本格化とも連動する現象であると考えられる。

### 近畿中部

近畿中部の当該期は、弥生中期に盛行した方形周溝墓検出例が相対的に減少し、墓制の状況があまり判然としていない。少ない事例のなかで副葬品をもつ埋葬墓としては、大阪府東大阪市巨摩廃

寺2号方形周溝墓2号埋葬施設で管玉2点、同10号埋葬施設でガラス製勾玉1点・ガラス製小玉13点、大阪府高槻市古曽部・芝谷遺跡木棺墓K4で鉇1点など、b・t型が散見されるにすぎない。

### （4）弥生後期中葉から後葉

この時期の本州・四国諸地域における副葬品には、鉄器・ガラス製玉類が本格的に加わる。

#### 山陰

四隅突出型墳丘墓や方形墳丘墓などが発達する山陰の副葬品組成は、1～2種類の志向が強く、刀剣と玉類、刀剣のみ、玉類のみという傾向がうかがえる（a・b・s・t・bs型）。同じ日本海側でも台状墓が盛行する後述の近畿北部と比べてシンプルな組成である。事例が少なくなるが、さらに細かく山陰地域内における小地域性をみると、出雲では玉類副葬が多く（b・bs型）、同時期の吉備南部とも類似する。伯耆・因幡では、玉類を欠いて、鉄刀のみ、鉇・刀子など鉄製工具のみといった鉄器副葬志向が指摘できる（a・s・t型）。また、既に指摘されているように、島根県出雲市西谷3号墓第1主体、北陸の福井県福井市小羽山30号墓、吉備南部の岡山県倉敷市楯築墳丘墓中心主体は、いずれも鉄剣・玉類をもつbs型であり、近畿北部を除いた各地域における大型区画墓副葬品組成の類似性がうかがえる（丹羽野 1997）。

#### 近畿北部

弥生後期後葉における大型の台状墓である京都府与謝郡与謝野町大風呂南1号墓では、第1主体部で鉄剣11点・銅釧13点・ガラス釧1点など（abrst型）、第2主体部で鉄剣2点など（abs型）が出土している。弥生後期初頭から台状墓が盛行する近畿北部では、同じ日本海沿岸地域のなかでも四隅突出型墳丘墓などが分布する山陰や北陸とは墓制の様相を異にしている。副葬品内容においても、2種類程度の組成をなす山陰・北陸に対し、多種多量性を志向するという地域性がみられるといえる。

#### 北陸

北陸地域では、副葬品目1～2種類のシンプルな組成をなしており（a・b・s・t・bs・st型）、山陰と類似した様相を示している。このうち、鉄剣をもつものは、弥生後期後葉の四隅突出型墳丘墓である小羽山30号墓（bs型）や弥生後期中葉から後葉の福井県三方上中郡若狭町向山B遺跡（st型）があるが、鉄刀はみられない。

#### 山陽・四国

備中南部では、弥生後期後葉頃から楯築墳丘墓をはじめとした墳丘墓が発達する。これら弥生後期後葉頃の墳丘墓副葬品組成としては、碧玉製管玉・翡翠製勾玉などの玉類を基本にして鉄鏃・鉄剣・鉄刀が伴う（b・ab・bs型など）。なかでも楯築墳丘墓中心主体は鉄剣をもつ点や玉類の数量・器種・素材が豊富な点で、他の墳丘墓の副葬品内容よりも優位にある（bs型）。

一方、四国の松山平野では、調査事例は少ないが愛媛県松山市西野Ⅲ遺跡1号土壙墓や同土壇原Ⅵ遺跡38号墓のように鏡片が副葬され始める。これは、九州北部からの影響を想定できよう。

### （5）弥生終末期

#### 九州北部

当該期を中心とした前後の時期において、後漢鏡片・小型仿製鏡や鉄製工具・鉄鏃などが1～3

種類組み合わさって副葬される集団墓が増加する（a・b・m・s・t・at・ab・bt・mt・amt・bmt 型など）。鉄製工具では、素環頭刀子が特徴的に認められる。例えば、福岡県若宮市汐井掛遺跡・同県北九州市高津尾遺跡・同県行橋市前田山遺跡、同県京都郡みやこ町徳永川ノ上遺跡などの事例があげられる。

### 山　陰

玉類副葬は、鳥取県鳥取市桂見1号墓第1主体でみられるに過ぎず、総じて鉄器のみの副葬に傾斜している（a・s・t・st・abs 型）。九州北部・瀬戸内側でみられる鏡の副葬はみられず（藤原 1995）、古墳出現期から開始される。

### 近畿北部

前代と比較して、品目3種類以上の事例は減少する（a・b・s・t・as・at・bs・ast・bst 型）。ただし、弥生後期末ないし終末期頃とみられる京都府京丹後市赤坂今井墳丘墓第1埋葬のような、階層最上位と目される大型墳丘墓における副葬品内容について、今後明らかにされる必要があろう。

丹波では、古墳出現期に降りる可能性もあるが、京都府福知山市豊富谷丘陵 TD17 号墓第2主体部・同第3主体部や京都府南丹市園部黒田墳丘墓で鏡・鏡片が散見される。また、豊富谷丘陵 TD23 号墓主体部・園部黒田墳丘墓・兵庫県篠山市内場山墳丘墓 SX10 では、通常1～2点の鉄鏃副葬に対して、15～18点におよぶ多量の鉄鏃副葬がみられる。

### 北　陸

鉄刀を副葬する墳墓が増加するのが特徴的である（s・as・bs・st・abst 型など）。福井県福井市原目山墳墓群・福井県吉田郡永平寺町乃木山墳丘墓・石川県河北郡津幡町七野墳墓群では、一墓域のなかで複数点が副葬されている。

### 山陽・四国

鏡・鏡片の副葬が本格的に始まる（m・bm・bmt・abms 型など）。古墳出現期に降りる可能性をもつ事例も含まれるが、例えば岡山県総社市宮山墳丘墓竪穴式石槨の飛禽鏡、同市鋳物師谷1号墓A主体の虺龍文鏡、岡山県岡山市矢藤治山墳丘墓竪穴式石槨の方格規矩四神鏡、香川県高松市鶴尾神社4号墓竪穴式石槨の方格規矩四神鏡、徳島県鳴門市萩原1号墓竪穴式石槨の画文帯神獣鏡など、墳丘墓を中心に漢鏡4～7期の鏡がみられる。

### 近畿中部

当該期の近畿中部で注目されるのは、前代までほとんどみられなかった副葬品をもつ墳墓の出現である（a・b・m・s・t・at・bm・ms・ams・ast・bms・bmt・bst・bmst・bmrt＊型）。このうち鏡・鏡片の副葬事例としては、時期的に若干前後する可能性があるものも含めると、兵庫県加古川市西条52号墓中心主体・兵庫県たつの市岩見北山1号墓竪穴式石槨・同市白鷺山遺跡1・2号石棺・京都府城陽市芝ヶ原墳丘墓主体部などで、漢鏡5～6期の内行花文鏡や四獣形鏡・小型仿製鏡がみられる。鉄製近接武器では、鉄剣の副葬事例があるが、鉄刀はみられない。

以上を再度整理してみると、まず九州北部では弥生前期から中期前葉でa・b・s・t・m・rが1～2種類、最多は bms 型で3種類の組成をなす。弥生中期中葉から後葉では、さらに多様性に富む組成をなし、3種類以上の組成例も増加し、つづく弥生後期以降も多様性を志向する。武器a・sの素材では、弥生中期前葉までの石器・青銅器から弥生中期中葉や後葉に鉄器が採用され、弥生

後期初頭以降は鉄器のみとなる。一部の墳墓で、鏡の多量副葬がなされる。本州西部・四国では、弥生前期から中期前葉で主に a・b・s が 1～2 種類、弥生中期後葉にかけては主に a・b が 1～2 種類という組成をなす。これらの時期の武器 a・s の素材は主に石器である。弥生後期以降は、武器 a・s がほぼ鉄器に転換し、鉄製鏃・刀子 t が付加される。弥生後期中葉から終末期の瀬戸内・近畿中部では鏡・鏡片 m がさらに付加され多様性を志向する一方、弥生終末期の出雲や伯耆ではむしろ鉄器の単独副葬や無副葬を志向している。金属製品に注目すれば、九州北部では弥生中期初頭頃に青銅製近接武器や多鈕細文鏡、弥生中期中葉頃に鉄製近接武器、弥生中期後半頃に前漢鏡の副葬が始まっており、この地域が日本列島のなかでもいち早く朝鮮半島や中国大陸からの影響を受けたことが確認できる。このことは、こうした副葬行為の思想的背景を考えるうえで改めて注目しておかなければならない。

## 2. 副葬品目決定の背景

前項では、副葬品の地域性について、組成・数量・素材の点から通覧して記述した。ここでは、こうした副葬品の内容を決定する背景について考察を加えたい。副葬品を来歴の点で単純に大別すると、

① 被葬者自身が、生前に分配・下賜・贈与・奉献・交易・伝世などで取得し、所持・装着していた遺愛の文物が副葬される場合
② 死去してから葬儀や埋葬完了までの過程で、近親者や集団構成員、関係する他地域首長・集団などから、新たに贈与・下賜・奉献・交易などを経て副葬される場合

が考えられる。②の場合は、死者に対する葬送イデオロギーや被葬者と葬送者の人間関係・社会関係を、①の場合は、これに加えて、被葬者自身の生前における装身の様相や器物保有状況を反映する。いずれも、副葬の機能・役割には、被葬者の来世での利用、被葬者の鎮魂や霊魂飛翔のため、辟邪、葬送者の追慕的感情や利益の期待、既に意味が忘れられ形骸化したが伝統的、慣習的な儀礼としてなど、様々な可能性が想定できる。副葬品目の取捨選択は、被葬者の性別・年齢・職掌・出自、集団の慣習・習俗、集団内部あるいは集団間の社会関係など、多様な諸要因からなる。集団内部や地域間における製品・素材の流通量多寡や稀少性といった経済的側面にも左右されよう。

前項で追跡したように、日本列島西部における弥生墳墓副葬品を器物の用途からみれば、いわゆる供献土器や残存しにくい有機物・液体を除くと、近接武器の刀剣ほか s、飛道具の鏃 a、工具 t、玉類 b が普遍的にみられ、九州北部や弥生終末期の瀬戸内では鏡・鏡片 m がみられる。近接武器は、九州北部では弥生中期初頭頃から銅剣・銅矛・銅戈が副葬品に供される。その一方で、本州西部では島根県出雲市荒神谷遺跡にみられるような多量の銅剣が保有されながらも、一貫して埋納祭器として用いられており、対照的な地域性をみせている。本州でも石剣が副葬に用いられる場合があるので、材質が異なるものの近接武器を副葬する点では両地域とも共通する。問題のひとつは、こうした副葬品の様相にみられる地域性と共通性の要因が、諸地域の社会形態や経済的環境とどのように関わってくるのかにあろう。こうした遠大な問題を視野に入れつつ、以下ではまず副葬品目決定の背景について考える。具体的には、被葬者の性別・年齢、社会階層、流通の問題について検討したい。

## （1）被葬者の性別・年齢

　被葬者の副葬品目を基底的レベルで決定する要因の一つとして、性別・年齢がある程度の普遍性をもつことが想定される。既に、玉類と道具類の選択的副葬傾向が、原始的な性別分業に由来している可能性が言及されている（松木 1999a ほか）。また、丹後の集団墓では、中心的埋葬墓を除くとガラス製小玉を主とした玉類と鉄器が共伴することが少ない点から、性別による選択原理が働いていたとみる仮説もある（肥後 1999）。

　表 12 には、西日本において、人骨が残存し貝輪のみ以外の副葬品をもつ墳墓をあげた。男女合葬例を除くと、男性は 17 例で副葬品組成は b 4 例・m・r・s 4 例・bs・ms・st・bms・brs・mrs・ms*、女性は 15 例で b 7 例・m・r・s・t・br 3 例・ms となる。図 27 に示したように、鏡を機軸にみると、男性が 5/7、女性が 2/7 となり、双方にみられる。近接武器では、男性が 11/13、女性が 2/13 となり、ほぼ男性で占められる傾向にある。このうち、熟年女性を埋葬した佐賀県三養基郡上峰町二塚山遺跡 46 号甕棺の鉄矛は、甕棺合口の粘土目張り中に封じられていたもので、棺内副葬の事例ではない。このような甕棺合口の粘土目張り中に武器を封じた事例としては、佐賀県神埼郡吉野ヶ里町三津永田遺跡 104 号甕棺墓の素環頭鉄刀がある。また、佐賀県唐津市大友遺跡では、3 次調査 1 号石棺墓の壮年女子に有茎式磨製石剣がみられるが、棺外副葬の可能性が大きい。すなわち、確実な近接武器の棺内副葬は、男性が 11/11 となる。おそらく女性被葬者に近接武器を副葬する際は、棺外になされた場合が多かったと想定しておきたい。玉類は、男性が 7/17、女性が 10/17 となり、男女の区別なく副葬されるようである。ただし、北陸・近畿北部では翡翠製・蛇紋岩製の石製勾玉が鉄刀剣と排他的に副葬されることから、この地域ではこうした器物が女性専用と見なされていた可能性を一考しておきたい。

　以上、事例が限定されている点は否めないが、女性被葬者は棺内に近接武器が副葬されない点、男女被葬者とも鏡・玉類が副葬される点などが一般的傾向であると想定できた。また、管玉の点数が多い事例をみると、ガラス製管玉 490 点をもつ大分県日田市吹上遺跡 6 次調査 4 号甕棺墓が熟年男性、碧玉製管玉 632 点をもつ兵庫県尼崎市田能 3 号墓 16 号墓が老年男性、碧玉製管玉 494 点以上をもつ楯築墳丘墓第中心主体が推定熟年であり、比較的高齢者になる傾向がみられる。

　なお、第 2 章第 5 節で検討したように、概ね 3～5 歳前後以下の胎乳幼児が埋葬された土器棺墓では玉類 1 点から数点あるいは鏃 1 点が、幼小児が埋葬された弥生後期の木棺墓では玉類 1 点から 300 点程度、あるいは鏃 1 点や銛 1 点が副葬される傾向が見出せた。また近接武器は、未成人埋葬にはほとんどみられず、成人専用の副葬品と見なされていた可能性がある。同様に鏡も、未成人埋葬での出土例がみられないことから、成人専用の副葬品であった可能性が指摘されている（本間 2002）。

　なお、弥生時代に後続する古墳前・中期における副葬品と被葬者性別の関係についての研究には、例えば清家章の論考（清家 1996）がある。これによれば、鏃・甲冑・鍬形石は男性に、被葬者腕部に配置される車輪石・石釧は女性に副葬される原則が明らかにされている。鍬形石の祖形とみられるゴホウラ貝輪は、弥生中期の九州北部においては男性に着装、石釧の祖形とみられるイモガイヨコ型貝輪は女性に着装される（高倉 1975 など）。このことから、古墳時代の腕輪形石製品は、弥生時代の九州に分布した南海産貝輪の性的選択性を引き継いだものと考えられる（清家 1996）。また、清家（1996）の集成によれば、矛・槍・剣・刀といった近接武器についても、男性

表12 被葬者性別・年齢がわかる埋葬墓の副葬品

| 遺跡名<br>単位墓名 | 埋葬墓名 | 時期 | 年齢 | 性別 | 類型 | 鏡 | 銅剣<br>銅矛<br>銅弋 | 鉄刀<br>鉄剣<br>ほか | 管玉 | 勾玉 | その他 |
|---|---|---|---|---|---|---|---|---|---|---|---|
| 大友<br>（佐賀） | 10号配石 | 中期後半 | 熟年 | 男 | b | | | | ガ1 | | |
| | 52号配石 | 前期末～中期 | 熟年 | 男 | b | | | | 1 | | |
| | 54号配石 | 前期末～中期 | 壮年 | 女 | b | | | | 1 | | |
| | 55号敷石 | 前期末～中期 | 熟年 | 女 | b | | | | 2 | | |
| | 1号石棺 | 前期 | 壮年 | 女 | s | | | | | | 磨製石剣1<br>（棺外） |
| | 44号甕棺 | 前期後葉～ | 熟年 | | b | | | | | 1 | |
| | 47号? | 前期後半～ | 壮年 | 女 | b | | | | 7 | | |
| | 50号配石 | 前期後半～ | 熟年 | 女 | b | | | | | | 扁平丸玉 |
| 根獅子<br>（長崎） | 箱式石棺<br>（5号人骨） | 中期 | 熟年 | 女 | br | | | | | 翡1 | 二枚貝輪29 |
| 浜郷<br>（長崎） | 1号石棺<br>（6・7号人骨） | 中期初頭 | 壮年 | 男女<br>合葬 | b | | | | 碧32 | | |
| 吉野ヶ里<br>ST1001<br>（佐賀） | SJ1006 | 中期前半 | 壮年 | 男 | s | | 銅剣1 | | | | |
| | SJ1007 | 中期前半 | 壮年 | 男 | s | | 銅剣1 | | | | 把頭飾1 |
| 上月隈<br>（福岡） | ST007 | 中期後半 | 成人 | 男 | bs | | 銅剣1 | | ガ約<br>30 | | |
| 立岩堀田<br>（福岡） | 35号 | 中期後半 | 成人 | 男 | bms | 1 | | 鉄剣1<br>鉄弋1 | 30～40 | | 朱 |
| | 36号 | 中期後半 | 熟年 | 男 | st | | | 鉄矛1 | | | 鉇1、環刀子1、朱 |
| | 39号 | 中期後半 | 熟年 | 男 | ms | 1 | | 鉄剣1 | | | 朱 |
| | 41号 | 中期後半 | 成人 | | bt | | | 鉄剣1 | ガ4 | | |
| 隈・西小田<br>（福岡） | 23号 | 中期後半 | 35歳<br>前後 | 男 | mrs | 1 | | 鉄剣1<br>鉄戈1 | | | 貝輪41、朱 |
| 西新町<br>（福岡） | K19 | 中期後半～<br>後期初 | 成人 | 男 | s | | 銅剣<br>鋒1 | | | | （遺体嵌入か） |
| 吹上6次<br>（大分） | 4号 | 中期末 | 熟年 | 男 | brs | | 銅剣1 | 鉄戈1 | ガ490 | 翡1 | 貝輪15 |
| | 5号 | 中期末 | 熟年 | 女 | br | | | | | 翡1 | 貝輪17 |
| 田能3号<br>（兵庫） | 16号 | 中期後葉 | 老年 | 男 | b | | | | 碧632 | | 朱 |
| | 17号 | 中期後葉 | | 男 | r | | | | | | 銅釧1 |
| 加美Y1<br>（大阪） | 1号 | 中期後葉 | 成人 | 女 | b | | | | ガ1 | ガ2 | |
| | 2号 | 中期後葉 | 成人 | 女 | br | | | | ガ1 | | 銅釧1 |
| | 14号 | 中期後葉 | 成人 | 女 | r | | | | | | 銅釧1 |
| 道場山1<br>（福岡） | 100号 | 後期初頭 | 成年 | | s | | | 鉄戈1 | | | 赤色顔料 |
| 三津永田<br>（佐賀） | 104号甕棺 | 後期前半 | 成人 | | ms | 1 | | 環刀1<br>（棺外） | | | |
| 二塚山<br>（佐賀） | 46号甕棺 | 後期前葉 | 熟年 | 女 | ms | 1 | | 鉄矛1<br>（棺外） | | | |
| | 76号甕棺 | 後期中葉 | 壮年 | 女 | m | 1 | | | | | |
| | 29号土壙 | | 熟年 | 男 | m | 1 | | | | | |
| 松山<br>（福岡） | 1号 | 後期 | | 女 | t | | | | | | 環刀子1、<br>ベンガラ |
| 壬生西谷<br>（広島） | SK11 | 後期後半 | 熟年 | 女 | b | | | | 碧4 | | |
| | SK12 | 後期後半 | 熟年 | 男 | b | | | | 碧6 | | 朱 |
| 城山A<br>（広島） | SK21 | 終末期? | 成人 | | st | | | 鉄剣1 | | | 鉇2 |
| 城山B<br>（広島） | SK10 | 後期後半～ | 壮年 | 女 | b | | | | 碧1 | | |
| 女男岩<br>（岡山） | 中心主体 | 終末期 | 青年 | 男 | s | | | 鉄剣2 | | | 朱 |
| 楯築<br>（岡山） | 中心主体 | 後期後葉 | 熟年? | | bs | | | 鉄剣1 | 碧494～ | 翡1 | ガラス製小玉94～ほか、朱 |
| 白鷺山<br>（兵庫） | 1号 | 終末期 | 壮年 | 男 | ms* | 片1 | | 鉄剣1 | | | 不明鉄器2 |

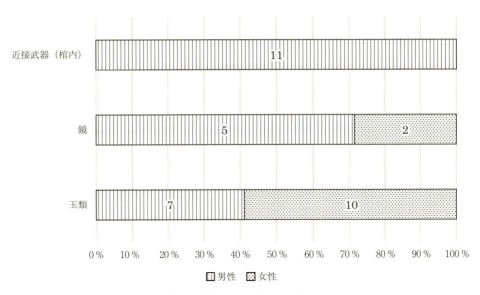

図27 性別でみた副葬品の比率

被葬者への副葬が比較的高い割合を占めていることがわかる。この点は、弥生墳墓における副葬品相と共通しており、普遍的な選択原理であったといえよう。

### (2) 社会組織の階層性

第2章第3節でも検討したように、弥生後期後葉頃の山陰では、墳丘規模・墓壙規模・副葬品の3要素が有意な相関関係をもっている可能性がある。ここでは山陰をケーススタディとして、改めて弥生後期から終末期における様相を検討しておきたい。

**同一墓域内における副葬品の格差**

まず、同一墓域中にみられる埋葬墓間の副葬品格差についてみておく。図28は、東郷湖周辺の丘陵上に立地する鳥取県東伯郡湯梨浜町宮内1号墓・3号墓で検出された墳墓群の副葬品である。1号墓・3号墓墳丘内の中心的埋葬墓はb・s・bs型であり、朱がみられる一方、小型墓壙の埋葬墓や墳丘周辺の埋葬墓はt型か副葬品をもたない。例外もあるが、山陰地域におけるその他の墳墓でも同様の傾向がみられ、鉄刀剣sが刀子・鑿tより上位に位置付けられるという副葬鉄器器種の序列がうかがえる (会下 1999)。

**墓域間・単位墓間における副葬品の格差**

山陰では、弥生中期中葉頃から方形貼石墓が、弥生中期後葉頃から四隅突出型墳丘墓が出現・発展することが知られている。これらの墳丘墓には弥生後期中葉ないし後葉頃から副葬品がみられる事例が多くなるが、但馬・丹後における特定集団墓のように小型墓壙の埋葬墓にいたるまで、多くのものに副葬行為がなされるわけではない。また、同時期の方形墓や四隅突出型墳丘墓のなかでも副葬品をもつものともたないものとに弁別することができる。これを整理するために、図29-1〜2、図30に、弥生後期初頭から中葉（Ⅴ期-1〜2）、弥生後期後葉（Ⅴ期-3）、弥生終末期（Ⅵ期）における墳丘規模の散布図と副葬品組成を示した。

弥生後期初頭から中葉では、墳丘内の埋葬墓内が不明のものが多いが、副葬品をもつものは比較

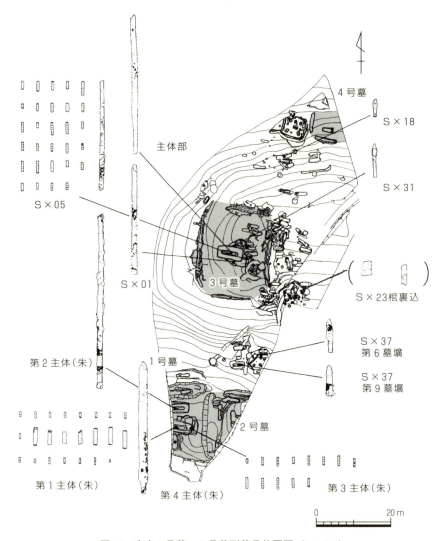

図28 宮内1号墓・3号墓副葬品位置図 (1/1,000)

的大型の墳丘規模を有するものに限定され、弥生後期前葉頃の方形墓・鳥取県鳥取市松原1号墓（長辺約17m・短辺約13.6m）や弥生後期中葉頃の方形墓・鳥取県鳥取市門上谷1号墓（長辺約24m・短辺約18m）、四隅突出型墳丘墓・宮内1号墓（1辺約17m以上）のように、長辺約17m以上のものが鉄製近接武器sを保有している（図29-1）。

弥生後期後葉にいたると、墳丘が大型化し、グラフでは前代の規模分布に付加された位置にある大型墳丘墓に鉄製近接武器が副葬される印象を受ける（図29-2）。四隅突出型墳丘墓の可能性がある鳥取県鳥取市西桂見墳丘墓（1辺約40m以上・高さ約5m）、四隅突出型墳丘墓の島根県安来市塩津山6号墓（長辺約29m・短辺約26m）・同10号墓（長辺約34m・短辺約26m）・島根県出雲市西谷2号墓（長辺約35m・短辺約24m）・同4号墓（長辺約34m・短辺約27m）など、大型のものが不明であるが、四隅突出型墳丘墓の西谷3号墓（長辺約40m・短辺約30m・高さ約4.5m）

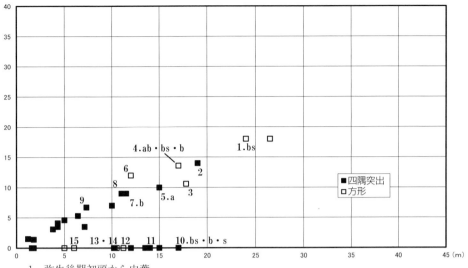

1. 弥生後期初頭から中葉

| 1 | 門上谷1号墓 | （鳥取県鳥取市） | 9 | 仙谷2号墓 | （鳥取県大山町） |
| 2 | 佐田谷1号墓 | （広島県庄原市） | 10 | 宮内1号墓 | （鳥取県湯梨浜町） |
| 3 | 布施鶴指奥墳丘墓 | （鳥取県鳥取市） | 11 | 阿弥大寺1号墓 | （鳥取県倉吉市） |
| 4 | 松原1号墓 | （鳥取県鳥取市） | 12 | 宮内2号墓 | （鳥取県湯梨浜町） |
| 5 | 仙谷3号墓 | （鳥取県大山町） | 13 | 歳ノ神3号墓 | （広島県北広島町） |
| 6 | 下坂1号墓 | （鳥取県八頭町） | 14 | 歳ノ神4号墓 | （広島県北広島町） |
| 7 | 順庵原1号墓 | （島根県邑南町） | 15 | 波来浜B1号墓 | （島根県江津市） |
| 8 | 田尻山1号墓 | （広島県庄原市） | | | |

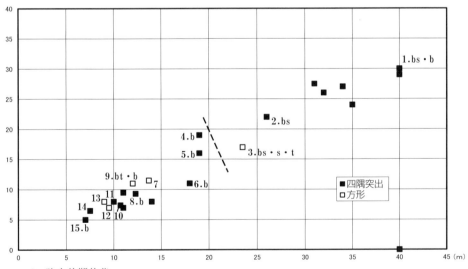

2. 弥生後期後葉

| 1 | 西谷3号墓 | （島根県出雲市） | 9 | 桂見弥生墳丘墓 | （鳥取県鳥取市） |
| 2 | 小羽山30号墓 | （福井県福井市） | 10 | 布志名大谷1号墓 | （島根県松江市） |
| 3 | 宮内3号墓 | （鳥取県湯梨浜町） | 11 | 来見1号墓 | （島根県松江市） |
| 4 | 仲仙寺10号墓 | （島根県安来市） | 12 | 大谷後口谷2号墓 | （鳥取県倉吉市） |
| 5 | 仲仙寺9号墓 | （島根県安来市） | 13 | 沢下3号墓 | （島根県松江市） |
| 6 | 大城墳丘墓 | （島根県隠岐の島町） | 14 | 沢下5号墓 | （島根県松江市） |
| 7 | 大谷後口谷1号墓 | （鳥取県倉吉市） | 15 | 小羽山33号墓 | （福井県福井市） |
| 8 | 沢下6号墓 | （島根県松江市） | | | |

注）番号のみは副葬品なし。番号なしは墳丘内の埋葬墓不明。

図29　墳丘規模と副葬品組成　その1

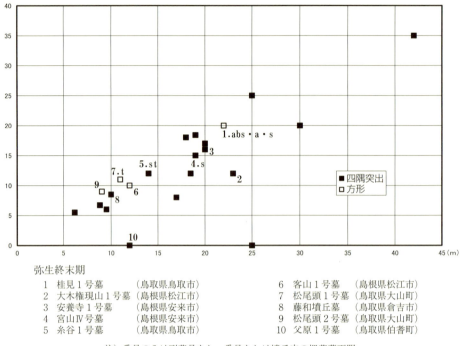

**図30 墳丘規模と副葬品組成 その2**

弥生終末期
1 桂見1号墓　　　（鳥取県鳥取市）
2 大木権現山1号墓（島根県松江市）
3 安養寺1号墓　　（島根県安来市）
4 宮山Ⅳ号墓　　　（島根県安来市）
5 糸谷1号墓　　　（鳥取県鳥取市）
6 客山1号墓　　　（島根県松江市）
7 松尾頭1号墓　　（鳥取県大山町）
8 藤和墳丘墓　　　（鳥取県倉吉市）
9 松尾頭2号墓　　（鳥取県大山町）
10 父原1号墓　　　（鳥取県伯耆町）

注）番号のみは副葬品なし。番号なしは墳丘内の埋葬墓不明。

はb・bs型、四隅の切れた方形周溝墓の宮内3号墓（長辺約23.5m・短辺約17m）はbs・s・t型、北陸地域の四隅突出型墳丘墓である小羽山30号墓（長辺約26.2m・短辺約21.8m・高さ約3.85m）はbs型となり、現状の資料では長辺が23.5mを超える大型墳丘墓が鉄剣を保有する傾向が読み取れる。これら大型墳丘墓に準じる規模の四隅突出型墳丘墓では、島根県安来市仲仙寺9号墓（長辺約19m・短辺約16m・高さ約2m）がb型、同10号墓（長辺約19m・短辺約19m・高さ約2m）がb型、島根県隠岐郡隠岐の島町大城墳丘墓第1主体（長辺約18m・短辺約11m）がb型、島根県松江市沢下6号墓第1主体（長辺約12.3m・短辺約9.3m）がb型となり、さらに縮小した12m以下の規模の四隅突出型墳丘墓・方形墓は副葬品をもたないものが多い。

以上の様相について、もう少し地域を限定して確認しておこう。例えば、当該期前後における因幡・湖山池南東の桂見地域では、西桂見陵上に上記の1辺約40m以上・高さ約5mを測る西桂見墳丘墓と西桂見遺跡C・D地区の明確な墳丘を有しない木棺墓・土壙墓群が併存し、隣接する桂見丘陵上に方形貼石墓の桂見墳丘墓（長辺約12m・短辺約11m・高さ約0.5m）が築造されている。西桂見墳丘墓は副葬品が不明であるが、桂見墳丘墓はb・bt型、西桂見遺跡C・D地区はSK104・SK108がt型、同遺跡その他の木棺墓・土壙墓は副葬品をもたない。すなわち、同一平野を基盤にするとみられる集団の墳墓において墳丘規模・有無による階層性がみられ（渡辺 1998）、さらに小規模墳丘墓や無区画墓の副葬品はb・t・bt型に留まっていることが確認できる。また、比較的近隣でありながら、異なる平野を存立基盤にしたと推定される集団の墳丘墓同士でも墳丘・副葬品などの要素に格差がみて取れる。例えば、出雲平野を望む斐伊川下流域丘陵上に占地する西谷3号墓第4主体は、巨大で立体的な墳丘と大型墓壙および木槨の埋葬施設を有し、上記のように

bs 型の副葬品組成をなしている。一方、東約24kmにある宍道湖南側の閉鎖的な小平野縁辺丘陵上に占地する島根県松江市布志名大谷Ⅲ遺跡の1号四隅突出型墳丘墓（長辺約10.7m・短辺約7.4m）は、相対的に墳丘規模・墓壙規模が小型で副葬品もみられない。以上のように、同一平野や異なる平野を基盤とする被葬者集団の墳墓同士で、墳丘規模・墓壙規模・副葬品内容に階層性をみて取ることができる。

　つづく弥生終末期では、四隅突出型墳丘墓の島根県出雲市西谷9号墓（長辺約42m・短辺約35m）・島根県安来市安養寺3号墓（長辺約30m・短辺約20m）など、大型のものが不明であるが、方形墓の桂見1号墓（長辺約22m・短辺約20m）がa・s・abs型、四隅突出型墳丘墓の島根県安来市宮山Ⅳ号墓（長辺約19m・短辺約15m）がs型、四隅突出型墳丘墓の鳥取県鳥取市糸谷1号墓（長辺約14m・短辺約12m）がst型、四隅の切れた方形周溝墓の鳥取県西伯郡大山町妻木晩田遺跡群松尾頭1号墓（1辺約11m）がt型となる（図30-1）。判明しているものでは最大規模の墳丘をもつ桂見1号墓が最も多種の副葬品組成をなすが、四隅突出型墳丘墓で規模の小さい糸谷1号墓でもst型、同じ安来平野にある四隅突出型墳丘墓でもs型の宮山Ⅳ号墓より若干大きい島根県安来市安養寺1号墓（長辺約20m・短辺約16m）では副葬品をもたないといったばらつきが看取できる。

　以上を要約すると、副葬鉄器では、鉄刀・鉄剣sが刀子・鉇tや鉄鏃aよりも上位の器物であることがうかがえる。特に、弥生後期中後葉頃を中心にして、比較的大型の墳丘墓ではb・s・bs型、これに準じる規模の墳丘墓ないし無区画の墳墓ではa・b・t型か副葬品をもたない傾向がある。しかし、つづく弥生終末期にはいると、こうした規範がやや崩れる様相を示している。第2章第3節でも述べたように、さらに墓壙規模と副葬品組成においてもこうした相関関係がみられる。すなわち、弥生後期後葉頃を中心とした時期の山陰地域では、墳丘の有無・規模、墓壙規模および副葬品組成の3要素がある程度の相関関係を示す現象を読み取ることができるのである。

　こうした墳丘有無・規模や墓壙規模と副葬品内容との相関関係は、他地域・他時期においても看取することができる。例えば、弥生中期後葉における近畿中部の方形周溝墓では、副葬品を保有するものは、兵庫県尼崎市田能3号墓や加美Y1号墓など、墳丘ないし台状部の規模が比較的大型のものに限定されている。また、墳丘規模長軸が15m前後以上の方形周溝墓の中心埋葬において赤色顔料がみられるといった相関関係がある。以上のことから、弥生中期後葉における一つの拠点的集落内部では、多層的な階層分化が生じていたとみられている（大庭重1999）。また、弥生中期後半の九州北部では、いわゆる王墓と呼ばれる厚葬墓のなかにも、多量の副葬品と墳丘をもち、単独の甕棺墓が墓域を占有する特定個人墓のA王墓、墳丘や自然的高所に副葬品をもった複数の甕棺墓がある特定集団のB・C王墓に分類されている。（下條1991）。A王墓は20面前後の面径15cm以上を測る大型前漢鏡とガラス璧・ガラス製勾玉・銅矛などを、B・C王墓は1面程度の面径5〜11cmを測る小型前漢鏡と武器形鉄器を保有するという副葬品内容のルールがあったようである。また、第2章第3節でみたように弥生後期初頭から後葉における近畿北部の台状墓では、多様な副葬品組成・品目と墓壙規模との間に相関関係がみられる。

　以上のように、被葬者の階層性が墓制の要素に反映される際、弥生中期後半の九州北部では墳丘有無・副葬品内容に、弥生中期後葉の近畿中部では墳丘規模に、弥生後期の近畿北部では墓壙規模・副葬品内容に、弥生後期後葉の山陰・吉備では墳丘規模・墓壙規模・副葬品内容に発現の力点

が置かれており、時期・地域ごとに表現形式が異なっていることが確認できる。こうした現象の要因について、ただちに一律的で明快な説明ができるものではないが、単なる習俗の地域的な相違だけではなく、基盤となった社会組織や副葬品の流通量、中国大陸や朝鮮半島からの思想的影響などとも全く無関係ではないものと考える。そこで、副葬鉄器の流通については本章第4節と第5節において、中国大陸や朝鮮半島からの思想的影響については第5章において改めて考察を加えるものとしたい。

## 3. 副葬品地域性の背景

　第2項では、弥生中期の九州北部における青銅製近接武器副葬、弥生後期の本州日本海側における鉄刀副葬といった大まかな副葬品組成の地域性が確認できた。このほか、弥生後期にはいってからの対馬・丹後における副葬品保有墳墓の増加、それまで稀有であった弥生終末期の近畿中部における副葬品保有墳墓の出現なども、副葬行為の画期として注目されよう。さらに細かくみると、対馬・九州北部・山陰・近畿北部・北陸・吉備・畿内などの細分された諸地域でも、副葬品組成・数量において地域性や共通性が抽出できる。こうした背景には、前代からの伝統に加えて、地域を超えた副葬イデオロギーの交流や副葬品およびその素材の流通が反映された結果であるといえる。その一方で、地域性が現れる現象とは、地域の排他性が顕在化した結果であるとも見なすことができる。この背景について山陰を例にみておきたい。

　まず山陰沿岸部の地形構成を概観すると、中国山地から日本海へ進路をとる主要河川の河口部一帯では、砂洲の内側に潟湖を伴った後背湿地や沖積地が形成されている場合が多い。それぞれの平野は、山地丘陵で地形的に隔てられており、なかば自己完結的な空間を保っている。こうした空間には首長定在、祭祀・流通・生産の拠点機能を備えた1個から複数個の拠点的集落（田中義1996ab・1997）を核にした集団が蟠踞した。これらは、日本海ルートなどで相互に連絡・交渉していたとみられている。こうした地形的特徴や拠点的集落・墳墓分布状況から帰納される、ある分節的な単位地域は、弥生時代を通してさらに広域的な上位地域として結合していったものと推定される。

　こうした関係は、どのような性格をもっていたのだろうか。特に山陰では、四隅突出型墳丘墓の分布にみられる個別地域間における墳形の共有現象が、被葬者同士のどのような関係を反映しているのかが問題の焦点となってきた。これに関連した言及には、例えば以下のものがある。まず、「事実上のないし事実と観念された同祖同族関係に基づく連合」（近藤義1983：p.216）、「山陰地域連合体とでも称すべき首長たちの連帯」（東森1989：p.130）、「有力な首長たちの間に強固な結びつきが生じ、地域的な首長同盟、首長連合」（白石1999：p.34）の成立といった、政治的な関係を高く見積もる仮説があげられる。その一方で、同祖同族関係、政治的同盟関係・連合体を否定し、「広く思想と心理を共通にする基盤」（田中琢1991：p.186）が成立していたにすぎない、「銅鐸や銅矛の分布と同様に観念的総意としての山陰大社会を形成する象徴」（寺沢1996：p.259）であったとみる仮説などがあげられる。また、そもそもの前提となる墳墓の動態が、山陰東部に限定して概観しても、各地域に共通する規制を認めることは難しく、弥生墳丘墓や墳丘規模の発現方法については、基本的に各地域が主体的に用意したとみる仮説もある（松井潔1996）。以上のように、論

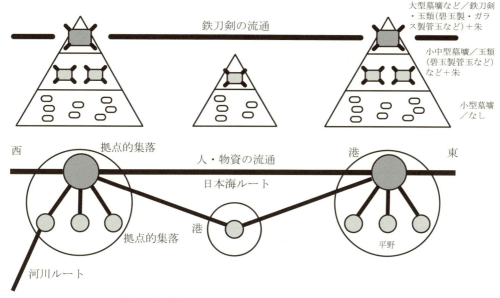

注）拠点的集落の周辺を単子集落（田中義 1996a）が囲繞する。

**図31　弥生後期後葉頃・山陰の社会構造概念図**

者によって地域間関係の質について多様な評価がみられる。

　第3項でみたように、四隅突出型墳丘墓や方形墓の墳丘規模・墓壙規模・副葬品目の3要素に一定の相関関係が確認できたことから、本書では、「墳墓の形式・規模で表現される政治的秩序」（渡辺 1988：p.34）が存在した蓋然性が高いと考える。この相関関係は、渡辺貞幸が四隅突出型墳丘墓の第2次拡散期、そして王墓の出現時期（渡辺 1997）とした、墳丘がより大型化する弥生後期後葉（Ⅴ期-3）の時期頃において、最も整序された様相で看取できることから、当該期を中心にして、ある一定地域の内部に縦の階層関係が形成されていたことを想定したい（図31）。さらに、こうした各地域における階層最上位は、山陰全体ないし数地域で、何らかの紐帯を有していたものと推定される。その性格は、鉄刀剣などを儀礼的、政治的に流通させ、墳丘規模・墓壙規模・副葬品目などの内容を相互に規定する枠組みをもったものであった。こうした地域同士の、いわば横の関係について、本節の作業のみから質的な評価を下すことは難しいが、アイデンティティを相互に共有した関係、さらには政治的な意味を含んだ連帯関係であったと想定しておきたい。こうした関係は、土器様式の高い類似性を維持させるような人・文物・情報・イデオロギーの交流をはじめ、対外交渉（田中義 1997、松井潔 1999など）、想定される「倭国大乱」を時代背景にした地域の緊張関係（渡辺 1993・2000など）とも密接な関連をもつと考える。以上のような、山陰弥生社会における思想的、政治的、経済的な枠組みの形成が、墓制の一要素である副葬品内容の地域性にも表現されているものと考えておきたい。

## 4．まとめ

　以上、副葬品の集成を根幹にして西日本各地における弥生墳墓副葬品の様相とその背景を述べ

表13 中部から関東の副葬品組成一覧

| | | 東海東部(遠江) | 中部高地・関東北西部(信濃・上野) | 関東南部(相模・武蔵・上総・下総・安房) |
|---|---|---|---|---|
| 前期〜中期前葉 | 鏃a | | | |
| | 腕輪r | | | |
| | 刀剣s | | | |
| | 工具t | | | |
| | 類型 | | | |
| 中期中葉〜後葉 | 鏃a | | 石 | |
| | 腕輪r | | | |
| | 刀剣s | | | |
| | 工具t | | | |
| | 類型 | b | b ab | b |
| 後期 | 鏃a | | 銅・鉄 鉄 | 鉄 |
| | 腕輪r | | 銅・鉄 鉄 銅 鉄 | 銅・鉄 銅・鉄 銅・鉄 |
| | 刀剣s | | 鉄 鉄 | 鉄 鉄 鉄 |
| | 工具t | | 鉄 | 鉄 |
| | 類型 | b | b a r s br bs bt abr brs | b a r s t bs br rs |
| 終末期 | 鏃a | | | 石 鉄 鉄 |
| | 腕輪r | | 鉄 鉄 | 銅・鉄 銅・鉄 銅 鉄 |
| | 刀剣s | 鉄 | | 鉄 鉄 鉄 鉄 鉄 |
| | 工具t | 鉄 | 鉄 | |
| | 類型 | b bs b* brt | b r br bs bt | b r s bs br as b* ms abs bst br* rs* abst |

た。まず、西日本一帯における弥生墳墓副葬品の組成・数量・材質などの地域性、地域を超えた共通性などの現象的な面を整理した。次にそうした様相にみえる副葬品選択原理の背景を、性別・年齢・階層性・流通の視点から検討してみた。とりわけ弥生後期後葉頃の山陰では、墳丘規模・墓壙規模・副葬品相が一定の相関関係を示す可能性を読み取り、ある地域内における縦の階層関係と地域相互における横の連帯・共属関係が形成されていたことを想定した。

## 第2節　東日本の様相──中部から関東を中心に──

　前節では、西日本における多様性のある弥生墳墓の副葬品相について比較することで個別地域の特徴を抽出し、当該社会の階層構造や地域性の背景について考察を加えた。本節では、中部から関東を中心にした東日本の副葬品の様相について検討する。東日本のうち関東では、特に弥生中期前半まで再葬墓が盛行し、弥生中期後半以降は方形周溝墓が波及・展開する。本節では、特に弥生中期後半以降の様相に焦点をあて、広域流通や西日本との比較を念頭におきながら、東日本の特質に接近したい。

### 1. 副葬品の様相

　表13に、中部から関東南部までを中心にした東日本各地の埋葬墓約330資料の副葬品組成を示した。副葬品組成の類型については、前節と同様に、鏃 arrowheads を a、玉類 beads を b、鏡 mirrors を m、腕輪などの輪形の飾り rings を r、刀剣矛戈槍などの近接武器 swords を s、鉇・刀子・斧などの工具・道具類 tools を t、その他を＊として、これらを単にアルファベット順に組み合わせて表示している。なお、有機質遺物は除外している。
　これによれば、主要品目として、弥生中期までは碧玉製管玉・緑色凝灰岩製管玉・鉄石英製管玉・翡翠製勾玉などの玉類、弥生後期からは弥生中期以来の玉類およびガラス製小玉・鉄剣・鉄銅

釧などがある。このうち、弥生後期の金属製品副葬については主として中部高地・関東北西部・関東南部・遠江東部にみられる。また、弥生後期までは1種類から3種類の組合せで占められるが、古墳出現期前後に到り、一部では鉇が加わるなどした4種類の組成もみられる。以下、個々の文物ごとに概略をみていきたい。

### （1）玉類

副葬玉類組成については第3節で改めて整理するが、要約すると弥生中期後葉頃までは、碧玉製管玉・緑色凝灰岩製管玉・鉄石英製管玉や翡翠製勾玉が分布し、弥生後期にはいるとスカイブルーや紺色のガラス製小玉が付加される。玉類組成は、能登・加賀などの北陸地域とも概ね共通し、日本海側の九州北部・山陰・近畿北部・越前一部に分布するガラス製管玉・ガラス製勾玉はほとんどみられない。

#### 勾玉（図 32-1）

翡翠製勾玉は、弥生中期までは稜角基調の半玦型勾玉、弥生後期になると丸味のある曲面基調の亜定形勾玉（木下 1987b）が多くなる。日本列島における弥生時代の翡翠は、一般に新潟県青梅川・姫川産とみられており、主にこうした地域から中部高地を経て群馬県さらに東京湾沿岸へといたるルートで製品ないし未成品・素材が流通したとみられる。

#### 管玉（図 32-1）

主として弥生中期後葉以降に用いられ、法量は長さと無関係に直径2.0～3.0mmの極細のものが多い。一方で、弥生中期中葉の埼玉県行田市小敷田遺跡のように直径7.0～9.0mmもある太身のものも散見される。素材では、碧玉に加えて、いわゆる鉄石英製がみられるのが特徴的で、中部高地をはじめ、関東南部・遠江東部でも出土する。こうした鉄石英製極細管玉は、理化学的分析による検証が必要であるが、主には佐渡島を中心にして製作された可能性が高いとみられる（河村 1986）。なお、千曲川右岸にある弥生中期の長野県長野市春山B遺跡住居址などで鉄石英製管玉未成品が若干出土しており（臼居 1999）、一部で素材のみが流通し、現地で加工された場合も想定される。このように管玉の素材・製品流通も、一部は北陸から中部高地を経て関東南部・遠江東部へいたるルートが想定されよう。なお、群馬県渋川市有馬遺跡では、6基の単位墓に分散して副葬された鉄石英製管玉8点のうち、7点は側面に縦方向の研磨稜線が認められる[4]。研磨稜線が残る管玉は関東南部などでも散見されるが少ないことから、この7点が同一の製作単位で加工され、再分配・副葬された経緯を示唆しないだろうか。

#### ガラス製小玉（図 32-2）

遺跡数からは、東京湾沿岸部での分布が目立つ。一般的な傾向として、直径約2.0～4.0mm前後・孔径約1.0～2.0mm前後のものはスカイブルー、直径約5.0～7.0mm前後・孔径約2.0～3.5mm前後のものは紺色を呈する。色調と法量が相関関係にあり、規格性が高い。ガラス製小玉の製作技法としては、鋳型法・管切り法・芯巻き法などが想定されており（富樫・德澤 1995、横須賀 2001など）、筆者の観察によれば前2者による製品が認められる。東京都北区豊島馬場遺跡・東京都板橋区松月院境内遺跡・千葉県四街道市川戸下遺跡・千葉県木更津市鶴ヶ岡1号墳などでは、古墳前期の粘土板型ガラス製小玉の鋳型が出土しており（鈴木直 2000）、当該期には鋳型法によって現地生産されていたことが実証されている。弥生後期の東京湾沿岸におけるガラス製小玉分布状況

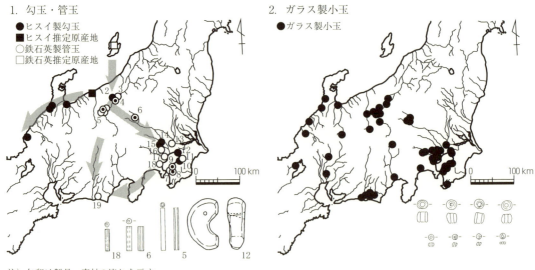

注）矢印は製品・素材の流れを示す。

1．勾玉・管玉（廣瀬1999などをもとに作成）
- 1：囲山　　　　　　（富山県小杉町）
- 1：南太閤山Ⅰ　　　（富山県小杉町）
- 2：須多ヶ峯　　　　（長野県飯山市）
- 3：根塚　　　　　　（長野県木島平村）
- 4：牛出古窯　　　　（長野県中野市）
- 5：光林寺裏山　　　（長野県長野市）
- 5：本村東沖　　　　（長野県長野市）
- 5：石川条里　　　　（長野県長野市）
- 5：篠ノ井・新幹線　（長野県長野市）
- 5：松節　　　　　　（長野県長野市）
- 5：光林寺裏山　　　（長野県長野市）
- 6：中村　　　　　　（群馬県渋川市）
- 6：有馬　　　　　　（群馬県渋川市）
- 7：常代　　　　　　（千葉県君津市）
- 8：関ノ前　　　　　（千葉県君津市）
- 8：大井戸八木　　　（千葉県君津市）
- 9：請西庚申塚　　　（千葉県木更津市）
- 9：請西大山台　　　（千葉県木更津市）
- 10：神門　　　　　　（千葉県市原市）
- 11：小田部新地　　　（千葉県市原市）
- 12：ヲサル山　　　　（千葉県八千代市）
- 12：桑橋新田　　　　（千葉県八千代市）
- 13：石揚　　　　　　（千葉県沼南町）
- 14：井沼方　　　　　（埼玉県さいたま市）
- 15：西原大塚　　　　（埼玉県志木市）
- 15：丸山東　　　　　（東京都練馬区）
- 16：田園調布南　　　（東京都太田区）
- 17：大原　　　　　　（神奈川県横浜市）
- 18：峯　　　　　　　（神奈川県横浜市）
- 19：愛野向山Ⅱ　　　（静岡県袋井市）

2．ガラス製小玉
　（廣瀬1999などをもとに作成）

図32　副葬品分布図（弥生後期から終末期）その1

を考慮すれば、こうした生産施設の存在をこの時期まで遡らせることも充分予想できよう。

　また、玉類副葬形態については、既に幾つかの指摘があるように、しばしば棺底から浮いた状態で検出され、一部は埋葬儀礼の過程で置く・ばら撒くといった行為がなされた痕跡とみなされている。これは弥生前期の西日本以来の伝統であり、東日本にもこうした行為が伝播したものといえる。

（2）鉄剣（図33-1）

　本章第4節で後述するように、鉄製近接武器副葬は、日本列島の集団や時期によって、鉄剣か鉄刀のどちらかに偏向する傾向がある。例えば弥生終末期の九州北部・山陰・北陸といった日本海側諸地域では鉄刀副葬の墳墓が多く分布するのに対し、瀬戸内海側では鉄剣副葬の墳墓で占められている。東日本では、中部高地・群馬県・関東南部を中心に鉄製近接武器副葬がみられ、主として鉄

第3章　副葬行為の地域性と変遷　107

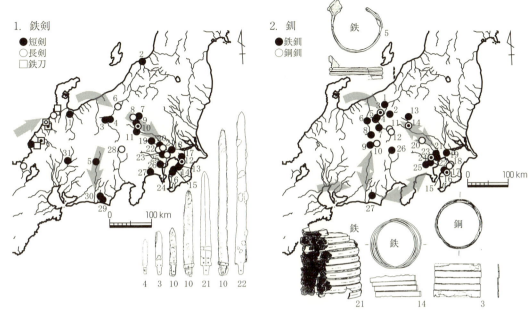

注）矢印は製品・素材の流れを示す。

1. 鉄剣（川越2000などをもとに作成）
　1：囲山　　　　　　（富山県小杉町）
　2：八幡山　　　　　（新潟県新津市）
　3：篠ノ井　　　　　（長野県長野市）
　4：村東山手　　　　（長野県長野市）
　5：滝沢井尻　　　　（長野県飯田市）
　6：根塚　　　　　　（長野県木島平村）
　7：石墨　　　　　　（群馬県沼田市）
　8：天神　　　　　　（群馬県中之条町）
　9：空沢　　　　　　（群馬県渋川市）
　10：有馬　　　　　　（群馬県渋川市）
　11：新保田中村前　　（群馬県高崎市）
　12：草刈　　　　　　（千葉県市原市）
　13：長平台　　　　　（千葉県市原市）
　13：加茂C　　　　　（千葉県市原市）
　14：神門　　　　　　（千葉県市原市）
　15：愛宕　　　　　　（千葉県袖ヶ浦市）
　16：高部　　　　　　（千葉県木更津市）
　17：大崎台　　　　　（千葉県佐倉市）
　18：石揚　　　　　　（千葉県沼南町）
　19：観音寺　　　　　（埼玉県東松山市）
　20：薬師耕地前　　　（埼玉県上尾市）
　21：井沼方　　　　　（埼玉県浦和市）
　22：北通・第26　　　（埼玉県富士見市）
　23：向山　　　　　　（埼玉県朝霧市）
　24：田端西台通　　　（東京都北区）
　25：丸山東　　　　　（東京都練馬区）
　26：山王山　　　　　（神奈川県横浜市）
　27：王子ノ台　　　　（神奈川県平塚市）
　28：頭無A　　　　　（山梨県北杜市）
　29：原新田　　　　　（静岡県掛川市）
　30：文殊堂　　　　　（静岡県森町）
　31：伊瀬粟地　　　　（岐阜県美濃加茂市）

2. 釧（牛山1997などをもとに作成）
　1：須多ヶ峯　　　　（長野県飯山市）
　2：湯倉洞窟　　　　（長野県高山村）
　3：本村東沖　　　　（長野県長野市）
　4：篠ノ井・新幹線　（長野県長野市）
　5：篠ノ井・聖川堤防（長野県長野市）
　6：中城原　　　　　（長野県大町市）
　7：上田原　　　　　（長野県上田市）
　8：丘中学校　　　　（長野県塩尻市）
　9：荒神山おんまわし（長野県辰野町）
　10：家下　　　　　　（長野県茅野市）
　11：上直路　　　　　（長野県佐久市）
　12：五里田　　　　　（長野県佐久市）
　13：石墨　　　　　　（群馬県沼田市）
　14：有馬　　　　　　（群馬県渋川市）
　15：寒沢　　　　　　（千葉県袖ヶ浦市）
　16：大井戸八木　　　（千葉県君津市）
　17：長平台　　　　　（千葉県市原市）
　18：根田6号墳下層　（千葉県市原市）
　19：ヲサル山　　　　（千葉県八千代市）
　20：観音寺　　　　　（埼玉県東松山市）
　21：七社神社前　　　（東京都北区）
　22：下戸塚　　　　　（東京都新宿区）
　22：西早稲田3丁目　（東京都新宿区）
　23：弁財天池　　　　（東京都狛江市）
　24：大原　　　　　　（神奈川県横浜市）
　25：受地だいやま　　（神奈川県横浜市）
　26：頭無A　　　　　（山梨県北杜市）
　27：峰山　　　　　　（静岡県森町）
　27：文殊堂　　　　　（静岡県森町）

図33　副葬品分布図（弥生後期から終末期）その2

剣が選択される(5)。長野県上田市上田原遺跡Ⅰ区40号土壙で鉄矛、千葉県市原市神門3・4号墓で鉄槍も散見されるが、身部の形態が類似し刺突を志向する武器という点では共通しており、副葬品選択や流通のレベルで同様の取り扱いを受けたものとみられる。

このうち、長剣副葬は、長野県下高井郡木島平村根塚遺跡・有馬19号墓SK111・埼玉県富士見市北通遺跡第26地点・東京都北区田端西台通方形周溝墓でみられる。根塚遺跡例以外は、全長40cm・剣身長32cm前後以上で茎長が剣身幅より短い川越分類の長剣Bに相当する。長剣Bは、朝鮮南部に類例があり、舶載品の可能性が高い（川越 1993）。また、弥生終末期頃とみられる根塚遺跡の長剣は、渦巻き文があり、朝鮮半島南部製である。当遺跡は、北信地域の千曲川流域、善光寺平入り口部の低独立丘に立地しており、交通の要衝にあたる。日本海とも直線距離で約30kmの距離にあり、この長剣が日本海側からもたらされたことが想定できる。地勢的にみても中部高地・群馬県などで出土する鉄製近接武器は、主として日本海ルートを介した流通によってもたらされた可能性が大きい。弥生終末期の北陸が鉄剣よりも鉄刀副葬を志向するにもかかわらず、こうした地域では鉄剣副葬を志向していることから、流通や副葬のレベルにおいて集団の主体的な器物選択の意図が働いていたとみたい。

短剣は、直角ないし斜めに切れ込む関をもつか無関である。茎は、長さ約2.5～3.5cmがほとんどで、幅がほとんど変わらないか、茎尻にかけて直線的に幅が細くなるもので占められる。日本海側や九州北部でみられる内湾状に切れ込む関や長茎のものはみられない。川越分類による剣身長13cm前後～32cmで幅広の長茎をもつ短剣ⅠAbや短茎の短剣ⅠBと剣身長13cm前後以下の短剣ⅡAbとになる。これらの生産地については、短剣ⅠAb・Bが日本列島製・朝鮮半島製の可能性、短剣ⅡAbが日本列島製とみる説（川越 1993）や、重厚な短剣は九州北部製とみる説（村上 2000：p.162）などがある。また、村上恭通の研究によれば、重厚な短剣に対し、但馬・丹後・中部・北関東で顕著な、川越分類の短剣ⅡAbに相当すると考えられる短い、薄い、関や鎬がないといった、やや短剣の典型から逸脱した資料は、各地で自給しえたものとされる（村上 2000：pp.163-164）。後述する鉄釧の在地生産技術を斟酌するなら、こうした短剣が分布圏内において生産された可能性は充分考えられよう。

また、残存する柄は通常、木質のものが多いが、有馬2B号墓SK45・同5号墓SK84・同6号墓SK440・同19号墓SK111・千葉県市原市草刈遺跡H区288号墓・神奈川県平塚市王子ノ台5号方形周溝墓第1主体部の剣柄は鹿角製である。これらは、いずれも柄縁や鎺が剣身長軸に対して斜めに装着されており、関部目釘孔もこれに合わせて左右非対称に穿たれてあり、独自の拵えを呈したようである。また、埼玉県さいたま市井沼方9号方形周溝墓主体部出土の長剣B、埼玉県東松山市観音寺4号方形周溝墓出土の短剣ⅠBは、茎に1か所、剣身部下端両側に2か所ずつ計5か所の目釘孔が開けられているのが特徴的で、これも製品入手後の独自の拵えがうかがえる。

長野県長野市篠ノ井遺跡群聖川堤防地点SDZ7円形周溝墓SK10・東京都練馬区丸山東4号方形周溝墓主体部・草刈遺跡H区211号土壙墓・王子ノ台5号方形周溝墓第1主体部出土の短剣は、身部に布痕が付着しており、西日本各地の事例と同様に、布を巻いて副葬した可能性がある。ただし、篠ノ井遺跡群聖川堤防地点の資料は、刃部に沿って木質が付着しており鞘木に納められていたようである。

副葬配置状況については、棺内において被葬者傍らに鋒を足側に向けて置かれる場合が多い。例

外として、弥生終末期の千葉県袖ヶ浦市愛宕4号墓主体部では、木棺北東コーナーから出土しており、おそらく頭部左上隅の棺上に鋒を足側と反対に向けて配置されたとみられる。また、弥生終末期以降の神門4号墓主体部でも、2点のうち1点は棺外壙底隅部の上半身左側にあたる位置に鋒を頭側に向けて配置されており、愛宕4号墓の事例と類似する。

### （3）鉄銅釧（図33-2）

東日本における特徴的な副葬品目として円環形の鉄釧・銅釧がある。これらは、線状ないし帯状の素材が一周する単環型のⅠ類、螺旋状に巻き上げられた螺旋型のⅡ類とに分類される。単環型は6点まで縦に重ねて検出される場合もあり、着装状態において側面観をより意識していたといえる。銅釧は断面が板状、鉄釧は断面が凸レンズ状のA型、外面に稜をもつ断面三角形状のB型、銅釧と同様に板状のC型とがある（岩本 1997）。千葉県市原市根田6号墳下層の2ヶ所の方形周溝墓主体部では、内径5.5cmと5.8cmを測る鋳造の銅釧5点ずつが、被葬者尺骨・橈骨に通された状態で出土しており、手首に装着されていたことがわかる。こうした鉄銅釧の内径は約4〜7cmほどしかなく、製品化されたものを成人の手首に装着したとは考えにくいものもみられる。腕が成長する前の小児段階での装着、非装着状態での副葬といった事例が含まれる可能性もあろう。

鉄釧は一部に繊維質が付着しており、被葬者衣服が付着した（岩本 1997）、装飾的に布が巻かれた（牛山 1996）、鉄剣と同様に布にくるまれて副葬された、などが想定される。布の付着残存状況を観察すると、外面の一部に残存した長野県長野市本村東沖遺跡SZ1主体部・同篠ノ井遺跡群聖川堤防地点SDZ7-SK10・同SK12・千葉県八千代市ヲサル山遺跡MB001号主体部・東京都新宿区西早稲田3丁目76号方形周溝墓主体部の資料、外面の一部に帯状に残存した東京都北区七社神社前遺跡5号土壙の資料、外面3/4の範囲で残存した田端西台通方形周溝墓の資料、外面だけでなく内面の一部にも残存した千葉県君津市大井戸八木遺跡002号土壙墓の資料などがみられ、製品によって判断が分かれるところである。

これらの鉄銅釧は、西日本ではみられない東日本特有の形態であり、素材入手後に製品分布圏内において、鉄素材の鍛造成形・巻き工程（岩本 1997）、銅板の巻き工程ないし銅釧鋳造といった過程を経て製品化・流通したとみられる。諸型式の分布は、中部高地・関東南部・遠江東部において混在しており、これらの地域内で製作後、流通したようである。弥生後期における銅鐸などの青銅製品の分布は、日本海側と比較すると近畿中部から東海に中心があることから、関東や中部高地における銅釧素材の供給元のひとつとしては、東海が一候補となろう。

### （4）小銅鐸

副葬品に供されたものとして、千葉県袖ヶ浦市文脇遺跡木棺墓・大井戸八木遺跡001号土壙墓・静岡県袋井市愛野向山遺跡ⅡC区4号木棺墓など、弥生終末期以降の事例がある。この他、集落遺跡出土のものが東京湾沿岸部を中心に分布する。

### （5）朱・ベンガラ

埋葬墓内に朱が検出された事例として神門3号墓、ベンガラが検出された事例として千葉県君津市畑沢遺跡SK08土壙墓・千葉県市原市小田部古墳土壙・神門4号墓があり、弥生後期から古墳出

現期前後の東京湾沿岸部にみられる。西日本と比較して、朱や赤色顔料を施す事例が稀薄である点が特徴的である。

　上記のように、東日本における弥生墳墓副葬品は、近畿中部から東海西部が比較的稀薄であるのに対し、むしろ方・円形周溝墓分布の東限地帯にあたる中部高地から関東南部において顕著にみられる。分布状況から判断する限り、少なくとも鉄製近接武器・玉類を副葬行為に供するという概念は、大きくみると西日本日本海側から北陸を経て中部高地へ、さらに関東南部・遠江東部へいたるルートで伝播したものと判断できる。さらにこれらの素材・未成品・製品についても大半が同様のルートで流通していたことが想定できる。長剣・短剣Ⅰは製品として広域に流通して副葬され、玉類・鉄銅釧・短剣Ⅱについては、製品流通以外に素材が流通した後、ある消費地域内で加工・再流通・副葬された可能性がある。もとより、これらすべてが一元的ルートで占められたわけではないだろう。神門3・4号墓、鏡が副葬された千葉県木更津市高部30・32号墓などの古墳出現期前後段階においては、むしろ近畿中部地域との流通関係を想定しておくべきである。また、生活必需品としての鉄器の流通は、副葬鉄器と区別して考える必要もあろう。さらに、銅釧・小銅鐸といった青銅製品については、日本海側のみからの供給とみるより、突線鈕式・三遠式銅鐸が盛行する東海を主に介した素材入手も想定される。

　現状での副葬品分布状況（図32・33）は、中部高地・群馬県の利根川水系上流域、東京湾沿岸部、旧利根川下流域ないし荒川流域、遠江東部沿岸部ないし天竜川下流部以東といったまとまりをなしている。これらのまとまり同士は、河川ルートや海岸ルートで各地域が結ばれた、いわば広域の円環状をなしている。さらに、個々のまとまり内においても東京湾沿岸部では、小規模な円環状の分布を示す。こうした分布状況は、必ずしも西日本や北陸など、製品・素材供給地からの距離に比例して減少していく製品消費の様相を示していない。すなわち、個別地域ごとの製品所有・副葬品消費の需要が、流通活動を喚起・主導していたといえる。

　また、副葬品に供される素材・製品が地域圏外から供給を受ける稀少品である点、後述のように副葬品をもつ墳墓が、弥生後期においてはある程度選別化・限定化された周溝墓であることが多い点を考慮すれば、こうした副葬品の流通形態が、ある集団の上位階層と別集団の上位階層同士による儀礼的な相互交換であったと想定できないだろうか。鉄器・鉄素材・翡翠・鉄石英・ガラスの主要供給元が日本海側地域、青銅素材の主要供給元が近畿中部から太平洋側東海地域であると考える概括的な想定が許されるならば、消費各地域におけるこうした諸製品の混在状況は、上記の交換流通の仮説を補強する。また、銅鐸祭祀が盛行する東海の東縁部において、鉄剣・鉄釧といった鉄製副葬品が散見される状況も、関東南部や中部高地との互酬的な交換流通が示唆される。さらに想像するなら、こうした円環状の流通空間における儀礼的な文物交換を循環的な流通、いわば「クラ（マリノフスキー 1967：pp.146-169）」的性格をもった流通モデルと重ねるのは飛躍であろうか。こうした仮説の検証に接近するうえでも、副葬品をもつ埋葬墓が東日本弥生社会においてどのような位置を占めるのかについて考えておく必要がある。以下では、副葬品以外の墳墓要素についてみておこう。

## 2. 副葬品と区画・墓壙との関係

　ここでは、『関東の方形周溝墓』（山岸編 1996）をはじめとした諸文献に依拠しながら、東日本で盛行した周溝墓の様相について要約的に確認したうえで、副葬品との関係について、主に関東地域を中心に考察を加えたい。さて、方形周溝墓の認識と命名は、1964年、東京都八王子市宇津木遺跡で検出された前野町式に併行する4基の方形溝状遺構にある（大場 1965、茂木 1972・1984）。以後、関東などで飛躍的に検出例が増加し、例えば千葉県では1993年までで1050基にのぼるという（諸墨・山岸 1996）。以下では、周溝墓の属性ごとにその様相をみていく。

**墓域構成**

　第2章第2節でも検討したように、方形周溝墓は、集団の規制に基づいた配置を基礎として展開しており、何らかの集団構成を反映した墓制といえる。例えば都出比呂志は、神奈川県横浜市歳勝土遺跡の事例を分析し、「互いに連結しつつ時期を異にして築造された三基前後の方形周溝墓群を一つのユニットとして発掘区域内に合計10ユニットが指摘できる。このユニットが一世帯の2～3世代の累世的墓域とすれば、ユニットが数個集まった支群こそが先述の小集落に対応する世帯共同体に対応するものといえよう」（都出 1984：pp.137-138）と述べ、こうした墓域分割が集団構成を投影したものであると考えた。この仮説の妥当性については議論があるものの、東日本における弥生時代農耕社会の構造が、「世帯共同体」を基礎として、その結合によって構成されていることを墳墓資料から読み取ろうとした重要な指摘となった。

　また、伊藤敏行は、関東の方形周溝墓の構成には以下のaからcへと推移する様相があるとした（伊藤 1996）。

　a．集落の住居数にほぼ対応した数の方形周溝墓の構築、すなわち集落の全集団に対応した方形周溝墓の構築
　b．大型住居などを中心とした3～4軒に1基程度の方形周溝墓の構築、すなわち家長世帯を中心とした方形周溝墓の構築
　c．集落の住居数に対してかなり少ない数の方形周溝墓の構築、すなわち集落に対して特定の集団のみ方形周溝墓を構築

　まず弥生中期中葉頃は、千葉県君津市常代遺跡・千葉県袖ヶ浦市向神納里遺跡などで多数基の方形周溝墓が群集するaの状況がみられる。つづく弥生中期後葉頃では、歳勝土遺跡のように多数基の方形周溝墓が群集するaないしbの場合と1基から数基の方形周溝墓で構成されるcの場合とがある。弥生後期以降もこの傾向を引き継ぐものの、弥生終末期にかけて、cの様相を示すより少数基の構成が多くなっていく。こうした特に弥生後期以降における方形周溝墓の群集性から単独性への志向は、方形周溝墓の構築が、ある集団のなかで規制され、特定集団のみに限定されていった状況を想定させよう。

**区画規模・有無**

　第2章第1節でもふれたように、関東南部では弥生中期後葉頃から区画規模の不均等が生じてくるが、埋葬墓が残存していない事例が多いこともあり、副葬品との相関関係が把握しづらい。弥生後期から終末期においても同様の状況ではあるが、当該期の関東において埋葬墓が残存する周溝墓

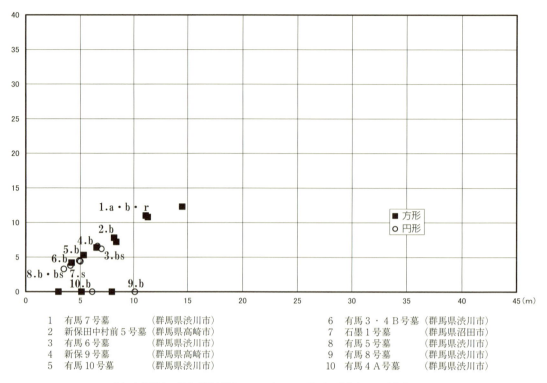

| 1 | 有馬7号墓 | （群馬県渋川市） | 6 | 有馬3・4B号墓 | （群馬県渋川市） |
| 2 | 新保田中村前5号墓 | （群馬県高崎市） | 7 | 石墨1号墓 | （群馬県沼田市） |
| 3 | 有馬6号墓 | （群馬県渋川市） | 8 | 有馬5号墓 | （群馬県渋川市） |
| 4 | 新保9号墓 | （群馬県高崎市） | 9 | 有馬8号墓 | （群馬県渋川市） |
| 5 | 有馬10号墓 | （群馬県渋川市） | 10 | 有馬4A号墓 | （群馬県渋川市） |

注）台状部内の埋葬墓が判明しているもののみ図示。番号なしは副葬品なし。
区画規模は、周溝内側下端間の長さを表示している。

**図34　群馬県における弥生後期から終末期頃の周溝墓区画規模と副葬品組成**

を対象に、区画規模と副葬品の関係について以下に検討したい。

　図34は、群馬県内において弥生後期から終末期頃の樽式土器が出土した方形・円形周溝墓区画規模（周溝内側下端間の長さ）と副葬品組成の関係を示したものである。有馬遺跡・群馬県高崎市新保遺跡・同新保田中村前遺跡・群馬県沼田市石墨遺跡で検出された周溝墓のうち、台状部内の埋葬墓が残存している事例のみ図示している。これによれば区画の長辺ないし長径は最大で14.5ｍ以内に納まり、比較的格差が少ない。そして小規模区画の周溝墓でも鉄剣が副葬されるなど、副葬品との相関関係が見出しにくい。区画長辺がほぼ15ｍ前後以内に納まる神奈川県・東京都・埼玉県における弥生後期の周溝墓においても、群馬県と同様の状況がうかがえる。ただし、弥生後期から終末期における千葉県の一部では、千葉県柏市石揚2号墓・同4号墓・千葉県市原市加茂遺跡C地点方形周溝墓・同長平台288号墓のように、区画の長辺が16ｍ前後から19ｍ前後を測る比較的大型の周溝墓が検出され、短剣が副葬されている。将来的に事例が増加すれば、この地域では区画規模と副葬品との相関関係が捉えられる可能性を指摘しておきたい。つづく古墳出現期前後では、神門3・4号墓において、後円部長径約34ｍを測る前方後円形の大型墳丘がみられ、鉄剣や鉄槍などが副葬されている。すなわち関東南部では、当該期にいたって明確に区画規模と副葬品に有意な相関関係が見出せるようになるのである。

　また、中部高地北部における特異な事例として、上記した北信にある根塚遺跡では、直径約20ｍの貼石を有する円形墳丘が存在し、その内部中央に長径約6.0ｍの円形周溝墓が1基検出されて

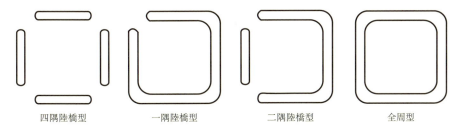

四隅陸橋型　　一隅陸橋型　　二隅陸橋型　　全周型

**図35　方形周溝墓平面形態の例**

いる。この円形周溝墓内にある6号木棺墓からは、長剣1点・管玉73点・ガラス製小玉134点が副葬されていた。すなわち、大型の円形貼石墳丘が外側の区画となり、中心の埋葬墓に長剣という稀少品が副葬された大型区画墓といえる。区画規模と副葬品に相関関係を認めることができる東日本では稀な事例として捉えておきたい。

なお、上田原遺跡Ⅰ区第40号土壙では鉄矛、埼玉県朝霧市向山遺跡A3区11号墓周溝内土壙では短剣、草刈遺跡K区K254方形周溝墓東周溝内K248墓では長剣が出土するなど、無区画墓や周溝内埋葬墓に鉄製近接武器が副葬される事例が稀にある。鉄製近接武器の副葬は、周溝墓の台状部内にある埋葬墓になされる場合が多いが、必ずしもそうではない事例があることにも注意しておきたい。

**墓壙規模・基数**

弥生中期後葉の千葉県などでは、墓壙長軸3.5～6.0m前後の中型墓壙が散見され、以降も関東南部でみられる。吉備南部・山陰・北陸のように墓壙長軸6.0m前後以上の大型墓壙はみられない。第2章第3節でみた通り、神門3・4号墓を除き、中型墓壙において周溝墓で鉄剣などをもつものはなく、現状で墓壙規模と副葬品の有意な相関関係は見出しがたい。なお、東日本の周溝墓では、台状部に1基ないし2基の埋葬墓が設定される場合が多く、台状部に複数の埋葬墓をもつ場合が多い弥生中期中葉から後葉の近畿中部方形周溝墓と比較して対照的な特徴といえる。

**周溝形態（図35）**

愛知県名古屋市朝日遺跡では、弥生前期末葉ないし弥生中期初頭に遡る周溝四隅が切れる「四隅陸橋型」タイプの方形周溝墓が検出されており、弥生中期を通じて尾張の主流をなす。天竜川以東では、弥生中期中葉頃の静岡県磐田市馬坂遺跡や静岡県掛川市・袋井市山下遺跡で四隅陸橋型方形周溝墓が検出されている。関東南部に伝播するのは、弥生中期中葉の須和田式新段階以降とされており、小敷田遺跡や常代遺跡で四隅陸橋型方形周溝墓が検出されている。一方、北陸においても弥生中期中葉の新潟県柏崎市下谷地遺跡で四隅陸橋型方形周溝墓が検出されている。以上のことから、東日本における方形周溝墓は、弥生中期中葉頃、伊勢湾沿岸の尾張を起点に四隅陸橋型が波及したとみられる。ただし、千曲川流域の北信では、弥生中期末葉ないし弥生後期にいたって周溝墓が採用され、円形周溝墓も造営されるといった地域性がある。

関東における周溝形態をより詳しくみると、神奈川県では、弥生中期後葉は半数以上が四隅陸橋型、弥生後期以降は隅が切れない周溝全周型が顕著で、弥生終末期もしくは古墳前期から1辺中央が切れるタイプが現れる。東京都では、弥生中期後葉は四隅陸橋型、弥生後期には周溝一隅が切れる一隅陸橋型が現れ、弥生終末期は一隅隅陸橋型・全周型が多数となる。千葉県では、弥生中期中

葉から後葉は四隅陸橋型で、替わって弥生後期以降、全周型が増加する。埼玉県では、弥生中期中葉から後葉は四隅陸橋型が普遍的にみられ、弥生後期になると県中央部で四隅陸橋型が主流形態となる一方、南部では全周型がみられるようになる。群馬県では、四隅陸橋型が弥生中期後半には始まり、弥生終末期頃まで残る。なお、弥生後期以降を中心に群馬県渋川市中村遺跡・有馬遺跡・石墨遺跡などでは円形周溝墓もみられることから中部高地の影響がうかがえる。こうしてみると、相模湾・東京湾沿岸部においては、弥生中期後葉頃までは四隅陸橋型が、弥生後期以降は一隅陸橋型・全周型が盛行するのに対し、群馬県・埼玉県中央部では四隅陸橋型が弥生後期まで継続するといえる。東海の朝日遺跡においては、四隅陸橋型が弥生後期前葉頃までで終わり、替わって一隅・二隅陸橋型・全周型が盛行するようになる（都築・七原 1982）。こうしたことから、相模湾・東京湾沿岸部など関東南部の周溝形態の変化が東海からの影響下に進行したことが予想できる。一方、中部高地・関東北西部などでは、独自の地域性をもつようである。

　上記でみたように、関東南部の周溝墓は、尾張からの東海ルートによる長期的な影響のもとに展開した。一方で弥生中期後葉頃以降を中心とした副葬玉類や副葬鉄器の素材・製品は、前述のように主に北陸から中部高地を経て関東南部・東海東部へといたるルートでの流通が想定され、周溝形態と副葬品という墳墓2要素において複数の影響先・地域間関係をもっていたことになる。こうした現象は、弥生後期において東海の三遠式銅鐸が関東南部に及ばないこととあわせて、文化要素の受容における地域・集団の主体的な選択が働いていた結果とみなすことができよう。

　以上、関東を中心とした墳墓の様相をみた。要約すると、関東では弥生中期後葉ないし後期以降、方形周溝墓築造集団の限定化・選別化が進む。方形周溝墓同士の関係については、区画規模・墓壙規模・副葬品などの個別要素に量的な差異がみられるが、一般的には要素間に相関関係は低く質的な格差を看取しづらい。弥生中期から後期にかけて周溝平面形態が変化し、東海から関東南部、中部高地から関東北西部といった地域性が現れるが、こうした地域圏を横断して副葬品やその素材が広域流通する。

## 3. 西日本墳墓との比較からみた東日本弥生社会の特質

　前述のように、弥生中期から終末期にかけての過程で、周溝墓が限定化を志向し、一部の周溝墓で鉄剣保有がみられ、弥生終末期から古墳出現期には神門4号墓などのように隔絶性を示す埋葬墓が現れる。さらに、神門4号墓主体部では副葬行為にも諸段階が確認され、棺内には前代までの各地で認められる鉄剣1点などの配置、さらに棺外の鉄鏃1点の配置、木棺埋め戻し段階における鉈1点や破砕した玉類の埋置、墓壙完全埋め戻し段階におけるいわゆる土器祭祀と、前代の伝統に付加する形で儀礼の複雑化が認められる。また、東日本では、関東南部の一部で中型墓壙をもつ周溝墓がみられるものの、大半は小型墓壙に留まる。金属器の消費では、平部高地から関東南部において鉄剣の副葬がみられる一方、東海では器物の副葬行為が稀薄で三遠式銅鐸による青銅器祭祀が盛行する。以上をふまえて、ここでは西日本、特に山陰や吉備南部と比較した際の中部高地から関東南部の地域性が、どのような社会的特徴のもとに現れるのか考えてみたい。

　第2章第3節でみたように、弥生後期の山陰では、墳丘規模・墓壙規模に格差が生まれ、弥生後期後葉頃にいたると島根県出雲市西谷3号墓・鳥取県東伯郡湯梨浜町宮内3号墓など、長軸6.0 m

前後以上の大型墓壙クラス、長軸3.5m前後から6.0m前後の中型墓壙クラス、長軸3.5m前後以内の小型墓壙クラスという概ね3段階程度に弁別できるようになる。そして、これらには下記のような傾向がみられる。

・大型墓壙クラス（大型四隅突出型墳丘墓の中心的埋葬墓、副葬品bs型）
・中型墓壙クラス（中型四隅突出型墳丘墓・方形墓の中心的埋葬墓、副葬品b型）
・小型墓壙クラス（墳丘墓のその他埋葬墓や無区画の木棺墓・土壙墓、副葬品なし）

　類似した状況は、岡山県倉敷市楯築墳丘墓がある吉備南部でも看取できる。すなわち、最高位にランクされる埋葬の副葬品には、長剣・鉄刀やガラス製管玉など、遠隔地との流通によって入手した稀少品・舶載品が占有的に副葬され、下位埋葬にはこうした器物の副葬行為が制限を受ける。このように弥生後期後葉頃の山陰においては区画・墓壙・副葬品の3要素が相関関係にあることから、被葬者間の階層性が体系的、体制的に表示・反映されていた。こうした相関関係の原則は、一墓域・一小地域内で完結するものではなく、山陰地域内の各小地域に広範に適用された可能性がある。すなわち墓制にみえる被葬者間関係の表示が、一地域内の縦の関係に留まるものではなく、地域同士の横の連帯関係にまで及んだことを示唆するのである。

　これに対し東日本では、関東南部の方形周溝墓において弥生中期段階から区画規模や墓壙規模に大小が認められるものの、墳墓一要素のみの差異であり、質的な格差とは考えにくい。弥生後期にいたると、中部高地から関東南部において金属器の副葬が始まるが、平均的規模の区画を有する周溝墓で小型墓壙の埋葬墓においても鉄剣が副葬される。すなわち、鉄剣が副葬されるような周溝墓内の埋葬墓であっても、区画規模や墓壙規模の点で卓越性が稀薄であり、副葬品との間に有意な相関関係が見出しにくい状況が一般的である。さらに周溝を有しない無区画の埋葬墓に鉄製近接武器が副葬される事例も散見される。周溝墓築造者層の中で、さらに区画・墓壙・副葬品の墳墓3要素に有意な卓越性が明確に見出せるようになるのは、古墳出現期前後の神門3・4号墓以降であろう。

　こうした様相は、上記でみた山陰地域における規制された鉄器副葬のあり方とは異なった状況をみせている。すなわち東日本では、ある個別集団・個人のいわば能力・甲斐性によって稀少品を入手し、あくまで均質的な墓域構成の枠組みのなかにおいてこれらが副葬される社会であったと捉えておきたい。黒沢浩は、「東日本において方形周溝墓が展開しているとき、北陸を含めた西日本では本格的な墳丘墓が成立してくる。これらが直接前方後円墳へとつながるものではないにしろ、それを生み出す素地を醸成していったことは明らかであろう。それに対し、東日本ではついにそうした大きな集団統合へと向かうことはなかった。そこに、東日本における方形周溝墓の特質がある」（黒沢 1996：p.19）と述べている。ここでの西日本における「本格的な墳丘墓」とは、弥生後期後葉から終末期頃に展開する山陰から北陸の四隅突出型墳丘墓、吉備南部の大型墳丘墓に相当しよう。山陰の様相にみえる3段階程度の階層分化と上位階層同士の連帯関係と比較して、弥生後期の東日本では、周溝区画の有無からみれば、個別的に2段階程度に分化した社会であり、上位階層同士の格差や中間層の形成といった段階にまでいたっていなかったのではなかろうか。

　ところで、地勢的に東日本の広域流通ルートをみると、太平洋側臨海部では、紀伊半島の介在によって西日本からの直接的航路がある程度妨げられる。内陸部では、航路としての河川下流域ルートと陸路としての河川上流域谷筋・峠越えルートとなる。すなわち、物資の流通において主要には

陸運が介在する点が特徴的である。舶載品とみられる鉄刀や長茎・細茎の長剣が多く分布する西日本の本州日本海側では、港を拠点とした九州北部・朝鮮半島との水運による流通関係が想定されるのに対し、東日本では陸運による間接的、連鎖的な流通が想定される。こうした副葬品・必需品の流通形態の相違が、情報・思想を含めた文物交流に反映されるなどして、一面において社会組織や墓制にも影響を与えたものとみておきたい。[6]

### 4. まとめ

以上を再度整理しておきたい。東日本では、弥生中期中葉以降に方形周溝墓が導入され、弥生中期後葉ないし後期頃から方形周溝墓被葬者の選別化が進む。弥生後期からは、周溝墓被葬者を中心に鉄剣・鉄銅釧の副葬が始まる。これらや鉄石英製管玉・翡翠製勾玉などの製品・素材は、北陸から中部高地を経て関東南部・遠江東部へといたる1ルートが想定できる。弥生後期の周溝平面形態は、東海から関東南部にかけての地域と中部高地から関東北西部にかけての地域にそれぞれの地域性があるが、こうした地域圏を横断する形で副葬品やその素材が広域流通する。弥生後期の周溝墓は選別されているとみられることから、副葬品を有する周溝墓被葬者は小階層化した社会の上位者であったことを示唆している。東日本では、主としてこうした上位階層者が個別分散的に稀少品流通に関わり、副葬品として消費しうる社会であったことが推測できる。こうした副葬品が上位階層者同士の流通であったとすれば、儀礼交換的な性格をもっていたことを一考しておきたい。そして、方形周溝墓を築造できた集団のなかで、さらに質的に上位に突出した集団が輩出されるのは、神門3・4号墓などにみえる古墳出現期前後にいたってからであろう。

## 第3節　玉類副葬

弥生時代の玉類は、本章第1・2節で概観したように、副葬品として普遍的に採用される主要品目のひとつである。[7] 器種では管玉・勾玉・小玉・その他、素材では碧玉・緑色凝灰岩・鉄石英・翡翠・蛇紋岩・ガラス・その他に分類でき、装身時における器種組成・数量・装着部位によって多様な使用形態が復元できる。これらは例えば、職掌・権威などを表示・誇示する役割を担った可能性があるほか、葬送儀礼執行過程における儀具として用いられた場合も想定され、呪術的な意味が内在する器物でもある。本節では、西日本から関東までの列島各地における弥生人の玉類副葬の変遷過程と地域性を把握し、素材・製品の流通や副葬イデオロギーなどの地域間交流について考えるものとする。

### 1. 朝鮮半島における玉類副葬の概要

ここではまず、朝鮮半島における玉類副葬の概略について確認しておきたい。[8] 朝鮮半島では、無文土器時代における遼寧式銅剣を機軸とした副葬様式のなかに、碧玉製管玉・天河石製半玦型勾玉の組成がみられる。遼寧式銅剣段階の事例として、慶尚南道昌原市徳川里遺跡Ⅰ地区1号支石墓で

管玉6点、2号支石墓で管玉165点、21号石蓋土壙墓で管玉1点、忠清南道扶餘郡松菊里遺跡石棺墓で碧玉製管玉17点・天河石製勾玉2点、全羅南道昇州郡牛山里遺跡支石墓8号墓で勾玉2点・小玉5点、全羅南道麗川市積良洞遺跡支石墓2-1石棺で碧玉製管玉5点、全羅南道麗川市平呂洞遺跡支石墓で管玉127点・勾玉2点・小玉218点、全羅南道麗川市鳳渓洞遺跡支石墓で管玉・小玉、全羅南道麗川市五林洞遺跡支石墓で管玉・勾玉、京畿道楊平郡上紫浦里遺跡支石墓で天河石製勾玉1点などが副葬されている。つづく細形銅剣段階のものでは、大田市槐亭洞遺跡石槨墓で天河石製勾玉2点・小玉約50点、忠清南道牙山市南城里遺跡石槨墓で管玉103点・天河石製勾玉1点、忠清南道禮山郡東西里遺跡石槨墓で管玉104点・天河石製小玉22点などが副葬されている。朝鮮半島南部では、細形銅剣段階の紀元前1世紀前半頃になると、碧玉製管玉・天河石製勾玉の組成からガラス製管玉に交替する（広瀬 1993）。例えば忠清南道扶餘郡合松里遺跡石棺墓の鉛バリウムガラス製管玉8点、忠清南道唐津市素素里遺跡のガラス製管玉2点、慶尚南道義昌郡大坪里遺跡甕棺墓のガラス製管玉1点などがある。

　つづく原三国時代前期になると、例えば慶尚南道昌原市茶戸里遺跡では、1号墓にガラス製小玉がみられるものの、総じて鉄器副葬を志向しており、玉類副葬は少ない。その他、慶尚北道慶州市舎羅里遺跡130号墓では水晶製切子玉1点・ガラス製および水晶製小玉410点、慶尚北道慶州市朝陽洞遺跡ではガラス製・水晶製小玉がみられる。原三国時代後期では、慶尚南道金海市良洞里遺跡の木棺墓・木槨墓で漢鏡・鉄製武器・工具とともにガラス製小玉が、蔚山市蔚州区下岱遺跡44号墓でガラス製小玉・琥珀製小玉・水晶製切子玉・水晶製勾玉・算盤玉などがみられる。

　上記のように朝鮮半島では、弥生早期頃に相当する遼寧式銅剣を機軸にした副葬品組成段階から緑色系の碧玉製管玉や青色系の天河石製勾玉がみられ、半島南部では紀元前1世紀前半頃からスカイブルーのガラス製管玉へと変遷する。さらに原三国時代前期になると、管玉は減少し、スカイブルー・紺色を主にしたガラス製小玉や水晶製小玉が主体になる。さらに原三国時代後期になると、ガラス製小玉・水晶製切子玉・水晶製勾玉などが主要な位置を占めてくるというおおまかな変遷状況が整理できた。以上をふまえて、弥生時代玉類副葬がどのような様相・変遷を示すのか、次にみていきたい。

## 2. 弥生時代における玉類副葬の地域性と変遷

　ここでは、組成・数量の視点から、時期・地域ごとに、西日本から関東における玉類副葬の特徴を整理する[9]。

### （1）器種・素材の組成

#### 弥生前期から中期前葉（図36-1）

　玉類副葬をもつ墳墓は、九州北部、響灘沿岸、日本海沿岸の山陰から但馬・丹後、中国山地の江の川水系流域、四国瀬戸内海沿岸の松山平野・丸亀平野・徳島平野などに分布する。九州北部一部でガラス製小玉がみられるが、主として碧玉製・緑色凝灰岩製管玉と翡翠製勾玉を要素にして副葬される。

　九州北部では、福岡県福岡市吉武高木遺跡の弥生中期初頭・金海式新段階甕棺墓から出土した碧

118

1. 弥生前期から中期前葉

2. 弥生中期中葉から後葉

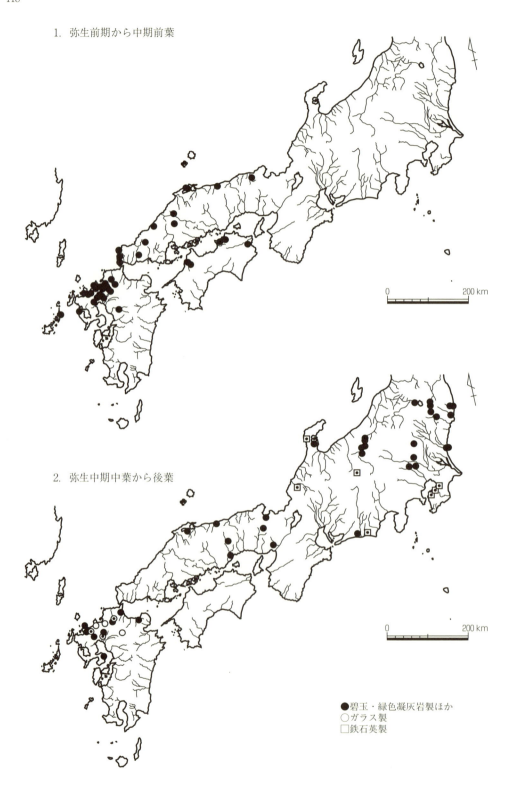

●碧玉・緑色凝灰岩製ほか
○ガラス製
□鉄石英製

注）所属時期が前後する可能性があるものも含む。廣瀬 1999・会下 1999 をもとに作成。

**図 36　管玉副葬墳墓分布図　その 1**

玉製管玉・翡翠製勾玉が著名である。このうち 117 号甕棺墓は、碧玉製管玉 42 点・翡翠製勾玉 1 点・ガラス製小玉 1 点をもつ。管玉・勾玉・小玉は、以後主要な玉類器種として九州北部から関東までの範囲に広がり、古墳時代まで継続することになる。山陰海岸部では、島根県浜田市鰐石遺跡・島根県松江市堀部第 1 遺跡・鳥取県東伯郡湯梨浜町長瀬高浜遺跡で碧玉製管玉、島根県松江市古浦砂丘遺跡で碧玉製管玉・翡翠製半玦型勾玉がみられる。中国山地では、江の川中流域河岸段丘にある島根県邑智郡美郷町沖丈遺跡で山陰海岸部の他遺跡よりやや太身で灰色の緑色凝灰岩製管玉（直径 3.8〜6.1 mm・長さ 6.7〜18.1 mm）がみられる。同じく江の川水系上流部にあたる可愛川の河岸段丘にある広島県山県郡北広島町岡の段 C 地点遺跡では、9 基の配石を伴うなどした木棺墓・土壙墓から碧玉製管玉が出土している。

　四国では、縦列配置を志向する土壙墓・石棺墓から管玉などが出土している。松山平野の愛媛県松山市持田町 3 丁目遺跡では、A から D グループのまとまりをなす土壙墓 24 基と土器棺墓が検出されており、このうち個々の土壙墓が縦列配置を志向する A・B グループを中心にして、碧玉ないし緑色凝灰岩製管玉（直径 2.7〜6.1 mm・長さ 4.9〜17.5 mm）・翡翠製勾玉が出土している。また、鮎喰川右岸の徳島県徳島市庄・蔵本遺跡では、石棺墓 2 基・配石墓 13 基・甕棺墓 1 基・土壙墓 6 基が検出され、うち 3 基から碧玉製管玉（直径 3.3〜4.6 mm・長さ 6.2〜12.3 mm）が出土している。一方、周溝墓においても管玉がみられる。丸亀平野南東部の大束川上流域に位置する香川県丸亀市佐古川・窪田遺跡では、弥生前期後葉から中期初頭の円・方形周溝墓 25 基がまとまって検出されており、このうち不整円形周溝墓 3 で碧玉製管玉 2 点が出土した。同じ丸亀平野にあり、円・方形周溝墓や無区画の土壙墓・木棺墓が 5 基以上検出された香川県善通寺市龍川五条遺跡でも、無区画の木棺墓 ST04 から碧玉製管玉 5 点が出土している。

**弥生中期中葉から後葉**（図 36-2）

　この時期は、北陸・近畿中部・東日本にも玉類副葬が普及する。また、九州北部では階層最上位の墳墓においてガラス製管玉・ガラス製勾玉が採用されたり、北陸から東日本では細身の鉄石英製管玉が採用されたりと地域性が現れ始める。

　まず九州北部では、他地域に先駆けて弥生中期中葉頃からガラス製管玉が副葬され始める。ガラス製管玉は、地域の階層最上位とみられる副葬品を集中的に保有する墳墓において副葬される傾向がある。まず弥生中期中葉では、佐賀県神埼郡吉野ヶ里町吉野ヶ里遺跡 ST1001 墳丘墓 SJ1002 甕棺において、巻き抜き技法による製作とみられる鮮明なスカイブルーの鉛ガラス製管玉 79 点が、把頭飾付き有柄細形銅剣 1 点とともに出土している。紀元前 1 世紀前半頃に朝鮮半島南部でみられるガラス製管玉副葬の影響とみてよいだろう。

　また、弥生中期後半になると、奴国・伊都国の王墓と形容される多種多量の副葬品を有した階層最上位の甕棺墓において、ガラス製勾玉が副葬されるという副葬ルールが指摘されている（下條 1991）。すなわち、奴国王墓といわれる福岡県糸島市三雲南小路遺跡 1 号甕棺墓ではガラス製管玉 60 点以上・ガラス製勾玉 3 点、同 2 号甕棺墓では翡翠製勾玉 1 点・ガラス製勾玉 12 点が多量の前漢鏡などとともに出土している。伊都国王墓といわれる福岡県春日市須玖岡本遺跡 D 地点甕棺墓では、ガラス製管玉 13 点・ガラス製勾玉 1 点などがみられる。また、ガラス製小玉は、弥生中期後半から出土例が増加する。例えば、佐賀県唐津市宇木汲田遺跡では、碧玉製管玉・翡翠製勾玉の組成に加えて、甕棺 80 号のガラス製小玉 44 点以上、甕棺 91 号のガラス製小玉 2 点など、立岩式

段階からガラス製小玉が副葬されるようになる。このことは、朝鮮半島南部の原三国時代前期におけるガラス製小玉の副葬と連動する現象といえよう。

この時期になると、本州でもガラス製勾玉・小玉が散見されるようになる。まず中国山地では、弥生中期後葉の岡山県津山市西吉田遺跡土壙墓3において、緑色凝灰岩製管玉23点に加えてガラス製小玉5点がみられる。近畿中部の河内では、弥生中期後葉の大阪府大阪市加美Y1号墓において、1号主体でガラス製勾玉1点・ガラス製小玉2点、2号主体でガラス製小玉1点がみられる。

北陸では、碧玉・緑色凝灰岩製管玉とともに、いわゆる鉄石英製管玉が混在している。関東南部でも、千葉県袖ヶ浦市向神納里遺跡など、東京湾沿岸の方形周溝墓や無区画墓では、緑色凝灰岩製ないし碧玉製管玉に鉄石英製管玉が伴う。向神納里30号方形周溝墓の碧玉製管玉13点・鉄石英製管玉1点は、直径1.85〜2.8 mm・長さ5.2〜9.3 mmを測り、極細身の形態である。理化学的分析による検証が必要であるが、前節でもふれたように、こうした鉄石英製管玉は、佐渡島から製品や素材が供給された可能性が高いとみられる（河村 1986）。

以上を整理しておくと、九州北部では、青銅器を副葬するような、上位階層のいわゆる厚葬墓やそれらと同一墓域にある埋葬墓においてガラス製管玉やガラス製勾玉をもつ傾向がある。これは、社会の階層的な秩序が、被葬者を飾る副葬玉類の内容に投影された現象であるといえる。素材では、北陸・東海・関東南部において、緑色の碧玉製に加えて、赤色の鉄石英製管玉が混在するようになる。西日本における玉類の色調が緑色系や青色系で占められているのに対して独自性がうかがえよう。

### 弥生後期初頭から前葉（図37-3）

本州においてもガラス製管玉がみられるようになる。様々な製作技法が想定されるガラス製管玉のうち、円筒形ガラスを後から穿孔するものは、当該期の近畿北部で出現する（大賀 2010）。京都府京丹後市三坂神社3号墓第2主体部の13点（直径6.5〜7.2 mm・長さ25〜33 mm）、京都府京丹後市左坂14-1号墓第2主体部の15点（直径4.45〜5.7 mm・長さ4.0〜12.0 mm）などの事例がある。

### 弥生後期中葉から後葉（図37-3・図38）

弥生後期後葉の吉備南部では、翡翠製勾玉を好んで副葬する点が特徴的である（高橋 1995）。墳丘墓に副葬された玉類の内容をみると、最も多種多量副葬を示す事例が岡山県倉敷市楯築墳丘墓中心主体である。棺内副葬として、玉類B群とされる碧玉製管玉27点・翡翠製丁字頭定形勾玉1点・赤瑪瑙製棗玉1点の首飾り、玉類C群とされる管玉約448点・ガラス製小玉約94点などが、さらに棺蓋上に置かれたものとして、玉類A群とされる碧玉製管玉18点がみられる。管玉の法量は、玉類A群が直径9.1〜12.8 mm・長さ20.6〜38.6 mm、玉類B群が直径8.5〜13.9 mm・長さ12.8〜46.9 mm、玉類C群が直径2 mm前後・長さ2〜4 mmを測り、まとまりによって長大なA群・B群と極細身のC群とに分かれる。翡翠製丁字頭勾玉は、長さ41.6 mmを測る緑色の優品である。稀少な赤瑪瑙製の玉類がみられることも特筆されよう。

そのほかの同時期の事例としては、管玉数点・翡翠製勾玉のみの岡山県総社市新本立坂墳丘墓・岡山県倉敷市黒宮大塚北丘墓・岡山県岡山市雲山鳥打1号墓がある。翡翠製勾玉は、新本立坂墳丘墓第3主体のものが、それぞれ長さ10.15 mmと長さ10.9 mmの亜定形勾玉（木下 1987）、黒宮大

第 3 章　副葬行為の地域性と変遷　121

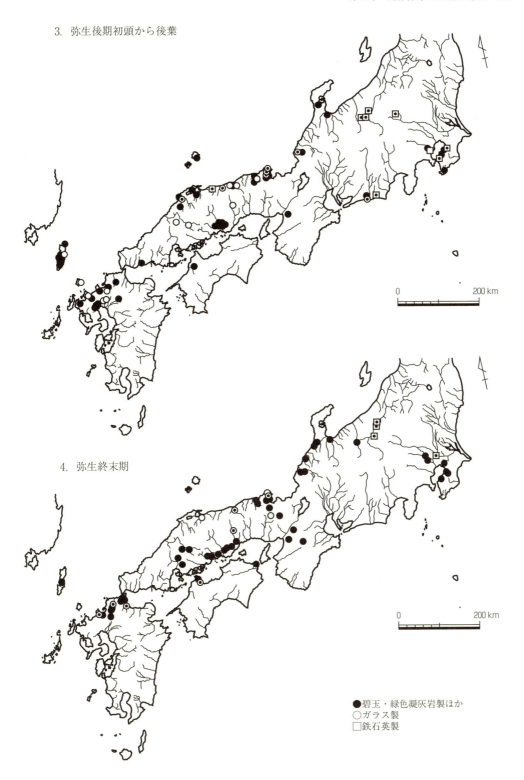

3. 弥生後期初頭から後葉

4. 弥生終末期

●碧玉・緑色凝灰岩製ほか
○ガラス製
□鉄石英製

注）所属時期が前後する可能性があるものも含む。廣瀬 1999・会下 1999 をもとに作成。

図 37　管玉副葬墳墓分布図　その 2

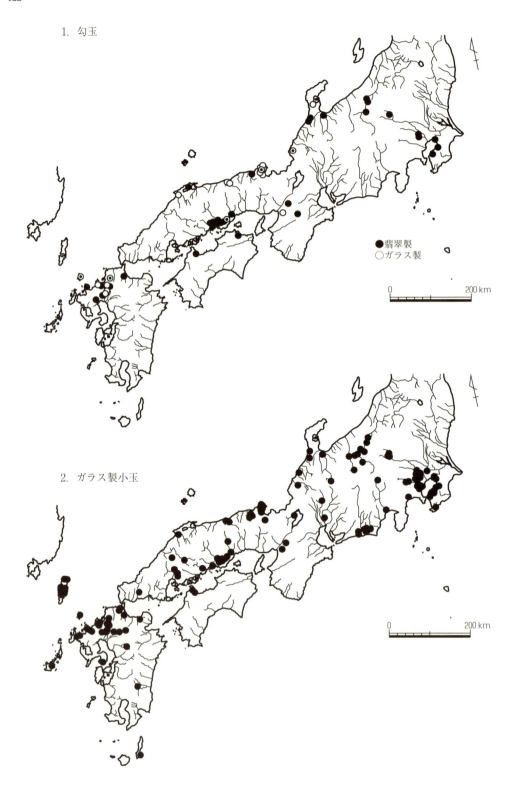

図38 勾玉・ガラス製小玉副葬墳墓分布図（弥生後期から終末期）
（廣瀬 1999・会下 1999 をもとに作成）

塚北丘墓石槨のものが長さ約 31 mm の定形勾玉（木下 1987）、雲山鳥内 1 号墓第 1 主体のものが長さ約 36 mm の丁字頭定形勾玉である。楯築墳丘墓との間に、管玉数量・法量や勾玉法量の点で明らかに格差が看取できる。

　山陰では、四隅突出型墳丘墓など墳丘墓に玉類・鉄器が副葬される一方、無区画の土壙墓など、下位レベルの墳墓にはこうした副葬品が稀薄であるのが一般的である。これについては、第 2 章第 3 節および本章第 1 節でみたように弥生後期後葉頃を中心に、墳丘規模・墓壙規模・副葬品内容によって階層性が表現されている可能性を考えた。例えば、最も豊富な玉類副葬は、墳丘長辺 40 m を測る大型四隅突出型墳丘墓の島根県出雲市西谷 3 号墓第 1 主体でみられ、ガラス製管玉 26 点・緑色凝灰岩製など管玉 30 点・スカイブルーの異形ガラス製勾玉 2 点・ガラス製小玉約 170 点からなる。これに対し、墳丘規模を縮小した墳丘長辺 12～19 m の四隅突出型墳丘墓では、島根県安来市仲仙寺 9 号墓中央主体部で碧玉製・緑色凝灰岩製管玉 11 点、同 10 号墓中央主体部で碧玉製・緑色凝灰岩製管玉 28 点、島根県隠岐郡隠岐の島町大城墳丘墓第 1 主体で碧玉製管玉 10 点、島根県松江市沢下 6 号墓第 1 主体で碧玉製管玉 10 点・翡翠製勾玉 1 点がみられる。無区画の土壙墓・木棺墓では、島根県出雲市矢野遺跡土壙墓の碧玉製管玉 2 点がみられるにすぎない。すなわち、階層最上位以外の墳墓で玉類をもつ場合は、前代までの伝統的な碧玉・緑色凝灰岩製管玉少量のみが多いが、最上位墳墓になると多量化し、かつ稀少なガラス製管玉が付加されるといった傾向がうかがえる。

　管玉の法量をみると、西谷 3 号墓第 1 主体の管玉は、ガラス製で太身のもの 22 点が直径 6～7.5 mm・長さ 27～29 mm、緑色凝灰岩製で細身のもの 30 点が直径 3.0～4.0 mm・長さ 6.0～9.0 mm を測る。ガラス製管玉は、前述の楯築墳丘墓中心主体玉類 A 群・B 群の碧玉製管玉と同様に、弥生時代のものとしては太身である。すなわち、管玉の法量の点からみても、階層最上位の被葬者には相応の大型品が副葬されているといえよう。

　以上の山陰と吉備南部の様相を整理しておくと、西谷 3 号墓や楯築墳丘墓など、中国地域の階層最上位に位置する大型墳丘墓の中心的埋葬墓では、直径 6.0 mm を超える太身の管玉や大型品の勾玉がみられるようになる。これは、弥生中期後半の九州北部と同様に、社会の階層的な秩序が、被葬者を飾る副葬玉類の内容に投影された現象であるといえる。

　北陸では、福井県福井市小羽山 26・33 号墓に翡翠製半玦型勾玉が副葬される。福井県福井市小羽山 30 号墓は、ガラス製管玉 11 点（直径 4.4～5.4 mm・長さ 6.8～15.9 mm）・碧玉製管玉 103 点（直径 2.1～3.4 mm・長さ 4.9～19.0 mm）・ガラス製勾玉 1 点をもち、同時期の西谷 3 号墓と同様に、四隅突出型墳丘墓・鉄剣・玉類・朱という共通性に加え、玉類細部においても、碧玉製・ガラス製という素材の点で共通性を示している。

　東日本では、紺色とスカイブルーのガラス製小玉を主体とした副葬が特徴的である。管玉は、ひき続き鉄石英製がみられ、直径 3.0 mm 以内の極細身のものが多い。まず中部高地では、千曲川左岸に位置する長野県長野市篠ノ井遺跡群聖川堤防地点・同新幹線地点で、円・方形周溝墓から碧玉製管玉（直径 3.5～4.0 mm・長さ 9.0～14.5 mm）・鉄石英製管玉（直径 3.0 mm）・ガラス製小玉が出土する。長野県長野市浅川扇状地遺跡群の本村東沖遺跡 SK 3 木棺墓では、緑色凝灰岩製管玉 19 点（直径 2.4～2.8 mm・長さ 12.9～25.2 mm）・鉄石英製管玉 15 点（直径 2.3～3.0 mm・長さ 12.9～20.1 mm）・鹿角製？管玉 1 点（直径 3.5 mm・長さ 14.1 mm）・ガラス製小玉 10 点がみられる。

関東北西部および南部では、群馬県渋川市有馬遺跡の円形ないし方形周溝区画をもつ礫床墓・土器棺墓において、ガラス製小玉を主体に鉄石英製管玉（直径 3.0～4.0 mm・長さ 14.8～17.0 mm）・翡翠製勾玉が伴う玉類副葬がなされている。東京湾沿岸の方形周溝墓では、千葉県木更津市宮脇第 4 号方形周溝墓主体部・千葉県袖ヶ浦市清水井遺跡 21 号土壙などで、ガラス製小玉を中心にした玉類副葬がみられる。

### 弥生終末期（図 37-4・図 38）

九州北部では、福岡県糸島市平原 1 号墓主体部において、ガラス製管玉約 30 点（直径 5.8～7.0 mm・長さ 22 mm）・赤瑪瑙製管玉 12 点（直径 6.6～8.1 mm・長さ18.6～22.2 mm）・スカイブルーの丁字頭ガラス製勾玉 3 点・紺色のガラス製小玉約 492 点・ガラス製丸玉約 500 点・紺色のガラス製連玉 886 点などが、棺内頭部から中央付近で検出されている。多種多量性に加えて、管玉法量も太身である。同 1 号墓の周溝内に位置する 7 号土壙墓からは、右手首の位置からガラス製小玉が 300 点以上出土している。これらの大半は赤褐色を呈し、南アジアないし東南アジアに系譜を求めることができる、いわゆる「ムティサラ」である（大賀 2001）。インドネシア語で「偽の真珠」を意味する「ムティサラ」は、紀元前 3 世紀以降のインドや東南アジアにおいて生産・流通が想定されている、不透明な赤褐色のガラス製小玉である。従来の西日本では、色調が緑色・青色系統の玉類が好まれてきた。これに加えて、平原 1 号墓では赤色系統の赤瑪瑙や「ムティサラ」が採用されている点が特筆されよう。

吉備南部では、ひき続き翡翠製勾玉の多用に加えて、ガラス製小玉が盛行し、水晶製棗玉も組み合う。四国側では、愛媛県今治市唐子台遺跡で翡翠製ないし蛇文岩製勾玉・ガラス製小玉・水晶製丸玉がみられる。

弥生後期後葉から終末期の北陸および近畿北部では、石川県河北郡津幡町七野 1 号墓第 4 主体・石川県金沢市七ツ塚 1 号墓 4 号埋葬・同 15 号墓 3 号埋葬・同 21 号土壙墓・小羽山 26 号墓第 5 埋葬・同 33 号墓・京都府京丹後市金谷 1 号墓第 11 主体・兵庫県豊岡市立石 103 号第 19 主体で、翡翠製勾玉や蛇文岩製勾玉が、単独ないし碧玉製管玉と組み合って副葬される。これらは刀剣類と伴出しない約束があるようにみえる。同じ勾玉でも、ガラス製や碧玉製のものには刀剣類が伴う場合があるので、素材によって区別していた可能性も考えておきたい。

以上のように、弥生後期から終末期における管玉の素材は、碧玉製・緑色凝灰岩製を機軸としつつも、ガラス製が九州北部、越前以西の日本海沿岸、中国山地の江の川水系上流域・津山盆地に、鉄石英製が東日本に分布する。勾玉では、翡翠製が九州北部・吉備・山陰・北陸・中部高地・東京湾沿岸に、ガラス製が九州北部・山陰・近畿北部・北陸に分布する。ガラス製小玉は広範に分布するが、とりわけ対馬・九州北部・近畿北部のほか、東京湾沿岸の方形周溝墓においても顕著にみられる。

さて、前述のように朝鮮半島南部の副葬玉類の主要素は、概略的には紀元前 1 世紀前半頃に碧玉製管玉・天河石製半玦型勾玉からガラス製管玉へと変遷し、原三国時代にはいるとガラス製小玉・水晶製切子玉・水晶製勾玉などがみられるようになる。一方、日本列島では、特に弥生後期後葉の吉備南部や弥生終末期の九州北部・瀬戸内・近畿中部・北陸・東日本において、弥生中期初頭以来の伝統的な碧玉製・緑色凝灰岩製管玉・翡翠製勾玉・ガラス製小玉を主要素にする副葬が継続している。さらに弥生中期から終末期の対馬・九州北部・吉備・伊予・近畿北部・中部高地などでは水

晶製玉類、九州北部・吉備では赤瑪瑙製玉類などが散見されたりする。他方、弥生後期以降の山陰から近畿北部においては、ガラス製管玉が分布する一方、翡翠製勾玉の稀薄性が認められ、主としてガラス製管玉・碧玉製管玉・ガラス製勾玉・ガラス製小玉を主要素とする独自色がある。その際、ガラス製管玉などの新しい要素は、大型墓壙をもつ大型墳丘墓の中心的埋葬墓など、階層最上位の墳墓において占有的に採用される傾向がある。このように、日本列島に定着した伝統的な玉類副葬組成は、新来組成に駆逐されずに、朝鮮半島からはガラス製小玉など、内発的には赤色の鉄石英製管玉などが付加され、変容しつつ古墳時代に継承されていくのである。

## （2）一埋葬墓における数量

### 弥生前期から中期前葉

　九州北部の比較的多量の副葬事例としては、前述の吉武高木遺跡 117 号甕棺墓の碧玉製管玉 42 点・翡翠製勾玉 1 点・ガラス製小玉 1 点、同 2 号木棺の首飾りとみられる碧玉製管玉 94 点（直径 2.4〜3.8 mm・長さ 4.1〜10.4 mm）・翡翠製勾玉 1 点、手飾りとみられる碧玉製管玉 39 点（直径 4.2〜5.3 mm・長さ 8.6〜16.6 mm）がある。山陰では、長瀬高浜遺跡 SXY01 で碧玉製管玉 42 点（直径 2.5 mm・長さ 4.0〜10.0 mm）、江の川水系上流部の可愛川流域では、岡の段 C 地点遺跡 SK46 で管玉 49 点（直径 3.5〜4.5 mm・長さ 6.0〜15.0 mm）が比較的多量の副葬事例である。近畿北部の多量副葬事例として、弥生中期前葉の兵庫県豊岡市駄坂舟隠 13 号墓で、125 点の緑色凝灰岩製管玉が、棺底から浮いてばらばらの状態で出土している。なお、管玉の法量は、直径 3.9〜5.5 mm・長さ 5.5〜9.3 mm を測る。以上のように管玉の点数は、弥生前期から多いものでは数十点で構成されており、九州北部・近畿北部では合わせて 100 点以上の集中的な事例もある。総じて、九州北部から本州日本海側において数量が多い。

### 弥生中期中葉から後葉

　九州北部の多量副葬の事例としては、福岡県飯塚市立岩堀田遺跡 28 号甕棺で、ガラス製管玉 553 点（直径 3〜6 mm・長さ 7〜15 mm）が出土している。成人女性用の左右に垂れ飾りをもつ頭飾りないし額飾りとして用いられたものと推定されている（藤田等 1977）。山陰の多量副葬の事例としては、宍道湖南東側の丘陵上に位置する弥生中期後葉頃の島根県松江市友田遺跡土壙墓 SK 8 で緑色凝灰岩製管玉 200 点以上（直径 3.0〜3.5 mm・長さ 7.4〜12.5 mm）・翡翠製勾玉 11 点、同土壙墓 SK14 で管玉 115 点が出土している。前者は首飾りか上半身部分にまとめて置かれたもの、後者は首飾りであろう。近畿北部の多量副葬の事例としては、京都府与謝郡与謝野町日吉ヶ丘遺跡 SZ01 方形貼石墓の埋葬墓 SX01 で、677 点以上の碧玉・緑色凝灰岩製管玉が出土している。法量は、直径 1.6〜2.6 mm・長さ 3.7〜12.9 mm を測り、後述する北陸の多量副葬された管玉と同様、極細身の形態である。頭部にあたる場所から検出されており、顔の上に置かれたか頭部の下に置かれたものと推定される。北陸の多量副葬の事例としては、石川県羽咋郡志賀町山王丸山遺跡 SK32 の緑色凝灰岩製管玉 113 点・鉄石英製管玉 103 点（直径 2.0〜3.0 mm・長さ 7〜25 mm）、石川県七尾市細口源田山 1 号土壙墓の碧玉製管玉 104 点（直径 2.35〜2.85 mm・長さ 6.25〜13.6 mm）、福井県福井市太田山 2 号墓の碧玉製管玉 500 点・鉄石英製管玉 1 点（直径 1.6〜2.6 mm・長さ 3.0〜10.0 mm）などがある。以上の管玉は、直径 3.0 mm 以下という極細身であるのが特徴で、上記の日吉ヶ丘遺跡 SZ01 方形貼石墓の埋葬墓 SX01 とも共通する法量となる。細口源田山遺跡 1 号土壙墓

の管玉104点は首飾り、太田山2号墓の管玉501点は後頭部から頸部と推定される箇所から左右2かたまりになって出土しており、髪飾りと推定されている。

近畿中部の多量副葬の事例としては、摂津の弥生中期後葉・兵庫県尼崎市田能3号墓16号木棺で、老年男子に碧玉製管玉632点（直径3.3〜6.9 mm・長さ7.2〜23.3 mm）が副葬されている。首から胸にかけて検出されていることから首飾りであろう。東海の多量副葬の事例としては、静岡県袋井市北山方形周溝墓で緑色凝灰岩製管玉259点・鉄石英製管玉3点が出土している。以上のように、この時期の九州北部や本州各地において、1埋葬墓で約100点から600数十点にも及ぶ管玉の集中副葬がみられるようになる。これらは、頭飾りや首飾りとして使用された事例が多い。

### 弥生後期初頭から前葉

九州北部の多量副葬の事例として、佐賀県三養基郡上峰町二塚山遺跡26号土壙墓で、スカイブルーのガラス製管玉221点以上（直径1.8〜3.0 mm・長さ5.0〜13.0 mm）が副葬されている。同22号土壙墓では、壮年女性の頭部を中心に、首周囲・胸・両手首などからガラス製小玉3573点以上が出土している。髪飾り・首飾り・腕飾りであると想定されている。

当該期の対馬では、ガラス製小玉の卓越した多量副葬が顕在化する。長崎県対馬市黒木南鼻遺跡の1047点、同かがり松鼻遺跡の1200点、同塔の首遺跡箱式石棺3号のガラス製小玉8236点、同箱式石棺2号の約1400点などを筆頭に、多くの石棺墓において弥生終末期まで、ガラス製小玉の多量副葬をみることができる。一方、管玉や勾玉は少ない。対馬と共通して、近畿北部の丹後半島周辺では、弥生後期初頭からスカイブルーのガラス製小玉多量副葬やガラス製管玉副葬が顕在化する。三坂神社墳墓群・左坂墳墓群などの台状墓での事例が著名である。このうち多量副葬の事例としては、三坂神社4号墓第4主体部のガラス製小玉563点があげられる。

以上のように弥生後期初頭から前葉では、対馬・九州北部・近畿北部におけるガラス製小玉の多量副葬化が特徴的な現象であるといえる。対馬や九州北部では、数千点におよぶガラス製小玉の集中的副葬がみられる。これらは、髪飾り・首飾り・腕飾りとして使用されたようである。

### 弥生後期中葉から後葉

吉備南部・山陰・北陸では、前述したように西谷3号墓・楯築墳丘墓・小羽山30号墓など、総じて墳丘墓の中心主体において多量副葬がみられる。その他の多量副葬の事例としては、方形周溝墓の静岡県袋井市愛野向山遺跡で丸・管玉約100点が、静岡県浜松市城山遺跡A区1号土壙墓で碧玉製管玉1点（直径6.0 mm・長さ20.0 mm）・ガラス製管玉1点（直径5.0 mm・長さ9.2 mm）・ガラス製小玉217点がみられる。

### 弥生終末期

多量副葬の事例としては、平原1号墓棺内でガラス製・赤瑪瑙製管玉約42点・ガラス製勾玉3点・ガラス製小玉492点・ガラス製丸玉約500点・ガラス製連玉約886点、京都府京丹後市坂野丘遺跡第2主体で碧玉製管玉326点・ガラス製勾玉6点・ガラス製小玉500点以上、福井県福井市原目山1号墓土壙で碧玉製管玉323点・ガラス製小玉728点、岡山県総社市鋳物師谷1号墓A主体で碧玉製管玉38点・翡翠製勾玉4点・ガラス製小玉665点、京都府城陽市芝ヶ原墳丘墓主体部で碧玉製管玉187点・翡翠製勾玉8点・ガラス製小玉1276点、滋賀県高島市熊野本遺跡でガラス製小玉約600点、千葉県市原市神門4号墓主体部で碧玉製管玉約73点・翡翠製勾玉3点・ガラス製小玉394点以上、千葉県市原市小田部古墳土壙で碧玉製管玉など3点・ガラス製小玉282点以上な

どがあり、墳丘墓での事例が多い。

　上記のように、弥生前期から後期後葉までは、一埋葬墓における副葬玉類の個体数は多量化傾向にあり、さらに同時期の朝鮮半島墳墓と比較しても、玉類多量副葬を志向するようである。弥生終末期では、墳丘墓を中心にさらに多量化が進む地域と、山陰の墳丘墓のように鉄器のみの副葬や副葬品がない事例が多くなり、玉類副葬の減退が想定される地域とがある。

## 3. 出土状況からみた玉類の使用法と意味

### （1）身体における装着部位

　ここでは玉類の出土状況から、被葬者身体での装着部位が比較的容易に推定できる事例を中心にしてみていきたい。ただし、以下にみる装着形態は、あくまでも埋葬時の被葬者になされていたものであることから、厳密には生前における装身様式とは区別して考えておく必要があろう。

#### 首飾り

　弥生前期から中期前葉では、古浦砂丘遺跡49号熟年男性人骨や吉武高木遺跡2号木棺（図39-1）・同3号木棺（図39-2）など、西日本各地で碧玉製ないし緑色凝灰岩製管玉複数点・翡翠製勾玉1点の組成による首飾りがみられる。弥生中期中葉から後葉では、前述のように友田遺跡土壙墓SK8・同土壙墓SK14・細口源田山遺跡1号土壙墓・田能3号墓16号木棺など、数百点に及ぶ管玉で首飾りが構成される事例がみられる。一人の人物の首に幾重もの首飾りがかけられたことがうかがえる。

　弥生後期前半頃の近畿北部から山陰東部の因幡では、ガラス製の管玉・勾玉・小玉、ガラス製の管玉・小玉、ガラス製の勾玉・小玉といった、異器種で複数点のガラス製玉類が組み合った首飾りが散見される。例えば三坂神社3号墓第2主体部では、中央のガラス製管玉13点の両側にガラス製勾玉各1点とガラス製小玉各50点ずつが連なった首飾りが検出されている（図40-1）。左坂14-1号墓第2主体部の首飾りは、中央のガラス製管玉15点の両側にガラス製小玉79点が連なっている（図39-3）。同様に鳥取県鳥取市松原1号墓でも、一部は耳飾りが含まれる可能性もあるが、第1主体部の首飾りはガラス製管玉17点にガラス製小玉60点が連なり（図39-4）、第3主体部の首飾りはガラス製管玉14点以上にガラス製小玉が連なっている（図39-6）。また、同第2主体部の首飾りは、ガラス製勾玉19点が2点から数点のガラス製小玉を挟みながら連結されている（図39-5）。複数点のガラス製勾玉が、別器種の玉類を挟みながら間隔をあけて連結されるデザインは、後述する京都府京丹後市赤坂今井墳丘墓第4主体部の頭飾りでもみることができる。このほか、管玉のみ、ガラス製小玉のみが、頸部や胸部想定位置からまとまって検出される事例は各地で広く認められる。これらも首飾りとして装着されていた場合が多く含まれよう。

#### 耳飾り

　弥生前期の山陰では、堀部第1遺跡2号墓・古浦砂丘遺跡35号熟年女性人骨など、碧玉製管玉が耳飾りとして使用される事例が散見される。弥生後期前葉の近畿中部・大阪府東大阪市巨摩廃寺2号方形周溝墓3号埋葬施設でも、被葬者40歳代男性被葬者に管玉1点ずつが耳飾りとして使用されている。弥生後期前葉から後葉頃の近畿北部では、左坂14-1号墓第1主体部・同1号墳下層第8主体部において、ガラス製小玉数十点ずつが、被葬者頭部推定位置の左右に二つのまとまりを

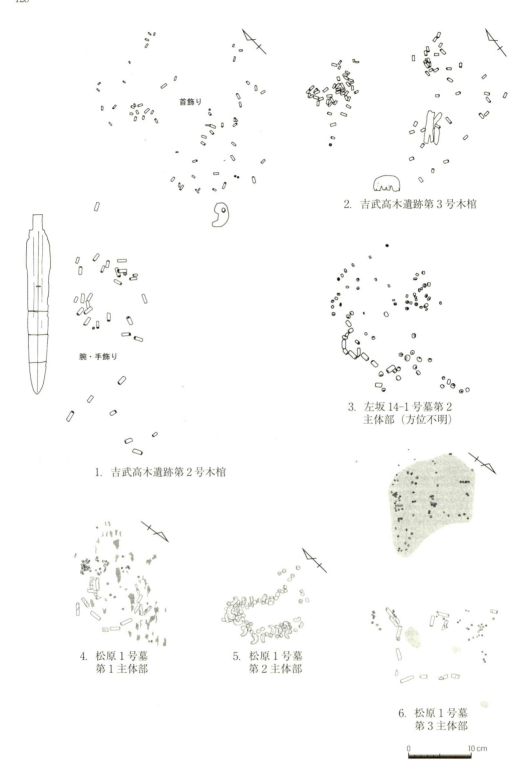

図39 玉類の検出状況 その1 (1/6)

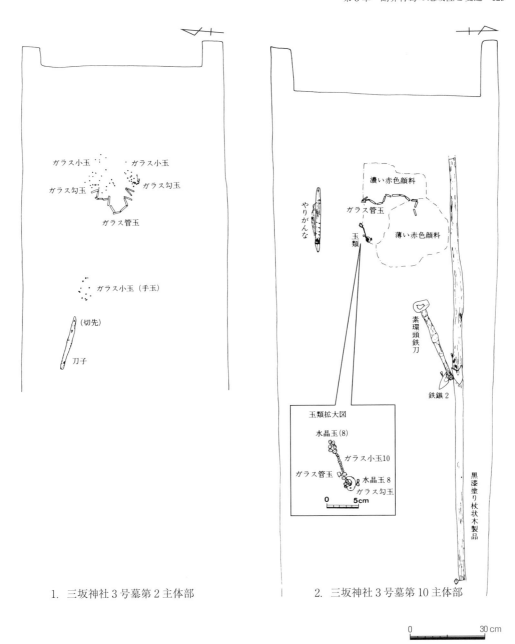

図 40　玉類の検出状況　その 2　(1/15)

なして検出されており、耳飾りとして使用されたものと想定されている。ただし、これがヘアバンドスタイルの布の左右側頭部に付加された垂飾とみる仮説（仁木による頭飾りＣ類）もある（仁木 2007）。同じく近畿北部にある弥生後期末ないし終末期頃の赤坂今井墳丘墓第 4 主体部では、碧玉製管玉の束を右耳側 4 段、左耳側 5 段に連結し、先端に小型のガラス製勾玉を 2 点ないし 3 点ずつぶら下げた耳飾りがみられる（図 41-2）。当該期の近畿北部では、耳飾りにおいても異なる器種を組み合わせるなど、凝ったデザインを志向したことがうかがえよう。

**腕・手飾り**

 九州北部では、以下の事例が散見される。弥生中期初頭の吉武高木遺跡2号木棺では、右手の腕・手飾りとして碧玉製管玉が使用されていた（図39-1）。被葬者が壮年女性である弥生後期前葉頃の二塚山遺跡22号石蓋土壙墓のように、ガラス製小玉が両手首の腕飾りとして使用される事例もある。弥生終末期の平原1号墓7号土壙墓でも、右手首の位置からガラス製小玉「ムティサラ」が300点以上出土している。近畿北部でも弥生後期初頭の三坂神社3号墓第2主体部でガラス製小玉16点が右手首の位置から検出されており（図40-1）、九州北部と同様に手飾りとしてのガラス製小玉の使用がうかがえる。

**頭飾り**

 弥生中期後半の事例として、立岩堀田遺跡28号甕棺のガラス製管玉からなる頭飾りがある（図41-1）。ガラス製管玉553点が、被葬者頭部に巻かれ、両頭側部からも垂飾が垂下する形態として復元されている（藤田等 1977）。弥生後期初頭の近畿北部でも三坂神社3号墓第10主体部において、ガラス製管玉12点が頭飾り、ガラス製管玉12点・ガラス製勾玉1点・ガラス製小玉10点・水晶製小玉14点が、頭部から垂らした垂飾であったと想定されている（図40-2）。同じく近畿北部の弥生後期末ないし終末期では、赤坂今井墳丘墓第4主体部において、被葬者頭部の周りを取り巻くように、ガラス製管玉と大型のガラス製勾玉による連、碧玉製管玉・ガラス製勾玉による連、小型のガラス製管玉と小型のガラス製勾玉による連が検出されている。これらは、布製のヘアバンドに装着された頭飾りであると考えられている（図41-2）。以上のように、頭飾りにはガラス製玉類が多用されるようである。

 以上の概観から、特に弥生後期初頭から終末期の近畿北部を中心にして、異器種・素材の玉類を組み合わせた凝ったデザインによる首飾り・耳飾り・頭飾りが発達することがうかがえる。管玉とガラス製小玉は、首飾り・耳飾り、腕ないし手飾り、頭飾りなど、多様な使用がなされる。勾玉では、ガラス製が首飾り・耳飾り・頭飾りなどの多様な使用がうかがえる一方で、翡翠製は首飾り専用として用いられた可能性があるようだ。

## （2）ばら撒きなど

 玉類出土状況を概観すると、しばしば棺底から浮いた状態で埋土中から出土する場合がある。既に検討されているように、これは、玉類にある種の象徴的意味（森 1982）が込められ、納棺後に遺体上・周辺・棺蓋上に置く、ばら撒く、埋戻し中に置く、ばら撒くといった行為がなされた結果であるようだ（玉城 1994、北條 1998など）。

 弥生前期では、日本海側の長瀬高浜遺跡（図42-1〜3）で、SXY03土壙埋土から碧玉製管玉4点、周辺から碧玉製管玉6点、SXY20木棺墓埋土から碧玉製管玉1点、SXY37周辺から碧玉製管玉2点が出土しており、埋葬過程や埋葬終了後の玉類使用がうかがえる。瀬戸内側でも持田町3丁目遺跡SK02・03（図42-4）、庄・蔵本遺跡土壙墓3・配石墓11（図42-5〜6）で、管玉が墓壙底から約10cm程度浮き上がった状態で出土している（北條 1998）。岡の段C地点遺跡SK60では、覆土中から1点、SK82では覆土中から下端面を欠損したもの1点、SK126では壙底面のほか、北西隅角部の角礫下から1点が出土している。

 弥生中期後半では、大分県宇佐市樋尻道遺跡10号墓において、墓壙よりもさらに広範囲にばら

第 3 章　副葬行為の地域性と変遷　131

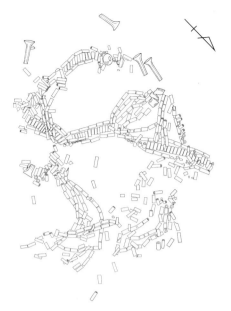

1. 立岩堀田遺跡 28 号墓

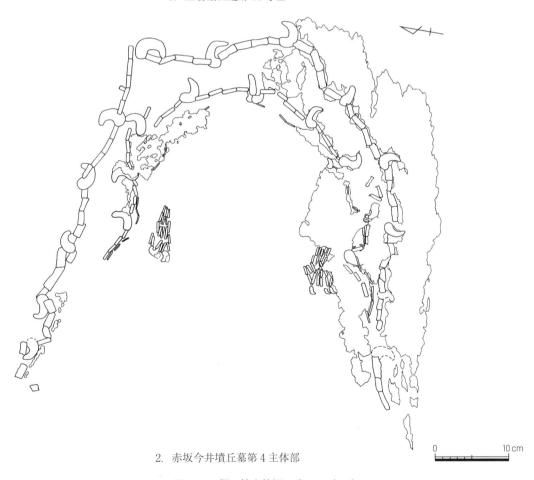

2. 赤坂今井墳丘墓第 4 主体部

図 41　玉類の検出状況　その 3　(1/5)

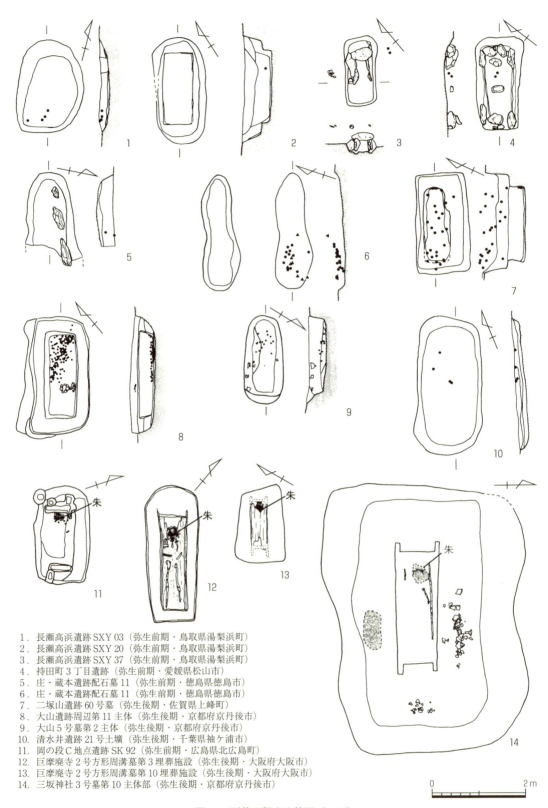

1. 長瀬高浜遺跡 SXY 03（弥生前期・鳥取県湯梨浜町）
2. 長瀬高浜遺跡 SXY 20（弥生前期・鳥取県湯梨浜町）
3. 長瀬高浜遺跡 SXY 37（弥生前期・鳥取県湯梨浜町）
4. 持田町3丁目遺跡（弥生前期・愛媛県松山市）
5. 庄・蔵本遺跡配石墓11（弥生前期・徳島県徳島市）
6. 庄・蔵本遺跡配石墓11（弥生前期・徳島県徳島市）
7. 二塚山遺跡60号墓（弥生後期・佐賀県上峰町）
8. 大山遺跡周辺第11主体（弥生後期・京都府京丹後市）
9. 大山5号墓第2主体（弥生後期・京都府京丹後市）
10. 清水井遺跡21号土壙（弥生後期・千葉県袖ケ浦市）
11. 岡の段C地点遺跡 SK 92（弥生前期・広島県北広島町）
12. 巨摩廃寺2号方形周溝墓第3埋葬施設（弥生後期・大阪府大阪市）
13. 巨摩廃寺2号方形周溝墓第10埋葬施設（弥生後期・大阪府大阪市）
14. 三坂神社3号墓第10主体部（弥生後期・京都府京丹後市）

図42　副葬玉類出土状況 (1/80)

撒かれた状態で土製勾玉 12 点が検出されている。なお、近畿北部では、玉類に限らず、他の器物のばら撒きもみられる。例えば、弥生中期前葉の京都府京丹後市豊谷 1 号墓では石鏃 22 本が棺内にばら撒かれたように、駄坂舟隠遺跡でも 9 号墳下層主体部で磨製石鏃 2 点・打製石鏃 8 点・剝片が棺内中央でばら撒かれたように出土している（肥後 1997）。

弥生後期になると、こうしたばら撒いたり、置いたりする行為が、九州北部から関東まで広範にみられるようになる。まず九州北部では、二塚山遺跡 60 号土壙墓（図 42-7）で土製勾玉 22 点・土製棗玉 2 点・土製丸玉 1 点が埋土中から出土している。中国山地・江の川水系流域にある島根県邑智郡邑南町順庵原 1 号墓では、第 1 主体の掘り込みからガラス製小玉 14 点、第 2 主体石棺の蓋石と掘方の間からガラス製小玉 45 点・ガラス製管玉 3 点が検出されている。吉備南部では、弥生後期後葉の楯築墳丘墓中心主体において、碧玉製管玉 18 点が木棺直上、土製勾玉が木棺上層の円礫堆中から出土している。丹後半島の京都府京丹後市大山墳墓群周辺第 11 主体・同 5 号墓第 2 主体（図 42-8〜9）では、棺蓋をした後、ガラス製小玉などがばら撒かれている（肥後 1997）。北陸では、小羽山 30 号墓でガラス製管玉 10 点・碧玉製管玉 103 点・ガラス製勾玉 1 点がばら撒かれた状態で検出されている。

東日本では、中部高地の本村東沖遺跡 SK 3 木棺墓で、緑色凝灰岩製管玉 19 点・鉄石英製管玉 15 点・鹿角製管玉 1 点・ガラス製小玉 10 点が、遺体の上に撒き散らされた状態で検出されている。さらに、篠ノ井遺跡群新幹線地点の円形周溝墓 SM211 周溝内埋葬人骨では、頭部と下顎からガラス製小玉 10 点が出土しており、うち 4 点は口中に含ませた出土状況であったことから、中国大陸の含玉と類似した風習である可能性が指摘されている（澤谷・田中 1998）。関東北西部の有馬遺跡では、ガラス製小玉 1 点から数点が埋葬墓埋土中から出土する場合が多いことから、埋め戻し過程で使用されたものとみられている。東京湾沿岸では、千葉県君津市畑沢遺跡土壙墓 SK08 の碧玉製玉類 1 点、宮脇遺跡 4 号方形周溝墓主体部のガラス製小玉 4 点、清水井遺跡 21 号土壙（図 42-10）のガラス製小玉 4 点などのように、埋土内出土の事例が多い。

上記のように、玉類を被葬者身体に装着する以外に、遺体内外・棺蓋上・埋土内・埋土上・周辺などにばら撒いたり置いたりする儀礼行為が、弥生前期から終末期までの列島各地で広範囲にわたって確認できた。こうした現象は、単に製品の伝播に留まらず、玉類副葬行為に内在する意味も一体で伝播したものと解釈できよう。また、こうした行為は、弥生中期前葉の近畿北部のように、玉類に限らず石鏃をばら撒くなど、品目を超えて散見される場合もあることから、玉類・石鏃の両者に共通する意識があったことを想定しておきたい。

## （3）朱との相関関係

上記でみた葬送儀礼における玉類副葬の意味を考えるうえで、その他の副葬品や埋葬墓に伴う朱・赤色顔料との関連もみておきたい。既に指摘されているように、概括的には朱・赤色顔料を伴う墓群は、玉類など副葬品をもっている場合が多い（北條 1998）。弥生前期の岡の段 C 地点遺跡（図 42-11）では、SK92 において碧玉製管玉 16 点と朱がみられる。弥生中期初頭の吉武高木遺跡 117 号甕棺墓は、頭部かたわらの細形銅剣 1 点とともに、碧玉製管玉 42 点・翡翠製勾玉 1 点・ガラス製小玉 1 点が副葬され、さらに朱が検出された。弥生中期中葉の日吉ヶ丘遺跡 SZ01 方形貼石墓の埋葬墓 SX01 では、多量の管玉が朱層に埋もれる状態で検出されている。弥生中期後葉の近畿

中部でも、副葬玉類がある田能3号墓と加美Y1号墓には施朱がみられ、相関関係がある。弥生後期初頭の三坂神社3号墓第10主体部（図42-14）では、前述のように頭飾り・垂飾りが検出され、約1kgの朱が顔から胸にかけられていた。前述の弥生後期前葉・巨摩廃寺2号方形周溝墓3号埋葬施設（図42-12）では、40歳代男性の頭部両側に耳飾りとみられる管玉が1点ずつあり、頭部周辺には赤色顔料が多量に塗付してあった。同10号埋葬施設（図42-13）では、3～5歳幼児の頭部付近で赤色顔料や頭髪に飾られたとみられるガラス製小玉が検出されており、首付近には尾先端が欠けたガラス製勾玉1点があった。

これらは、一部の例にすぎないが、被葬者頭部ないし上半身を中心にした施朱と頭飾り・首飾り・耳飾りの装着との相関関係を示しており、こうした行為の根源に共通原理があったことを示唆する。すなわち、死者に装着された玉類が、単なるアクセサリーとしてだけではなく、何らかの別の意味が付与されていたと考えるのである。ひとつの仮説としては、遺体保存を意図する意識（北條 1998）、つまり頭部の耳・口・鼻孔といった場所を通じての体内からの霊の抜け出し、あるいは体外からの悪霊の侵入を防ぐことを意識していたものと解釈することができまいか。

### 4. 玉類副葬の諸段階

上記までの考察から、日本列島の西日本から関東南部における玉類副葬変遷の諸段階を以下の通り整理した。

#### （1）弥生前期から中期前葉

九州北部や島根半島沿岸部・松山平野では、碧玉製あるいは緑色凝灰岩製管玉と翡翠製勾玉、その他の丹後半島以西や瀬戸内海沿岸では、主に碧玉製あるいは緑色凝灰岩製管玉などが分布する。山陰・四国瀬戸内双方に儀礼としての玉類使用がうかがえる。当該期の玉類組成は、朝鮮半島の遼寧式銅剣および細形銅剣を要素にした青銅器文化の副葬品組成にみられる碧玉製管玉・天河石製半玦型勾玉の影響とみられる（森 1982 など）。管玉は、首飾り・耳飾り、腕ないし手飾りに使用されており、既に使用部位の多様性が認められる。

この時期は、九州北部を基点に山陰・瀬戸内の双方へ、遠賀川系土器を機軸とした人・文物の移動があったと目される。当該期の副葬玉類は、組成・素材が比較的斉一性をもち、その分布は日本海側では丹後半島を東限としている。これは、島根県松江市西川津遺跡・長瀬高浜遺跡・京都府京丹後市扇谷遺跡など、弥生前期中葉から後葉頃の碧玉素材による玉作遺跡の分布、遠賀川式土器の濃密な分布（橋本澄 1996）、埋葬墓が列状配置をとる墓域構成の分布（山田 2000）といった諸事象とも有機的関連をもつであろう。

#### （2）弥生中期中葉から後葉

玉類副葬が近畿中部・北陸・東日本にも普及する。九州北部では、主に副葬品を集中保有するような墳墓にガラス製管玉が散見される。これは、鉄製近接武器の副葬が始まったり、立岩式甕棺墓に前漢鏡などの漢系文物が副葬されたりするといった、当該期における他の副葬品組成とも連動した現象である。北陸から東日本では、赤色の鉄石英製管玉が分布する。また、弥生中期後葉頃を中

心に、九州北部・山陰・近畿・北陸・東海などで一埋葬墓における管玉の多量副葬行為が散見される。

### （3）弥生後期初頭から後葉

本州では、近畿北部を中心に本格的にガラス製玉類が組成に加わり、弥生後期後葉頃までに東は関東まで普及、これに連動するように、他の副葬品として鉄刀剣・鉄鏃・鉄製工具などの鉄器が採用される。弥生後期中葉から後葉頃における本州での地域性をみると、日本海側の山陰から北陸にガラス製管玉が分布、北陸から東日本に鉄石英製管玉が分布する。さらに、本州西半部での地域性をみると、弥生後期後葉頃の吉備では、翡翠製勾玉を機軸とした玉類副葬体系がうかがえる。弥生後期後葉頃の出雲では、墳丘長辺約20m以上の四隅突出型墳丘墓にガラス製管玉が副葬される傾向がある。さらに、弥生後期の山陰から近畿北部では翡翠製勾玉が稀薄で、ガラス製勾玉が多い。特に近畿北部では、弥生後期から終末期にかけて、ガラス製管玉・勾玉・小玉を組み合わせたデザインによる首飾り・耳飾り・頭飾りが発達する。また、対馬・近畿北部・東京湾沿岸では、ガラス製小玉副葬が目立つ。

### （4）弥生終末期

九州北部・瀬戸内・近畿中部・近畿北部・北陸・東京湾東岸部などの墳丘墓に集約的な玉類副葬がみられる。九州北部・瀬戸内沿岸・近畿中部・北陸・東日本では、主として碧玉製管玉・翡翠製勾玉・ガラス製小玉を要素にした副葬でおおまかに共通する。ただし、東日本では鉄石英製管玉が混じる独自性がある。九州北部や瀬戸内では、水晶・瑪瑙製玉類などが付加される事例が増え、素材・器種が多様化する。一方、前代でガラス製管玉がみられた山陰では、玉類副葬が退潮し、鉄器副葬のみ、あるいは副葬がなされない。

玉類副葬墳墓に限ってみた上記の弥生前期から終末期の変遷を、きわめて単純化すると以下のようになろう。

① 外来の体系的玉類副葬を受容する段階[11]
② 一部墳墓で多量的、集中的副葬を志向する段階
③ 新来要素を受容する段階
　　a. 一部上位階層墳墓を中心に、旧来の組成に新たな素材・器種が付加され、新たな組成に変容する。
　　b. 一部上位階層墳墓を中心に、旧来の組成のすべて、ないし一部が、新たな素材・器種に駆逐され、新たな組成に改変する。
④ 玉類副葬が発展あるいは衰退する段階
　　a. 一部上位階層墳墓を中心に、多種あるいは多量的副葬を志向。
　　b. 衰退する。

表14に、細部や小地域を捨象して、地域別玉類副葬の大概の志向性を示した。主に弥生前期から中期後葉における各地の過程は、多種多量化志向であり、弥生後期初頭から後葉ではさらに他地域との差別化志向も看取される。弥生終末期は、副葬品目全体の選択として玉類より鉄器などの道具類に比重をおく傾向があるが（松木 1999a）、玉類をもつものの副葬ベクトルは、より多種多量

表14 地域別玉類副葬の変遷過程

| | 対馬 | 筑前 | 山陰 | 近畿北部 | 四国 | 備中 | 近畿中部 | 北陸 | 東海 | 中部高地 | 関東南部 |
|---|---|---|---|---|---|---|---|---|---|---|---|
| 前期から中期前葉 | | ① | ① | ① | ① | | | | | | |
| 中期中葉から後葉 | ① | ②・③b | ② | ② | | ① | ①~② | ①~② | ①~② | ① | ① |
| 後期初頭から後葉 | ②・③b | ④a | ③b | ③b | | ③a | | ③a | ③a | ③a | ③a |
| 終末期 | | | ④b | ④a | ④a | ④a | ④a | ④a | | | ④a |

を志向する場合とそうでない場合とがある。

　また、弥生中期中葉から後葉の本州日本海側のように、玉類生産が盛行する近隣地では②の段階がある一方で、九州北部のように碧玉製玉類生産が稀薄でも一定の消費が看取される場合もみられる。新来要素を受容するにあたっては、地域によって2つの対応に分かれる。弥生中期中葉から後葉の九州北部、弥生後期初頭から後葉の対馬・山陰・近畿北部のように朝鮮半島とのアクセスが比較的容易な地域では③bを志向しており、製品・イデオロギー伝播の影響力がうかがえる。一方、その他の地域では③aを志向し、新来要素が付加されながらも、玉類組成の独自性・主体性を志向するようである。ただし、弥生中期初頭以降の九州北部や弥生後期後葉から終末期の吉備における翡翠製勾玉の多用、弥生後期から終末期の東京湾沿岸部におけるガラス製小玉の盛行といった現象をみると、副葬玉類の選択は、素材ないし製品供給地とのアクセス利便性といった外的要因だけでなく、個別葬送集団の主体的な副葬・装身イデオロギーの表出といった内的要因が大きな位置を占めていたといえる。これには、玉類の素材が稀少であるがゆえに、かえって製品の好みや関心を高める方向へ作用した可能性も一考すべきであろう。

## 5．まとめ

　以上、弥生時代における玉類副葬の様相について西日本から関東を中心に概観し、器種・素材組成や数量の変遷、副葬形態を整理した。日本列島の弥生時代玉類副葬は、朝鮮半島からの影響を受けつつも、独自に展開し、変遷したことが改めて確認できた。

## 第4節　鉄器副葬

　弥生時代の日本列島を考古学的に特徴付ける現象のひとつとして、鉄器の普及をあげることができる。本章第1・2節で概観したように、弥生中期以降、墳墓の副葬品としても、鉄器は主要な位置を占める文物であった。そこで本節では、鉄器副葬の地域的様相を改めて整理し、その歴史的意義について考えるものとする。

## 1. 日本列島における鉄器副葬の様相

　日本列島での鉄器副葬は、弥生中期中葉頃に九州北部で始まり、弥生終末期には、九州では肥後・日向以北、本州日本海側では信濃川流域以西、本州太平洋側では利根川流域・東京湾沿岸以西に分布する。日本列島における副葬鉄器の主要器種としては、鉄剣・鉄刀・鉄戈・鉄矛・鉄槍などの近接武器、鉇・刀子などの工具、鉄鏃などを主とし、他に鉄鋤先・鉄鎌・鉄斧・鉄鑿・鉄釧・鐇・ヤス状鉄器などがある。近接武器の副葬は、普通 1 点から 2 点だが、稀にそれ以上もつ場合もある。工具のうち、鉇と刀子は、どちらかが選択される場合が大半だが、例外もある。

　以下では、本章第 1・第 2 節で整理した時期・地域ごとの副葬品組成のうち、鉄器内容・数量について改めて概説的に確認しておきたい。なお、本章第 5 節で詳述するように、鉄剣は身部長 32 cm 以上の長剣と身部長 32 cm 以下の短剣とに、刀・刀子は全長 60 cm 以上の大刀、全長 36 cm 以上の刀、全長 36 cm 以下の刀子とに分けて呼称する。

### （1）弥生中期中葉から中期後葉

#### 九州北部

　弥生中期後半の代表的事例としては、福岡県飯塚市立岩堀田遺跡において、鉄剣・鉄戈・鉄矛・鉇・素環頭刀子など、近接武器と工具が組み合わさって副葬されている。近接武器の鉄剣のうち、長剣は、弥生中期中葉の佐賀県神埼市志波屋六本松乙遺跡 SJ65 甕棺、弥生中期後半の佐賀県鳥栖市安永田遺跡甕棺など、佐賀平野北部でみられる。短剣は、福岡県福岡市吉武樋渡遺跡 61 号甕棺・立岩堀田遺跡 10・35 号甕棺など、短茎短剣が多いが、吉武樋渡遺跡 1 号木棺・立岩堀田遺跡 41 号甕棺・福岡県甘木市頓田高見遺跡 3 次調査 SH 3 などでは長茎・細茎の短剣がみられる。なお現状では、同一墳墓から前漢鏡と伴出する鉄製近接武器は鉄剣・鉄戈であり、鉄矛はみられない。

　なお弥生中期後半において、鉄製武器が棺外副葬される際は、鉄戈が用いられる場合が多い。弥生中期後半の福岡県朝倉郡筑前町東小田峯 2 号墳丘墓 10 号甕棺墓・同 1927 年調査甕棺墓・福岡県筑紫郡那珂川町安徳台遺跡 2 号甕棺墓・福岡県春日市門田遺跡辻田地区 A 群 24 号甕棺墓・同 27 号甕棺墓などの事例があげられる（藤田等 1987、小山田 1995、禰宜田 2005）。この他、弥生後期に下るが、福岡県八女市茶ノ木ノ本遺跡 3 号甕棺墓でも鉄戈が棺外副葬されている。以上のように、同じ鉄製近接武器でも、棺外に副葬される場合が少ない鉄剣との差別化がうかがえる。なお、大分県日田市吹上遺跡 6 次調査 2 号甕棺墓では鉄戈ではなく、中細形銅戈が接合部棺外から出土している。

　工具では、刀子 1 点か鉇 1 点が選択される場合が多いが、2 点保有したり、両者が伴出したりする場合もある。

#### 瀬戸内

　弥生中期後葉までの本州では、鉄製近接武器の副葬がみられず、弥生中期中葉から後葉の山口県山口市朝田遺跡 V 区 2 号箱式石棺墓で袋状鉄斧、弥生中期後葉の岡山県赤磐市四辻土壙墓遺跡 B 地区第 26 土壙で鉄鏃 1 点が散見されるにすぎない。

## （2）弥生後期初頭から前葉

### 九州北部

　近接武器では、素環頭鉄刀の事例が増加する。すなわち、弥生中期後半から後期前半頃の福岡県福岡市丸尾台遺跡甕棺墓、弥生後期前半の佐賀県武雄市みやこ遺跡 SP1001、佐賀県神埼郡吉野ヶ里町三津永田遺跡 104 号甕棺墓・同横田遺跡・佐賀県三養基郡上峰町二塚山遺跡 36・52 号墓などであり、佐賀平野北部に多く分布する。また長剣では、弥生後期前半の二塚山遺跡 17 号墓・横田遺跡などがあり、素環頭鉄刀と同様に佐賀平野北部に分布している。なお、近接武器のうち鉄戈・鉄矛の副葬は、弥生後期初頭ないし前半段階で廃絶する（高倉 1990、川越 1993）。

### 対　馬

　箱式石棺墓に鉄剣・鉄鏃・鉇・刀子などが副葬される。近接武器では、鉄剣が多いが弥生後期初頭の長崎県対馬市トウゴ山遺跡 1 号石棺墓のように素環頭大刀が副葬される事例もある。なお、対馬と比較して壱岐における鉄器副葬は稀薄である。

### 瀬戸内

　四国瀬戸内側での事例が散見され、弥生後期前半の愛媛県松山市西野Ⅲ遺跡で刀子の副葬が認められる。また、香川県丸亀市平尾 2 号墓第 2 主体部から短剣が出土している。2 号墓の所属時期は明確ではないものの弥生後期前半を前後する時期（亀田・白石 1998）と推定されている。

### 近畿北部

　弥生後期初頭から前葉の京都府京丹後市三坂神社墳墓群・同左坂墳墓群・同大山墳墓群・兵庫県豊岡市上鉢山・東山遺跡 1・3・4 号墓などで鉄鏃・鉇を中心とした副葬がみられる。弥生後期初頭の三坂神社 3 号墓第 10 主体部の素環頭刀は全長 29 cm を測る。これを刀子の範疇としてとらえると、弥生後期前葉までの本州では、長剣・鉄刀など、特に大型の鉄製近接武器副葬がまだ稀薄であったといえる。

## （3）弥生後期中葉から終末期

### 九州北部

　近接武器では、福岡県糸島市平原 1 号墓で素環頭大刀が棺外副葬されているが、大刀の副葬は本州日本海側と比較すると稀薄である。また弥生終末期では、筑前東部の北九州市域や瀬戸内海側の豊前でも、均質的構成をなす小型墓壙の集団墓で、素環頭刀子・鉇などの工具、鏃などが副葬されるようになる。本州と比較すると、特に素環頭刀子の副葬が多い。

### 瀬戸内

　吉備南部では、主に墳丘墓において鉄器が副葬される。弥生後期後葉の岡山県倉敷市楯築墳丘墓が長剣をもつほか、弥生終末期の墳丘墓で短剣をもつ事例が増加する。広島県広島市梨ヶ谷 B 地点 1・2 号墓・同西願寺遺跡など、広島平野北部・太田川左岸の弥生後期後葉から終末期とみられる竪穴式石槨をもつ墳墓では、鉄剣・鉄鏃・鉇のほか、鉄斧・鉄鑿・鉄鎌などの農工具が副葬されるという特色がある。特に鉄鑿の副葬は日本列島では珍しい。また、西願寺遺跡 D 地点 1 号石槨からは、二条凸帯鋳造鉄斧が副葬されており、特異な事例である。二条凸帯鋳造鉄斧、鉄鎌ないし鉄鑿は、済州道済州市龍潭洞遺跡石槨墓や慶尚南道陜川郡苧浦里遺跡 40 号墓でも副葬事例があり、朝鮮半島南部の鉄器副葬の影響を連想させる。

### 山陰

主に墳丘墓において鉄器副葬され、小型墓壙のみの均質的な集団墓では稀薄である。器種は1種類のみのシンプルな場合が多く、複数の器種が伴出するものは因幡でわずかにみられるだけである。出雲地域では、鉄器副葬が限定的で、島根県出雲市西谷3号墓第4主体の長剣、島根県安来市宮山Ⅳ号墓中心主体の大刀がみられるにすぎない。伯耆・因幡では、一埋葬墓に鉄刀剣1点、鉇か刀子1点、鉄鏃1点から数点が副葬される。鉄刀剣は、一墳丘墓に1点程度が多いが、鳥取県東伯郡湯梨浜町宮内遺跡では、1号墓で2点、3号墓で3点を保有する卓越性がある。宮内遺跡以外では鉄斧・鉄鎌が副葬されることは少ない。

表15 各地域の副葬鉄器種類（主要なもののみ）

弥生中期中葉から後期前葉

|  | 近接武器 | 鉄鏃 | 工具 | 鉄釧 |
|---|---|---|---|---|
| 九州北部 | ○ | ○ | ○ |  |
| 瀬戸内・本州西部日本海側 | △ | ○ | ○ |  |

弥生後期中葉から終末期

|  | 近接武器 | 鉄鏃 | 工具 | 鉄釧 |
|---|---|---|---|---|
| 九州北部 | ○ | ○ | ○ |  |
| 瀬戸内・本州西部日本海側 | ○ | ○ | ○ |  |
| 中部高地・関東 | ○ |  |  | ○ |

注）△は、比較的少数の事例を示す。

### 近畿北部

一埋葬墓に、鉄刀剣1点、鉇1点から2点、鉄鏃1点から2点などが単独か組み合わさるのを基本とする。近接武器では、弥生後期後葉の京都府与謝郡与謝野町大風呂南1号墓第1主体部で細茎・長茎の長剣2点、短剣など9点が副葬され、卓越性がある。この他、兵庫県豊岡市妙楽寺4A2墓では大刀、兵庫県篠山市内場山墳丘墓SX10では素環頭大刀がみられるなど、長大な武器が分布している。

### 北陸

主に墳丘墓において鉄器副葬される。弥生後期後葉の段階では、福井県福井市小羽山30号墓や福井県三方上中郡若狭町向山B遺跡が鉄剣を保有するが、鉄刀がみられない。弥生終末期になると、越前では鉄刀副葬が目立ち、福井県福井市原目山1号墓土壙・福井県吉田郡永平寺町乃木山墳丘墓2号埋葬などのように、一埋葬墓に刀剣が2〜4点入るものもみられる。

### 中部高地・関東

周溝墓における鉄剣・円環形鉄釧副葬が特徴的で、鉄刀・刀子・鉇副葬はほとんどみられない。鉄剣と鉄釧はそれぞれ単独で副葬されることが多いが、伴出する事例もある。また、現状で鉄鏃副葬事例は比較的少ない。

以上、日本列島各地域における鉄器副葬を概観した。少数事例を捨象し、種類別に要約すると表15のようになる。ところで、山陰では弥生前期から弥生中期後葉まで石鏃が墳墓に副葬される事例が散見されるが、弥生後期になると石鏃副葬はなくなり、前述のように鉄鏃のみが副葬されるようになる。例えば、弥生前期の島根県松江市堀部第1遺跡・鳥取県東伯郡湯梨浜町長瀬高浜遺跡、弥生中期後葉の島根県松江市友田遺跡で石鏃の副葬がみられる一方、弥生後期以降では、後期前半の鳥取県鳥取市布施鶴指奥墳丘墓、後期中葉の島根県江津市波来浜B区2号墓・鳥取県西伯郡大山町妻木晩田遺跡群仙谷3号墓、後期中葉から後葉の鳥取県鳥取市服部3号墓、弥生終末期の鳥取県鳥取市桂見1号墓で鉄鏃の副葬が散見される。しかし一方で、弥生終末期にいたっても集落遺跡の遺構からは、黒曜石製やサヌカイト製の凹基式や平基式石鏃が一定量出土している。すなわち、

弥生後期から終末期の集落において鉄鏃が増加した一方で、石鏃もまた需要を補うために弥生終末期まで使用されていたように見受けられる。集落において弥生後期も引き続き石鏃が使用されていたとすれば、日常道具における石器から鉄器への転換・移行と墳墓副葬品におけるそれとが、必ずしも同時併行的に進行したわけではない可能性が浮上しよう。本章第1節（表11）および第2節（表13）でも整理しているように、山陰以外の列島各地域においても弥生後期以降の副葬品は、石鏃から鉄鏃へと転換している。その一方で、集落では石器使用が継続していた地域が多い。つまり、単に日常的に所持・使用していた狩猟具・武器を副葬品として採用しただけではなく、鉄という素材に対して弥生人が認識していた鋭利で光沢をもった質感や経済的な稀少性といった価値が副葬品選択要因になっている可能性があるのではなかろうか。

また、上記の鉄器副葬の様相について、さらに消費金属器の種類選択という視点からみると、以下のような地域性が指摘できる。

**器種ごとにみた偏在性**

本章第1節で考察したように、特に弥生後期後葉の山陰では、大型墳丘墓のような階層最上位とみられる墳墓を中心に鉄刀剣が副葬された。加えて本州日本海側諸地域において、同一単位墓・同一単位墓群・同一墓域で多量の鉄刀剣が出土する場合は、鉄刀・鉄剣のいずれかの器種に偏向する傾向がうかがえる。この要因としては、被葬者集団の好みの反映、同種製品の一括入手後に被葬者集団内で再分配した経緯などが想定できる（会下 1999）。

こうした傾向は、さらに旧国別に概括した場合でもみることができる。図43上半部に、弥生後期初頭から終末期における副葬鉄製近接武器の点数を旧国別に分けてグラフ化した。遺漏資料や未発見資料による変動も考慮しなければならないが、これによれば同じ鉄刀剣でも、肥前・筑前・越前・伯耆では素環頭鉄刀ないし鉄刀が、対馬・但馬・丹波・丹後・瀬戸内海側・東日本では鉄剣が、一方よりも相対的に多数を占める傾向が読み取れる。こうした傾向は、同じ鉄製近接武器でも、鉄刀と鉄剣が流通や副葬品選択のレベルにおいて異なる器物であると認識され、取り扱われていた結果と見なすことができよう。上位墳墓のみに副葬される、限定された稀少品の流通については、パイプをもつ上位階層者同士の儀礼的、政治的な贈与といった流通形態が想像できる。したがって、鉄刀と鉄剣のこうした地域的な偏在性は、各地域における上位階層者の好みや贈与の結果を一面で投影しているのではないだろうか。

この他、鉇・刀子・鉄鏃といった比較的小型の鉄器は、九州北部の筑前・肥前、近畿北部の丹後・丹波・但馬、瀬戸内中部の備前・備中などを主な拠点にして、副葬点数が多い傾向を示している。弥生後期の山陰における集落出土鉄器の数量は、西日本他地域と比較しても遜色ない（池淵 1998、池淵・東山 2008、高尾 2008 など）にもかかわらず、特に出雲を中心に鉄製工具類の副葬は比較的少ない。この要因としては、鉄器流通量の稀薄性とみるより、副葬様式というフィルターによって規制された結果と見なすことができよう。

**鉄器副葬と青銅器埋納祭祀の関係**

松本岩雄は、これまでの青銅器研究達成から、武器形青銅器・銅鐸を第Ⅰ・Ⅱ・Ⅲ群に分け、第Ⅰ群（細形銅剣・細形銅矛・細形銅戈・Ⅰ式銅鐸）の段階が弥生前期末葉から中期前葉、第Ⅱ群（中細形銅剣・中広形銅剣・平形銅剣・中細形銅矛・中広形銅矛・中細形銅戈・中広形銅戈・大阪湾形銅戈・Ⅱ式銅鐸・Ⅲ式銅鐸・Ⅳ-1式銅鐸）の段階が弥生中期中葉・後葉を中心にした弥生中

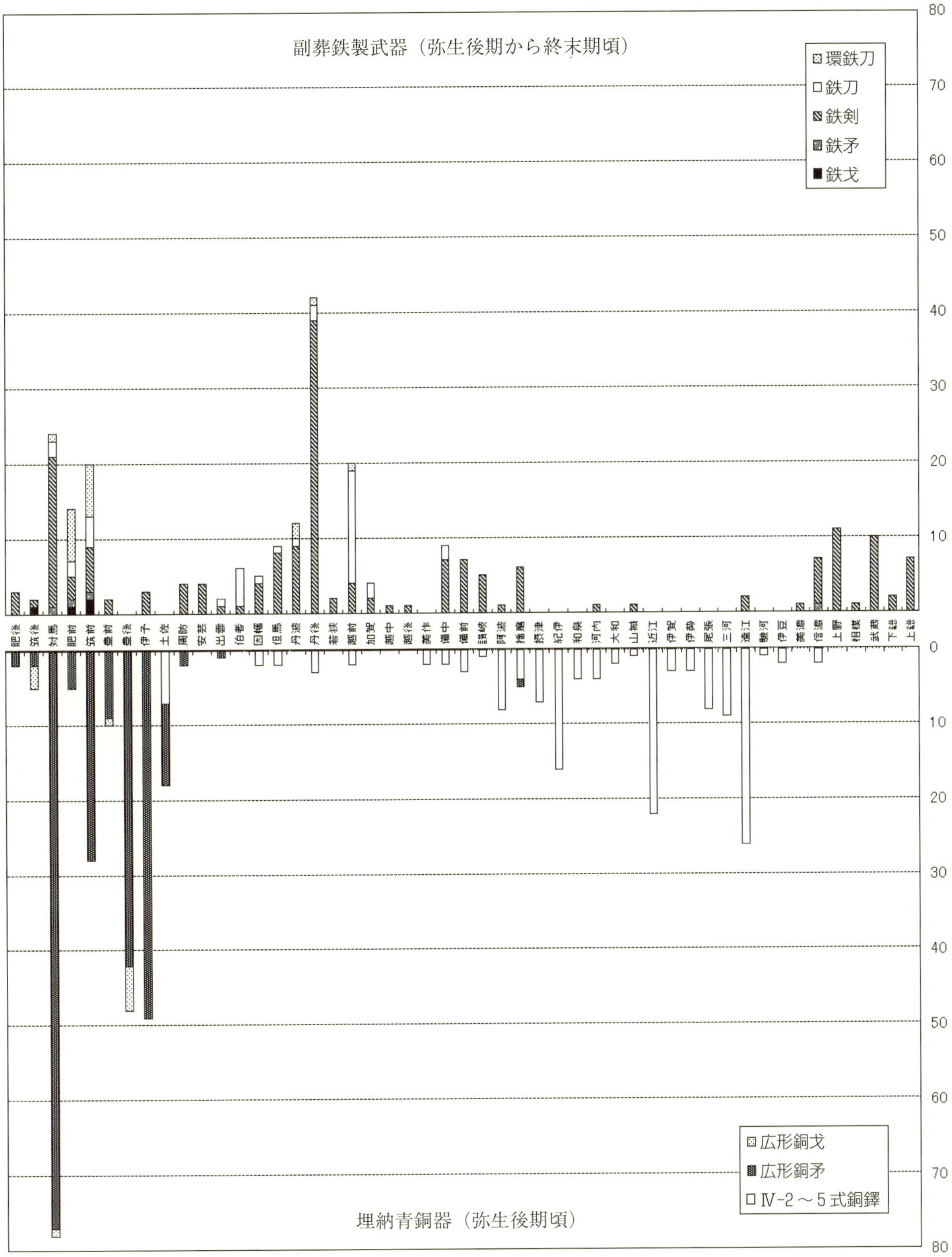

図43 旧国別にみた埋納青銅器（弥生後期頃）と副葬鉄製武器（弥生後期から終末期頃）の出土点数
（平野ほか 1996、会下 1999、川越 2000 などをもとに作成）

期前葉から後期初頭まで、第Ⅲ群（広形銅矛・広形銅戈・Ⅳ-2〜5式銅鐸）の段階が弥生後期と想定した（松本 2001）。

これを参考にして、第Ⅲ群青銅器と弥生後期から終末期の副葬鉄製近接武器の地域分布を図43下半部に示した。これまでも広形銅矛が九州北部を、Ⅳ-2〜5式銅鐸が近畿中部・東海を中心に分布する現象が指摘されてきた。加えて、九州北部・対馬を除く列島中央部では、埋納青銅器と副葬鉄製近接武器が排他的ないし偏在的な分布を示すことがみて取れる。次節で検討するように、長剣・鉄刀など、舶載品とみられる大型鉄製近接武器の分布は、埋葬青銅器に対して、より排他的である。すなわち、鉄器や青銅器の素材・製品入手先から離れた本州では、地域によって大型鉄器副葬と青銅器埋納の選択性が看取できると考えたい。大型金属器の副葬と埋納は、表面的には異なる次元での消費行為・祭祀行為である。しかし、素材・製品入手先から離れた地域では、地域のシンボルとなる大型金属器やその素材の入手に費やされる労力が、どちらかの種類に選択・限定されてくるものと考えるのである。

## 2. 朝鮮半島南東部における鉄器副葬の様相

ここでは、弥生時代の日本列島に鉄素材や鉄器を供給していたとみられている朝鮮半島南東部の弁辰韓における鉄器副葬がどのような様相であったのか概観しておきたい。原三国時代前期までの段階では、慶尚北道慶州市朝陽洞遺跡において、短茎短剣・鉄矛・鉄戈・鉄斧・鉄鋤などの近接武器や農工具が1点から数点伴出する。大邱市北区八達洞遺跡の嶺南文化財研究院調査区では、短茎短剣・鉄矛などの近接武器や鉄斧・鉄鎌などの農工具が伴出する。慶尚南道昌原市茶戸里遺跡では、鉄剣・鉄矛などの近接武器、鉄鏃、および刀子・鉇・鉄斧・鉄鑿・鉄鎌などの農工具、さらに轡・銜などの馬具が1点から数点組み合わさる。併行期の日本列島弥生墳墓と比較すると、朝鮮半島南東部では、近接武器の鉄矛、工具の鉄斧が1点から数点はいるものが多く、馬具の副葬が散見されるという特徴があげられる。

原三国時代後期の副葬品内容では、蔚山市蔚州区下岱遺跡・慶尚南道金海市良洞里遺跡・釜山市金井区老圃洞遺跡・慶尚北道浦項市玉城里遺跡の事例がある。これらでは、特に大型の木槨墓において前代までの副葬鉄器内容に付加されて、長大な素環頭大刀1点か2点が棺内や内槨内に副葬される。さらに鉄矛・鉄鏃・鉄斧が多量化を志向し、多いもので数十点から100点以上が棺外槨内に副葬される「鉄器遺物の厚葬」（洪潽植 2001：p.197）がみられる。当該期における本州日本海側の上位階層弥生墳墓は、より被葬者に近接した棺内に大刀1点か2点を副葬する傾向がみられる点で朝鮮半島南東部の墳墓と類似する。その一方で、朝鮮半島南東部のような棺外の鉄矛・鉄鏃多量副葬はみられない。

## 3. 流通からみた鉄器副葬

ここでは、弥生後期中葉から終末期の日本列島における鉄器副葬の地域性について、先にみた鉄素材や鉄器の供給地である朝鮮半島南東部との流通の視点から考えたい。地理的に朝鮮半島南東部と対面する九州北部では、均質的な小型墓壙のみで構成される集団墓においても、鉄剣・鉄鏃・素

環頭刀子・刀子・鉇・鉄斧などが単独で、あるいは組み合わさって副葬される場合が多い。このような集団墓での鉄器副葬は、本州では近畿北部でもみられる。九州北部では、鉄器供給地である朝鮮半島南東部に比較的近いことが、潤沢な鉄器入手量につながり、鉄器副葬にも影響を及ぼしていると考えられる。これに対し、朝鮮半島南東部と水運によるアクセスが可能な場所に位置する本州日本海側の山陰・北陸地域では、最上位階層とみられる大型墳丘墓において半ば限定的、占有的に鉄器副葬がなされ、主に鉄剣や鉄刀などの近接武器が棺内副葬される。朝鮮半島南東部において棺内などに副葬される長剣・大刀は、弥生後期中葉から終末期では、九州北部よりもむしろ本州日本海側に多く分布している。本州日本海側では、こうした大型鉄製近接武器が上位階層者にとって地位表示になるシンボル的な器物として特に需要があったといえよう。その一方で、前述したように朝鮮半島南東部において数量的に最も潤沢に棺外副葬される鉄矛が日本列島に流入しない点は、消費地側による副葬習俗受容の主体的選択が働いているとも考えられる。一方、地理的に朝鮮半島からより距離があり、陸路を経由する東日本の中部高地・関東北東部・関東南部の鉄器副葬は、独自の形態をもつ着装品の円環形鉄釧、近接武器の鉄剣に限定され、鉄製工具が稀薄である。これは、一面的にみれば工具副葬習俗の欠落、独自の好みによる副葬品目選択化・純化が働いた結果であると解釈できる。

　ところで鉄器副葬の議論から一旦逸脱するが、野島永は、集落出土鉄器も包括した鉄器の流通について、「供給地に最短距離で接する接触地、九州北部中枢地域では、中期以来、階層化した集団関係を基礎とした矮小な領域における安定的な再分配流通を温存し続けるのに対して（中略）山陰・東部瀬戸内諸地域においては、階層化した集団関係を形成し、鉄素材確保のために拠点的交易を行なう。さらに、その周縁、関東・中部地域では、鉄器にまつわる情報の欠落・変換をともないつつも、威信財としてより遠くに運ばせる流通形態を創り出した」（野島 2000：p.58）と述べ、鉄供給地である朝鮮半島南東部からの距離に応じて、流通形態に地域性があったことを試論している。そして、鉄器の流通が地域社会の階層化に関係していると考えるのである。

　墳丘墓が発達する弥生後期の山陰や瀬戸内に焦点を絞ると、山陰弥生集落における鉄器出土量が増加する弥生後期後半頃と時期を同じくして、四隅突出型墳丘墓が急速に規模を拡大するという現象が注目されていた（田中義 1999）。出土資料がより充実した近年の山陰集落遺跡の鉄器出土状況をみると、図44の通り四隅突出型墳丘墓が大型化する弥生後期後葉頃以降、集落遺跡の鉄器出土量が飛躍的に増加することが改めて確認できる。松木武彦は、弥生後期後葉の吉備南部に楯築墳丘墓のような大型墳丘墓が造営された背景のひとつには、鉄の流通量が少ない後背地域のほうが、その「価格」すなわち交換対価が高くなると考え、対価が高ければ、それだけたくさんの交換物を集める力が必要であり、「鉄の価値が高いほうが、その供給の窓口に寄せる信服や依存も大きい」（松木 2007：p.280）という状況があったためと考えた。世界の民族誌の記述においても、ある財と財との交換レートは、原産地からの距離に応じた需給関係が作用していることが知られている（サーリンズ 1984：pp.290-296）。一方、鉄原産地である朝鮮半島南部に、より近い九州北部に目を向けると、生活必需品として実用された鉄器が大量に流通する経済構造があったと想定されており、このことは首長層の流通管理能力をむしろ低減させたとも考えられている（野島 2009）。すなわち、九州北部では鉄器流通量の充実という環境が必ずしも首長権の伸長にはつながらなかったわけである。

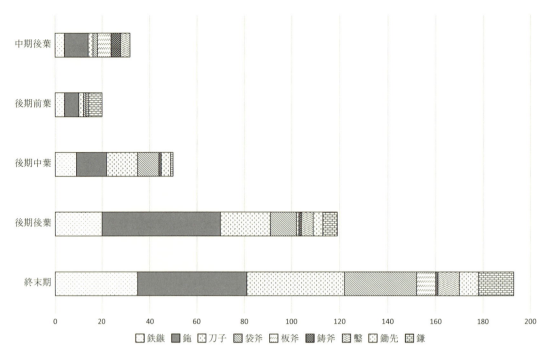

図44　山陰の弥生集落遺跡における鉄器出土点数の変遷
（池淵・東山 2008、高尾 2008 などを底本に作成）

　さて、第5章第4節でも触れる通り、弥生後期中葉から後葉頃以降の日本列島において本州西部日本海側や吉備南部では、大型区画や大型墓壙造営に力が注がれている現象を改めて看取することができる。集落における日常道具としての鉄器の普及過程の状況、および上記の議論を参照すると、特に弥生後期後葉頃における、こうした地域の弥生墳丘墓の大型化やそこから想定される社会階層化の背景のひとつには、首長が稀少な鉄器の流通を差配することを足掛かりに自身の権威・権力を伸長させたという仮説が改めて説得力をもってくるといえよう。繰り返すように、比較的潤沢に鉄器が流通し、集団墓においても鉄器副葬の事例が多い九州北部に対して、山陰・北陸では、鉄器流通を差配する役割を担った最上位階層者が葬られた大型墳丘墓を中心に、半ば限定的・独占的に鉄器副葬がなされる。鉄器流通の掌握を権威・権力の拠り所としたこの地域の上位階層者の性格が、このような独占的な鉄器副葬のあり方に投影されているのかもしれない。

## 4. まとめ

　以上、弥生時代の日本列島における鉄器副葬の地域性を概観し、朝鮮半島南東部との関係も視野にいれつつ、地域性の背景について考察した。弥生時代の社会変化を考えるうえで、東アジア先進地域から流入した鉄器との遭遇とその普及は看過できない歴史的事象である。とりわけ副葬された鉄器は、それらに込められた弥生人の思想についても接近しうる重要な文物のひとつである。特に、上位階層者に副葬された場合が多い鉄剣・鉄刀といった大型の鉄器は、こうした被葬者にとっては地位の象徴となる器物であった。次節では、この鉄剣・鉄刀について、さらに詳細にみていく

ことにする。

## 第 5 節　鉄剣・鉄刀

　弥生時代における鉄剣ないし鉄槍、鉄刀は、主として九州北部においては弥生中期中葉頃から、本州関東以西などにおいては弥生後期中葉頃からみられ、青銅器・玉類とともに、地域を超えて広域に流通する代表的な器物である。前節までは、本州日本海側において、鉄刀剣の副葬と墳丘墓・大型墓壙・施朱・ガラス製管玉との間に相関関係がみられることから、鉄刀剣が上位階層者にとって、あるいはその葬送において重要な位置を占めるものであったことを想定した。また、現状で鉄刀剣の分布は、日本列島のなかでも偏在性がみられることから、弥生社会の地域的特徴に接近し、切り込んでいくうえで有効な研究対象であることを認識した。

　しかし、一概に鉄刀剣といっても以下の研究史でみるように、様々な法量・形態があり、それらの生産地についても論者によって、朝鮮半島産・中国大陸産などの舶載品、九州北部産・本州産などの日本列島製とする意見があり、結論が定まっていない。生産地の同定や流通相の復元は難しい課題だが、近年朝鮮半島南東部における原三国時代墳墓資料が充実してきているので、まずはこれらと弥生時代の鉄刀剣との比較検討をしておく必要がある。そのうえで、鉄刀剣最終消費形態の一つである弥生墳墓における副葬の様相を改めて検討し、その意義を考察したい。

### 1.　鉄　剣

#### （1）研究史

　ここでは、弥生時代の鉄剣に関するこれまでの研究のうち、分類・生産地に関わるものについて整理しておく。1980年代前半頃までの研究は、いち早く資料が充実していた九州北部の資料を用いて剣身や茎の長さ・幅という属性をもとに分類されている。まず小田富士雄が、茎から短茎形式と細長茎形式に、法量から短剣形式・立岩式（剣身長 14〜20 cm 未満、剣身幅 2.5〜3 cm）と長剣形式・須玖式（剣身長 25〜45 cm 未満、剣身幅 3〜4 cm）とに分類し、いずれも弥生中期後半から後期前半に所属するとした（小田 1977）。また勝部明生は茎を短茎と細長茎（勝部 1981）に、潮見浩は短茎型式と長茎型式に分類している（潮見 1982：p.269）。大庭康時は、九州北部の資料を中心に、法量（剣身長 30 cm を境に長剣・短剣に区分）、剣身と茎との長さの比率などを組み合わせて分類した（大庭康 1986）。

　日本列島の鉄剣だけでなく、広く中国大陸・朝鮮半島のものも概観した東潮は、全長 57.5 cm（2.5 尺）以上の長鋒剣、全長 34.5 cm（1.5 尺）から 57.5 cm の中鋒剣、全長 34.5 cm（1.5 尺）以下の短鋒剣という 3 段階に分類した（東 1986）。同じく禹在柄も東アジア的視点で分類し、中国大陸・朝鮮半島・日本列島で出土した鉄剣全長の度数分布から、約 70 cm 以上のものを長剣グループ、50〜70 cm を小剣グループ、約 20〜50 cm を短剣グループとしている（禹在柄 1999）。

　川越哲志は、本州の資料も含めて網羅的に概観し、法量・茎型式・目釘孔ないし刃関双孔の数を組み合わせて分類した（川越 1993）。すなわち、法量などによって長剣（全長 40 cm 前後〜・剣

身長 32 cm 前後〜)・短剣 I（剣身長 13 cm 前後〜32 cm)・短剣 II（剣身長 13 cm 前後以下)・短剣 III（銅剣形）に分類し、茎型式によって茎長が剣身幅より長い長茎式で細長い Aa、茎長が剣身幅より長い長茎式でやや幅広の Ab、茎長が剣身幅より短い短茎式の B に分類し、目釘孔の数 0〜3 を組み合わせた。

　また池淵俊一は、弥生時代から古墳時代の長剣・短剣について、茎形態と関の平面形態を組み合わせた分類を行った（池淵 1993）。池淵の茎分類と同様に、禹在柄は、茎尻にかけて幅が狭まる平面梯形状の茎と一定幅の矩形状の茎を分類の属性に加えている（禹在柄 1999）。後述のように関形態・茎形態ごとで、分布に地域性・偏在性がみられるので、これらの属性を含めた分類は、X 線写真などで視認したうえでなら、一定の有効性があるといえる。

　こうした鉄剣各型式の生産地に関する研究は、以下の通り、論者によって意見が分かれる。日本列島の鉄剣は、1980 年代前半頃までの研究では資料も限られていたため、舶載品とみる説が多かった。小田富士雄は、弥生中期後半から後期前半の短剣形式（立岩式）は舶載品の可能性があるとし（小田 1977）、潮見浩は、短茎型式には朝鮮製が多く、長茎型式には中国製の可能性があること（潮見 1982：p.271）、東潮は、すべての鉄剣が朝鮮半島南部から流入した舶載品と想定している（東 1986）。1980 年代後半頃にはいると、本州も含めた日本列島全体での出土資料が充実し、型式によっては、朝鮮半島にみられないものがあらわれてくる。その結果、大庭康時は、短茎の短剣は舶載品とみるが、朝鮮半島にみられない刃関に 2 か所の孔をあけた「刃関双孔」をもつ短剣や細長茎の短剣などは、「国産もしくは国内における再加工」を想定した（大庭康 1986）。川越哲志は、細長茎の長剣 Aa、弥生中期後半の細長茎の短剣 I Aa を中国製、やや幅広の長茎長剣 Ab・短茎長剣 B・短茎短剣 I B を朝鮮半島製とみるが、やや幅広の長茎短剣 I Ab が日本列島製の可能性をもち、剣身長 13 cm 前後以下である短剣 II が日本列島製であると想定した（川越 1993）。村上恭通は、長茎長剣・素環頭長剣・渦巻文装飾付鉄剣は舶載品と想定するが、短茎長剣や重厚な短剣は大陸に類例がないことから、九州北部産の可能性を想定した（村上 2000：p.162）。これは、主に九州北部に分布する弥生中期末葉から後期初頭の長大な鉄戈の存在から、当該地における鉄器生産技術レベル水準の高さも考慮したものである。また、小型で貧弱な作りの短剣は、東日本を含む在地産であるとした（村上 1999・2000）。

　こうしたなか、生産と流通を考えるうえで、茎や「刃関双孔」などの再加工に関して言及されるようになった。すなわち、朝鮮半島にはほとんど類例がない「刃関双孔」は、日本列島で独自の把を装着するために、舶載品に穿孔されたものであると推定された（大庭康 1986）。また、刃関の目釘孔配置に着目した野島永らは、変則的な「斜行双孔」・「並列四孔」などが関東でみられることから、弥生後期後半以降には近畿北部から東海にかけての地域圏でも並列双孔の鉄剣が生産され始めたとした（野島・高野 2002）。これに対し、鉄剣本体と把を観察した豊島直博は、別の地域で刃関双孔をあけた状態の鉄剣が他地域に流通している可能性を想定する（豊島 2003）。また池淵俊一は、短茎の長剣は、舶載品の茎を途中切断した再加工品である可能性に言及している（池淵 2001）。

　上記のように、消費地における製品の二次的改造やそれの再流通が想定できるとすれば、茎長や目釘孔配置によって分類された型式の分布のみから生産地を割り出す方法では決め手に欠ける。ただし二次的改造が、茎の途中切断や刃関双孔の穿孔のみに留まるものであるなら、剣身部長幅・関

平面形態・茎平面形態を重視した比較分析が生産地を探るうえで一定の手がかりにはなるだろう。これまで日本列島と朝鮮半島南部双方の鉄剣事例を網羅的に明示して整理検討した分析はみられないので、以下では上記の視点から改めてみていくものとする。

### （2）弥生時代・原三国時代における鉄剣の様相

　ここでは、弥生時代ないし無文土器時代末期から原三国時代における日本列島・朝鮮半島南部の鉄剣を型式・時期ごとに整理していきたい。図45-1でみえるように、無文土器時代末期から原三国時代前期および弥生中期中葉から後期前葉の鉄剣の身部長は、20 cm前後から32 cm前後にまとまりをもち、図45-2では、原三国時代後期および弥生後期中葉から終末期の鉄剣も32 cm前後以下のものが多い。したがって、ここでの型式分類は、川越哲志の短剣・長剣の分類が概ね妥当なものと考え（川越 1993）、これを基本に池淵俊一（池淵 1993）や禹在柄（禹在柄 1999）が分類した茎平面形態の属性も加えて図46のようにした。なお長茎・短茎は、茎長と身幅との対比で区分し呼称する。

**無文土器時代末期から原三国時代前期および弥生中期中葉から後期前葉**

　無文土器時代末期の朝鮮半島南東部では、剣身長約22〜31 cmの短剣Ｂａ・直角関が多く、大邱市北区八達洞遺跡（図47-1〜10）や慶尚北道慶州市朝陽洞遺跡5号墓（図47-11）の事例がある。刃関双孔や茎の目釘孔がないものが一般的である。

　つづく原三国時代前期も剣身長約22〜31 cmの短剣Ｂａ・直角関・斜角関が多く、朝陽洞遺跡28・38・60号墓（慶尚北道慶州市・無関・直角関、図47-13・14・19）・慶尚北道慶州市舎羅里遺跡45・111号墓（斜角関、図47-15・16）・慶尚北道慶山市林堂遺跡木棺墓（斜角関）・八達洞遺跡31・107号墓（斜角関、図47-18・17）・慶尚南道昌原市茶戸里遺跡（斜角関）・慶尚南道金海市良洞里遺跡7号墓などの事例がある。八達洞遺跡100号墓（図47-12）や舎羅里遺跡130号墓（図47-20・21）では細形銅剣が出土しており、鉄製短剣の装具・法量・茎長との類似からみて、細形銅剣と同様の志向のもとに盛行したものと想定できる。

　日本列島では、弥生中期中葉や中期後半から、九州北部や対馬において甕棺墓・石棺墓を中心に短剣Ｂａが多く分布し、短剣Ａａａ・長剣Ａｂａ・長剣Ｂβなども散見される。短剣では、既に指摘されているように刃関双孔がみられ、刃関まで把が達する独自の拵えを有している。長茎・細茎の短剣は、朝鮮半島南東部にはみられない。福岡県福岡市吉武樋渡遺跡1号木棺（図47-38）・福岡県飯塚市立岩堀田遺跡41号甕棺（図47-37）・福岡県甘木市頓田高見遺跡3次調査SH3のように剣身長13.5〜14.5 cmと短いものもある。長剣では、弥生中期中葉頃の佐賀県神埼市志波屋六本松乙遺跡SJ65甕棺（図47-42）、弥生後期前半の佐賀県三養基郡上峰町二塚山遺跡17号墓（図47-43）・佐賀県神埼郡吉野ヶ里町横田遺跡など、斜角関の事例があり、佐賀平野北部地域に分布している。こうした斜角関の長剣は、茎尻にかけて幅が狭まる平面梯形状の茎βをもち、剣身部が関付近で裾開き気味になるものが多い。規格性の高い短剣Ｂａが多い朝鮮半島南東部に対し、九州北部や対馬では、短剣Ａａａ・Ｂａ、長剣Ａｂａ・Ｂβともみられ、比較的バラエティーがある。短剣Ｂａ以外の短剣・長剣などの生産地については、今後の朝鮮半島南部や楽浪郡などでの資料増加を待って追究する必要があろう。

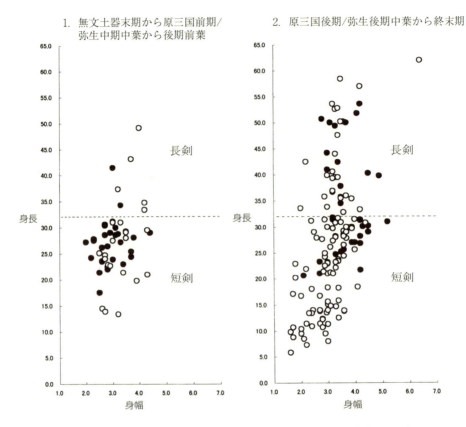

図45 剣身の長さと幅 (○：日本列島出土　●：朝鮮半島南東部出土)

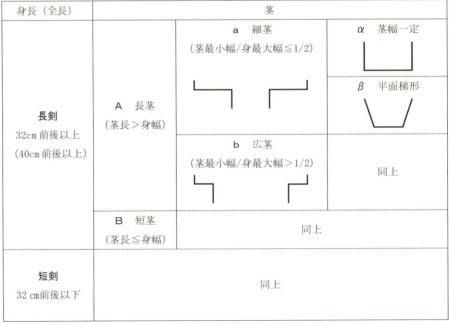

図46 鉄剣分類表

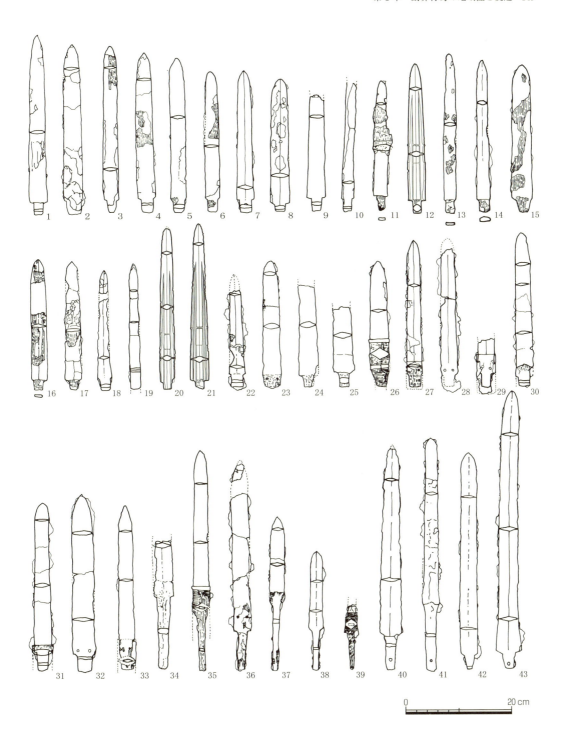

図47 無文土器時代末期から原三国時代前期および弥生中期中葉から後期前葉の鉄剣・銅剣（1/7）

〔図47の資料リスト〕

**短剣B**
1. 八達洞遺跡30号墓（大邱市北区）
2. 八達洞遺跡75号墓（大邱市北区）
3. 八達洞遺跡90号墓（大邱市北区）
4. 八達洞遺跡78号墓（大邱市北区）
5. 八達洞遺跡27号墓（大邱市北区）
6. 八達洞遺跡77号墓（大邱市北区）
7. 八達洞遺跡57号墓（大邱市北区）
8. 八達洞遺跡121号墓（大邱市北区）
9. 八達洞遺跡71号墓（大邱市北区）
10. 八達洞遺跡100号墓（大邱市北区）
11. 朝陽洞遺跡5号墓（慶尚北道慶州市）

**銅剣**
12. 八達洞遺跡100号墓（大邱市北区）

**短剣B**
13. 朝陽洞遺跡28号墓（慶尚北道慶州市）
14. 朝陽洞遺跡38号墓（慶尚北道慶州市）
15. 舍羅里遺跡45号墓（慶尚北道慶州市）
16. 舍羅里遺跡111号墓（慶尚北道慶州市）
17. 八達洞遺跡107号墓（大邱市北区）
18. 八達洞遺跡31号墓（大邱市北区）
19. 朝陽洞遺跡60号墓（慶尚北道慶州市）

**銅剣**
20. 舍羅里遺跡130号墓（慶尚北道慶州市）
21. 舍羅里遺跡130号墓（慶尚北道慶州市）

**短剣B**
22. 佐保浦赤磧遺跡1号墓（長崎県対馬市）
23. シゲノダン遺跡（長崎県対馬市）埋納？
24. シゲノダン遺跡（長崎県対馬市）埋納？
25. シゲノダン遺跡（長崎県対馬市）埋納？
26. 立岩堀田遺跡10号甕棺（福岡県飯塚市）
27. 門田遺跡辻田地区27号墓（福岡県春日市）
28. 吉武樋渡遺跡61号甕棺（福岡県福岡市）
29. 門田遺跡辻田地区24号墓（福岡県春日市）
30. 経隈遺跡3号石棺（長崎県対馬市）
31. 経隈遺跡3号石棺（長崎県対馬市）
32. みやこ遺跡SK405（佐賀県武雄市）土坑
33. 立岩堀田遺跡35号甕棺（福岡県飯塚市）

**短剣Aa**
34. ガヤノキ遺跡F地点（長崎県対馬市）
35. 立岩堀田遺跡39号甕棺（福岡県飯塚市）
36. 吉武樋渡遺跡5号甕棺（福岡県福岡市）
37. 立岩堀田遺跡41号甕棺（福岡県飯塚市）
38. 吉武樋渡遺跡1号木棺（福岡県福岡市）
39. 門田遺跡辻田地区27号墓（福岡県春日市）

**長剣Ab**
40. 安永田遺跡445区甕棺墓（佐賀県鳥栖市）
41. ガヤノキ遺跡E地点（長崎県対馬市）

**長剣B**
42. 志波屋六本松乙遺跡SJ073甕棺（佐賀県神埼市）
43. 二塚山遺跡17号墓（佐賀県上峰町）

## 原三国時代後期および弥生後期中葉から終末期

　朝鮮半島南東部では、原三国時代後期にいたると、様々な短剣・長剣がみられるようになる。特徴的な長剣として、蔚山市蔚州区下垈遺跡41・43・44号墓（図48-22・25・26・27・29）・慶尚南道金海市良洞里遺跡212号墓（図48-28）・慶尚南道昌原市三東洞遺跡5号甕棺（図48-31）・慶尚北道浦項市玉城里遺跡10・60号墓（図48-24・23）のような、茎長約10〜17cm前後の長茎・細茎をもつ長剣Aaがあげられる。これらは、茎幅が概ね一定の茎αが多いが、玉城里遺跡60号墓（図48-23）・下垈遺跡43号墓（図48-27）資料のように、茎尻にかけて序々に幅を狭める茎βをもつものも散見される。この他、済州島からも原三国時代とみられる済州道済州市龍潭洞遺跡石槨墓から類似する形態の長剣Aaβが2点出土している。これらの長剣Aaに対して、長茎・広茎（図48-32・33）の長剣Abや短茎の長剣B（図48-34・35）は少ない。短剣は、剣身長20〜30cmで、茎長がいずれも2.5〜4.0cmのものが多く、剣身部幅が3cm前後の細身のもの（短剣Ab、図48-5〜10）と剣身部幅が4〜5cm前後の太身のもの（短剣B、図48-11〜21）がある。関は、無関かわずかに切れ込む関をもつものが多い。

　一方、日本列島では、弥生後期中葉以降、関東・中部高地以西の本州でも長剣・短剣の出土事例がみられるようになる。長剣では、弥生中期中葉から後葉の本州日本海側にある京都府与謝郡与謝野町大風呂南1号墓第1主体（図49-3）・福井県三方上中郡若狭町向山B遺跡SK08（図49-2）、弥生終末期の石川県金沢市七ツ塚1号墓1号埋葬（図49-4）のような長茎・細茎の長剣Aaαがあり、刃関双孔がない。これらは、朝鮮半島南東部の長剣Aaαと茎幅や身部幅が類似しているが、茎長がやや短いことから、舶載品の茎を途中で切断した二次的改造品とみられる。すなわち、図48-24のような長剣Aaαの茎が切断されて、図49-2のような茎長がやや短い長剣Aaαとなるわ

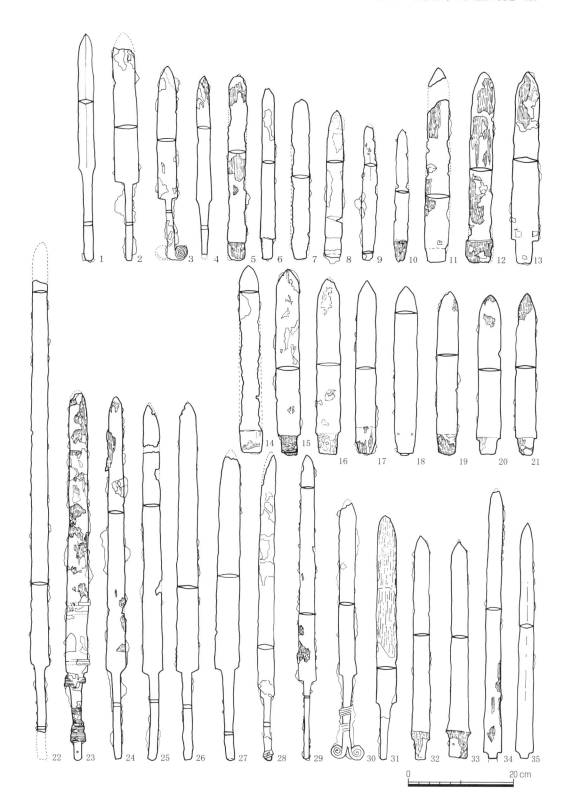

図48　原三国時代後期の鉄剣（1/7）

〔図 48 の資料リスト〕

**短剣 Aa**
1. 苧浦里遺跡 42 号墓（慶尚南道陝川郡）
2. 玉城里遺跡 36 号墓（慶尚北道浦項市）
3. 玉城里遺跡 84 号墓（慶尚北道浦項市）
4. 玉城里遺跡 44 号墓（慶尚北道浦項市）

**短剣 Ab**
5. 玉城里遺跡 18 号墓（慶尚北道浦項市）
6. 朝陽洞遺跡 63 号墓（慶尚北道慶州市）
7. 玉城里遺跡 18 号墓（慶尚北道浦項市）
8. 玉城里遺跡 100 号墓（慶尚北道浦項市）
9. 玉城里遺跡 12 号墓（慶尚北道浦項市）
10. 下垈遺跡 41 号墓（蔚山市蔚州区）

**短剣 B**
11. 玉城里遺跡 115 号墓（慶尚北道浦項市）
12. 玉城里遺跡 1 号墓（慶尚北道浦項市）
13. 良洞里遺跡 162 号墓（慶尚南道金海市）
14. 玉城里遺跡 111 号墓（慶尚北道浦項市）
15. 良洞里遺跡 162 号墓（慶尚南道金海市）
16. 下垈遺跡 44 号墓（蔚山市蔚州区）
17. 下垈遺跡 1 号墓（蔚山市蔚州区）
18. 下垈遺跡 23 号墓（蔚山市蔚州区）
19. 下垈遺跡 37 号墓（蔚山市蔚州区）
20. 下垈遺跡 1 号墓（蔚山市蔚州区）
21. 下垈遺跡 1 号墓（蔚山市蔚州区）

**長剣 Aa**
22. 下垈遺跡 41 号墓（蔚山市蔚州区）
23. 玉城里遺跡 60 号墓（慶尚北道浦項市）
24. 玉城里遺跡 10 号墓（慶尚北道浦項市）
25. 下垈遺跡 43 号墓（蔚山市蔚州区）
26. 下垈遺跡 43 号墓（蔚山市蔚州区）
27. 下垈遺跡 43 号墓（蔚山市蔚州区）
28. 良洞里遺跡 212 号墓（慶尚南道金海市）
29. 下垈遺跡 44 号墓（蔚山市蔚州区）
30. 良洞里遺跡 212 号墓（慶尚南道金海市）
31. 三東洞遺跡 5 号甕棺（慶尚南道昌原市）

**長剣 Ab**
32. 下垈遺跡 44 号墓（蔚山市蔚州区）
33. 下垈遺跡 2 号墓（蔚山市蔚州区）

**長剣 B**
34. 良洞里遺跡 85 号墓（慶尚南道金海市）
35. 朝陽洞遺跡 3 号墓（慶尚北道慶州市）

けである。

　短茎の長剣 B（図 49-8〜17）は、主に東日本や近畿北部などに分布しており、刃関双孔をもつものが多い。[14] 特に東日本のものは、弥生中期中葉から後期前半の佐賀平野北部の長剣と同様、長剣 Aa α よりも幅広で平面梯形状の茎 β をもち、斜角関や直角関をもつものが多い。上記したように、朝鮮半島南東部には長剣 B の類例が少ないものの、長剣 B β の根塚遺跡 1・3 号鉄剣は、炒鋼製品で朝鮮製の可能性が高いという金属学的分析結果がある（九州テクノリサーチ TAC センターほか 2002、大澤ほか 2002）。長剣 B β については、

　① 九州北部で製作された（村上 2000：p.162）。
　② 日本列島外部において当初から長剣 B β の規格として製作された。
　③ 入手後、茎切断や刃関双孔の穿孔などの二次的改造が行われた。

などが考えられる。③の場合は、茎尻にかけて幅が狭まる茎 β をもつ一次製品・長剣 A β を選択して入手したと想定する必要がある。③の過程を整理しておくと、図 48-23 のような長剣 A β が茎切断されて図 49-9 のような長剣 B β となるパターンが考えられ、近畿北部や東日本の長剣 B の場合は、茎の目釘孔に加えて、刃関双孔が穿孔される。①〜③のいずれにしても、流通の段階から最終消費地における製品の好みを重視した選択が働いていたといえよう。

　一方、短剣は、直角関で茎幅一定の茎 α をもつもの（図 49-23〜28）が多い。剣身幅は、約 2.5〜4.0 cm 前後で、朝鮮半島南東部にみられる 5 cm 前後もあるような幅広のものは少なく、関も深く切れ込むものが多い。図 45-2 の剣身部長幅の散布図をみると、剣身長 16 cm 前後以下が一つのまとまりをなしており、朝鮮半島南東部には剣身長 20 cm 以下の類例がみられないことから、生産地の候補は日本列島産か朝鮮半島南東部以外の地域産が多く含まれる可能性を考えたい。[15]

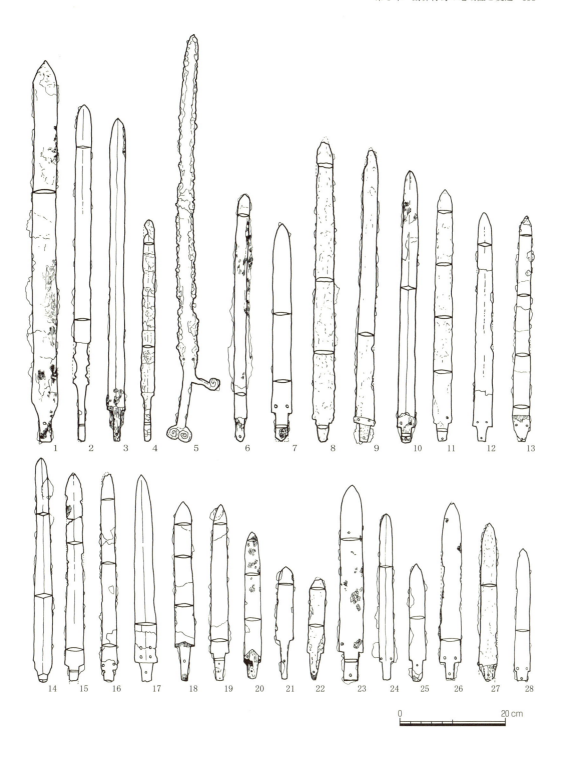

図49 弥生後期中葉から終末期の鉄剣（1/7）

〔図49の資料リスト〕

**長剣Aa**
1. 宮内1号墓第1主体（鳥取県湯梨浜町）
2. 向山B遺跡SK08（福井県若狭町）
3. 大風呂南1号墓第1主体（京都府与謝野町）
4. 七ツ塚1号墓1号埋葬（石川県金沢市）

**長剣Ab**
5. 根塚遺跡2号鉄剣（長野県木島平村）
6. 楯築墳丘墓中心主体（岡山県倉敷市）
7. 大風呂南1号墓第1主体（京都府与謝野町）

**長剣B**
8. 根塚遺跡1号鉄剣（長野県木島平村）
9. 有馬19号墓SK111（群馬県渋川市）
10. 大風呂南1号墓第1主体（京都府与謝野町）
11. 根塚遺跡円形墓6号木棺3号鉄剣（長野県木島平村）
12. 田端西台通2号墓（東京都北区）
13. 妙楽寺遺跡5A3（兵庫県豊岡市）
14. 高島遺跡第2遺構（福岡県北九州市）
15. 山古賀遺跡SC019石棺墓（佐賀県吉野ヶ里町）
16. 梨ヶ谷遺跡B地点2号墓e主体（広島県広島市）
17. 井沼ヶ9号墓（埼玉県さいたま市）

**短剣Aa**
18. 妙楽寺遺跡4A2（兵庫県豊岡市）
19. 帯城遺跡B区北群第1主体（京都府京丹後市）
20. 神門4号墓（千葉県市原市）
21. 金谷1号墓第5主体（京都府京丹後市）
22. 赤坂今井墳丘墓第4主体（京都府京丹後市）

**短剣Ab**
23. 大風呂南1号墓第1主体（京都府与謝野町）
24. 徳永川ノ上I-5号墓（福岡県みやこ町）
25. 金谷1号墓第14主体（京都府京丹後市）

**短剣B**
26. 大風呂南1号墓第1主体（京都府与謝野町）
27. 有馬5号墓SK84（群馬県渋川市）
28. 大風呂南1号墓第2主体（京都府与謝野町）

## 2. 鉄　刀

### （1）研究史

　ここでは、素環頭鉄刀や環頭のない鉄刀に関する研究のうち、分類・生産地に関わるものを整理しておきたい。素環頭鉄刀と素環頭刀子を区分する基準は、全長から判断されてきた。まず、中国における研究では、中国科学院考古研究所による河南省洛陽焼溝墓の調査報告で、全長によって、素環頭鉄刀が、Ⅲ型の包丁13.0～32.2 cm、Ⅱ型の書刀20 cm以下、Ⅱ型の拍髀（小刀）20～40 cm、Ⅰ型の大刀46～110 cmに分類されている（中国科学院考古研究所編 1959）。日本における研究では、図50の通り、全長ないし刃部長によって、刀子・刀・大刀などを2から4段階に区分している。これらの研究をみると、論者によって見解が異なり、裁然とした基準で区分できる様相にはないが、概ね刀と刀子の区別は全長約30～36 cmを境に、大刀は全長46～60 cm以上としているものが多い。

　また、素環頭の属性からみると、素環頭刀子はほとんどが環頭共作りで占められ（川越 1993、大野 1994）、小型のものは、茎が背部側から直線的に延びてリングを形成するタイプが多い（児玉 1982、川越 1993、禹在柄 1991）一方、素環頭鉄刀は、茎の中央にリングが位置するものが多く、全長と素環頭の属性に相関関係がある。最近では豊島直博が素環頭刀の形態によって、茎の中軸線上に環が取り付くⅠ式、茎の先端を刃側に折り曲げて環をつくるⅡ式、茎の先端を背側に折り曲げて環を作るⅢ式、全長に対して環の径が大きく環体の太さと茎の幅があまり変わらないⅣ式とに分類している（豊島 2005）。このうち、Ⅱ式とⅢ式は全長が短いものが多く、刀子の範疇にはいるものが大半である。

　素環頭鉄刀は、刀子の範疇にはいるサイズのものを除けば、一般に舶載品と考える研究者が多い。一方、豊島直博は、上記でみた豊島分類Ⅰ式が舶載品、Ⅱ式が九州北部産、Ⅲ式が山陰東部産、Ⅳ式が北陸産の可能性をもつことを想定し、弥生終末期には本州日本海側でもⅣ式などの素環頭鉄刀を生産していた可能性を推定した（豊島 2005）。また、川越哲志や池淵俊一は、鉄剣の二次

|  | 刀子・書刀 | 刀 | | |
|---|---|---|---|---|
| 町田 1976 | 書刀：全長36cm以下 | 小刀：全長36〜57cm | 大刀：全長60〜114cm | |
| 小田 1977 | 刀子：全長17〜20cm | 刀　：全長30〜60cm | | |
| 今尾 1982 | 刀子：全長15〜30cm | 大刀A類：全長30〜60cm | 大刀B類：全長60cm以上 | |
| 潮見 1982 | 書刀：全長30cm以下 | 短刀：全長30〜60cm | 大刀：全長60cm以上 | |
| 児玉 1982 | 刀子：全長10〜20cm台 | 刀　：全長30〜40cm台 | 大刀：全長50cm以上 | |
| 大庭康 1986 | 刀子：刃部長20cm以下 | 刀　：刃部長20cm以上 | | |
| 東 1986 | 刀子：全長34.5cm以下（1.5尺以下） | 小刀：全長34.5〜46cm（1.5〜2尺） | 大刀Ⅱ：全長46〜69cm（2〜3尺） | 大刀Ⅰ：全長69〜115cm（3〜5尺） |
| 禹在柄 1991 | 刀子：全長25cm未満 | 短刀：全長25〜50cm | 小刀：全長50〜70cm | 大刀：全長70cm以上 |
| 川越 1993 | 刀子：全長36cm以下 | 刀　：全長36cm以上 | | |

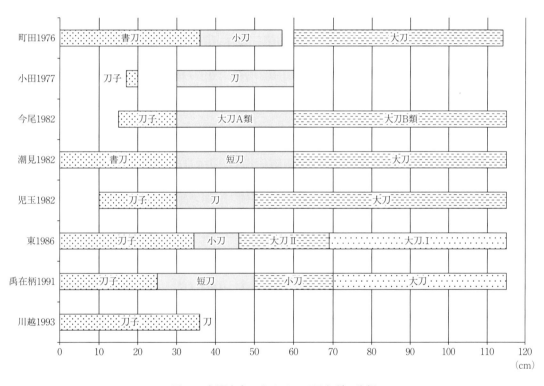

図50　各研究者による刀・刀子などの分類

的改造と同様に、弥生時代の環頭のない鉄刀が、舶載の素環頭鉄刀の素環頭を切断したものであることを指摘した（池淵 1993、川越 1993）。

### （2）弥生時代・原三国時代における鉄刀の様相

ここでは、上記の研究史の分類を参考にして、全長36cm以上のものを刀、さらに全長60cm以上のものを大刀とし、刀子を除外して、その様相をみていきたい。

#### 無文土器末期から原三国時代前期および弥生中期中葉から後期前葉

朝鮮半島南東部では、ここでの分類による素環頭刀子・刀子はみられるが、慶尚北道月城郡九政

洞遺跡の素環頭鉄刀や独自の拵えを有した舎羅里遺跡130号墓の鉄刀などの他は、現状では刀に分類される法量をもつものが少ない。日本列島では、弥生中期後半から後期前半頃の福岡県福岡市丸尾台遺跡甕棺墓、弥生後期前半の佐賀県武雄市みやこ遺跡SP1001・佐賀県神埼郡吉野ヶ里町三津永田遺跡104号甕棺墓・横田遺跡・二塚山遺跡36・52号墓など、佐賀平野北部に多く分布し、環頭共作り・別作り双方の事例がみられる。このうち、みやこ遺跡SP1001の資料のみ、茎が直線的に延びて刃側に曲がってリングが形成されるタイプだが、それ以外は、茎が環頭の中央に位置するタイプで占められる。

**原三国時代後期および弥生後期中葉頃から終末期**

朝鮮半島南東部では、釜山市金井区老圃洞遺跡31・33号墓（図51-2・5）、玉城里遺跡4・34・58・74・124号墓（図51-8・11）、下垈遺跡6・43号墓（図51-12）、八達洞遺跡・慶北大調査2号墓などで素環頭鉄刀・大刀の事例が増加する（村上1999、高久2001・2002）。環頭別作りの製品よりも環頭共作りのものが多い。馬韓に比定される朝鮮半島南西部でも、忠清南道天安市清堂洞13・14・18・22号墓（図51-4・6）、忠清南道公州市下鳳里遺跡12号墓などの事例がみられるようになる（高久2001・2002など）。日本列島では、弥生後期前葉から後葉の京都府京丹後市左坂26-2号墓、弥生後期中葉から終末期頃の平原1号墓（図51-7）・兵庫県篠山市内場山墳丘墓SX10（図51-3）・石川県能美市和田山9号墓など、九州北部以外の地域でも、素環頭鉄刀・大刀がみられるようになるが、東日本では少ない。朝鮮半島・日本列島の素環頭鉄刀とも、茎がリングの中央に位置するタイプで占められ、ごく浅い切れ込みの関、内湾して切れ込む関などが混在している。

また、研究史でふれたように、二次的に素環頭を切除し（池淵1993、川越1993）、茎に目釘孔を穿孔するなどした鉄刀は、弥生後期中葉以降の山陰東部、弥生終末期頃の北陸など（本章第4節、林・佐々木2001）、本州日本海側を中心に多くみられるようになり、宮崎県や茨城県にも点的に存在している。切断位置が、素環頭付け根部分にあり茎を長めに残すものと、茎途中にあり短めになるものとがあり、大型品ほど前者の場合が多い傾向がうかがえる。

## 3. 各型式の分布状況

上記でみた各型式鉄剣や素環頭鉄刀・鉄刀の分布状況を再度確認してみたい。無文土器時代末期から原三国時代前期および弥生中期中葉から後期前葉までは、主として朝鮮半島南東部・九州北部・対馬などに短剣の分布圏がある（図52-1）。長剣β・素環頭鉄刀は、九州北部のうち佐賀平野北部に多く分布する傾向がある（大庭康1986）。

原三国時代後期および弥生後期中葉頃から終末期では、長剣の分布をみると、長茎・細茎の長剣Aaαが山陰東部・近畿北部・北陸といった本州日本海側（図52-2）、平面梯形状で短茎の長剣Bβないし長剣Abβが特に中部高地・関東・近畿北部にみられ、偏在性がある（図52-3）。また素環頭大刀は、朝鮮半島南東部・南西部（忠清南道）や九州北部・本州日本海側、素環頭の無い大刀は本州日本海側に多く分布している（図53-1）。すなわち、長剣Aaα・鉄刀などが、日本海を介した水運を中心にして、直接・間接にもたらされたものであり、その分布が地勢的な利便性を反映している様相が改めて理解できる。なお、やや細かくみると、本州日本海側における長剣Aaαないし鉄刀の分布は、山陰東部・近畿北部では弥生後期中葉前後から、山陰西部・北陸では弥生終末期

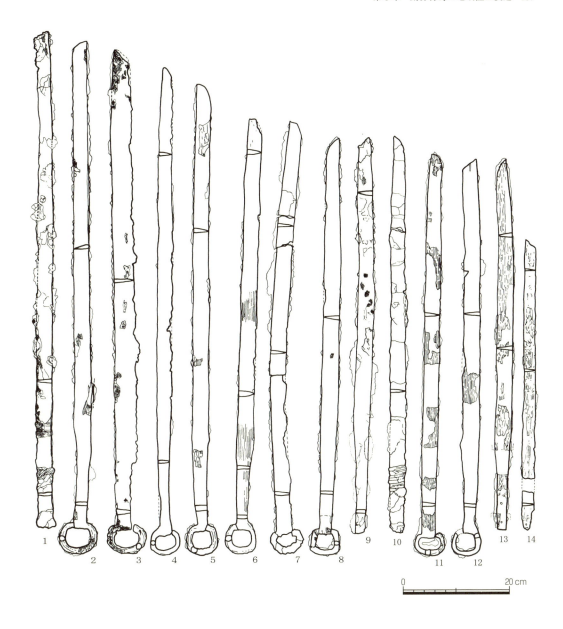

1. 宮内1号墓第2主体（鳥取県湯梨浜町）
2. 老圃洞遺跡31号墓（釜山市金井区）
3. 内場山墳丘墓SX10（兵庫県篠山市）
4. 清堂洞遺跡13号墓（忠清南道天安市）
5. 老圃洞遺跡33号墓（釜山市金井区）
6. 清堂洞遺跡14号墓（忠清南道天安市）
7. 平原1号墓（福岡県糸島市）
8. 玉城里遺跡34号墓（慶尚北道浦項市）
9. 宮内3号墓主体部（鳥取県湯梨浜町）
10. 東平下1号墓（宮崎県川南町）
11. 玉城里遺跡124号墓（慶尚北道浦項市）
12. 下垈遺跡6号墓（慶尚南道蔚州区）
13. 宮山IV号墓（島根県安来市）
14. 原田北遺跡62号住居（茨城県土浦市）

図51　原三国時代後期および弥生後期中葉から終末期の大刀（1/7）

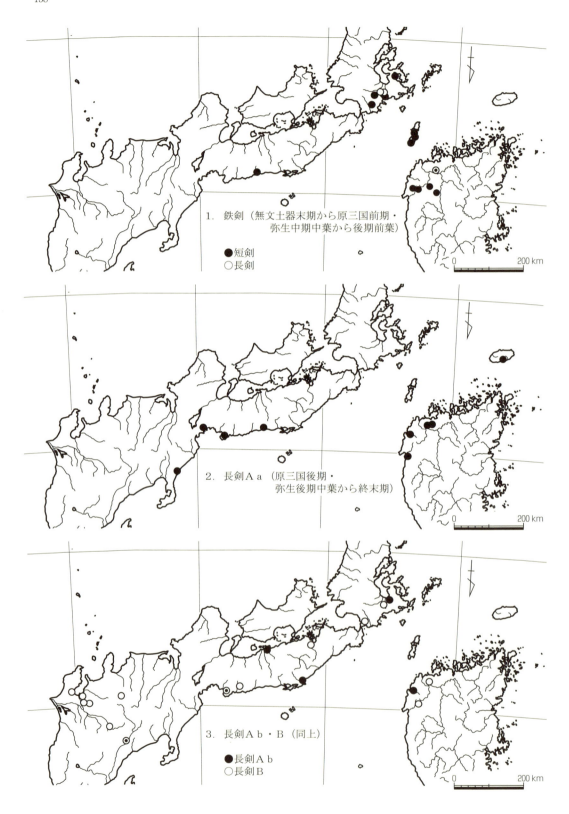

図52 鉄剣の分布

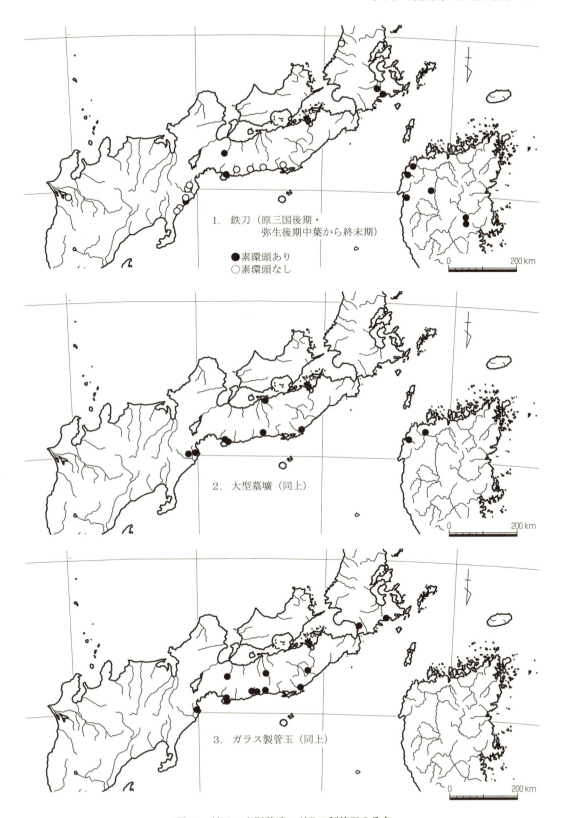

図 53　鉄刀・大型墓壙・ガラス製管玉の分布

頃からみられ、地域によって時期差が看取できる。当該期にいたって長剣Aaα・鉄刀の分布範囲が本州日本海側などに拡大する理由については、供給地側である朝鮮半島南東部における素環頭大刀・長剣Aaα盛行の波及、消費地社会の階層化に伴う上位階層の貴重品需要の高まりなどが一仮説として考えられる。また、本州日本海側における長剣Aaαと鉄刀との分布の相関関係は弥生後期前半頃までの佐賀平野北部における現象とも共通しており、大型品志向が反映された結果かもしれない。この他、当該期の長剣Aaα・鉄刀の分布状況は、本州日本海側を中心にして偏在するガラス製管玉や長軸6.0m前後以上の大型墓壙の分布状況と重複しており（図53-2・3）、こうした他の副葬品や墳墓属性の地域性とも連動したものであるといえる。

　一方、東日本における鉄剣の分布状況は、東海での将来的な発見例増加の可能性が残されるものの、現状では当該期に方形ないし円形周溝墓が分布し、集落に鉄器がよく流通する範囲の周辺部である中部高地・関東北西部・東京湾沿岸部の地帯に濃密である（本章第2節）。これらの地帯に鉄刀がほとんどみられず、平面梯形状で短茎の長剣Bβが多く分布するのは、伝統的な好みに見合った鹿角Y字式（豊島2004）の把に挿入・固定しやすいために、上記したように選択して長剣Bβなどを入手したためと考えられる。また、東日本においても長剣が分布する現象は、一仮説として日本海側の集団がこうした長剣流通の仲介的役割を担った可能性を想定させる。そうだとすれば仲介した集団は、後背消費地の好みにあった製品種類の需要を把握したうえで、供給地からの流通を中継するという、やや複雑な流通形態を考える必要もあろう。以上のように、広域に流通する鉄刀剣の最終消費地分布状況を型式ごとにみれば、地域的なまとまりをなしているようである。この背景には、ある地域ごとの鉄刀剣型式のローカルな需要があり、それが流通に反映されたものと考えられる。

4. 副葬された鉄刀剣と墳墓他要素との関係

　前項までは、生産地と流通に主眼を置いて考察を加えたが、ここでは、墳墓に副葬される最終消費の局面について焦点をあててみたい。

（1）被葬者の性別・年齢
　表16は、刀剣が副葬された埋葬墓のうち、性別・年齢などがわかる人骨・歯牙が伴出したものの一覧である。資料が少ないが、本章第1節でも指摘したように、刀剣が副葬される被葬者は、成人の男性が多いことが想定できることから[16]、これらが年齢階梯や性別を象徴する器物であったと理解できる。なお、熟年女性が埋葬された二塚山遺跡46号甕棺墓から出土した鉄矛は棺外目張り粘土中からの出土であることや、壮年女性が埋葬された佐賀県唐津市大友遺跡3次調査1号石棺墓の磨製石剣が地表に置かれた棺外副葬の可能性が高いことから、武器が男性専用の副葬品であるという原則は、より被葬者に近接した棺内副葬の場合において強く適用された可能性が考えられる。
　第2章第5節でもふれたように、刀剣副葬が成人で占められるなか、弥生終末期の兵庫県豊岡市妙楽寺4A墓第3主体は、当該期に一般的な伸展葬であったとすれば、棺法量から幼小児が埋葬されていたと想定されるにもかかわらず、短剣・鉇が副葬されていた。4A墓第3主体は、全長94.5cmを測る大刀と短剣が副葬された4A墓第2主体の南西側掘方一部を切って配置されている

表16 性別・年齢がわかる刀剣等武器副葬墓

| 所在地 | 遺跡名<br>区画墓名 | 埋葬<br>墓名 | 時期 | 年齢 | 性別 | 石剣 | 銅剣 | 銅戈 | 鉄剣 | 鉄戈 | 鉄矛 | その他 |
|---|---|---|---|---|---|---|---|---|---|---|---|---|
| 福岡県<br>福岡市 | 金隈 | K103甕棺 | 前期末葉<br>～中期初頭 | 成年 | 男 | 1 | | | | | | 貝輪2・赤色顔料 |
| | 西新町 | K19甕棺 | 中期後半<br>～後期初頭 | 成人 | 男 | | 鋒1 | | | | | （遺体嵌入か） |
| | 上月隈<br>3次 | ST007 | 中期後半 | 成人 | 男 | | 中細<br>1 | | | | | ガラス製管玉約30 |
| 福岡県<br>飯塚市 | 立岩堀田 | 35号甕棺 | 中期後半 | 成人 | 男 | | | | 1 | 1 | | 前漢鏡1・管玉<br>30～40・朱 |
| | | 36号甕棺 | 中期後半 | 熟年 | 男 | | | | | | 1 | ヤリガンナ1・素<br>環頭刀子1・朱 |
| | | 39号甕棺 | 中期後半 | 熟年 | 男 | | | | 1 | | | 前漢鏡1・朱 |
| | | 41号甕棺 | 中期後半 | 成人 | | | | | 1 | | | ガラス製管玉4 |
| 福岡県<br>筑紫野市 | 隈・西小田 | 23号甕棺 | 中期後半 | 35歳<br>前後 | 男 | | | | 1 | 1 | | 前漢鏡1・貝輪<br>41・朱 |
| | 道場山1地点 | 100号甕棺 | 後期初頭 | 成年 | | | | | 1<br>棺外 | | | 赤色顔料 |
| 佐賀県<br>唐津市 | 大友<br>3次 | 1号石棺 | 前期 | 成年 | 女 | 1<br>棺外 | | | | | | |
| 佐賀県<br>吉野ヶ里町 | 三津永田 | 104号甕棺 | 後期前半 | 成人 | | | | | | | | 素環刀1（棺外）、<br>後漢鏡1 |
| 佐賀県<br>上峰町 | 二塚山 | 46号甕棺 | 後期前葉 | 熟年 | 女 | | | | 1<br>棺外 | | | 鏡1 |
| 佐賀県<br>吉野ヶ里町 | 吉野ヶ里<br>ST1001 | SJ1006<br>甕棺 | 中期前半 | 壮年 | 男 | | 細1 | | | | | |
| | | SJ1007<br>甕棺 | 中期前半 | 壮年 | 男 | | 細1 | | | | | 把頭飾1 |
| 大分県<br>日田市 | 吹上<br>6次 | 4号甕棺 | 中期末葉 | 熟年 | 男 | | | 細1 | 1 | | | ガラス製管玉<br>490・翡翠製勾玉<br>1・貝輪15 |
| 広島県<br>福山市 | 城山A | SK21 | 終末期？ | 成人 | | | | | 1 | | | 鉇2 |
| 岡山県<br>倉敷市 | 楯築 | 中心主体 | 後期後葉 | 熟年<br>？ | | | | | 1 | | | 碧玉製管玉494～<br>・翡翠製勾玉1・<br>ガラス製小玉94<br>～ほか |
| 兵庫県<br>龍野市 | 白鷺山 | 1号棺 | 終末期 | 壮年 | 男 | | | | 1 | | | 舶載内行花文鏡片<br>1・不明鉄器2 |
| 群馬県<br>渋川市 | 有馬<br>5号墓 | SK84 | 後期後葉 | 成人 | | | | | 1 | | | 翡翠製勾玉1・ガ<br>ラス製小玉83 |
| | | SK85 | 後期後葉 | 成人 | | | | | 1 | | | ガラス製小玉17 |
| | 有馬<br>6号墓 | SK440 | 後期後葉 | 熟年 | | | | | 1 | | | 管玉1・ガラス製<br>小玉7 |
| | 有馬<br>18号墓 | SK134 | 後期後葉 | 成人 | | | | | 1 | | | |

注）会下1999、本間2002、清家2005を参考に作成。

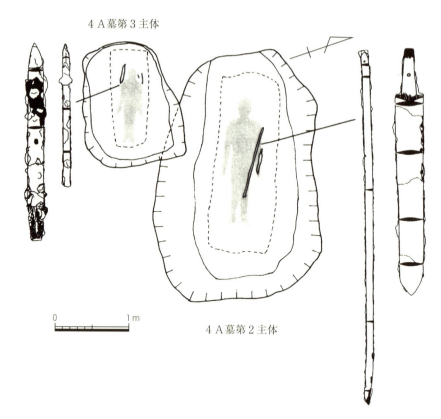

図54　妙楽寺4A墓第3主体と4A墓第2主体（遺構：1/50）

（図54）。両者の間には、成人に大刀・短剣が副葬され、幼小児に短剣・鉇が副葬されるという、被葬者年齢と副葬品内容との相関関係がうかがえる。さらに、これらに何らかの血縁的紐帯の存在を想定すれば、舶載の大刀が副葬されるような特別の社会的位置にいる4A墓第2主体の被葬者と血縁関係があれば、個人の能力・勲功に関わらず、幼小児の段階でも例外的に刀剣副葬ないし刀剣所有が可能であったことを示していよう。つまり、より積極的に解釈すれば、本墓域集団における階層分化の世襲化・固定化を示唆している可能性がある。ただし弥生時代における幼小児に対する刀剣副葬の確実な事例は、今のところ他にみられない。

### （2）副葬配置・副葬形態

　ここでは、墳墓の副葬品とされた鉄刀剣が、どのように配置されるのかを整理し、その意義を考えたい。弥生時代の鉄刀剣の副葬位置は、棺内側縁において棺長軸に沿って1点ないし稀に2点配置され、刀子を除く鉄刀では鋒を足側に向ける場合が多い。泉森皎は、弥生時代から古墳時代における刀剣の副葬配置形態を検討し、その思想的背景について考察している。このうち、弥生墳墓に関しては立岩堀田遺跡の事例をひいて、被葬者右側に置く場合が多いことから、死者の遺愛の品であったため身のまわり品とともに副葬した、死者の生前における権力の象徴として身のまわりにあった刀剣類を副葬した、死者を悪霊から守るため刀剣などを配した、といった解釈をしている。また、二塚山遺跡46号墓にみられる甕棺合口部の粘土目張りに封じられた鉄矛の事例から、棺内

に侵入しようとする悪霊を武器をもって守るという意識があったと想定した（泉森 1985）。また、光本順は、岡山地域をケーススタディにして、弥生時代から古墳時代における鉄剣などを含む副葬品配置の変遷を通覧し、弥生終末期頃から頭部への副葬品集約化がみられるようになる現象を看取した（光本 2002）。これは鉄剣に限らず、鏡・刀子・鉈・鉄鏃などの副葬品全般にみられる傾向であり、頭部と副葬品との特殊な関係性が構築されているという。

上記の二塚山遺跡46号甕棺墓にみられるような棺外副葬については、九州北部の諸事例が、禰宜田佳男によって整理されている（禰宜田 2005）。禰宜田の検討によれば、弥生時代九州北部では、遺体保護思想に基づいて、威信財とみなされる副葬品には棺の内外を問わず、辟邪の働きが期待されていたという。

また、弥生後期には、鉄剣・鉄刀を折り曲げたり、途中で切断し重ねて置いたりした事例が散見される。九州北部では、みやこ遺跡SP1001石棺墓・二塚山遺跡52号土壙墓の素環頭鉄刀が折れて上下に重なった状態、瀬戸内地域でも、岡山県岡山市みそのお4区42号墓第3主体の短剣Ⅱは中央部で切断され一部重なった状態、同42号墓第5主体の短剣は人為的に曲げられた状態、岡山県岡山市郷境3号墓第1主体の短剣も茎部が折り曲げられた状態で検出された。鉄器を折り曲げて副葬する行為は、主として弥生終末期から古墳前期に西日本を中心にみることができる（佐々木隆 1998、長谷川 2001、清家 2002）。清家章は、折り曲げた鉄器の副葬は、被葬者頭胸部周辺に配置される例が過半を占め、神仙思想の影響のもとに鏡の代わりとしたもので、辟邪の意味をもつという一仮説を示している。

潤沢な量の副葬例として、大風呂南1号墓では、被葬者の頭部両側の傍らに抜身・布巻きの短剣$a$など9点、腰部右側に鞘入りの長剣Aa$a$ 2点が副葬されていた。村上恭通は、「嶺南地方の三韓時代後期から三国時代初期の墳墓では鉄矛の副葬が顕著になり、しばしば被葬者の頭側部に数点ずつ束にして埋置する例がみられる。こういった副葬法をこの大風呂南墳墓の造営者は模倣している可能性が十分に想定される」（村上 2001：p.65）と想定し、副葬配置の朝鮮半島南東部からの影響を想定する一方で、短剣の日本列島での生産の可能性も指摘している。上記で推定したように、長剣Aa$a$が朝鮮半島南東部産、短剣が日本列島産か朝鮮半島南東部以外の地域産の立場にたつとすれば、こうした副葬配置の区別は、製品法量によるランク付けだけでなく、製品が副葬されるにいたるまでの来歴をも反映している可能性がある。

上記のような副葬配置・副葬形態に関する諸研究で説かれてきたように、弥生時代の鉄刀剣副葬の基本理念の一つには、前期古墳の刀剣副葬と同様（宇垣 1997）、被葬者頭部を中心軸にして周辺に向けた辟邪の観念が、一仮説としてうかがえそうである。なお、被葬者頭部ないし上半身を意識した副葬行為は、朱の散布、玉類による頭飾り・首飾り・耳飾りの装着など、本州西部・四国においても金属器波及以前の弥生前期からみることができる（本章第3節など）。こうした地域における被葬者頭部を意識した副葬行為自体は、鉄刀剣などの流入と同時に始まったものではなく、既に前代までにあった思想・伝統を前提にして重層的に付加されたものと理解できる。

### （3）墓壙規模との関係

第2章第3節では、長軸6.0m前後以上の墓壙を大型墓壙と措定し、弥生後期から終末期の大型墓壙をもつ埋葬墓に鉄刀剣が副葬される場合が多い現象を指摘した。大型墓壙は、山陰・近畿北

表17 大型墓壙をもつ埋葬墓の副葬品（弥生後期から終末期・原三国時代後期）

| 所在地 | 遺跡名 | 区画墓名 | 埋葬墓名 | 時期 | 朱 | 大刀 | 長剣 | 短剣 | その他 |
|---|---|---|---|---|---|---|---|---|---|
| 福井県永平寺町 | 乃木山 | 墳丘墓 | 1埋葬 | 終末期 | | 1 | 環1 | | 木製枕1 |
| 福井県福井市 | 小羽山 | | 26号墓 | 1埋葬 | 後期後葉 | ● | | | 碧玉製管玉1（墓壙上） |
| 京都府与謝野町 | 大風呂南 | 1号墓 | 第1主体 | 後期後葉 | ● | | 2 | 9 | 鉄鏃4・銅釧13・貝輪片1・ガラス釧1・ヤス状鉄器・鉤状漁撈具・緑色凝灰岩製管玉272・ガラス製勾玉10 |
| 京都府京丹後市 | 浅後谷南 | 墳墓 | 第1主体 | 終末期 | ● | | | 2 棺外 | ガラス製勾玉5・ガラス製小玉200～300 |
| | 赤坂今井 | 墳丘墓 | 第4主体 | 後期末～終末期 | | | | 1 | 鉇1・ガラス製管玉88～・ガラス製勾玉25～ |
| 兵庫県篠山市 | 内場山 | 墳丘墓 | SX9 | 終末期 | ● | | 鋒1 | | |
| | | | SX10 | 終末期 | | 環1 | | | 鉄鏃17・鉇1 |
| 鳥取県湯梨浜町 | 宮内 | | 3号墓 | 主体 | 後期後葉 | | 1 | | |
| 島根県出雲市 | 西谷 | 3号墓 | 第4主体 | 後期後葉 | ● | | 1 | | ガラス製管玉20 |
| | | | 第1主体 | 後期後葉 | | | | | ガラス製管玉26・緑色凝灰岩製管玉26・ガラス製勾玉2・ガラス製小玉170 |
| 岡山県倉敷市 | 楯築 | 墳丘墓 | 中心主体 | 後期後葉 | ● | | 1 | | 碧玉製管玉494～・翡翠製勾玉1・ガラス製小玉94・瑪瑙製棗玉1 |
| 蔚山市蔚州区 | 下岱 | － | 1号墓 | 下岱Ⅱ | | | | 3 | 鉄矛2・鉄鏃4・刀子1・鉄斧4・鉄鎌1・水晶製小玉1 |
| | | － | 2号墓 | 下岱Ⅳ | | 環1 | 3 | | 鉄矛48・鉄鏃95・鉄斧21・勾玉1・切子玉2 |
| | | － | 17号墓 | 下岱Ⅲ | | | | | 鉄鏃2・鉄斧3 |
| | | － | 41号墓 | 下岱Ⅲ | | | 1 | 1 | 鉄矛16・鉄鏃3・刀子1・鉄斧4・勾玉1・切子玉1 |
| | | － | 43号墓 | 下岱Ⅱ | | 環1・1 | 4 | | 鉄矛3・鉄槍1・鉄鏃8・鉄斧6・鉄鎌1・鉄鑿2・銅環1・ガラス製小玉41・切子玉2・ほか |
| | | － | 76号墓 | 下岱Ⅲ | | | | 1 | 鉄矛10・鉄鏃44・刀子1・鉄斧21・鉄鑿2・勾玉1・切子玉2 |

部・北陸を中心に分布しており、管見にふれた大型墓壙11例のうち、刀剣が9例に副葬されている。内訳は、長剣・短剣が1例、長剣のみが2例、大刀・長剣が1例、大刀のみが2例、短剣のみが3例となる（表17）。長剣や大刀がある点は製品法量への一定のこだわりが看取できるが、一方で短剣や折れた鋒のみが副葬されている場合もある。流通量という視点からみれば、舶載品が多いとみられる長剣・鉄刀が、集団によっては大型墓壙を設営できる上位階層においても必ずしも潤沢かつ恒常的に入手できたわけではなかったと解釈することもできる。

逆に、大型墓壙が分布する弥生後期から終末期の本州日本海側においても、向山B遺跡SK08・妙楽寺4A2木棺墓・福井県吉田郡永平寺町袖高林1号墓2号主体のように、小型墓壙の埋葬墓に長剣・鉄刀が副葬されている場合もみられる。これらの墳墓群では大型墓壙の埋葬墓がみられないので、長剣・鉄刀を入手できる力をもった集団のなかにも墓壙の大型化には固執していないものが

あることがわかる。これは、当該期に大型墓壙がみられない地域である東日本や九州・対馬の集団においても同様であろう。

原三国時代後期の朝鮮半島南東部では、例えば下岱遺跡において、長茎・細茎の長剣Aaが、下岱Ⅱ期の43号墓（墓壙長軸6.6m・短軸3.84m）・44号墓（墓壙長軸5.8m・短軸3.5m）、下岱Ⅲ期の41号墓（墓壙長軸6.04m・短軸2.2m）にみられ、いずれも墓壙規模が大きく、他の副葬品も潤沢にもつものに副葬されている。さらに素環頭大刀は、小型墓壙のものにも副葬されるが、下岱Ⅱ期の43号墓（墓壙長軸6.6m・短軸3.84m）、下岱Ⅳ期の2号墓（墓壙長軸6.86m・短軸3.66m）など、大型墓壙のものにみられる。今のところ朝鮮半島南東部において墓壙規模に格差が顕著なのは、下岱遺跡や良洞里遺跡などに限られるため、他の遺跡でこうした現象が追認できないものの、数量的にも稀少な長剣・素環頭大刀が、上位階層の副葬品として消費される性格が大きい器物であった可能性が認められる。同様に、原三国時代後期の朝鮮半島南西部における周溝墓でも、素環頭大刀が副葬される清堂洞13・14・18・22号墓のうち、清堂洞Ⅱ期の14号墓、清堂洞Ⅲ期の22号墓は、他の周溝墓より周溝1辺長や墓壙規模が大きく、木槨をもち、副葬品種類が多いなどの相関関係がみられる。この地域でも素環頭大刀が上位階層の副葬品であったといえよう。そして、こうした長剣・鉄刀が、朝鮮半島南部・日本列島日本海側諸地域の上位階層同士で流通していたことがうかがえることは、このような流通形態が、単なるモノの移動に留まらず、何らかの儀礼的、政治的な性格を帯びていた可能性を推察しておきたい。

## 5. まとめ

本節で指摘した点を要約すると、以下のようになる。まず、日本列島の鉄剣のうち、弥生後期中葉頃から終末期の長剣Aaαなどは舶載品、短剣は日本列島製が多く含まれる可能性がある。また、長剣と鉄刀の分布には相関関係がある。弥生後期中葉頃から終末期の長剣Aaα・鉄刀は、本州日本海側に多く分布し、大型墓壙・ガラス製管玉副葬の分布とも類似する。鉄刀剣の棺内副葬は、被葬者が成人男性の場合が多く、弥生終末期の一部の墳墓では、稀有な事例として幼小児埋葬にもみられる。また、鉄刀剣の副葬は、辟邪が意識されていた可能性がある。大型墓壙の埋葬墓と鉄刀剣の相関関係は強く、舶載の長剣Aaα・大刀などが副葬されるものがある反面、短剣や鋒のみの場合もある。逆に、小型墓壙の埋葬墓でも舶載品をもつ場合がある。

弥生時代の日本列島では、鋭利で光沢をもつ鉄刀剣は、特に上位階層を中心にした成人男性被葬者の副葬品であった。日本列島・朝鮮半島南部の一部上位階層に副葬される長剣・鉄刀などが、日本海を介して日本列島に流通する背後には、彼我における社会状況の情報や集団相互の政治的関係なども、器物に付帯していたことを物語っていよう。弥生後期中葉頃から終末期頃とみられる2世紀後半頃から3世紀前半は、「魏志韓伝」や「魏志倭人伝」に垣間見えるように朝鮮半島南部や日本列島社会に断続的な緊張状態が発生していたらしい。そうした北東アジア世界のなかでの社会情勢・社会組織の変動といった、環日本海諸地域をめぐる時代状況の潮流の一端が、本節でみてきた鉄刀剣の流通や副葬行為にもあらわれていると考える。[17]

註

（１）　本章第１節における漢鏡の編年については、岡村秀典の研究による漢鏡１～４期（岡村 1984）、漢鏡５～６期（岡村 1993）、漢鏡７期（岡村 1999：pp.125-139）を参照した。これらの実年代は、概ね漢鏡２期が紀元前２世紀後半、漢鏡３期が紀元前１世紀前半から中葉、漢鏡４期が紀元前１世紀後葉から紀元後１世紀第１四半期、漢鏡５期が紀元後１世紀第２四半期から後半、漢鏡６期が紀元後２世紀前半、漢鏡７期が紀元後２世紀後半から３世紀初頭に位置付けられている。

（２）　工具が副葬品となる理由については、本来の機能としての意味付けのほかに、例えば刀剣を縮小した象徴として、同様に鋭利な鋒をもつ刀子・鏃が用いられたといった、多様な解釈も必要であろう。

（３）　ただし、弥生後期中葉頃と想定される鳥取県倉吉市阿弥大寺墳墓群では、四隅突出型墳丘墓の１号墓の南東約40mにある無区画の11号土壙墓から長さ53.4cmの鉄刀が出土している。同時期のものだとすると、ここで想定した副葬規範からは逸脱した事例となる。

（４）　研磨稜線が残存する管玉は、この他、千葉県市原市小田部新地遺跡28号墓・神奈川県横浜市峯１号方形周溝墓の埋葬墓でも見られる。

（５）　近接武器が棺内に副葬される埋葬墓被葬者の性別については、残存人骨の事例から、成人男性である場合が多いと想定される（本章第１節）。関東における鉄銅釧は、同一埋葬墓において鉄剣と組み合わない事例が多いが、副葬品brs型の篠ノ井遺跡群聖川堤防地点SDZ7円周墓SK10、副葬品brs型の山梨県北杜市頭無A５号方形周溝墓、副葬品rs型の観音寺４号方形周溝墓、副葬品rs＊型の東京都狛江市弁財天池１号墓第１主体、副葬品rs型の神奈川県横浜市E５・１号方形周溝墓主体部などで伴出事例があり、男性でも装着していたことを示唆する。また、有馬遺跡における人骨残存埋葬墓資料をみると、成人３名・熟年１名に鉄剣副葬が、壮年１名に銅釧副葬がなされており、成人以上に金属器の副葬がなされたことがわかる。なお未成人では、玉類が副葬されるものの、10号墓SK428の小児にガラス製小玉１点、20号墓SK131の小児にガラス製小玉22点、23号墓SK452の小児にガラス製小玉１点、19号墓SK135の４歳前後にガラス製小玉４点、19号墓SK109の８～12歳にガラス製小玉４点・翡翠製勾玉１点、７号墓SK390の11歳前後にガラス製小玉１点、９号墓SK432の14歳前後にガラス製小玉１点と比較的点数が少ない傾向を示している。

（６）　ただし上記したように、東日本では稀な大型区画と長剣を有した根塚遺跡は、日本海側沿岸地域と善光寺平を結ぶ文物ルートにおいて信濃地域側の玄関口に位置している。すなわち、西日本との交流の要衝にあたるこうした立地条件が、区画規模と副葬品に相関関係が認められるような西日本的墓制の発現をもたらしたものと解釈したい。

（７）　本章第３節では、玉類の概念を「美しい光沢のある特殊な材料（中略）で作った装身具」（小林行 1959：p.630）として用いるが、場合によって土製玉類なども包括する。また埋葬墓に関連した出土品を広義の副葬品として呼称する。

（８）　森 1982、小田・韓炳三編 1991、全榮來 1991、広瀬 1993、藤田等 1994、王建新 1999などの諸文献を参考にした。

（９）　西日本における弥生墳墓出土の玉類・鉄器類・鏡などの品目・数量については、埋葬墓ごとに集成している（会下 1999）。さらに、日本列島全域の管玉集成（廣瀬 1999）、翡翠製玉類集成（玉城 1990・1991）をはじめ、九州北部・対馬などの遺跡集成（岡崎ほか 1982、小田・韓炳三編 1991）、丹後弥生墳墓の副葬品集成（肥後 1997）、関東の方形周溝墓集成（山岸編 1996）といった労作なども参考にした。なお、ここでの地域性は、あくまで、副葬様式のフィルターを経た副葬玉類としての場合であり、集落出土のものは含んでいない。

（10）　平原１号墓の年代については、漢鏡の年代観から紀元後１世紀後半から２世紀初頭とみる説がある（岡村 1999：pp.97-99）。本節では弥生終末期に含めて叙述しておく。

（11）　一部では、獣形勾玉・緒締形勾玉など、縄文時代以来の伝統的な玉類が残存する場合もある。

（12）　原三国時代と弥生時代のより厳密な併行関係は今後の検討が必要な面もあるが、ここでは、大きく無文

土器時代末期から原三国時代前期を弥生中期中葉頃から後期前葉頃、原三国時代後期を弥生後期中葉頃から終末期頃とみておきたい。瓦質土器の編年や年代観などは（武末 2003 など）を参考にした。

(13) 関の平面形態は、池淵の分類を参考に、直角に切れ込む直角関、斜めに切れ込む斜角関、関がない無関と呼び、適宜使用する。

(14) 本州の長剣 B や長剣 Ab が、刃関双孔をもつのに対して、九州北部の長剣 B や長剣 Ab は、横田遺跡の長剣 B を除き、中期から終末期までこれをもたないものが多いという地域性がある。

(15) 既に村上恭通は、下垈遺跡などの朝鮮半島南東部の状況から、前方後円墳成立期の日本列島では、短剣形武器の多くを日本列島産と判断している（村上 1999）。

(16) 朝鮮半島南東部では、無文土器時代から原三国時代の釜山市影島区朝島貝塚で成年男性に鉄剣 1・鉄鏃・玉類が副葬されていた（韓炳三・李健茂 1976）。原三国時代前期の林堂遺跡木棺墓（慶尚北道慶山市）で鉄剣をもつ被葬者は、A12 号墓が成年女性、AⅠ35 号が小児と成年後半、AⅠ41 号墓が成年、AⅡ4 号墓が成年後半で（金宰賢・田中良 1998）、成年以上で占められるが女性が含まれている。中国北東部では、吉林省楡樹市老河深遺跡で、前漢末から後漢初頃の鮮卑ないし夫餘の木棺墓が検出されており、成年男性は鉄剣・鉄矛が副葬される傾向がわかっている。日本列島以外の地域でも、成人を中心に近接武器が副葬される現象が普遍的にみられるようである。また、世界の民族誌をみると、様々な類型の社会において、成人式の際に、新成人男性が近接武器を付与される場面が散見される（サーヴィス 1991 など）。例えば、「部族」社会の上部ナイル河ヌアー族の間では、成人式のあと少年の父あるいは伯（叔）父が、少年を戦士の地位に昇格させる最初の槍を与える。近代国家出現以前の国家組織概念とされる「未開国家」社会の南アフリカ・ズールー族の間では、思春期の儀式において少年が初めて自分用の細身の投げ槍を付与される。インカ帝国では、14 歳頃の少年が、何週間も続く成人式の祝い行事のなかで武器をもらうという。

(17) 当該期における本州日本海側の社会状況を東アジア史の動向からみる視点は、西谷 2002、西本 1989 などから示唆を得た。

# 第4章　東アジアからみた弥生墳墓

## 第1節　二里頭文化期・二里岡文化期における墓の様相

　第2章および第3章では、日本列島の弥生墳墓の諸相を整理検討することができた。本章では、これをふまえて東アジア的視野から弥生墳墓の普遍的、地域的な特徴を捉えるために、中原を中心とする中国大陸に展開した墳墓の様相について概観したい。日本列島において首長制社会ないし初期国家成立前と目される弥生時代の墳墓との比較検討を行ううえで、中国大陸中原において同じく初期国家成立前後とみられる時期の墳墓資料がまずは関心の対象となる。さて、中原における社会の変遷過程を考えるうえで、夏・殷・西周の時代を酋邦（首長制）社会段階とみるか、国家段階とみるかは、社会進化論や国家論を議論するうえでも焦点となってきた（張光直 1989：pp.76-86）。また、岡村秀典は、都出比呂志の初期国家論（都出 1996）をたたき台に、中国大陸における国家形成過程を様々な指標をもとにして大きく3段階に分けて考えている。これによれば、紀元前3000年紀の龍山時代が酋邦社会段階、殷周時代が初期国家段階、秦漢時代が成熟国家あるいは専制国家段階とされる（岡村 2005：pp.465-469）。そこでまず本節では、青銅器時代に相当し、酋邦（首長制）社会から初期国家への過渡期にあたるとみられる夏や殷前期頃の時代、すなわち中原の二里頭文化期および二里岡文化期の墓資料を対象として、その様相を概観したい（表18）。

### 1. 二里頭文化期の墓

　ここでは、二里頭文化期の墓の事例について王巍や飯島武次の研究などを参照しながら概観する（王巍 1993：pp.8-18、飯島 1985：pp.107-149、飯島 2003：pp.173-190、飯島 2012：pp.87-127）。おおむね紀元前2000年から紀元前1500年頃を中心にした年代に位置付けられている二里頭文化は、中国における最初の本格的な青銅器文化であり、文献上の夏王朝の文化であると考えられている。二里頭類型の標準遺跡である河南省偃師市二里頭遺跡は1957年に発見されたといわれ、1959年から発掘調査が行われている。二里頭遺跡の基本層位は、二里頭類型第1期・二里頭類型第2期・二里頭類型第3期・二里頭類型第4期に大別されており、このうち第2・3・4期が青銅器文化である二里頭文化に相当し、これに後続するのが殷の二里岡文化である。二里頭遺跡からは2つの大型建築群が確認されている。このうち2号宮殿址と呼ばれる建築群は、壁や回廊に囲まれた東西約57.5〜58m・南北約72.8mの平面規模を測る版築基壇をもっており、内部の北側には東西約26.5m・南北約12.5mの正殿址が存在する（図55）。これらは、二里頭類型第3期に造営が開始さ

表18 二里頭文化期から二里岡文化期における主要副葬品一覧

| 遺跡名 | 埋葬墓名 | 時期 | 墓壙規模 | 朱 | 土器 || 青銅器 ||||||| その他 |
|---|---|---|---|---|---|---|---|---|---|---|---|---|---|---|
| | | | | | 酒器 | 食器ほか | 爵 | 斝 | 盉 | 鼎 | 鬲 | 戈 | その他 | |
| 二里頭 | Ⅱ・ⅤM56 | 二里頭1期 | 2.3×0.6 | | | ○ | | | | | | | | |
| 二里頭 | ⅣM26 | | 2.0×1.12 | | ○ | ○ | | | | | | | | 緑松石珠 |
| 二里頭 | Ⅱ・ⅤM54 | | 1.5×0.6 | | ○ | ○ | | | | | | | | 石器 |
| 二里頭 | Ⅱ・ⅤM57 | | 1.2×0.5 | | ○ | ○ | | | | | | | | |
| 二里頭 | 81YLⅤM4 | 二里頭2期 | 2.5×1.16 | ● | ○ | | | | | | | | 牌飾、鈴 | 柄形器、緑松石管2、玉管、円陶片2、漆器3 |
| 東馬溝 | M2 | | 2.42×1.05 | | ○ | ○ | | | | | | | | |
| 二里頭 | ⅥM8 | | 2.2×0.72 | ● | ○ | ○ | | | | | | | | 石鎌 |
| 二里頭 | 87ⅥM49 | | 2.2×0.55 | | ○ | | | | | | | | | 骨針、漆器 |
| 二里頭 | 82ⅨM15 | | 2.1×0.8 | ● | ○ | ○ | | | | | | | | 緑松石飾2 |
| 東馬溝 | M8 | | 2.1×0.77 | | ○ | ○ | | | | | | | | |
| 二里頭 | ⅤM22 | | 2.05×0.6 | ● | ○ | | | | | | | | 鈴 | 緑松石大扁珠、貝 |
| 二里頭 | ⅣM11 | | 2.05×0.6 | ● | ○ | | | | | | | | | 柄形器、緑松石飾 |
| 二里頭 | ⅣM6 | | 2.0×0.7 | | ○ | | | | | | | | | |
| 東馬溝 | M1 | | 1.96×0.4 | | ○ | | | | | | | | | |
| 東馬溝 | M9 | | 1.92×0.55 | | | | | | | | | | | |
| 二里頭 | 82ⅨM10 | | 1.92×0.36 | | | | | | | | | | | 石圭形飾、円陶片、骨鏃 |
| 二里頭 | ⅤM15 | | 1.9×0.6 | ● | ○ | | | | | | | | | 骨鏃 |
| 二里頭 | ⅣM14 | | 1.9×0.6 | | | | | | | | | | | |
| 東馬溝 | M5 | | 1.9×0.54 | | | | | | | | | | | |
| 二里頭 | ⅣM18 | | 1.85×0.6 | | ○ | | | | | | | | | |
| 東馬溝 | M6 | | 1.85×0.47 | | | | | | | | | | | |
| 二里頭 | ⅣM9 | | 1.8×0.5 | | | | | | | | | | | |
| 二里頭 | 82ⅨM12 | | 1.8×0.5 | ● | ○ | ○ | | | | | | | | |
| 二里頭 | 82ⅨM16 | | 1.8×0.3 | | | | | | | | | | | |
| 東馬溝 | M10 | | 1.62×0.6 | | | | | | | | | | | |
| 二里頭 | ⅡM105 | | 1.0×? | | | ○ | | | | | | | | |
| 二里頭 | 82ⅨM17 | | 0.8×0.22 | | | | | | | | | | | |
| 二里頭 | ⅢKM2 | 二里頭3期 | 2.9×2.07 | | ○ | | | | | | | | | 柄形器、緑松石飾、円陶片、鏃 |
| 二里頭 | 80YLⅢM2 | | 2.55×1.2 | ● | ○ | ○ | 2 | | | | | | 刀2 | 鉞、圭、円陶片4、緑松石片、雲母片、漆器 |
| 二里頭 | ⅢKM6 | | 2.3×1.38 | ● | ○ | | 1 | | | | | | | 璋、円陶片 |
| 二里頭 | ⅥKM3 | | 2.3×1.26 | ● | ○ | | 1 | | | | | 1 | 鉞、円泡、円形銅器2 | 戈、鉞、戚、柄形器、骨串飾、円陶片6、貝12、緑松石片、石磬、緑松石飾2 |
| 二里頭 | ⅢKM10 | | 2.26×1.4 | ● | | | | | | | | | | 緑松石扁円形飾、緑松石細管、円陶片 |
| 二里頭 | ⅥM7 | | 2.16×0.75 | ● | ○ | ○ | | | | | | | | |

第4章 東アジアからみた弥生墳墓

| 遺跡名 | 埋葬墓名 | 時期 | 墓壙規模 | 朱 | 土器 | | 青銅器 | | | | | | | その他 |
|---|---|---|---|---|---|---|---|---|---|---|---|---|---|---|
| | | | | | 酒器 | 食器ほか | 爵 | 斝 | 盉 | 鼎 | 鬲 | 戈 | その他 | |
| 二里頭 | 80YLVM3 | 二里頭3期 | 2.15×1.3 | ● | ○ | ○ | | | | | | | | 鉞、璋2、玉尖状飾、緑松石管2、円陶片 |
| 二里頭 | 82ⅨM9 | | 2.04×0.7 | | | ○ | | | | | | | | |
| 二里頭 | 82ⅨM8 | | 2.02×1.04 | | ○ | ○ | | | | | | | | 石柄形飾、円陶片 |
| 二里頭 | 87ⅥM28 | | 2.0×0.92 | ● | ○ | ○ | | | | | | | | 貝2、円陶片、漆器 |
| 二里頭 | 81ⅤM3 | | 2.0×0.8 | ● | ○ | ○ | | | | | | | | 円陶片2、骨笄 |
| 二里頭 | ⅤM11 | | 1.9×0.94 | | | | | | | | | | 銅器片 | 緑松石珠484、緑松石片172 |
| 二里頭 | 87ⅥM25 | | 1.88×0.3 | ● | | ○ | | | | | | | | |
| 二里頭 | 82ⅨM11 | | 1.86×0.48 | | | | | | | | | | | 玉斧、緑松石飾2、円陶片 |
| 二里頭 | 87ⅥM20 | | 1.85×0.3 | ● | ○ | ○ | | | | | | | | |
| 二里頭 | 87ⅥM41 | | 1.8×0.6 | | ○ | ○ | | | | | | | | |
| 二里頭 | ⅣM17 | | 1.8×0.6 | | ○ | ○ | | | | | | | | |
| 二里頭 | 87ⅥM44 | | 1.8×0.5 | ● | ○ | ○ | | | | | | | | 円陶片、漆器 |
| 二里頭 | 82ⅨM18 | | 1.8×0.4 | | | | | | | | | | | |
| 二里頭 | ⅣM16 | | 1.7×0.4 | | | ○ | | | | | | | | |
| 二里頭 | 87ⅥM23 | | 1.55×0.3 | | | ○ | | | | | | | | |
| 二里頭 | 82ⅨM13 | | 1.4×0.45 | ● | | ○ | | | | | | | | 漆器？ |
| 二里頭 | 82ⅨM14 | | 1.3×0.55 | | ○ | ○ | | | | | | | | 石刀 |
| 二里頭 | 83ⅨM21 | | 1.2×0.5 | ● | | | | | | | | | | |
| 二里頭 | 82ⅨM19 | | 1.0×0.22 | | | | | | | | | | | |
| 二里頭 | 84ⅥM9 | 二里頭4期 | 2.4×0.9 | | ○ | ○ | 1 | 1 | | | | | | 柄形器、円陶片、貝70、鹿角、漆器 |
| 二里頭 | ⅤM59 | | 2.37×0.88 | | | ○ | | | | | | | | |
| 二里頭 | ⅤM21 | | 2.2×0.7 | ● | ○ | ○ | | | | | | | | |
| 二里頭 | 87ⅥM57 | | 2.0×1.05 | ● | ○ | ○ | 1 | | | | | | 牌飾、鈴、刀 | 玉戈、玉柄形器、玉刀、半月形器、鈴舌、小玉飾多数、緑松石珠2、緑松石片、円陶片5、貝5、石鏟、漆器 |
| 二里頭 | 84ⅥM11 | | 2.0×0.95 | | ○ | | 1 | | | | | | 牌飾、鈴 | 鉞、圭、刀、柄形器、玉管状器、緑松石管飾、円陶片、漆器 |
| 二里頭 | ⅣM12 | | 1.9×0.6 | | ○ | ○ | | | | | | | | 円陶片 |
| 二里頭 | 84ⅥM5 | | 1.9×0.6 | | | | | | | | | | 銅鏃頭 | |
| 二里頭 | ⅢM214 | | 1.87×0.65 | | | ○ | | | | | | | | |
| 二里頭 | 81ⅤM2 | | 1.8×0.5 | | | | | | | | | | | |
| 二里頭 | 80LYⅥM6 | | 1.7×0.5 | | ○ | ○ | | | | | | | | 緑松石管、円陶片 |
| 二里頭 | 84ⅥM6 | | 1.5×0.8 | ● | ○ | | 1 | | | | | | | 柄形器、緑松石珠150、円陶片 |
| 二里頭 | ⅥM1 | | 1.5×0.4 | | ○ | ○ | | | | | | | | |
| 二里頭 | 84ⅥM3 | | 1.5×0.4 | | | ○ | | | | | | | | 円陶片 |

| 遺跡名 | 埋葬墓名 | 時期 | 墓壙規模 | 朱 | 土器 | | 青銅器 | | | | | | | その他 |
|---|---|---|---|---|---|---|---|---|---|---|---|---|---|---|
| | | | | | 酒器 | 食器ほか | 爵 | 斝 | 觚 | 鼎 | 鬲 | 戈 | その他 | |
| 二里頭 | IVM20 | | 1.05×0.35 | | ○ | ○ | | | | | | | | |
| 李家嘴 | 2号 | 二里岡下層から上層 | 3.67×3.24 | | | ○ | 4 | 3 | 1 | 1 | 1 | 5 | 甗、簋、圈足盤、小盤、罍、盉、鉞2、矛2、刀7、斧2、鏃18、鑿、鋸、鐓、鑱 | 戈6、柄形器5、斧、玉飾、木雕印痕緑松石5 |
| 白家荘 | 3号 | | 2.9×1.17 | | | | 1 | 2 | 2 | | | 3 | 罍、簋 | 戈、玦、璜2、円陶片、残石器、石塊、象牙櫛、貝 |
| 北二七路 | 1号 | | 2.7×1.5 | ● | | | 1 | 3 | 2 | 1 | | | 刀 | 戈3、鏃3、璧、柄形器3、飾器、石戈3、石鏃、石柄形飾、石鉢 |
| 北二七路 | 2号 | | 2.7×1.1 | ● | ○ | | 1 | 2 | 1 | | | | 刀 | 柄形器2、石戈3、石鏃 |
| 楼子湾 | 3号 | | 2.62×1.24 | | ○ | ○ | 1 | 1 | 1 | 1 | | 1 | 刀、矛、鏃8、菱形器、鐏2 | 玉飾 |
| 鄭州商城 | CNM6 | | 2.6×1.24 | ● | | | | | | | | 1 | | 玦、鏃 |
| 楼子湾 | 5号 | | 2.55×1.55 | | | ○ | 1 | 1 | 1 | | | | | 玉飾2 |
| 楼子湾 | 4号 | | 2.5×1.22 | | | ○ | 1 | 1 | | 1 | 1 | 1 | 鉞 | 戈、玉飾 |
| 鄭州商城 | CNM5 | | 2.39×0.7 | | ○ | ○ | | | | | | | | 玉飾 |
| 瑠璃閣 | 233号 | | 2.3×0.8 | | ○ | ○ | | | | | | | | 円陶片 |
| 瑠璃閣 | 203号 | | 2.2×0.72 | | ○ | ○ | 1 | | | | | | | 貝 |
| 瑠璃閣 | 110号 | | 2.1×0.8 | | | | 1 | 1 | 1 | | | 1 | 鏃、円銅片2 | 柄形器、半玦形飾 |
| 銘功路西側 | 4号 | | 2.08×0.69 | | | | 1 | | 1 | | | | | 柿蔕形飾、玉飾、璜 |
| 銘功路西側 | 2号 | | 1.9×1.35 | ● | ○ | ○ | 2 | 2 | 1 | 1 | | 1 | 刀 | 戈2、璋、璜、緑松石3、円陶片2、匕形骨器、山字形骨3、貝器 |
| 瑠璃閣 | 148号 | | 1.9×0.6 | | | | 1 | | 1 | 1 | | | | 石鉞、石槌 |
| 瑠璃閣 | 207号 | | 1.9×0.5 | | | ○ | | | | | | | | |
| 白家荘 | 2号 | | 1.5×1.05 | | | | 1 | 1 | 1 | | | | 罍、盤 | 柄形器、緑松石飾、円陶片 |

注）各時期のなかで墓壙規模の長軸が長い埋葬墓の順に表示。飯島1985を底本に作成。

第 4 章 東アジアからみた弥生墳墓 173

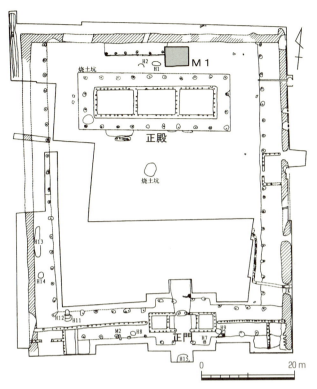

図 55 二里頭遺跡 2 号宮殿址平面図 (1/800)

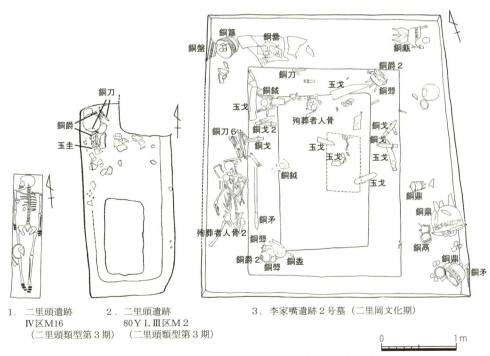

1. 二里頭遺跡　　2. 二里頭遺跡　　3. 李家嘴遺跡 2 号墓 (二里岡文化期)
　Ⅳ区M16　　　80YLⅢ区M2
　(二里頭類型第 3 期)　(二里頭類型第 3 期)

図 56 二里頭類型第 3 期・二里岡文化期の墓 (1/50)

表 19　二里頭文化期墓の階層性の分類

| 王巍 1993 | 西江 1999 | 岡村 2003 | 飯島 2012 |
|---|---|---|---|
| 大型墓<br>（二里頭遺跡 2 号宮殿址M１） | 第 1 階層墓<br>（二里頭遺跡 2 号宮殿址M１） | | |
| 中型墓<br>（青銅器・玉器・土器副葬。<br>長軸 2 m あまり・短軸 1 m<br>あまり） | 第 2 階層墓<br>（青銅器・玉器副葬。墓壙面積<br>2 m² 前後） | 第 1 類<br>（青銅器・玉器・土器副葬） | 1 等級墓 |
| 小型墓<br>（土器副葬。長軸 2 m たら<br>ず・短軸 0.7 m 程度） | 第 3 階層墓<br>（土器礼器副葬。墓壙面積 1.0<br>～1.5 m² 前後） | 第 2 類<br>（飲酒用土器副葬。墓壙幅 1<br>m 未満） | 2 等級墓<br>（土器副葬） |
| | 第 4 階層墓<br>（日用土器の少数副葬。副葬品<br>なし。墓壙面積 1.0 m² 未満） | 第 3 類<br>（酒器以外土器副葬） | |
| | | 第 4 類<br>（副葬品なし） | 3 等級墓<br>（副葬品なし） |
| 特異墓<br>（墓壙なし） | | | 4 等級墓 |

れ、二里頭類型第 4 期より遅れる時期に廃絶したと考えられている。

　王巍の整理によれば、二里頭文化の墓は、竪穴式土壙を有するもので、平面規模や副葬品によって大型墓・中型墓・小型墓・特異墓に分類される（王巍　1993：pp.15-17）。その状況は以下の通りである。まず王巍分類の大型墓は、二里頭遺跡 2 号宮殿址の正殿址と北側の壁址の間から検出されたＭ１大墓のみが相当する（図 55）。その規模は東西約 5.2～5.35 m・南北約 4.25 m・深さ約 6.1 m を測る。盗掘されていたため副葬品はほとんど残存せず、朱や漆の破片、漆塗りの木箱に納められた犬の骨などが検出されたのみである。なお、このＭ１大墓は、2 号宮殿の建物と同時期の二里頭類型第 3 期に造られており、正門址を通る南北ライン上に位置する。このことから、2 号宮殿がＭ１大墓の被葬者を祀る宗廟の性格をもっていたという解釈もある（西江　1999：p.165）。

　つづく王巍分類の中型墓は、長軸 2 m あまり・短軸 1 m あまりで、漆を塗った木棺や墓壙底に大量の朱が検出される（図 56-2 など）。副葬品は、飲酒儀礼に用いられる銅爵、儀仗用の武器である銅戈・銅戚、トルコ石を象嵌した牌飾などの青銅器、圭・璋・琮・鉞・戈・柄形器などの玉礼器、土器などである。青銅器の副葬は、二里頭類型第 2 期に鈴や牌飾が現れ、同第 3 期には爵・戈・戚・刀・円形器・泡器など、同第 4 期には斝がみられるようになる（飯島　2012：pp.98-99）。なお、王巍分類の中型墓は、岡村秀典による分類の第 1 類（岡村　2003：pp.160-163）、飯島武次による分類の 1 等級墓に相当しよう（飯島　2012：pp.88-100）。青銅器が副葬される墓は二里頭遺跡に限定されていることから、これらの被葬者は、夏王朝の王室に近い貴族集団であったとみられている。

　王巍分類の小型墓は、長軸 2 m たらず・短軸 0.7 m ほどで朱砂層はなく、副葬品は多くが土器である（図 56-1 など）。なお王巍分類の小型墓は、飯島分類の土器副葬がなされる 2 等級墓と副葬品がない 3 等級墓に相当しよう（飯島　2012：pp.100-108）。また西江清高は、この小型墓について、土器の礼器を副葬する墓壙面積 1.0～1.5 m² 前後の第 3 階層墓と、少数の日用土器のみを副葬する

か、副葬品がない墓壙面積 1.0 m² の第 4 階層墓とに細分している（西江 1999：pp.165-166）。以上の中型墓と小型墓は共同墓域を形成したようである。また、最も下位に位置する王巍分類のいわゆる特異墓は、墓壙や副葬品がみられないもので、遺体の頭部と身体が別々になっていたり、緊縛されていたりする状態から、虐殺されて遺棄されたり、祭祀の犠牲になったりした戦争捕虜や奴隷であると考えられている。これは、飯島分類の 4 等級墓に相当する（飯島 2012：pp.108-112）。

　以上をまとめると以下のようになろう。まず二里頭遺跡では、大型墓である二里頭遺跡 2 号宮殿址 M1 大墓の本来の内容が不明であるものの、それ以外の墓については、墓壙規模に大小があるとはいえ、格差がそれほどみられない。表 18 の各時期における墓の墓壙規模順にみた副葬品一覧でも追認できるように、二里頭類型第 2 期以降は、墓壙規模が大きいほど、銅爵や銅牌飾などの青銅器や玉器が副葬され、墓壙規模が小さいほど、土器のみが副葬されるという大きな傾向がうかがえる。二里頭類型第 2 期では、墓壙規模が大きい墓の墓壙底に朱が敷かれるという傾向もみて取れる。つまり、儀礼用の青銅器・玉器が副葬されること、墓壙底に朱が敷かれることが、比較的上位階層の墓である指標になる。そして、青銅器が副葬される上位階層の墓は、二里頭遺跡という王権中枢の遺跡に限定して営まれていることが確認できるのである。

## 2．二里岡文化期の墓

　二里岡文化は、二里頭文化に後続する紀元前 1500 年頃に始まると考えられ、殷前期の文化とみる説が有力である（飯島 2003：pp.150-206）。二里岡文化期の都城として、南北約 1870 m・東西約 1700 m を測る河南省鄭州市鄭州商城がある。鄭州商城をはじめとする二里岡文化期の遺跡からは、のちの殷墟文化、すなわち殷後期の王墓に相当するような大型墓は発見されていない。鄭州商城では、王巍の整理による中型墓と小型墓に分類される墓がみられる。中型墓は、長軸 2.8 m 前後・短軸約 1 m・深さ 2 m 程度の長方形竪穴式土壙を有する墓で、墓壙底面に朱が敷かれ、木槨が設置される。殉死と想定される遺体がみられるものもある。副葬品は、青銅器・玉器・骨器・象牙器・瑪瑙・貝などが豊富にある。小型墓は、長軸約 2 m・短軸約 0.6 m を測り、副葬品は数点の土器のみである。このほか、墓壙や副葬品がなく、数体から十数体の成年男性の遺体層が検出される場合がある。これらは、二里頭遺跡でもみられた虐殺されて遺棄されたり、祭祀の犠牲になったりした戦争捕虜や奴隷であると考えられている。

　鄭州商城以外の遺跡も含めて検討した飯島武次による二里頭文化期から二里岡文化期への墓の変遷の整理によれば、二里岡文化期にいたって以下の特徴が現れる（飯島 1985：p.138）。すなわち、腰坑をもち腰坑内に犬の殉葬がある墓の増加、木棺利用の一般化、木槨を有する墓の出現、人間を殉葬させた墓の出現、青銅器副葬の増加である。表 18 でも確認できるように、二里頭文化期には、青銅器として主に爵が副葬されていたが、二里岡文化期になると、出土遺跡が増加し、様々な種類の青銅製容器が副葬されるようになる。

## 3．二里頭文化期・二里岡文化期の墓と弥生墳墓の比較

　上記で概観した二里頭文化期・二里岡文化期の墓と弥生墳墓との特徴を比較してみたい。まず、

二里頭文化期および二里岡文化期の墓のうち、大型墓の事例としては、長軸約5.35mを測る二里頭遺跡2号宮殿址M1大墓がみえるにすぎない。この墓は、2号宮殿内部において1基のみ孤立的に存在している。そして、この2号宮殿と呼ばれる施設自体が、M1大墓被葬者の死と密接に関連して築造されたものであった可能性が高い。日本列島でも第2章第1節でみたように、弥生中期から後期初頭段階の九州北部・山陰・近畿北部・近畿中部などで、大型区画墓が孤立的、単発的に造営される傾向がうかがえた。大型区画墓の事例ではないが、例えば弥生中期後葉頃の鳥取県東伯郡琴浦町梅田萱峯遺跡では、隣接する集落からの日常的眺望を意識した場所に、方形貼石墓が1基のみ、モニュメント的に配置されている。すなわち、二里頭遺跡2号宮殿址M1大墓とこうした弥生中期の区画墓の事例は、どちらもある特別な人物の死に際し、葬送集団が、祖先神のような何らかの象徴的な意味をもたせて単発的に墓を造営したという点で類似性を見出すことができないだろうか。

　また、二里頭文化期および二里岡文化期の墓には墳丘がみられず、二里頭遺跡M1大墓のような大型墓では地下深くまで墓壙が設営される。中原では墳丘が周代までみられず、春秋時代頃から出現し、戦国時代にいたって普及していく（楊寛1981：pp.16-27、黄暁芬2000：pp.196-209）。このことは、弥生前期から墳丘・区画が現れ、地上で大型化・立体化していく弥生墳丘墓とは対照的な特徴といえよう。

　墓壙規模では、二里頭文化期よりも二里岡文化期の墓が、副葬品を豊富に有するものほど、やや大型化する傾向にあるが、第2章第3節で長軸3.5m前後以内とした弥生墳墓小型墓壙クラスの範疇に留まる。最大級の規模を有する二里岡上層期の湖北省李家嘴遺跡2号墓（図56-3）でも、長さ3.67m・幅3.24mを測る程度である。この時期の墓壙規模の拡大は、棺外の副葬スペースの確保が一要因となっているようであり、棺外副葬がみられなくても大型墓壙を有する弥生墳墓とは、墓壙拡大化の背景が異なるといえる。

　そして、中原において墓壙規模が飛躍的に拡大するのは、二里岡文化期からさらに時期が下る殷後期の殷墟文化期段階にいたってからである。この段階になると、殷墟遺跡の侯家荘王陵区において、きわめて大型の墓壙を有する王墓13基が、東西に群をなしながら、墓域を形成するようになる。例えば1001号墓の墓壙は、長軸約18.9m・短軸約13.75m・深さ約10.5mを測り、前代と比較すると隔絶した規模を誇っている。そして、こうした大型墓が継続性をもって造営された点も前代とは異なる現象といえよう。

　副葬品では、大型墓を除く上位階層墓において飲酒儀礼に用いられる青銅製容器や儀仗用の青銅製武器、玉礼器などが副葬される。銅戈などの青銅製近接武器が副葬される点は、弥生墳墓との共通性といえる一方、飲酒儀礼用の青銅製容器や玉礼器の副葬が多い点は、中原の特徴を如実に示すものである。当時の社会、特に王権中枢部においては、青銅製容器や玉礼器を用いた儀礼が非常に重要な位置を占めており、これと密接に関わる形で、こうした文物が、被葬者の階層的位置を表象するものとして副葬されたことがわかる。

　また、二里頭文化期から二里岡文化期にかけて、木槨を有する墓が出現したり、青銅器副葬墓が増加したりするという動きは、弥生墳墓においても類似して認められる現象である。その他、埋葬施設に朱が用いられる点は、二里頭文化期・二里岡文化期の墓と弥生墳墓との共通性といえよう。なお、前述のように二里頭文化期・二里岡文化期には、虐殺されて遺棄されたり、祭祀の犠牲に

なったりした戦争捕虜や奴隷の遺体が多く検出されている。弥生時代の日本列島において、このような遺構は認められていない。

## 4. 二里頭文化期・二里岡文化期と弥生時代の社会

　ここでは、二里頭文化期・二里岡文化期がどのような社会であったのかについて、上記した墓の様相もふまえて概述する。さらに、弥生社会とも若干の比較をおこなって、本節のまとめとしておきたい。王巍は、考古学的に認識できる二里頭文化期・二里岡文化期・殷墟文化期段階の社会の特徴について、以下のように要約している（王巍 1993：pp.64-69・2004）。まず二里頭文化期の社会、すなわち夏王朝の社会については、1万平方メートルに達する面積を有した宮殿群の造営、城壁で宮殿区を取り囲む10万平方メートル以上に達する宮城の出現、大型青銅器工房における青銅器製作技術の進歩、河南省から山西省西部にかけての広域を統治しうる王権のさらなる強化などがあげられる。つづく二里岡文化期から殷墟文化期、すなわち殷王朝の社会では、鄭州商城などの都城の建設、殷墟文化期における独立した王墓域の形成、大量の青銅器・玉器副葬からうかがえる王族の豪奢な生活、銅・塩・海貝・玉器原料などの重要な資源に対する統制、王室が統制した鋳銅・製玉などの手工業の発達、軍隊の設立、文字の使用、萌芽的な官僚機構の発生などがあげられている。こうした流れをみると、政治的、儀礼的なセンターとなる宮殿・都城・王墓の造営を可能にする労働動員力の大規模集中化、主として奢侈品に関わる原料の広域流通や手工業生産の独占的掌握化などが、この時期の中原における王権強大化の具体的方向性であったことが看取できる。

　殷の晩期には、周辺各地に社会段階が異なる様々な方国が存在しており、殷王朝に従属したり、敵対したりしていた。上記したように、多量の戦争捕虜や奴隷の遺体からうかがうことができる軍事的な緊張関係のなかで、紀元前11世紀頃になると殷王朝が倒され、西周王朝が成立することになる。このように中原では、龍山時代以来の集団間の抗争状態が続くなかで、社会集団が統合され、中心－周辺関係が生み出され、中心的勢力は周辺地域を併呑しながら統治領域や勢力範囲を拡大させていった。その後の西周王朝以降は、春秋・戦国期における軍事対立下の分裂状態を経たのち、紀元前3世紀後葉頃の秦漢帝国の成立にいたって、広大な領域を支配下においた中央集権的な専制国家体制が確立していくことになる。

　ひるがえって弥生時代の日本列島では、山地に隔てられた中小河川流域の平野や盆地に分立していた半ば自立的な個別集団が結合していき、古墳時代へといたる。第3章第1節でみたように、弥生後期の山陰では、大小の平野ごとに大小の四隅突出型墳丘墓が造営されており、ある地域内における縦の階層関係と地域相互における横の連帯・共属関係が形成されていた。自立的集団が結合するこうした構造は、古墳時代前期にいたって、近畿中部を中心とした列島の広範囲におよぶ政治的な体制に組み込まれた後も解体されることなく、連続的に温存されていったと考えられる。日本列島における集団の統合・結合は、中原でみられたような激しい軍事衝突による征服・被征服の結果と捉えるよりは、例えば近畿中部勢力による鉄原料の流通ルート掌握（都出 1991 など）といった、外部に依存する物資の流通関係緊密化によって促進されていったという性格が比較的大きかったものと考えておきたい。

　さて、中国大陸では、穀物栽培農耕社会の開始から初期国家成立前後と見なされる紀元前1500

年頃の殷前期・二里岡文化期にいたるまで、数千年を要して自生的に社会段階を進展させていった。一方、日本列島では水稲耕作の導入から、長く見積もっても千数百年のうちに初期国家段階と評価される古墳時代社会に到達する。弥生墳墓に副葬された中国大陸・朝鮮半島に由来する様々な文物を考慮すれば、こうした列島外の先進社会からの情報・刺激が、比較的短期間のうちに弥生時代社会から古墳時代社会への進展を導いた要因となったことが推測される（足立啓1998：pp.134-136など）。そこで次節以降は、弥生時代に併行する漢代の墳墓の状況についてみていくことにしたい。

## 第2節　前漢皇帝陵と諸侯王墓の墳丘・墓壙

　前節では、弥生時代と社会段階が類似した二里頭文化期・二里岡文化期における中原の墳墓の様相を概観した。本節と次節では、弥生時代中期と同時期である前漢期の墳墓について確認しておきたい。ここで前漢期に焦点をあてたのは、皇帝陵や王墓の状況が比較的良く解明されており、墳丘や竪穴墓壙の状況を捉えやすい点にある。また、弥生時代にも併行していることから、弥生墳墓にみられる前漢鏡や鉄器の副葬行為の大きな淵源にアプローチするうえで、手がかりになると考えたからである。

　さて、人類史の叙述における古代国家形成期には、宮殿・神殿・陵墓などの巨大建造物が造営されることが、新進化主義の学説においても説かれてきたところである（Renfrew and Bahn 1991：pp.174-177）。世界各地にみられる王陵は、「巨大な記念物としての存在を誇示するというモニュメント性」（都出2000：p.152）が重視され、王権の実力を内外に誇示することが不可欠とされた時代に造営されたと考えられている（都出2000：p.152）。中国大陸中原においては、前漢期が皇帝を頂点としたいわゆる個別人身支配（西嶋1961）による成熟国家（専制国家）の完成時期と理解されており、漢長安城の周辺には、景帝陽陵や武帝茂陵など、巨大で整った墳丘を有する歴代皇帝陵が累々と造営された。本節では、前漢期における皇帝陵と諸侯王墓の墳丘・墓壙・埋葬施設などの概略について改めて整理し、両者の若干の比較考察を加えるものとする。

### 1. 前漢皇帝陵の様相

　まず、前漢皇帝陵・皇后陵の墳丘・内部施設などの様相について改めて確認しておきたい[2]。高祖劉邦から平帝劉衎までの11基の皇帝陵のうち、初代高祖長陵・2代恵帝安陵・6代景帝陽陵（図57）・7代武帝茂陵・8代昭帝平陵・10代元帝渭陵・11代成帝延陵・12代哀帝義陵・13代平帝康陵の9陵は漢長安城北方にある渭河北岸台地上の咸陽原、5代文帝覇陵は漢長安城南東の白鹿原、9代宣帝杜陵は漢長安城南東の杜東原に造営されている。

　前漢時代の墳丘形態は方形が尊重され、高祖長陵・長陵呂后陵・恵帝安陵などが長方形で覆斗式、すなわち裁頭方錐形であるほかは、正方形の覆斗式（図57）が多い。版築技術によって造営された墳丘の平面規模は、皇帝陵では底辺153～175mのものが多く、武帝茂陵が230m（約100丈）[3]前後、平帝康陵（元帝渭陵の説もある）が長辺約216m・短辺約209mと比較的大きい。墳丘

第4章 東アジアからみた弥生墳墓　179

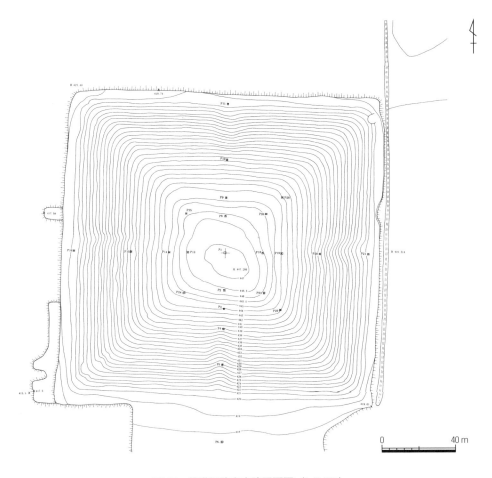

図 57　前漢陽陵皇帝陵平面図（1/2,000）

高をみると、皇帝陵では、武帝茂陵が約46.5 m（約20丈）と突出して高いが、その他は約25〜33 mで推移している（図58）。皇后陵では、長陵呂后陵の約30.7 mを最高として、渭陵孝元王皇后陵以降の前漢「後四陵」は約10〜19 mと低くなり、皇帝陵との格差が広がる。劉慶柱・李毓芳は、皇后陵墳丘規模が縮小化する背景に夫権の強化を看取している（劉慶柱・李毓芳 1991）。なお、王建新・毛利仁美は、前漢「後四陵」の被葬者について再検討しており、従来平帝康陵に比定されている2号陵が元帝渭陵、従来元帝渭陵に比定されている3号陵が哀帝義陵、従来哀帝義陵に比定されている4号陵が平帝康陵の陵墓である可能性を想定している（王建新・毛利 2001）。

　墓壙は「方中」と称され、墓壙上部は封土底部よりも一回り小さくなっており、墓壙の深さは封土の高さとほぼ等しいという。陽陵のボーリング調査では、皇帝陵・皇后陵とも墳丘直下にある墓室の四周から、いわゆる「亜」字形に傾斜墓道がのびていることが確認されている。さらに、陽陵皇帝陵では、東墓道が最も長く広いことから主墓道となり、陵が東を正面としていたことがわかっている（焦南峰・王保平 2001）。高祖劉邦父の太上皇陵も「亜」字形に傾斜墓道がのび、東墓道が長く広いことがわかっており、陽陵と共通する。

　内部施設について西村俊範は、諸侯王墓の内部施設を「題湊系横穴式墓葬」と呼び、前漢皇帝陵

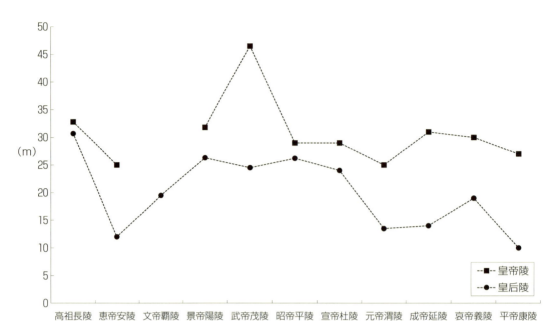

図58　前漢皇帝陵・皇后陵の墳高変遷図（劉慶柱・李毓芳 1991 をもとに作成）

にも採用されているとみている（西村 1979）。『漢旧儀』の記載によれば、「明中」と呼ばれる墓室には、「梓棺」、柏木の「黄腸題湊」が置かれ、その外側に「百官の蔵」を入れる部位があり、外部との出入りに「四通の羨門」が設けられ、その通路の内方に「大車・六車」、その外方に「夜龍・莫邪の剣・伏弩・伏火」が置かれたという。このような横穴式の墓室の成立ないし採用は、直上にある墳丘の巨大化や寿陵の造営などとも密接に関連する現象かもしれない。

## 2. 前漢諸侯王墓の様相

次に前漢諸侯王墓の様相についてみておく。ここでは、前漢期における諸侯王墓のうち、崖墓を除き、竪穴墓壙に「黄腸題湊」を設置したものに限って概観したい。

### 河北省石家荘市墓（石家荘図書館文物考古小組 1980）

高さ約 15 m の版築墳丘をもつ。竪穴墓壙の 2 辺に傾斜墓道をもつ、いわゆる「中」字形をなし、墓壙上部は長さ約 14.5 m・幅約 12.4 m、墓壙の深さ約 4.9 m を測る。墓壙中央部に槨が置かれ、外周に「黄腸題湊」壁をもつ。棺内出土品に「長（張）耳」の銅印があることから、被葬者は、前漢前期初頭の趙王張耳（紀元前 202 年・高祖 3 年没）と推定されている。

### 湖南省長沙市陡壁山 1 号墓（長沙市文化局文物組 1979）

陡壁山の頂上にあり、竪穴墓壙の 1 辺に傾斜墓道をもつ、いわゆる「甲」字形をなし、墓壙上部が東西長約 12.8 m・南北幅約 10 m、墓壙底部が東西長約 11.6 m・南北幅約 9.5 m、墓壙の深さ約 2〜2.8 m を測る。墓壙中央部に槨が置かれ、外周に「黄腸題湊」壁をもつ。「長沙后丞」の封泥や「曹女巽」「妾女巽」の玉印・瑪瑙印の出土から、被葬者は、前漢前期の長沙王后曹女巽の墓と推定されている。

### 湖南省長沙市象鼻嘴1号墓（湖南省博物館 1981）

　象鼻嘴山の頂部にあり、版築墳丘をもっていたが、詳しいデータは不明である。竪穴墓壙の1辺に傾斜墓道をもつ「甲」字形墓で、墓壙上部は長さ約20.5m・幅約18.9mを測る。「黄腸題湊」壁をもち、「回廊型」をなす。被葬者は、前漢前期の長沙王とみられる。

### 山東省長清県双乳山1号墓（山東大学考古学系など 1997）[(4)]

　1辺約65mの方形、残存高約12m以上の版築墳丘をもつ。竪穴墓壙の1辺に傾斜墓道をもつ「甲」字形をなし、南北長約25m・東西幅約24.3mの墓室に槨が置かれる。墓壙壁面下部には、「黄腸題湊」壁を模倣した長方形の穴が無数に刻まれている。被葬者は、前漢中期の紀元前98年・武帝天漢3年に没した済北王劉胡か紀元前87年・后元2年に没した劉寛と推定されている。

### 江蘇省高郵県神居山1・2号墓（南京博物院 1990）

　死火山の噴火口近くに東西に並列して配置されている。残高約5～6mの版築墳丘があり、竪穴墓壙の2辺に傾斜墓道をもつ「中」字形墓である。1号墓は、木室全長約16.7m・幅約14.3m、「黄腸題湊」壁をもち、「回廊型」をなす。2号墓からは「金縷玉衣」片が出土している。被葬者は、前漢後期の広陵王劉胥（紀元前54年・宣帝五鳳4年没）夫婦であると推定されている。

### 北京市大葆台1・2号墓（中国社会科学院考古研究所 1989）

　1号墓と2号墓が、東西に並列する。竪穴墓壙の2辺に傾斜墓道をもつ「中」字形墓で、「黄腸題湊」壁をもち、「回廊型」をなす。1号墓は、墳丘高約7mを測り、南墓道の北半部、墓室に近い部分から馬11頭・馬車3両が出土している。墓壙上部は南北長約26.8m・東西幅約21.2m、墓壙底部は南北長約23.2m・東西幅約18m、墓壙の深さは約4.7mを測る。2号墓は、墓壙上部が南北長約17.7m・東西幅約11.75m、墓壙底部が南北長約17.3m・東西幅約11.35mを測る。1号墓・2号墓とも盗掘を受けているが、棺内から玉衣片などが出土している。被葬者は、1号墓が前漢後期の紀元前45年・元帝初元4年頃に没した武帝の子、広陽頃王劉建、2号墓が劉建の妻であると推定されている。

### 河北省定県八角廊40号墓（河北省文物研究所 1981）

　直径約90mの円形と推定され、残存高約16mの版築墳丘をもつ。長さ約18m・幅約9.6mの前室、長さ約11.5m・幅約11.4mの後室があり、「金縷玉衣」が出土している。被葬者は、前漢後期の紀元前55年・宣帝五鳳3年に没した元帝の子、中山懐王劉修であると推定されている。

　以上、非常に概略的だが、竪穴墓壙に「黄腸題湊」壁を設置する諸侯王墓を概観した。『漢律』に「列侯墳高四丈、関内侯以下至庶人、各有差」（『周礼』春官、鄭玄注所引）とみえるように、文献上では、漢代における墳丘高低は、被葬者身分による序列的規制あったことがうかがえる（楊寛1981）。こうした規制が、いわゆる「二十等爵制」などの身分制度とどの程度まで厳密に相関関係をもっていたのかは不明である。しかし、皇帝と諸侯王との間では、前漢皇帝陵の墳丘規模が底辺約153～230m・高さ約25～46.5mであるのに対し、諸侯王墓は底辺約90m・高さ約16m以下のものが多く、明らかに格差がみられる。

　竪穴墓壙上部平面規模では、諸侯王墓によって長辺約12.8m・短辺約10mから長辺約26.8m・短辺約21.2mまで格差がある。墳丘底部と墓壙上部との関係は不明なものが多いが、双乳山1号墓では、墳丘底部平面規模の約1/3程度が墓壙上部平面規模になっている。「方中百歩」[(5)]と記載される皇帝陵の正確な墓壙規模は不明だが、墳丘平面規模と相関するなら、諸侯王墓との間に大きな

格差があることは明らかである。さらに、封土や墓壙の規模を土量体積に換算すれば、これらの造営に要した労働力投入量の格差は明白であろう。また、諸侯王墓の墓道は、墓壙の1辺ないし2辺のみにあり、「甲」字形、「中」字形にのびるが、陽陵では四周にあり、「亜」字形にのびている。それが、『漢旧儀』の記載にあるように前漢皇帝陵の一般的形態とすれば、墓道の数も厳格に規制されていたことがうかがえる。

また西村俊範は、皇帝が「梓宮」・「便房」・「黄腸題湊」などを下賜する、『漢書』霍光伝の記述から、「題湊系横穴式墓葬」が、皇帝との一定の血縁関係・親疎関係の表象、言い換えればきわめて高度な身分秩序の表象であると考えている（西村 1979）。以上のように、前漢期の階級上位者の墓制では、墳丘・墓壙規模、墓道の数、さらに埋葬施設の構造が身分秩序を強く投影したものであったことが改めて確認できよう。

## 3. まとめ

本節では、前漢皇帝陵や諸侯王墓の様相について整理し、若干の比較検討を加えた。さて、前節でみたように、弥生墳墓と二里頭文化期・二里岡文化期の墓との類似点としては、一部の埋葬墓において、木槨が採用されること、朱が敷かれること、青銅器が副葬されることなどがあげられた。一方、相違点としては、弥生墳墓が墳丘ないし区画をもつ場合が多いことに対して、二里頭文化期・二里岡文化期の墓では明確にはみられない点があげられる。また、弥生墳丘墓の中心的埋葬墓において大型墓壙がみられるのに対し、二里頭文化期・二里岡文化期の墓は長軸3.5 m以内とした弥生墳墓小型墓壙の範疇に留まる場合が多い。後者は、墳丘・墓壙規模ではなく、主として副葬品の質・量に力点を置いて、被葬者の社会的地位を表現したといえる。その後、中原では、殷墟遺跡の侯家荘1001号墓のように、墓壙が長軸約18.9 m・短軸約13.75 m・深さ約10.5 mを測るという、前代と比較して隔絶した規模にまで発達する。さらに地上において視認される墳丘が、春秋時代頃から出現し、戦国時代にいたって広く普及するようになる。

本節でみた前漢期の皇帝陵では、こうした流れの延長上において、労働力の動員によって造営される墳丘・墓壙という要素が、さらに飛躍的に発達することが確認できた。また、皇帝陵と諸侯王墓との間には、墳丘・墓壙規模の規制的な格差がみられた。墳丘という可視的な要素や墓壙規模の格差が、被葬者間の社会的な縦の関係と密接に関連していることは、社会段階・類型を異にするものの、第2章第3節や第3章第1節で検討した弥生後期後葉の山陰や古墳時代の日本列島でも類似的に看取されることである。ただし、終章第3節で述べるように、墳丘・墓壙規模が被葬者の地位を半ば制度的に表示するというこうした墓制が、直接的に漢帝国から日本列島に伝播したという積極的な確証は乏しいように思われる[6]。むしろ、墳丘・墓壙規模が大きい程、被葬者の地位を視覚的に誇示しうるという、時代・地域を越えた普遍的な価値観から生じた現象であると捉えておきたい。ただし、日本列島の弥生墳墓には、漢鏡や舶載鉄器が副葬されており、漢帝国からの何らかの影響は皆無ではない。そこで次節では、副葬品の様相についてみておこう。

## 第3節　漢墓における璧・鏡・刀剣の副葬配置

　本節では、中国大陸における漢墓のうち、主に棺内や槨内などの、比較的、被葬者近辺に副葬された璧・鏡・刀剣[7]の配置を中心にして概観し、若干の考察を加えたい。

### 1. 漢墓の事例

　ここでは、漢代の諸侯王墓や周辺国王墓とみられる大型墓を中心にして、副葬品の元々の配置状況が判明、公表されているものを概観する。その他、小型墓においても金縷の玉頭や玉面罩など、特筆される文物をもつもの、王墓の陪葬墓などについてもとりあげておきたい。

**河北省石家荘市墓（石家荘図書館文物考古小組　1980）**
　2辺に傾斜墓道をもつ「中」字形墓。前漢前期、紀元前202年に没した趙王張耳の墓とみられる。「黄腸題湊」壁の中心にある内棺内部には、頭部傍らに玉璧1面、腰部右側に銅帯鉤がある。

**湖南省長沙市象鼻嘴1号墓（湖南省博物館　1981）**
　前漢前期。竪穴墓壙の1辺に傾斜墓道をもつ「甲」字形墓。「黄腸題湊」壁の中心にある、内棺の内部には、玉璧1面が置かれている。

**河北省満城1号墓（図59-1）**
　墓道・羨道・耳室・前室・後室・回廊などからなる崖墓で、被葬者は前漢中期の紀元前113年に埋葬された中山国王劉勝とみられる。棺内には、金縷玉衣上に重なるように、腰部左側に鉄刀1点、右側に鉄剣2点が置かれている。玉衣の内部には、胸前に玉璧14面、背中に玉璧4面が置かれ、それぞれが紗のような織物で結ばれていたという。手には玉璜をもっている。

**河北省満城2号墓（図59-2）**
　墓道・羨道・耳室・前室・後室などからなる崖墓で、被葬者は中山国王劉勝の妻、竇綰とみられる。棺内には金縷玉衣があり、玉衣の内部には胸前と背中に玉璧15面が置かれている。両手に玉璜、左手に小型の銅鏡をもつ。

**広東省広州市象崗墓（図59-3）**
　墓道・羨道および切石造りの耳室・前室・後室・側室などからなり、被葬者は前漢中期の紀元前122年頃に埋葬された南越国第2代王趙眛（胡）とみられる。内棺内部には、頭部と下半身部に玉璧が置かれている。すなわち、絲縷玉衣上の下半身部などに10面の玉璧、玉衣内の頭部両側・胸腹部前に14面、頭部から背中・下半身後ろに5面置かれ、一部分だけ重ねあわせて置く配置が多くみられる。玉衣上の10面は陰部を、玉衣内の後ろ側は、身体の中軸線にある後頭部や脊椎を意識して置かれているようにみえる。被葬者左側には鉄剣5点、右側には鉄剣5点が重ねて置かれ、一部は玉璧の上や下に重ねられているものもある。趙眛の棺内からは鏡が出土していない一方、東側室の4人の夫人や西側室・東耳室の殉葬者のほとんどには、一人1面以上の鏡が、頭部を中心に副葬されている（菅谷　1996）。

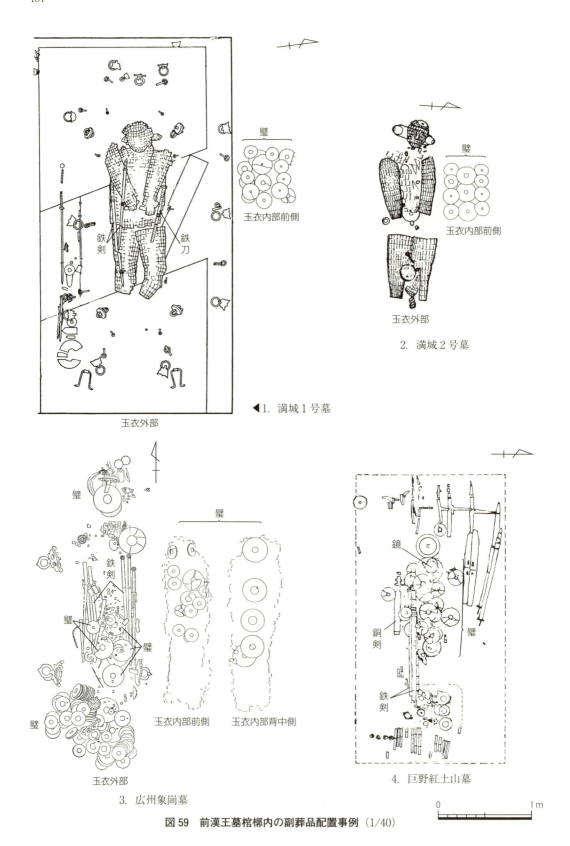

図 59 前漢王墓棺槨内の副葬品配置事例 (1/40)

#### 山東省巨野県紅土山墓（図59-4）

　切石造の墓道・羨道・玄室からなり、前漢中期、紀元前97年・武帝天漢4年建国の昌邑国王墓とみられる。棺内中央には、被葬者背中に10面、被葬者胸腹部に17面、棺上に1面の計28面もの玉璧が重ね置かれ、被葬者右側にある鉄剣や銅剣の上にも一部が重ねられている。また、鉄剣や銅剣同士も重ねて配置されるものがある。その他の近接武器では、鉄戟や鉄矛などもあり、鉄戟は一部が重ねられている。

#### 山東省長清県双乳山1号墓（山東大学考古学系など　1997）

　竪穴墓壙の1辺に傾斜墓道をもつ「甲」字形墓。前漢中期・済北王の墓とみられる。内棺内部には、覆面・璧などの玉器がある。璧5面は、被葬者の頭部・腰部・背中に置かれている。

#### 北京市大葆台1号墓（中国社会科学院考古研究所　1989）

　竪穴墓壙の2辺に傾斜墓道をもつ「中」字形墓。被葬者は、前漢後期、紀元前45年頃に埋葬された広陽頃王劉建とみられる。「黄腸題湊」壁の中心にある槨内は盗掘されているようだが、銅鏡4面や玉璧3面ほか玉器などが出土しており、このうち銅鏡2面は重ね置かれている。

#### 山東省臨沂洪家店墓（図60-1）

　石槨木棺墓。前漢前期の小型墓で、劉疵という人物の墓とみられる。金縷の玉頭、玉器の手袋、靴などがあり、頭頂部傍らに玉璧1面、左側に鉄剣1点、右側に重ねられた鉄剣2点が置かれている。

#### 江蘇省徐州后桜山墓（徐州博物館　1993）

　竪穴式の墓道の北側に墓室がつく地下式土洞墓。前漢前期の小型墓で、被葬者は不明。玉璧が頭頂部傍らに、銅剣が脚部付近に、銅鏡が足元に置かれている。その他、頭部には、玉枕・玉面罩などの玉器がみられる。

#### 江蘇省徐州小亀山墓（図60-2）

　前漢中期の地下式土洞墓で、紀元前116年没の楚王劉注の墓である亀山2号墓の陪葬墓と推定される小型墓である。棺内には、鉄剣2点・鏡3面・玉璧4面などが副葬されている。このうち鉄剣は被葬者の両側に1点ずつ、玉璧は1面が頭部左側付近、1面が鉄剣の柄の上、2面が下半身部に置かれている。

### 2．璧・鏡・刀剣の副葬配置

　以上、漢代の大形墓を中心に概観した。事例が少ないものの、諸侯王や周辺国王の棺内には、鏡が副葬されることは少なく、玉璧や刀剣が副葬される場合が多いことが、改めて確認できた。以下では、副葬品の種類ごとに配置状況を整理しておきたい。

#### （1）玉璧の配置

　玉璧は、頭部傍ら、上半身や背中、股間ないし陰部、足元などに置かれる傾向にあり、特に頭部付近に置かれる場合が多い。[8]また、複数の玉璧が副葬される場合、一部を重ねあわせたり、武器と重ねたりする場合も散見できた。面数が多い事例は、満城1号墓・同2号墓・象崗墓・紅土山墓などがあり、15～38面の玉璧が身体前後双方に置かれている。[9]

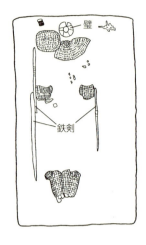
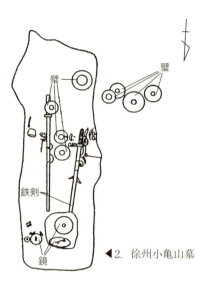

1. 臨沂洪家店墓
(方位不明)

◀ 2. 徐州小亀山墓

**図60 漢墓の副葬品配置事例（1/40）**

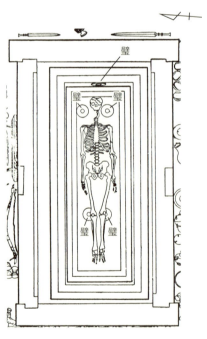
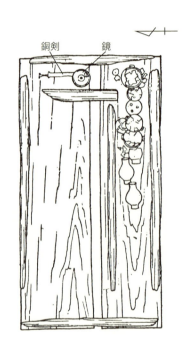

1. 長沙406号墓

2. 長沙260号墓

**図61 戦国時代墳墓の副葬品配置事例（1/40）**

## （2）鏡の配置

　洛陽や長安など華北の墓では、鏡が鏡奩に納められることは少なく、棺内の遺骸の頭や胸、足元近くに置かれることが多いという（樋口 1975：p.179）。同様に、杉本憲二・菅谷文則によれば、洛陽と河南省各地の漢墓を中心とする墓では、鏡が棺内にあることが多く、化粧道具というよりも霊器的取り扱いをされていることが多いと指摘する（杉本・菅谷 1978）。例えば、河南省洛陽焼溝墓のうち、人骨がよく残った30例と鏡との関係について、以下のように整理している（杉本・菅谷 1978）。

- ・頭骨の上方または左側に置く　　16例
- ・頭骨の上方または右側に置く　　12例
- ・胸または肩の上に置く　　　　　 3例
- ・足の傍に置く　　　　　　　　　 3例

　すなわち、鏡は頭部周辺に置かれることが多いようであり、同様に頭部を意識して配置する場合が多い玉璧に類似するといえる。

## （3）刀剣の配置

　鉄刀剣は、被葬者の横に平行させ、鋒を足側に向けて置かれる場合が多い。被葬者片側に複数点ある場合は、重ねて置かれている状況も散見できる。

## 3. 器物を重ね置く副葬の状況

　上記でみたなかには、璧・刀剣などが重ね合わせて置かれた事例が散見される。そこで改めて、璧・刀剣など、異種の副葬品が重ね置かれている事例について、前代や周辺地域も含めて整理しておこう。前代の戦国時代の事例では、湖南省長沙260号墓（図61-1）の槨内で、銅剣1点の上に重ねて銅鏡1面と銅印1点とが置かれている（中国科学院考古研究所編 1957）。前漢中期の事例では、象崗墓の棺内で鉄剣の上に玉璧が重ねられたり、玉璧の上に鉄剣が重ねられたりしていた。紅土山墓でも被葬者右側にある鉄剣や銅剣の上に玉璧が重ねられていた。小亀山墓でも棺内において、鉄剣の上に玉璧1面が置かれていた。また、次節でふれるように中国北東地域では、前漢末期から後漢初期頃の鮮卑ないし夫餘の墳墓とみられる吉林省楡樹市老河深遺跡56・97・105号墓で、鉄剣の上に鏡が重ね置かれている。

## 4. まとめ

　上記までで確認したことについて、若干の考察を加えておきたい。福永光司は、唐代の司馬承禎が著した『含象剣鑑図』や前漢の『淮南子』、西晋の『神仙伝』などの記述をひいて、死者に組み合わされて副葬された鏡と剣が、実用の器物ではなく、道教や神仙術と密接な関連をもつものと想定した。すなわち、長沙戦国墓や洛陽焼溝墓でみられるような、副葬された剣と鏡が、単なる遺品としての意味だけではなく、神秘な霊力をもつとされていたと考えることは十分可能であろうと解釈する（福永光 1973）。志賀和子も次節でふれる老河深遺跡56・97・105号墓でみられる、鉄剣の

上位に鏡を重ね置く副葬配置が、鏡と剣を重要視する思想の影響によるものと見なしている（志賀1994）。なお菅谷文則は、上記の象崗墓において趙眛の棺内に玉璧が多くあり、鏡がみられない一方、殉葬者に鏡が副葬されていることから、鏡による辟邪の呪力が、玉璧のそれと同じであったと想定している（菅谷 1996）。

こうした諸説のように、鏡と剣に神秘な霊力があるとされ、さらに鏡と玉璧の間にも辟邪といった類似した意味が付与されていたとすれば、鏡と剣、および鏡と璧をセットにする、ないし重ね置く副葬にも通底する意識があったものと解釈できないだろうか。ただし、本節でみた副葬品同士を重ね置く事例のなかには、単に複数の器物を遺体近辺に集積して配置しようとする意図から、結果的に重ね置かれた場合も含まれるであろう。そこで次節ではさらに、日本列島の弥生中期から古墳前期における類似した副葬配置の事例についても検討し、本節での考察もふまえて、その系譜や意義について考えるものとする。

## 第4節　漢代併行期前後の東アジアにおける鏡の「重ね置き副葬」

　弥生中期から古墳前期の日本列島では、東アジア他地域と比較しても多量の鏡が副葬品として消費されている。しかし、倭人が鏡副葬を好む思想的背景については、これまで必ずしも正面から踏み込んだ検討がなされてこなかったように思われる。弥生時代から古墳前期の舶載鏡は、北東アジア青銅器文化における多鈕細文鏡、中原の青銅器文化における漢鏡・三国鏡などがあり、いずれも中国大陸に特徴的にみられ、宗教的性格を色濃くもった器物である。日本列島におけるこうした舶載鏡の副葬は、単に製品の伝来だけではなく、それに込められた思想も受容された可能性がある。

　さて、前節でもみたように、前漢王墓の棺内・槨内において、多量の璧や鉄剣が重ね置かれている状況を看取することができた。そして、後述するように弥生中期初頭から古墳前期の日本列島では、鏡・銅剣・鉄剣などの副葬金属器のなかに重ねて置かれたものがみられる。本節では、これを意図的な副葬様式であると積極的に解釈して「重ね置き副葬」と仮称しておく。そして、弥生中期から古墳前期の鏡を機軸にみた「重ね置き副葬」を俎上にのせて、こうした副葬様式の系譜について東アジア的視野から俯瞰して検討する。また、破砕された鏡の副葬事例のなかにも重ね置かれたものがみられることから、あわせて検討を加えたい。そのうえで、冒頭にあげた倭人が好んで鏡副葬を行った意味や背景という大テーマについてアプローチするものとする。

　なお、本節で鏡を機軸にみた「重ね置き副葬」を取り上げた理由は、当該期の日本列島の副葬品のなかで、鏡が中国大陸からもたらされた、あるいはその影響のもとに製作された器物として最も代表的であることによる。すなわち、日本列島の墳墓における副葬行為の思想的背景についてアプローチするうえで、中国大陸からの何らかの影響を読み取りやすいと考えたわけである。

### 1. 日本列島における完形鏡の「重ね置き副葬」

　まず、完形ないしほぼ完形の鏡とその他の器物を重ね置いたり、鏡同士を重ね置いたりした副葬事例についてみていく。

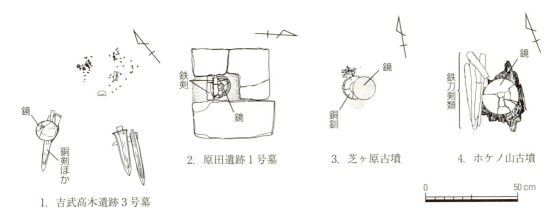

図62 日本列島における完形鏡の「重ね置き副葬」その1 (1/20)

## (1) 弥生中期初頭から前半

**福岡県福岡市吉武高木遺跡3号木棺墓（図62-1）**

早良平野を流れる室見川左岸に位置し、1981〜85年度の発掘調査によって、弥生前期末葉から中期後半の甕棺墓34基・木棺墓4基・土壙墓13基が検出された。このうち3号木棺墓では、被葬者右側辺に下位から細形銅矛・細形銅剣、鏡面を上にした面径11.2 cmの多鈕細文鏡の順で重ね置かれていた。その他、被葬者左側辺には、細形銅戈と細形銅剣が置かれ、北側小口近くには一連とみられる翡翠製勾玉1点・碧玉製管玉95点の首飾りが出土した。

**佐賀県唐津市宇木汲田遺跡12号甕棺墓（図63-1）**

唐津平野南部の微高地に位置し、1957年以来の発掘調査で、東西34 m・南北10 mの範囲から甕棺墓129基・土壙墓3基などが検出されている。このうち弥生中期前半・汲田式の12号甕棺墓棺内では、鏡面を上にした面径10.5 cmの多鈕細文鏡の上位に細形銅剣が置かれていた。

## (2) 弥生中期後半

**福岡県糸島市三雲南小路遺跡1号甕棺墓**

糸島平野の瑞梅寺川と井原川の間にある沖積微高地に位置する。1号甕棺墓は、1822（文政5）年に開棺し、1974・1975年度に福岡県教育委員会によって再調査がなされている。副葬品は、棺内から前漢鏡など31面以上・細形銅矛1点・中細形銅矛1点・金銅四葉座金具8点・ガラス璧8面以上・ガラス勾玉3点・ガラス管玉60点以上、棺外から有柄中細形銅剣1点・中細形銅戈1点・朱入り小型壺1点が出土したと推定されている。甕棺内面には朱が付着していた。

柳田康雄の復元によれば、出土した鏡は、漢鏡2期で推定面径27.3 cmの重圏彩画鏡1面、面径19.3 cmの四乳雷文鏡1面、漢鏡3期で面径16.4〜18.8 cmの連弧文清白鏡11面、連弧文鏡15面以上、面径18 cm前後の重圏斜角雷文帯精白鏡1面、面径16 cmの重圏清白鏡2面、計31面以上と考えられている（柳田1985）。青柳種信による記録では、「又鏡を重ねて其間ごとに挿物あり。状平たく圓にして径二寸八分中間に穴あり。穴径七分両共に塹土を塗たる如くにして霰文あり。厚貳分許」（青柳1822）とあり、重ねた鏡の間にガラス璧が挟まれていた副葬状況がわかる。複数の鏡と一緒にガラス璧も重ね置かれていたという両者の同じ扱いから、後述するように、鏡が同じ

円形である璧の代替として用いられた可能性を一考しておきたい。なお、1974・1975 年度調査で出土したガラス璧は 7 面に復元されており、推定面径約 12.0〜12.3 cm である。

一方、三雲南小路遺跡 2 号墓では、1975 年度の調査によって、面径 6.0〜11.4 cm を測る前漢鏡 22 面が出土している。2 号甕棺下甕からは、鏡面を上にした完形鏡 1 面のほか、棺内壁の 5 か所で円形の鏡影が検出されている。これらの痕跡は間隔をあけた位置で検出されており、1 号甕棺墓のように鏡同士を重ね置いたとみられる配置にはなっていない。なお、下甕内は部分的に朱が付着していた。

### 福岡県春日市須玖岡本遺跡 D 地点甕棺墓

福岡平野南側の那珂川と御笠川の間にある春日丘陵に位置する。1899 (明治 32) 年、大石の下から発見された。確認されている遺物は、前漢鏡など 30 面前後、銅剣・銅矛・銅戈 10 点以上・ガラス璧・ガラス製勾玉 1 点・ガラス製管玉 12 点などである。

梅原末治の復元によれば、出土した鏡は、漢鏡 2 期で推定面径約 23.0〜23.6 cm の草葉文鏡 3 面、漢鏡 3 期で推定面径約 17.3 cm の重圏精白鏡 2 面、推定面径約 16.7 cm の重圏清白鏡 3 面、推定面径約 17.8 cm の連弧文清白鏡 3 面、推定面径約 15.8〜16.1 cm の星雲文鏡 5〜6 面、推定面径約 9.8 cm の連弧文昭明鏡 1〜2 面、推定面径約 7.6 cm の重圏日光鏡 3 面など、大小の鏡からなる (梅原 1930)。鏡の出土状態については不明な点が多いものの、中山平次郎の報文では、「多く鏡が重なって出たと発掘者が私に告げたのを参酌すると、あるいは大鏡が表面を下にして置かれていて、その上により小なるものが重なっていたのであらぬやと思うのである」(中山 1927: p.6) と記述してある。これは、大小の各鏡片に付着した朱の状況から想定した中山の仮説であるが、多量の鏡が重なって出土したという発掘者の証言に信憑性があるとすれば、三雲南小路遺跡 1 号甕棺墓と同様に、少なくとも鏡が重ね置かれていたという配置状況については想定してよいだろう。

### 福岡県飯塚市立岩堀田遺跡 10・28 号甕棺墓 (図 63-2・3)

嘉穂盆地を流れる遠賀川右岸の独立丘陵にある。1963〜65 年の発掘調査によって、弥生中期中頃から後期前半の甕棺墓 40 基・土壙墓 1 基などが検出された。このうち、弥生中期後半の朱塗りの 10 号甕棺墓棺内からは、漢鏡 3 期の前漢鏡 6 面、銅矛 1 点・鉄剣 1 点・鉇 1 点・砥石 2 点が出土している。被葬者から見て右側には、面径 15.6 cm の連弧文日有喜鏡 (1 号鏡)、面径 17.8 cm の重圏精白鏡 (2 号鏡)、鉄剣・鉇・銅矛、面径 15.4 cm の重圏清白鏡 (3 号鏡) の順で、一部分を重ねながら鱗状に並べ置かれていた。被葬者から見て左側には、面径 18.2 cm の連弧文日有喜鏡 (4 号鏡) の上位に面径 18.0 cm の連弧文清白鏡 (5 号鏡) が一部分重ね置かれ、約 4 cm の間隔をあけて面径 15.9 cm の重圏姚皎鏡 (6 号鏡) が置かれていた。いずれも鏡面を上に向けており、絹布などの布痕は認められず、鏡そのものを遺体の左右に副葬したと考えられている。

弥生中期後半の朱塗りの 28 号甕棺墓棺内からは、漢鏡 3 期の前漢鏡 1 面、素環頭刀子 1 点・管玉 553 点・ガラス製丸玉 1 点・ガラス製棗玉 1 点・塞杆状ガラス器 5 点が出土した。被葬者右側で、鏡面を上にした面径 9.8 cm の重圏昭明鏡 1 面の上に素環頭刀子 1 点が置かれていた。鏡面に布痕は認められていない。

この他、立岩堀田遺跡では、34・35・39 号甕棺から漢鏡 3 期の前漢鏡が 1 面ずつ出土しているが、「重ね置き副葬」ではない。34・35 号甕棺に副葬されていた 9 号鏡・8 号鏡は鏡背を上にして置かれていたのに対し、上記の 10・28 号甕棺墓では、いずれも鏡面を上にしていた。立岩堀田遺

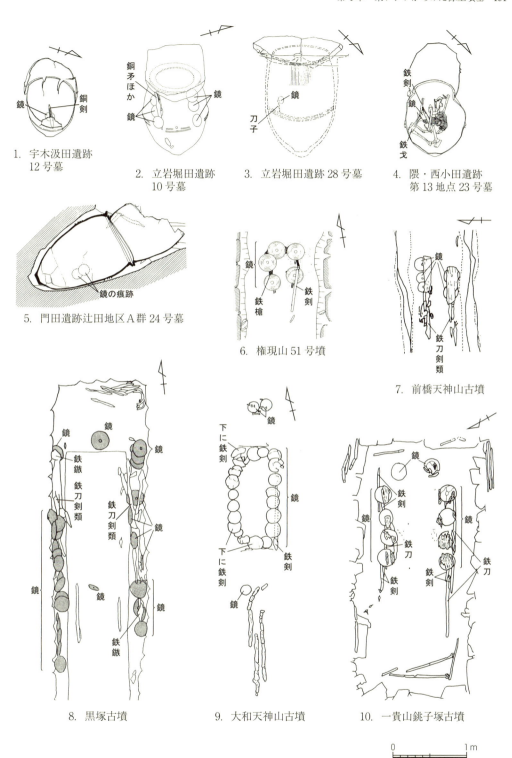

図63 日本列島における完形鏡の「重ね置き副葬」 その2 (1/50)

跡では、「重ね置き副葬」を行う場合、鏡面を上に向けて副葬する約束があった可能性も考えられる。また、10・28 号甕棺墓のみ、朱塗りの甕棺が使用されていることは、両者の特別性がうかがえる。

**福岡県朝倉郡筑前町東小田峯 2 号墳丘墓 10 号甕棺墓**

筑後川支流宝満川左岸の微高地に位置する。1986 年の発掘調査によって検出された。出土状態からみると重ね置いた配置ではないが、鏡と剣が接している事例として、10 号甕棺墓がある。10 号甕棺墓棺内には、前漢鏡 2 面・鉄剣・鉄鑷子 1 口、ガラス壁を再加工した円板 2 面が、棺外には鉄戈が副葬されていた。また、棺内からは多量の朱が認められている。

前漢鏡は、面径 17.2 cm の連弧文清白鏡、面径 6.6 cm の連弧文日光鏡で、漢鏡 3 期にあたる。鉄剣と接した連弧文清白鏡は鏡面を上に向けて、鉄剣の鋒と接して置かれていた。当初は重ね置かれていたものが、埋没の過程で移動した可能性もあろう。なお、一方の連弧文日光鏡は、鏡背を上に向けている。

**福岡県筑紫野市隈・西小田第 13 地点 23 号甕棺墓（図 63-4）**

宝満川中流域左岸にある低丘陵上に位置する。1987 年の発掘調査によって、第 13 地点からは甕棺墓 24 基・土壙墓 21 基などが検出された。このうち、23 号甕棺墓の棺内から、ゴホウラ貝製腕輪 41 点を着装した 30 代と推定される男性人骨とともに、前漢鏡・鉄戈・鉄剣が出土した。棺内には朱が認められる。前漢鏡は、漢鏡 3 期にあたる面径 9.8 cm の重圏昭明鏡で、布に包まれていたとみられる。被葬者右肘上に鏡面を上にして置かれ、その上位に鉄剣と鉄戈茎部が重ね置かれていた。

**福岡県春日市門田遺跡辻田地区 A 群 24 号甕棺墓（図 63-5）**

那珂川右岸、春日丘陵に位置する。辻田地区の調査は、1972～75 年、福岡県教育委員会によって実施された。弥生中期後半の 24 号甕棺墓は、既に盗掘を受けていたもので、攪乱土中から鉄剣 1 点、棺外接合部南側から有樋鉄戈 1 点が出土した。下甕からは、直径約 14 cm と 13 cm の円弧痕が一部分重なった状態で検出されており、鏡の「重ね置き副葬」の痕跡と考えられる。上甕・下甕とも体部内面全体に朱が塗布されている。

### （3）弥生終末期から古墳前期

**福岡県嘉麻市原田遺跡 1 号箱式石棺墓（図 62-2）**

遠賀川上流域の馬見台地上に位置する。1986 年度の発掘調査では、弥生中期の木棺墓 16 基・土壙墓 47 基・甕棺墓 12 基、弥生後期から古墳前期初頭の石棺墓 18 基・木棺墓 20 基・土壙墓 28 基・石蓋土壙墓 1 基・甕蓋状土壙墓 1 基が検出されている。

弥生後期後半ないし終末期の 1 号箱式石棺墓では、鏡と鉄剣が底石部分に副葬されていた。石棺中央部分のみ一段低くした板石上に鏡を 1 面置き、その上に中央から折った鉄剣を 2 本平行させて置いていた。さらに、その上や周辺を粘土で目張りして、最後に三角形の板石片を置くという特異な副葬状況である。また、石棺内にはベンガラが塗られていた。鏡は、面径 11 cm で縁の一部分が欠落する「長生宜子」単夔文鏡である。鏡背を上にして、検出時には十数片に割れていた。鉄剣は、もともと茎が欠落しており、残存長は 25.6 cm である。

### 京都府城陽市芝ヶ原墳丘墓（図62-3）

1986年、城陽市教育委員会によって発掘調査が行われた。木津川右岸、城陽市東部の丘陵上に位置する、墳丘残存長約24mの前方後方墳である。埋葬施設は組み合わせ式木棺である。出土土器より、弥生終末期後半から古墳前期初頭頃に位置付けられている。副葬品は、四獣形鏡1面・銅釧2点・鉇1点・翡翠製勾玉・碧玉製管玉・ガラス製小玉などがある。棺内には、朱が検出されている。頭側とみられる小口板付近で、外径12.1cmを測る裏向きの銅釧2点の上に、鏡面を上にした面径12cmの四獣形鏡1面が重ね置かれていた。

### 奈良県桜井市ホケノ山古墳（図62-4）

1999～2000年、大和古墳群学術調査委員会によって埋葬施設が発掘調査された。奈良盆地南東部、纒向古墳群中にある墳長約80mの前方後円墳で、中心埋葬施設は石囲い木槨である。木槨内や木棺内は、朱が塗布・撒布されていたと考えられる。出土した画文帯四乳求心式神獣鏡の年代観や三角縁神獣鏡を含まない点などから、3世紀中頃、古墳前期初頭頃の築造と考えられている。副葬品は、鏡3面・銅鏃70点以上・青銅淬3点・鉄刀剣類9点以上・鉄鏃74点以上・工具類である。

このうち、完形で鏡面を上にした面径19.1cmの画文帯同向式神獣鏡の西脇から、一部分が鏡の下にもぐるように鉄刀剣類5点が束になった状態で出土している。鉄刀剣類は抜き身のものを束にして布で包んでいたとみられている。これらは、棺内遺物である可能性があるが、他の副葬品同様に木槨蓋上などの高いところにあった可能性も否定できない。いずれにしても一部分重なりあった出土状態からみて、鉄刀剣類と画文帯神獣鏡は、もともと近接して副葬されていたと考えられる。また、鉄剣はすべて茎部を欠失しており、原田遺跡1号箱式石棺墓における鉄剣の状況と類似する。なお、このほかの鏡として出土した画文帯四乳求心式神獣鏡・四葉座内行花文鏡は、破片を破砕して散布したとみられている。

### 兵庫県たつの市権現山51号墳（図63-6）

揖保川下流域に立地する墳長48mを測る前方後方墳である。古墳前期初頭頃に位置付けられる。竪穴式石槨内の木棺内からは、三角縁神獣鏡5面・鉄剣・鉄槍・その他鉄器類・ガラス製小玉220点・紡錘車形貝製品などが出土した。また木棺内には、赤色顔料が塗布されていたと考えられる。三角縁神獣鏡5面は、被葬者頭部をコの字状に囲むようにして出土している。これらは、鏡背を上にして検出されたが、本来は遺体の方向に鏡面を向け、遺体の脇に立てかけられていたものと考えられている。このうち、2号鏡と3号鏡は一部分が重なるように検出された。また、被葬者から見て右側にある2・3・4号鏡の下位からは鉄槍先が、被葬者から見て左側にある1号鏡と5号鏡の間からは、挟まれるように鉄剣が検出されている。なお、残存人骨から、被葬者は壮年後半から熟年の男性である蓋然性が高いと考えられている。

### 奈良県天理市黒塚古墳（図63-8）

1997～98年、天理市教育委員会・橿原考古学研究所によって埋葬施設が発掘調査された。奈良盆地南東部、柳本古墳群中にある墳長約130mの前方後円墳で竪穴式石槨をもつ。割竹形木棺の棺床では、朱やベンガラが検出されている。古墳前期前半頃に位置付けられる。棺内には画文帯神獣鏡1面・刀剣類など、棺外には三角縁神獣鏡33面・刀剣類25点以上・鉄鏃170点以上・小札類・工具・U字形鉄器などが副葬されていた。棺外の三角縁神獣鏡は、西棺側17面、東棺側15

面、北小口中央に1面があり、棺外両側の鏡は本来、鏡面を木棺側に向けて立位で置かれていたとみられる。これらは鏡同士を一部分重ねたり、鏡が刀剣類や鉄鏃群を挟んだりした状態で置かれていた。

### 奈良県天理市大和天神山古墳（図63-9）

1960年、埋葬施設が発掘調査された。奈良盆地南東部、柳本古墳群中にある墳長113 mの前方後円墳である。竪穴式石槨内の木棺からは、中央部で朱・鏡20面、北端部で鏡2面・鉄製工具類・鉄鏃が、南端部で鏡1面・鉄刀3点が検出された。鏡は、漢鏡5期の内行花文鏡4面・方格規矩四神鏡6面、漢鏡7期の画像鏡2面・画文帯神獣鏡4面・上方作系浮彫式獣帯鏡1面などで、面径12.9～23.8 cmを測る。これらは、鏡面をすべて上にして置かれていた。中央部の20面は、4点の鉄剣の上に置かれ、一部分重ねたり、接したりさせながら長方形に並べていた。

### 愛知県犬山市東之宮古墳（杉崎章ほか1975、宮川1983）

1973年、盗掘に伴って埋葬施設が発掘調査された。白山平山頂上に立地する、墳長約78 mを測る前方後方墳で、竪穴式石槨をもつ。古墳前期前半頃に位置付けられる。三角縁神獣鏡5面・方格規矩鏡1面・四獣鏡2面・人物禽獣文鏡3面・鍬形石1・車輪石1・玉類・刀剣類・鉄製工具類などが出土している。布に包まれていたとみられる7面の鏡は、鏡面を内側に向けて、石槨東側小口壁に並べ重ねて、立てかけてあった。また詳細は不明だが、粘土床東端には、布に包まれて鏡面を下にした3面の鏡があり、その下位から鏡面に接して3点の短剣が検出されたと報告されている。

### 大阪府茨木市紫金山古墳（小野山ほか1993、阪口編2005）

1947年に埋葬施設が発掘調査された。墳長約100 mを測る前方後円墳で竪穴式石槨をもつ。古墳前期中葉頃に位置付けられる。竪穴式石槨内からは、鏡12面・刀剣類・筒形銅器・鉄製工具類・玉類・貝輪・鍬形石・車輪石・紡錘車形石製品などが出土している。鏡は、木棺内で漢鏡4期の方格規矩四神鏡1面が検出されたほか、石槨北壁と木棺小口の間で、勾玉文帯神獣鏡1面・仿製三角縁神獣鏡5面が貝輪・車輪石・鍬形石・鉄剣などと重ね置かれ、石槨南壁と木棺小口の間で、三角縁神獣鏡1面・仿製三角縁神獣鏡4面が、貝輪・鍬形石などと重ね置かれた状態で検出された。後述するように古墳前期において、多数面の三角縁神獣鏡を副葬する場合、列状に配置しながら刀剣類と重ね置かれる事例が多いが、本古墳の場合、石槨両小口部に集積して重ね置かれており、他の事例とは若干様相が異なっている。

### 群馬県前橋市前橋天神山古墳（図63-7）

1968年、埋葬施設が発掘調査された。墳長約129 mを測る前方後円墳で、粘土槨をもつ。古墳前期後半頃に位置付けられる。鏡5面・刀剣類・鉄鏃・銅鏃・鉄製工具類・紡錘車形石製品などが出土している。棺内中央の両側に平行して、被葬者右側には刀剣類の上に二禽二獣鏡1面・三段式神仙鏡1面・捩文鏡1面が、被葬者左側には刀剣類の上に三角縁神獣鏡2面が、鏡面を下にして、重ねて並べ置かれていた。

### 福岡県糸島郡二丈町一貴山銚子塚古墳（図63-10）

1950年、埋葬施設が発掘調査された。筑前の長野川流域にある墳長103 mの前方後円墳である。竪穴式石槨内からは、鏡10面・素環頭大刀3点・鉄刀4点・鉄剣6点・鉄槍14点などの刀剣類、鉄鏃14点・玉類などの副葬品が出土した。被葬者頭部付近からは朱が検出されている。古墳前期末葉頃に位置付けられる。

鏡は、被葬者の上半身をコの字状に取り囲むように並べられ、被葬者左右には刀剣類の上に4面ずつの仿製三角縁神獣鏡、頭頂部側に漢鏡5期の方格規矩四神鏡1面（面径21.2 cm）・内行花文鏡1面（面径21.7 cm）が、鏡面を上にした状態で検出された。仿製三角縁神獣鏡8面と刀剣類は、副葬当初から棺外に重ねて並べ置かれたか、あるいは鏡面側に木棺片が付着している点からみて、当初は鏡面を内側に向けて、木棺側板の棺外に立てかけた状態で配置されたものであった可能性がある。後者であった場合は、平面図から判断すると、鏡と刀剣類を当初から重ねていた副葬配置と考えることは難しく、「重ね置き副葬」の事例からははずれることになろう。

以上、概観したように、日本列島では、弥生中期初頭から古墳前期にかけて、鏡を用いた「重ね置き副葬」が、断片的に確認できた。もとより、埋葬施設の崩壊や埋没過程における副葬品の移動も慎重に考慮しなければならないが、他の器物が複数面の鏡に挟まれるように検出されたり、鏡の一部分のみが連続して鱗状に重ねられたりするといった事例については、意図的な行為であったと認定することができよう。

また、日本列島における弥生中期初頭から後半の段階で「重ね置き副葬」がなされる事例は、被葬者に装着された貝輪や銅釧を除くと、多鈕細文鏡や前漢鏡を用いる場合がほとんどである。[11]日本列島に鏡副葬が導入された当初から、弥生中期の九州北部では、「重ね置き副葬」という配置形態と鏡との間に一定の関連性があったことがうかがえる。ただし、弥生後期後葉から終末期になると、近畿北部の京都府与謝郡与謝野町大風呂南1号墓第1主体部で複数の鉄剣や銅釧、瀬戸内地域の広島県広島市梨ヶ谷B地点2号墓a主体・同西願寺遺跡D地点2号石槨で各種鉄製工具を重ね置いて副葬するなど、本州西部において他の器物でも「重ね置き副葬」の事例がみられるようになる。こうした弥生後期後葉頃以降の「重ね置き副葬」事例については、弥生中期九州北部での鏡を要素とした「重ね置き副葬」の影響が他の器物に拡散したものか、単に副葬品を1か所に集積して置くといった意味に留まる一般的な行為からくるものなのか、という個別的な仕分けの検討が必要になる。それでも後述するように、上記であげた古墳前期の複数の鏡と刀剣類を列状に連結して重ね置く配置事例の場合は、偶然的なものではなく、意図的になされた副葬の一形態として評価することは許されよう。

上記でみた鏡を用いた「重ね置き副葬」の組成や数量を分類すると以下のようになる。

① 鏡重ね置き副葬a型

鏡1面と刀剣・工具、その他の器物を重ね置いたもの（吉武高木遺跡3号木棺墓・宇木汲田遺跡12号甕棺墓・立岩堀田遺跡28号甕棺墓・隈・西小田遺跡第13地点23号甕棺墓・原田遺跡1号箱式石棺墓・芝ヶ原墳丘墓・ホケノ山古墳）。

② 鏡重ね置き副葬b型

複数面の鏡同士を重ね置いたもの。鏡の一部分のみを重ねて、鱗状に配置する場合が多い。一部分のみを重ね合わせることで、列状の連結を意識したものと考えられる（立岩堀田遺跡10号甕棺墓被葬者左側・門田遺跡辻田地区A群24号甕棺墓？）。

③ 鏡重ね置き副葬a＋b型

複数面の鏡と刀剣・工具、その他の器物を重ね置いたもの。複数面の鏡同士を重ね、さらに異なる器物とも重ね置く場合と、個々の鏡同士は重ねないが、複数点の刀剣類と複数面の鏡を重ね置いて、ひとつのまとまりをつくる場合とがある。いずれにしても、「鏡重ね置き副葬b型」と同様、

表20 完形鏡「重ね置き副葬」一覧

| 住所 | 遺跡名 | 時代 | 類型 | 重ね置かれた副葬品 | 鏡面向き | その他副葬品 | 備考 |
|---|---|---|---|---|---|---|---|
| 福岡県福岡市 | 吉武高木3号木棺 | 弥生中期初頭 | a | 【棺内】細形銅矛＜細形銅剣＜多鈕細文鏡 | 上 | 【棺内】細形銅戈1、細形銅剣1、翡翠製勾玉1、碧玉製管玉95 | |
| 佐賀県唐津市 | 宇木汲田12号甕棺 | 弥生中期前半 | a | 【棺内】多鈕細文鏡＜細形銅剣 | 上 | | |
| 福岡県糸島市 | 三雲南小路1号甕棺 | 弥生中期後半 | a＋b | 【棺内】前漢鏡＜ガラス璧＜前漢鏡…（前漢鏡31以上・ガラス璧8以上） | ? | 【棺内】細形銅矛1、中細形銅矛1、金銅四葉座金具8、ガラス勾玉3、ガラス管玉60以上【棺外】有柄中細形銅剣1、中細形銅戈1、朱入り小型壺1 | 甕棺内面に朱 |
| 福岡県飯塚市 | 立岩堀田10号甕棺 | 弥生中期後半 | 右 a＋b | 【棺内】前漢鏡＜前漢鏡＜鉄剣＜鉇＜中細形銅矛＜前漢鏡 | 上 | 【棺内】砥石2、前漢鏡1 | 甕棺内面に朱 |
| | | | 左 b | 【棺内】前漢鏡＜前漢鏡 | 上 | | |
| 福岡県飯塚市 | 立岩堀田28号甕棺 | 弥生中期後半 | a | 【棺内】前漢鏡＜素環頭刀子 | 上 | 【棺内】管玉553、ガラス丸玉1、ガラス棗玉1、塞杆状ガラス器5 | 甕棺内面に朱 |
| 福岡県筑紫野市 | 隈・西小田13地点23号甕棺 | 弥生中期後半 | a | 【棺内】前漢鏡＜鉄剣・鉄戈 | 上 | 【棺内】ゴホウラ貝製腕輪41 | 甕棺内面に朱 |
| 福岡県嘉麻市 | 原田1号箱式石棺 | 弥生終末期 | a | 【棺内】後漢鏡＜鉄剣片2 | 下 | | 棺内にベンガラ |
| 京都府城陽市 | 芝ヶ原墳丘墓 | 弥生終末期 | a | 【棺内】銅釧＜銅釧＜銅鏡 | 上 | 鉇1、翡翠製・碧玉製勾玉、ガラス小玉 | 棺内に朱 |
| 奈良県桜井市 | ホケノ山古墳 | 古墳前期初頭 | a | 【棺内】鉄刀剣＜後漢鏡 | 上 | 鏡2、銅鏃70以上、鉄鏃74以上、鉄製工具類ほか | 棺槨内に朱 |
| 兵庫県たつの市 | 権現山51号墳 | 古墳前期初頭 | a＋b | 【棺内】鉄槍＜三角縁神獣鏡3、三角縁神獣鏡＜鉄剣＜三角縁神獣鏡 | 内側 | 【棺内】銅鉄鏃、鉄槍3、鉄製工具類、ガラス小玉220、紡錘車形貝製品 | 棺内に赤色顔料 |
| 奈良県桜井市 | 黒塚古墳 | 古墳前期前半 | a＋b | 【棺外】三角縁神獣鏡＜鉄刀剣・鉄鏃＜三角縁神獣鏡（鏡32・刀剣類25以上・鉄鏃） | 内側 | 【棺内】後漢鏡1、刀剣類【棺外】小札類、工具類ほか | 棺内に朱 |
| 奈良県天理市 | 大和天神山古墳 | 古墳前期 | a＋b | 【棺内】鉄剣4＜後漢鏡20 | 上 | 【棺内】後漢鏡2、鉄刀3、鉄製工具類、鉄鏃5 | 棺内に朱 |
| 愛知県犬山市 | 東之宮古墳 | 古墳前期前半 | a＋b | 【棺内】鉄剣3＜鏡3（詳細不明）【棺外】鏡7 | 下 内側 | 刀剣類、鉄鏃、鉄製工具類、車輪石、石釧2、合子2、玉類 | 石槨壁にベンガラ、棺内に朱 |
| 大阪府茨木市 | 紫金山古墳 | 古墳前期中葉 | a＋b | 【棺外】三角縁神獣鏡5・仿製鏡・貝輪2・車輪石・鍬形石3・籠手など、三角縁神獣鏡5・貝輪・鍬形石3、短甲など | 上 | 【棺内】方格規矩四神鏡1、玉類、鉄剣【棺外】筒形銅器、紡錘車形石製品、刀剣類、鉄鏃、鉄製工具類など | |
| 群馬県前橋市 | 前橋天神山古墳 | 古墳前期後半 | a＋b | 【棺内】刀剣類5＜三角縁神獣鏡2、刀剣類5＜後漢鏡・仿製鏡など3 | 下（内側か） | 【棺内】刀剣類、紡錘車形石製品4など | |
| 福岡県二丈町 | 一貴山銚子塚古墳 | 古墳前期末葉 | a＋b | 【棺外】刀剣類5＜三角縁神獣鏡4、刀剣類4＜三角縁神獣鏡4 | 上（内側か） | 【棺内】翡翠製勾玉2、碧玉製管玉33【棺外】後漢鏡2、刀剣類、鉄鏃14 | 被葬者頭部付近に朱 |

重ね合わせることで列状の連結を意識したものが多い（立岩堀田遺跡 10 号甕棺墓被葬者右側・三雲南小路遺跡 1 号甕棺墓・権現山 51 号墳・黒塚古墳・大和天神山古墳・前橋天神山古墳・一貴山銚子塚古墳など）。

　以上の類型を時期的にみると、弥生中期初頭から前半の多鈕細文鏡が副葬される段階では「鏡重ね置き副葬 a 型」（以下 a 型副葬と省略）、弥生中期後半の漢鏡 3 期前漢鏡が副葬される段階にはいると「鏡重ね置き副葬 b 型・a＋b 型」（以下それぞれ b 型副葬・a＋b 型副葬と省略）がみられるようになる。a 型副葬ないし a＋b 型副葬において、鏡と重なる他の器物は、剣などの近接武器や工具といった鋭利な刃部をもつ器物である場合と、ガラス璧・銅釧といった鏡と同じ円形の器物である場合とがある。古墳前期になってからの a＋b 型副葬では、三角縁神獣鏡など面径の大きい複数面の鏡と複数点の刀剣類が、木棺内外の長辺両側や被葬者頭部周辺に重ね置かれる場合が多い。

　なお、弥生中期の九州北部における「鏡重ね置き副葬」では、吉武高木遺跡 3 号木棺墓、宇木汲田遺跡 12 号甕棺墓、立岩堀田遺跡 10・28 号甕棺墓、隈・西小田遺跡第 13 地点 23 号甕棺墓のように、鏡面を上に向ける事例が多い。一方、古墳前期においては、鏡面を上にするほか、遺体側に鏡面を向けて立て並べる事例が多いが、「重ね置き副葬」以外の副葬事例、鏡種・副葬位置との関係など、包括的に検討する必要があろう。

　また、a＋b 型・b 型副葬が現れる弥生中期後半の九州北部では、多量の副葬品と墳丘をもち、単独の甕棺墓が墓域を占有する特定個人墓の A 王墓、墳丘や自然的高所に副葬品をもつ複数の甕棺墓がある特定集団墓の B・C 王墓が現れるといった階層性が認められている（下條 1991）。これらの副葬品組成は、伊都国王墓といわれる三雲南小路遺跡 1 号甕棺墓や奴国王墓といわれる須玖岡本遺跡 D 地点甕棺墓のような A 王墓が、20 面前後の面径 15 cm 以上の大型前漢鏡やガラス璧・ガラス製勾玉・銅矛など、B・C 王墓が、1 面程度の面径 5～11 cm の小型前漢鏡や武器形鉄器などからなる（立岩堀田遺跡 10 号甕棺墓のみ例外として大型鏡 6 面副葬）。A 王墓とされる三雲南小路遺跡 1 号甕棺墓・須玖岡本遺跡 D 地点甕棺墓と B・C 王墓の例外である立岩堀田遺跡 10 号甕棺墓では、漢鏡 2 期の鏡や漢鏡 3 期の清白鏡・精白鏡といった大型鏡複数面による a＋b 型や b 型副葬がみられる。一方、B・C 王墓とされる立岩堀田遺跡 28 号甕棺墓や隈・西小田遺跡第 13 地点 23 号甕棺墓では、昭明鏡といった小型鏡 1 面のみの a 型副葬がみられる。すなわち、弥生中期後半の九州北部における上位階層墳墓では、鏡種によって副葬配置形態が区別されていたといえる。それでは、こうした配置形態のルーツがどこに求められるのか、以下で検討したい。

## 2．a 型副葬のルーツ

　弥生中期初頭から前半の a 型副葬事例では、北東アジア青銅器文化の系譜をひく、多鈕細文鏡と細形銅剣などの近接武器とが重ね置かれている。そこで、こうした a 型副葬の系譜を考えるために、中国北東地域や朝鮮半島における遺跡で、鏡と剣などが重ね置かれた事例を概観し、配置形態を整理しておこう。

**遼寧省瀋陽市鄭家窪子遺跡 6512 号墓**（図 64-2）

　渾河流域に位置する。第 3 地点南区にある大型の木棺・木槨をもつ 6512 号墓では、老年男性が

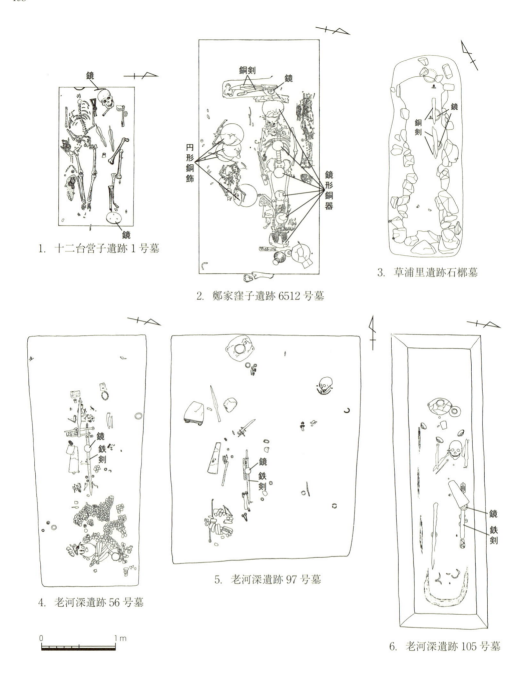

図64 北東アジアにおけるa型副葬と複数面の鏡副葬 その1 （1/50）

埋葬されていた。春秋晩期から戦国早期頃、およそ紀元前6世紀から紀元前5世紀頃に位置付けられている。ここでは槨内棺外の被葬者頭部付近に置かれた箱において、青銅短剣と面径8.8 cmの多鈕鏡1面が重ね置かれていた。

**全羅南道咸平郡草浦里遺跡石槨墓（図64-3）**

榮山江下流域において1987年に工事作業で発見された石槨墓である。長軸約2.6 m・短軸約0.9

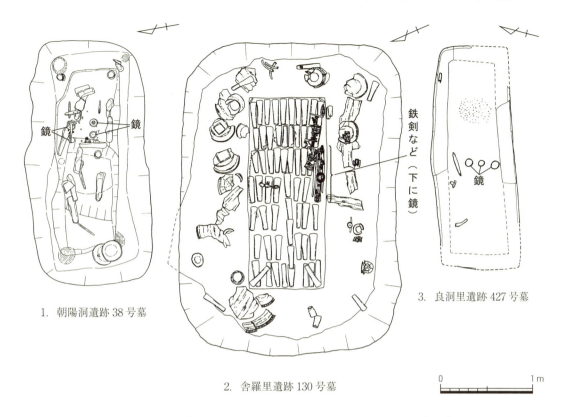

**図 65　北東アジアにおける a 型副葬と複数面の鏡副葬　その 2　(1/40)**

m の墓壙内に木棺と石槨が納められ、地上部には積石がなされたものと復元されている。副葬品には、多鈕細文鏡 3、近接武器の細形銅剣 4・桃氏銅剣 1・銅戈 3・銅矛 2、工具の銅斧 1・銅鉇 1・銅鑿 2 のほか、銅鈴・天河石製勾玉などがある。副葬品やその痕跡の状況から、木棺内北西側において鏡背を上に向けた面径 15.6 cm と 9.7 cm の多鈕細文鏡それぞれの上位に把頭飾付の細形銅剣などが重ね置かれたことが推定される。

### 吉林省楡樹市老河深遺跡 56・67・97・105 号墓（図 64-4・5・6）

　前漢末から後漢初頭頃に比定される木棺墓が、129 基検出されており、鮮卑ないし夫餘のものとみられている。このうち 56 号墓は、被葬者が男性で、長剣の剣身上に面径 9.7 cm の七乳七獣文鏡（細線式獣帯鏡）1 面が重ね置かれていた。成年男女が合葬された 97 号墓は、男性被葬者の腰部左側に置かれた長剣の剣身上に、鏡背を上に向けた面径 9.8 cm の四乳八鳥文鏡（八禽鏡）1 面が重ね置かれていた。105 号墓は、被葬者が成年男性で、腰部左側に置かれた長剣の剣身上に、鏡背を上に向けた面径 8.4 cm の護心鏡 1 面が重ね置かれていた。67 号墓は平面図が報告されていないものの、腰部右側の剣身の下に面径 9.1 cm の四乳四蟠紋鏡（虺龍文鏡）1 面が置かれていたという。56・97・105 号墓は、いずれも剣身上の剣柄側寄りに鏡が置かれている点で共通しており、志賀和子は、これらが偶然ではなく意図して置かれたものと解釈している（志賀 1994）。

### 慶尚北道慶州市舎羅里遺跡 130 号墓（図 65-2）

　慶州盆地周辺の低丘陵上に立地する。原三国時代の木棺墓 7 基のほか、三国時代の木槨墓・積石木槨墓・石槨墓・甕棺墓などが検出されている。このうち木棺墓の 130 号墓では、棺底に板状鉄斧

63枚が敷かれており、面径4.2～4.6cmの仿製鏡4面や細形銅剣・鉄剣・鉄刀・虎形帯鉤・銅釧・ガラス製小玉などが副葬されていた。紀元後1世紀後半に位置付けられている。詳細な副葬状態は不明であるが、仿製鏡4面は、被葬者腰部左側に置かれた鉄剣・青銅装飾付き小刀などの下に副葬されていたと報告されている。

以上、断片的でわずかな事例だが、a型副葬の配置状況を概観した。詳細な副葬配置が報告されている墳墓が少ないため、他にも同様の事例があるかもしれないが、現状ではきわめて限られていると言わざるを得ない。老河深遺跡56・97・105号墓の3例は、いずれも剣身上の剣柄側寄りに鏡が置かれている点で共通性があり、ひとつの副葬様式として、意識して重ね置かれたものと考えたい。草浦里遺跡石槨墓では、吉武高木遺跡3号木棺墓や宇木汲田遺跡12号甕棺墓でもみられた多鈕細文鏡と細形銅剣によるa型副葬が確認できた。しかし、それ以外の事例については、偶然的に鏡と刀剣が重ね置かれた可能性も排除できない。

さて、前節でもふれたように福永光司は、唐の司馬承禎著『含象剣艦図』や前漢の『淮南子』、晋の葛洪著『神仙伝』『抱朴子』などの記述をひいて、死者に副葬された鏡と剣が実用の器物ではなく、神仙思想と密接な関連をもつものと想定した。すなわち、湖南省長沙戦国墓や河南省洛陽焼溝墓でみられるような、セットで副葬された剣と鏡が、単なる遺品としての意味に止まらぬ神秘な霊力をもつとされていたと解釈する（福永光1973）。さらに、葛洪著『神仙伝』巻八にみえる、孫博という仙者による「能く鏡を引いて刀と為し、刀を屈げて鏡と為す」という記述から、金属製品という材質的な類似性がある鏡と刀剣が、共通する霊威をもち、神仙術において重要な位置を占める器物であったとしている。さらに踏みこんで、長沙260号墓（図61-1）では、鏡が銅剣の上に置かれていたことに注目し、これが意図的なもので、前者の霊威が後者のそれよりも上位であるとする考えの反映であるとも解釈した。福永光司の説をもとに志賀和子は、上記した老河深遺跡56・67・97・105号墓におけるa型副葬が、鏡と剣を重要視する当時の神仙讖緯思想の影響であると考えた。また、鄭家窪子遺跡6512号墓についても、神仙思想に通じるシャマニズムと呼ばれる宗教形態と関連する可能性を予察している。

以上の仮説を参照すると、北東アジア青銅器文化が流入する弥生中期初頭から前半および漢文化が流入する弥生中期後半の九州北部において、鏡と剣が重ねられるa型副葬も大きくは中国大陸における神仙思想やこれに先行するような北東アジアの何らかの類似思想にルーツをもつ可能性を想定できないだろうか。すなわち、鏡と剣が霊威をもつ実用以外の器物と見なされ、さらに重ねたり、近接させたりすることによって、そうした効果が相乗的に高まるというような思想的背景のもとにa型副葬がなされたと考えるのである。ただし前述したように、現状の資料では北東アジアにおける副葬事例報告の増加を待ってから検証する必要がある。ここではその系譜について見通しを述べるに留めておきたい。

3. b型・a＋b型副葬のルーツ

(1) 中国東北地域・朝鮮半島における鏡の複数副葬

つづいて、b型ないしa＋b型副葬のルーツを考えるために、中国東北地域や朝鮮半島の遺跡において、1埋葬墓内に複数面の鏡が副葬された報告事例を概観し、配置形態を整理しておく。これ

らの地域で鏡が複数面、副葬された事例には、吉林省樺甸県西荒山屯遺跡2号墓の多鈕鏡2面、遼寧省寛甸県趙家堡子遺跡石槨墓の多鈕鏡3面、大田市槐亭洞遺跡石槨墓の多鈕鏡2面、忠清南道禮山郡東西里遺跡石槨墓の多鈕鏡5面、忠清南道牙山市南城里遺跡石槨墓の多鈕鏡2面、忠清南道扶餘郡九鳳里遺跡の多鈕鏡2面、忠清南道唐津市素素里遺跡の多鈕鏡2面、全羅南道和順郡大谷里遺跡石槨墓の多鈕鏡2面、慶尚北道永川市漁隠洞遺跡の前漢鏡2面・仿製鏡13面、慶尚北道大邱市坪里洞遺跡の前漢鏡1面・仿製鏡5面などがある。以上のほかに、副葬配置が明確に報告されている事例としては、管見の範囲で以下があげられる。

### 遼寧省朝陽県十二台営子遺跡1号墓（図64-1）

大凌河の南東側にある柏山山脈の北麓台地に位置する。1号墓は、男女2体の被葬者が埋葬されていた。西周末から春秋早期頃、およそ紀元前8世紀頃に位置付けられている。男性頭頂部の傍らに多鈕鏡1面、足下に多鈕鏡1面が立てかけて置かれていた。2面の鏡で身体の頭頂部と足もとから挟むことを意識して配置されていることがうかがえる。2面とも大きさは同じで、面径20.4 cmを測る。

### 鄭家窪子遺跡6512号墓（図64-2）

面径28 cmの大型鏡形銅器2面が十二台営子遺跡1号墓のように頭部上と足もとに、さらに面径15 cmの小型鏡形銅器4面が胸部から脛にかけての身体中軸線上にほぼ等間隔で置かれていた。なお、鏡の「重ね置き副葬」事例ではないが、被葬者右側にある面径15 cm・27.4 cm・31.8 cmの円形銅飾が一部分重ねられて並べ置かれている。

### 慶尚北道慶州市朝陽洞遺跡38号墓（図65-1）

東西にのびる低丘陵上に立地する。1979〜83年の国立慶州博物館の発掘調査によって、木棺墓・木槨墓・石槨墓・甕棺墓などが検出された。このうち、前漢鏡4面が出土した38号墓は木棺墓で、鏡のほか鉄斧・鉄剣・刀子などの鉄器、ガラス製小玉、瓦質土器などが副葬されていた。造営年代は、紀元前1世紀中葉から後葉に位置付けられている。平面図や写真によれば、被葬者頭部付近に4面の鏡が、間隔をあけて置かれている。出土した鏡は、面径7.5 cmの四乳鏡1面、面径8.0 cm・6.5 cmの連弧文日光鏡2面、面径6.47 cmの重圏日光鏡1面である。

### 舍羅里遺跡130号墓（図65-2）

上記したように、130号墓では、面径4.2〜4.6 cmの仿製鏡4面が副葬されていた。仿製鏡4面は、被葬者腰部左側に置かれた鉄剣・青銅装飾付き小刀などの下に副葬されていたと報告されているが、個々の鏡がどのような配置であったのかについては不明である。

### 慶尚南道金海市良洞里遺跡162・427号墓（東義大調査、図66・図65-3）

金海中心街から南西約4 kmの丘陵上にある。1990〜96年に東義大学校によって行われた発掘調査では、紀元前2世紀末から紀元後5世紀頃とみられる総数548基の墳墓が検出された。このうち、紀元後2世紀前半代とみられる427号墓は、被葬者腰部辺りに仿製鏡3面がほぼ横一直線上に間隔をあけて並べ置かれていた。3面のうち2面は、鏡面を上に向けて検出された。また、これらは織物生地に包んで、小さな箱、すなわち鏡奩に入れて副葬されていたと考えられる。完形で検出された鏡2面は内行花文日光鏡系仿製鏡で、面径7.8 cmと6.4 cm。162号墓は、427号墓と同様に、被葬者腰部辺りに漢鏡2面が間隔をあけて並べ置かれ、さらに頭部辺りに仿製鏡4面が置かれていた。後漢鏡は、面径11.7 cmの内行花文鏡と面径9.1 cmの四乳鳥文鏡で、仿製鏡は面径7.47

良洞里遺跡162号墓

0  2m

**図66 北東アジアにおけるa型副葬と複数面の鏡副葬 その3** (1/80)

〜9.1 cm。

　以上、わずかな事例ではあるが、これらの副葬状況をみると、鏡を身体の中軸線上などに並べて置いたり、頭頂部と足もとに分離して身体を挟むように置いたりするなど、間隔をあけた配置がなされており、弥生中期後半に九州北部でみられたような、一部分を重ね置きながら配列するb型ないしa＋b型副葬の事例は確認できない。ただし、鄭家窪子遺跡6512号墓のように円形銅飾を一部分重ねながら置いている事例も散見できるが、日本列島でb型副葬がみられるのは弥生中期後半であるため、年代的な齟齬がある点は否めないだろう。

　また上記でみたように、九州北部では、鏡同士を鱗状に重ね並べて列を作るのに適した大型の前漢鏡を用いてb型ないしa＋b型副葬が行われていた。これに対して、朝鮮半島南部で出土した漢鏡は、面径が12 cm未満の小型鏡が多い。こうした状況からも、朝鮮半島南部の一埋葬墓における複数面の鏡副葬は、九州北部とは対照的に、b型ないしa＋b型副葬を意図していなかったものと考えたい。

## （2）中国大陸の前漢王墓にみる璧の複数副葬

　上記のような状況をふまえると、b型ないしa＋b型副葬のルーツを中国東北地域や朝鮮半島に求めることは難しそうである。そこで想起されるのが、前節でみた満城1・2号墓・紅土山墓・象崗墓といった前漢王墓の棺内にみられる、数十面にものぼる玉璧の「重ね置き副葬」である。つまり、弥生中期後半における九州北部のb型ないしa＋b型副葬は、これらを模倣・アレンジすることによって考案された可能性が浮上してくる。そこで以下では、中国大陸・前漢王墓の槨内や棺内に多量の璧が重ね置かれた事例について改めて概観しておきたい。

### 河北省満城1・2号墓（図59-1・2）

　前漢中期の崖墓で、1号墓は紀元前113年に埋葬された中山国王劉勝の墓、2号墓は中山国王劉勝の妻、竇綰の墓とみられる。

　1号墓の棺内には、金縷玉衣上に重なるように、腰部左側に鉄刀1点、右側に鉄剣2点が置かれていた。玉衣内部の胸部前と背中に玉璧18面程度が副葬され、それぞれが紗のような織物で結ばれていたという。報告書の記述と図版写真の状況とが対応しづらい部分もあるが、胸部前には玉璧が縦3列に配置され、一部分が重ねられ鱗状に置かれていた。3列のうち、中央列の玉璧は、面径16.6〜21.2 cmと比較的大きく、両側列の玉璧は13.9〜17.0 cmと比較的小さい。背中には、脊椎部に大型の玉璧が並べられていた。

　2号墓の棺内には、金縷玉衣内部の胸部前と背中に玉璧15面が副葬され、このうち胸部前には、11面が縦3列に配置されて、鱗状に重ね置かれていた。3列のうち、中央列の玉璧3面は面径21.2 cmと比較的大きく、両側列の玉璧各4面は面径14.2〜16.3 cmと比較的小型である。背中には、

4面の玉璧が縦一列に置かれていた。

### 広東省広州市象崗墓（図59-3）

前漢中期、紀元前122年頃に埋葬された南越国第2代王趙眜（胡）の墓とみられる。玉璧は、絲縷玉衣上の下半身部などに面径14.3〜26.9cmのものが10面、玉衣内の頭部両側・胸腹部前に面径13.75〜23.0cmのものが14面、頭部から背中・下半身後ろに面径25.6〜27.5cmのものが5面置かれていた。これらは、一部分だけ重ねあわせて置く配置が多くみられる。玉衣上の玉璧10面は陰部を、玉衣内背中側の玉璧5面は、身体の中軸線にある後頭部や脊椎を意識して置かれているようにみえる。このほか、頭頂部側にも7面の玉璧が重ね置かれていた。また被葬者左右には、それぞれ鉄剣5本ずつが重ねて置かれ、一部分は玉璧の上や下に重ねられているものもある。

### 山東省巨野県紅土山墓（図59-4）

前漢中期、紀元前97年・武帝天漢4年建国の昌邑国王墓とみられる。後室にある棺内中央には、被葬者背中に10面、被葬者胸腹部に17面、棺上に1面、計28面の面径14.0〜25.2cmを測る玉璧が重ねて置かれていた。被葬者胸腹部の玉璧は、鱗状に重ね置かれている。被葬者右側にある鉄剣や銅剣の上にも重ねられた玉璧がある。また、頭部付近には、玉璧に重なるように鏡奩に入れられた面径21.3cmの鏡が1面置かれていた。

上記のように漢代王墓の棺内には、多いもので30面前後を数える璧の「重ね置き副葬」をみることができる。満城1・2号墓や象崗墓では、面径14cm前後以上の玉璧を玉衣内の胸腹部上に一部分を重ねながら置き、背中側にも脊椎を意識して縦に並べるなど、配置の類似性がうかがえる。信立祥は、漢代の璧が、棺・槨の頭部・足部側板に描かれたり、遺体の傍らに置かれたりした事例を、死者の霊魂を招き憑らしめるため、および死者の遺体の腐敗を防ぐためと述べている。当時の昇仙観念によれば、死者が崑崙山などの仙人世界へ順調に昇仙するためには、大切に保存された肉体をもつ、霊魂が自身の遺体から離れないようにする、などの条件が必要であった。死者は、こうしたいわば仮死の段階を経て、肉体と意識の浄化を達成し、昇仙の資格を獲得するという（信立祥 1996：p.167）。王墓クラスの墳墓では、こうした思想的背景のもとに、璧がもつ効力、すなわち遺体を腐敗させないために悪霊の侵入を防ぐ辟邪の効果をより高めることを期待して、多量の副葬がなされたものといえる。

さて、菅谷文則は、上記の象崗墓において趙眜の棺内に玉璧が多くあり、鏡がみられない一方、殉葬者に鏡が副葬されていることから、鏡による辟邪の呪力が、玉璧のそれと同じであったと想定している（菅谷 1996）。また、弥生中期後半・九州北部の三雲南小路遺跡1・2号甕棺墓や須玖岡本遺跡D地点甕棺墓における数十面にのぼる前漢鏡の副葬について、満城墓の多量の玉璧副葬事例をひいて、中国の円形の璧に霊力を信じ屍体を封じた力を、同じ円形の鏡とごく少量の璧で代替したのが日本の弥生中期であると想定した（菅谷 1991：p.183）。また、河上邦彦や大形徹は、漢墓から出土する「面罩」という頭部をおおう箱形の漆器内側に、鏡が貼り付けられていることに注目し、遺体を守るために、辟邪・破邪的意味を鏡に期待したものと解釈している（河上 1991・1997、大形 2000：pp.57-61）。すなわち、中国大陸においても、遺体腐敗防止のために、鏡に璧と同様の意味をもたせる場合があったようである。

象崗墓、満城1・2号墓、紅土山墓では、面径14cm前後以上の玉璧の一部分のみを鱗状に重ねて配置しており、器物の法量や配置形態の点において、九州北部の弥生中期後半にみられたb

型ないしa＋b型副葬の状況と類似している。弥生中期後半の九州北部において階層最上位の墳墓に位置付けられ、a＋b型副葬がなされた三雲南小路遺跡1号甕棺墓および須玖岡本遺跡D地点甕棺墓では、前漢王墓での玉璧面数に近い30面前後の前漢鏡とともにガラス璧が検出されている。青柳種信の記録によれば、三雲南小路遺跡1号甕棺墓では、多量の鏡の中に混在する形でガラス璧が重ねられ副葬されていたとあり、璧と鏡が同様に扱われていたことがうかがえる。

　以上の諸説や状況をふまえると、前漢代の中国大陸における事例がなお稀薄である点は否めないものの、日本列島では、前漢王墓にみられるような多量の璧の「重ね置き副葬」を模倣して、璧の代わりに形態や法量が近い複数面の鏡を用いることで、b型ないしa＋b型副葬を考案したのではあるまいか。この仮説が首肯されるなら、こうした副葬様式の創出は、三雲南小路遺跡1号甕棺墓や須玖岡本遺跡D地点甕棺墓に起点があったと考えるのが妥当であろう。[16]また、弥生中期後半や古墳前期において、「鏡重ね置き副葬」がなされたものは、棺内に朱がみられる場合が多い。『抱朴子』金丹篇の記述にもみられるように、神仙術において、水銀朱が不老不死薬に関連することも、上記の仮説を補強しよう。

　ただし、前漢王墓では被葬者胸腹部を覆うように多量の璧が重ね置かれるようだが、弥生中期後半のb型ないしa＋b型副葬の事例では、遺体上半身周囲に結界を作るように並べて重ね置かれてあり、配置位置が異なっている。ある地域における墓制の変遷過程において、墳墓の一要素のみを断片的に外部から受容して、さらに変容させる現象は普遍的にみられることである。三雲南小路遺跡1号甕棺墓や須玖岡本遺跡D地点甕棺墓での詳細な配置状況が不明であるため、断定できないが、厳密な副葬配置位置については、九州北部においてアレンジ・改変されたと考えることもできよう。

　また、福永伸哉は、前期古墳への鏡多量副葬は、三角縁神獣鏡の登場とともに始まったとみる（福永伸1998）。そして、重松明久（重松明1969：p.104）や福永光司（福永光1973）によって紹介されている神仙術における鏡使用法[17]を引用しながら、鏡多量副葬事例のなかに、神仙世界を表現した径九寸（約22cm）以上の三角縁神獣鏡を含むこと、被葬者を取り囲むように、あるいは前後から挟むように鏡を配置すること、鏡面を被葬者の側に向ける意識が強いことなどの共通点の背後には、神仙思想における銅鏡使用法に通じる要素がうかがえると考えた（福永伸1998）。権現山51号墳・黒塚古墳・大和天神山古墳・前橋天神山古墳・一貴山銚子塚古墳のa＋b型副葬事例では、神仙術において重要アイテムとされる鏡と刀剣類を重ねながら配置することから、こうした思想的影響を一考することは、あながち飛躍ではないように思われる。

## 4．日本列島における破砕鏡の「重ね置き副葬」

　日本列島では、弥生中期後半に副葬される漢鏡3期の鏡は完形、弥生後期前半から副葬される漢鏡4期以降の鏡は破砕鏡ないし破鏡がみられるようになる（岡村1999：p.71）。こうした破砕鏡のなかには重ね置かれた事例がある。そこで、弥生後期以降における鏡副葬様式のひとつとして看過できない破砕鏡の「重ね置き副葬」についても、以下に検討しておきたい。

**佐賀県三養基郡上峰町二塚山遺跡29号石蓋土壙墓（図67-1）**
　脊振山脈南麓から佐賀平野に派生する河岸段丘上に位置する。1975〜76年の発掘調査によって、

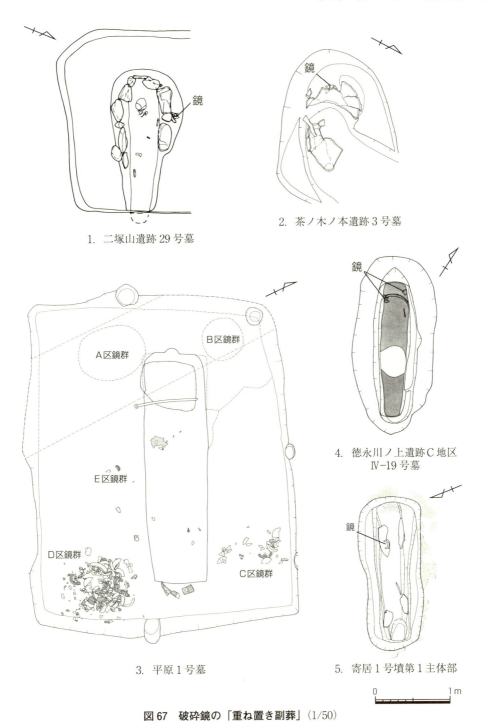

図 67　破砕鏡の「重ね置き副葬」（1/50）

1. 二塚山遺跡 29 号墓
2. 茶ノ木ノ本遺跡 3 号墓
3. 平原 1 号墓
4. 徳永川ノ上遺跡 C 地区 IV-19 号墓
5. 寄居 1 号墳第 1 主体部

弥生前期末から後期の甕棺墓 159 基・土壙墓 89 基・箱式石棺墓 6 基などが検出された。このうち、29 号石蓋土壙墓の熟年男性被葬者の肩部上方にあたる棺上部北側の目張り粘土中から、面径 13.6 cm に復元される、破砕された 1 面分の漢鏡 4 期の波文縁獣帯鏡片が、重ね合わせた状態で検出されている。これらは、鏡背を上にした破片が多かった。

なお、重ねられた事例ではないが、二塚山遺跡76号甕棺墓からも、目張り粘土中から面径9.2 cmに復元される破砕された1面分の漢鏡4期の連弧文昭明鏡がまとまって出土している（図71-4）。弥生後期前半頃の29号石蓋土壙墓や76号甕棺墓でみられるような、完形の中国鏡を故意に破砕するという儀礼は、この時期になって新たに生み出された鏡の副葬様式であると考えられている（小山田 1992、藤丸 1993）。

#### 福岡県八女市茶ノ木ノ本遺跡3号甕棺墓（67-2）

矢部川右岸の微高地に位置し、弥生中期から後期の甕棺墓、弥生後期の石棺墓などが検出されている。このうち、弥生後期の3号甕棺墓棺外から、後漢鏡と鉄戈が出土した。後漢鏡は方格規矩四神鏡で、4分割されたものが一部分重ねられながら甕棺外に置かれていた。

#### 福岡県糸島市平原1号墓（図67-3）

瑞梅寺川と雷山川の間に挟まれた舌状丘陵先端付近に位置する。1号墓は、東西約13m・南北約9.5mの方形周溝を持ち、中央に主体部がある。主体部からは棺内外から鏡片群・素環頭大刀・ガラス製玉類などが出土した。また、主体部の割竹形木棺は、棺底に朱が敷かれていた。

柳田康雄の復元によれば、鏡の内訳は、虺龍文鏡・方格規矩四神鏡・内行花文鏡など34面の後漢鏡と仿製内行花文八葉鏡など6面の仿製鏡からなる（柳田 2000）。このうち、仿製内行花文八葉鏡は面径46.5 cmを測る超大型鏡である。1～40号鏡とされた鏡は、多数の鏡片の状態で、墓壙内棺外の棺四隅附近などに、AからE区5か所のまとまりをなして検出されている。このうちD区鏡片群では、12～14号鏡とされた超大型の仿製内行花文八葉鏡3面の破片がすべて鏡背を上にして、他の鏡片の最上段に置かれていた。一方、A区鏡群では、10～11号鏡とされた超大型の仿製内行花文八葉鏡2面が完形のまま最上段に置かれていた可能性がある。すなわち、鏡片を無造作に集積したのではなく、最後に超大型仿製鏡を重ね置くという鏡種による扱いの差別化がうかがえる。

#### 福岡県京都郡みやこ町徳永川ノ上遺跡C地区Ⅳ-19号墓（図67-4）

京都平野南東側、祓川右岸の洪積台地上に位置する。1988～90年の発掘調査によって、弥生終末期から古墳時代前期初頭の墳丘墓13基が検出されている。このうち、弥生終末期のC地区Ⅳ-19号墓からは、面径9.8 cmの三角縁盤龍鏡1面と刀子が出土し、棺の全体には赤色顔料が敷かれていた。鏡は、2か所のまとまりに分かれて検出されているが、原位置からは移動したものと推定されている。このうち、被葬者頭部右側から出土した3/4の鏡片は、多少床面から浮いているものの、左側から出土した1/4の鏡片よりは原位置に近いものとみられている。これらの本来の副葬状態は明らかにしづらく、報告書ではもともと棺内頭部右側に完形鏡として副葬されていたものであったと推定しているが、鏡片が重なり合った状態で検出されていることから、割られたものが重ね置かれた可能性も排除できないだろう。

#### 佐賀県小城市寄居1号墳第1主体部（図67-5）

佐賀平野北西側、天山山系から派生する笠頭山の山裾に位置する。1984～85年の発掘調査によって検出された1号墓は、東西径約15m・南北径約12mを測る、やや不整な円墳で、5基の内部主体をもつ。出土土器から古墳前期初頭頃に位置付けられる。石蓋土壙の第1主体部は割竹形木棺をもち、頭部側とみられる東端付近で赤色顔料が検出されている。後漢鏡1面・鉄剣1点・鏃などが副葬されていた。後漢鏡は、面径17.7 cmを測る漢鏡5期の方格規矩四神鏡で、大きく外区2

片と内区4片に割られた鏡片が、鏡背を上にして、頭部右側附近とみられる位置に重ね置かれていた。鏡背には赤色顔料がみられる。

　以上のように、弥生後期前半から終末期の福岡県・佐賀県域において、破砕鏡「重ね置き副葬」の事例が散見できた。このうち平原1号墓以外は、1面の鏡を破砕して、破片を重ね置いた事例である。二塚山遺跡29号土壙墓・平原1号墓・茶ノ木ノ本遺跡3号甕棺墓では、棺外から出土しており、弥生後期前半頃に棺外副葬の新しい形態として創出された可能性がある。[18]既に指摘されている通り、こうした棺外副葬事例は、甕棺合口や石蓋、木棺の隙間を意識した副葬配置であり、ここからの悪霊の侵入を防ぐという意図がうかがえる（小山田 1995、禰宜田 2005）。

　なお、前章までで検討したa型副葬やa＋b型副葬において、鏡と重ね置かれることが多い鉄刀剣についても、途中で切断されたものが重ね置かれる場合がある。破砕鏡「重ね置き副葬」の意味について考えるために、同様に完形品を分割して重ね置く、切断された鉄刀剣の「重ね置き副葬」事例についてもみておきたい。

### 佐賀県武雄市みやこ遺跡SP1001石棺墓（原田編 1986）

　六角川右岸に位置し、1979〜82年の発掘調査によって、弥生中期後半から後期の甕棺墓14基、石棺墓・土壙墓など36基が検出された。このうち、SP1001石棺墓の棺内から、全長40.6cmの素環頭鉄刀が、折れて上下に重なって検出されたと報告されている。あわせて朱が残存していた。素環頭鉄刀は、棺内上部で検出されていることから、もともと棺上に置かれていた可能性が想定できる。

### 二塚山遺跡52号土壙墓（図68-1）

　前述の二塚山遺跡のうち、失蓋土壙墓とみられる52号土壙墓から、全長約44cmの素環頭鉄刀が、折れて重なった状態で検出された。重なり方などの出土状況からみて、副葬時すでに折損していたため、初めから一部を重ね合わせていた可能性があると報告されている。なお、鉄刀は棺底に落ち込んだ状態で検出されていることから、もともとは棺上に置かれていたとみられる。

### 岡山県岡山市みそのお遺跡4区42号墓第3主体部（図68-2）

　旭川中流域の支流・宇甘川右岸の丘陵上に位置し、1989〜91年の調査によって、弥生後期から古墳終末期までの墳墓群が検出された。このうち、4区42号墓第3主体部棺内からは、短剣・刀子・管玉1点・赤色顔料が検出された。短剣は復元全長15.7cmで、中央部で切断され一部分重なった状態で検出されている。

　このほか、切断した鉄刀剣同士を重ねあわせた事例ではないもの、前述の原田遺跡1号箱式石棺墓では、鏡の上に折った鉄剣2点が平行して重ね置かれていた。以上、わずかな事例であるが、切断された鉄刀剣の「重ね置き副葬」は、弥生後期前半から終末期に佐賀平野周辺や吉備南部において散見されており、吉備南部を除くと破砕鏡の「重ね置き副葬」分布域とも重なる。

　また、二塚山遺跡のように、折れた素環頭鉄刀が重ね置かれた事例と破砕鏡が重ね置かれた事例の双方が同一遺跡でみられる場合もある。破砕鏡の「重ね置き副葬」も刀剣の「重ね置き副葬」も、ほぼ完形に復元できることから、副葬直前の段階で破砕ないし切断して重ね置かれたものと推定できる。こうした共通する要素から考えると、両者の重ね置くという行為には類似した意味が意識されていたのではなかろうか。具体的にどのような観念が、これらの副葬行為に付与されていた

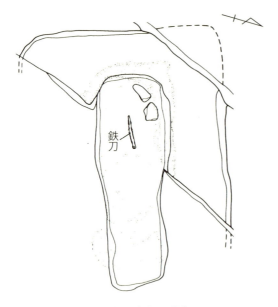
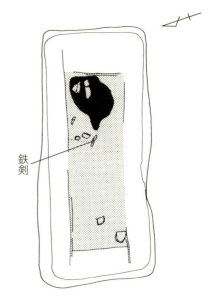

1. 二塚山遺跡 52 号墓　　　　2. みそのお遺跡 4 区 42 号墓第 3 主体部

**図 68　切断した刀剣の「重ね置き副葬」（1/40）**

**表 21　破砕鏡「重ね置き副葬」一覧**

| 住　所 | 遺跡名 | 時　期 | 重ね置かれた副葬品 | その他副葬品 | 備　考 |
|---|---|---|---|---|---|
| 佐賀県上峰町 | 二塚山29号石蓋土壙墓 | 弥生後期前半 | 【棺外】破砕鏡同士 | | |
| 福岡県八女市 | 茶ノ木ノ本3号甕棺墓 | 弥生後期 | 【棺外】破砕鏡同士 | 【棺外】鉄戈 | |
| 福岡県糸島市 | 平原1号墓 | 弥生後期中葉〜終末期 | 【棺外】破砕鏡同士 | 【棺内】ガラス管玉30、赤瑪瑙管玉12、ガラス小玉約492 ほか　【棺外】素環頭大刀1、ガラス勾玉3、ガラス丸玉約500 | 棺内に朱 |
| 福岡県みやこ町 | 徳永川ノ上C地区IV-19号墓 | 弥生終末期 | 【棺内】破砕鏡同士 | 【棺内】刀子1 | 棺内に赤色顔料 |
| 佐賀県小城市 | 寄居1号墳第1主体 | 古墳前期初頭 | 【棺内】破砕鏡同士 | 【棺内】鉄剣1、鉇1 | 被葬者頭部側に赤色顔料 |

のかについて、明確な見解を提示できるわけではないものの、例えばもともと 1 個体だった製品を分割することで個体数を水増しさせて、完形鏡の b 型副葬と同様に重ね合わせることによって、辟邪の効力増大をはかろうとしたといった説明もできよう。さらに想像の域を出ないが、破砕によって鏡片割れ口に鋭利性を生じさせることによって、辟邪の効力をより高めることをイメージしていたのかもしれない。もとより、完全な器物を破砕したり、切断したりする行為自体に祭祀的な意味が込められていたことも考慮する必要があろう。

## 5. まとめ

　以上のことを再度整理しておく。日本列島の「鏡重ね置き副葬」には、鏡と剣などを重ね置くa型副葬、複数面の鏡同士を重ね置くb型副葬、両者を融合したようなa＋b型副葬がある。a型副葬は、弥生中期初頭からみられる。そのルーツは、北東アジア青銅器文化の系譜に連なる可能性を考えた。b型副葬およびa＋b型副葬は、弥生中期後半から現れ、前漢王墓にみられる多量の玉璧を重ね置く副葬様式を模倣・アレンジして考案されたものと想定した。このことは、弥生中期後半の三雲南小路遺跡1号甕棺墓にみられる前漢鏡とガラス璧を重ね置いていた副葬状況からうかがえるように、同じ円形の鏡と璧が類似した意味をもった器物として扱われていたと推定できることが傍証となる。そして古墳前期になると、近畿中部においても権現山51号墳・黒塚古墳・大和天神山古墳などで、a＋b型副葬がみられたりする。

　鏡を重ね置く副葬の意味については、b型副葬・a＋b型副葬の場合、遺体頭部や上半身周囲などに、結界を作るように重ねながら並べ置くことで、辟邪・破邪的意味を意識していたことを推定した。[19] 想像の域を出ないものの、布に包まずに、鏡や刀剣などの金属製品を重ね合わせる場合は、相互に光が反射しあうことで、辟邪の効力が相乗的に増幅することをイメージしていたのかもしれない。破砕鏡や切断した刀剣を重ね置いたり、集積したりした副葬様式も、もともと1個体だった製品を分割することで、個体数を水増しさせ、上記の原理によって、辟邪の効力増大をはかろうとした結果である可能性も考えられよう。

## 第5節　東アジアからみた弥生墳墓の地域性

　本節では、弥生中期・後期・終末期を中心にして、第2章および第3章でみた弥生墳墓の区画・墓壙・副葬品の3要素について、日本列島における地域性を改めて確認する。さらに漢帝国やその周辺の韓・扶餘など、漢代併行期における東アジア諸地域との比較による地域性をみていくものとする。そのうえで、そうした地域性の背景について考察したい。

### 1. 日本列島における弥生墳墓の地域性

　以下では、区画・墓壙・副葬品の3要素について、時期ごとにみていく（表22）。

#### （1）弥生中期
**区　画**

　甕棺墓が盛行する九州北部では、明確な区画をもつものは少ないが、一部の遺跡で散見されている。近畿中部・近畿北部・北陸では一隅と二隅陸橋をもつ方形周溝墓が盛行しており、比較的大型のものも出現する。東日本では、四隅に陸橋をもつ方形周溝墓が、東海西部を起点に敷衍し、弥生中期中葉頃以降、関東南部まで分布する。墳丘表面に石材を貼った区画墓として、近畿北部では方

表 22　日本列島諸地域における墳墓要素の変遷

| | 九州北部 | 山陰 | 近畿北部 | 北陸 | 瀬戸内 | 近畿中部 | 東海 | 中部高地関東南部など |
|---|---|---|---|---|---|---|---|---|
| 中期初頭～前葉頃 | 大型区画 | | | | | | | |
| | 青銅器 | | | | | | | |
| 中期中葉頃 | 大型区画 | | 大型区画(石) | | | | | |
| | | | 大型墓壙 | | | | | |
| | 青銅器 鉄刀剣 ガ管玉 | | | | | | | |
| 中期後葉～末葉 | 大型区画 | 大型区画(石) | 大型区画(石) | | | 大型区画 | 大型区画 | |
| | | | 大型墓壙 | | | | | |
| | 青銅器 鏡多量 鉄刀剣 ガ管玉 | | | | | | | |
| 後期初頭～前葉 | 鏡多量 鉄刀剣 ガ管玉 | 鉄剣 | | ガ管玉 | | 鉄剣 | 大型区画 | |
| 後期中～後葉 | | 大型区画(石) | 大型区画 | 大型区画 | 大型区画(石) | 大型区画 | | |
| | | 大型墓壙 | 大型墓壙 | 大型墓壙 | 大型墓壙 | | | |
| | | 鉄刀剣 ガ管玉 | 鉄刀剣 ガ管玉 | 鉄剣 ガ管玉 | 鉄刀剣 | | | 鉄剣 |
| 終末期 | 大型区画 | 大型区画(石) | 大型区画 | 大型区画 | 大型区画(石) | 大型区画(石) | | |
| | | 大型墓壙 | 大型墓壙 | 大型墓壙 | 大型墓壙 | 大型墓壙 | | |
| | 鏡多量 鉄刀剣 ガ管玉 | 鉄刀剣 ガ管玉 | 鉄刀剣 ガ管玉 | 鉄刀剣 | 鉄刀剣 | 鉄刀剣 | 鉄剣 | 鉄剣 |

注）大型区画（長辺・長径20m以上）、大型墓壙（長軸6.0m以上）、石：貼石・葺石、ガ：ガラス製。

形貼石墓、山陰では四隅突出型墳丘墓が出現している。

### 墓壙

九州北部では既に弥生中期初頭に中型墓壙がみられ、青銅器などの豊富な文物が副葬されていることから、墓壙規模・副葬品の間に相関関係が見出せる。近畿北部では、墳丘長辺約30m程度の方形貼石墓に中・大型墓壙[20]がみられ、相関関係がうかがえる。

### 副葬品

玉類のほか、九州北部で銅剣・鉄剣・素環頭鉄刀などがみられる一方、響灘沿岸を除く本州では石鏃・石剣が副葬される。九州北部では弥生中期中葉以降、銅剣副葬から鉄刀剣副葬へと移行していく。玉類細部をみると、ガラス製小玉が九州北部に分布し、地域の最上位階層と想定される甕棺墓からはガラス製管玉・ガラス製勾玉がみられる。北陸を除く西日本では緑色系・青色系の管玉で

占められるのに対して、東日本では赤色系の鉄石英製管玉が分布する（第3章第3節参照）。

## （2）弥生後期から終末期

**区　画**

九州北部では、一部で周溝区画をもつものがあるが、本格的な墳丘は現状ではみられない。山陰の四隅突出型墳丘墓は、弥生後期後葉頃になると、さらに卓越した墳丘規模をもつものが現れる。同様に北陸でも、弥生後期後葉以降、山陰からの影響関係を想定させる四隅突出型墳丘墓が現れるが、貼石がみられない地域性がある。一方、日本海側のなかで近畿北部では、弥生後期初頭から丘陵尾根上を削り連続的に不定形平坦面を確保した台状墓が盛行し、弥生後期末ないし終末期になると貼石をもたない大型方形墓が現れる。瀬戸内側の吉備南部では、弥生後期後葉に、突出した墳丘規模をもつ墳丘墓が出現するほか、比較的小規模の墳丘墓がみられる。中部高地・関東北西部などでは、方形周溝墓に加えて、円形周溝墓がみられる。

上記のように、山陰・近畿北部・北陸・吉備南部では、特に弥生後期後葉頃以降、区画墓間同士で規模に格差をもつ大型区画墓が発達する。近畿中部や東日本では、特に弥生後期以降、方形周溝墓被葬者が選別されていく傾向がみえるものの、方形周溝墓間の規模において有意な格差を看取しづらい。

**墓　壙**

弥生後期初頭頃では、近畿北部の台状墓で中型墓壙がみられ、弥生後期後葉や終末期になると、さらに墓壙規模が大型化する。吉備南部・山陰・北陸でも弥生後期中葉や後葉頃から、墳丘墓の中心主体に中・大型墓壙が増加し、鉄刀剣を副葬する場合が多いことから、三要素間の相関関係がうかがえる。九州北部・山陰・近畿北部・吉備南部における弥生後期から終末期の中・大型墓壙では、木槨や舟底状木棺・割竹型木棺といった剖抜き式の木棺や朱がみられる場合が多い。一方、関東南部の方形周溝墓でも、中型墓壙がみられるが、区画規模・副葬品内容との有意な相関関係が看取しづらい。

**副葬品**

山陰・北陸・吉備南部では、玉類・鉄刀剣が1種類か2種類の組成をなす一方、近畿北部では、玉類・鉄刀剣・鉄鏃・鉇の4種類以上の組成をなす場合がある。東日本では、鉄剣、円環型の鉄・銅釧などが主に分布している。

鉄製武器として、日本海側諸地域では大刀を含む鉄刀、長茎細茎の長剣、中部高地・関東南部など東日本では短剣、短茎の長剣が多く分布する偏在性がある（図69）。本州日本海側の鉄刀は、素環頭鉄刀の環頭部分が切断されたものとみられ（池淵1993など）、東日本の鉄剣は鹿角製柄をもつものがあるなど（豊島2003など）、各地域で拵えの形態が改変され独自性を表現している。なお、鉄刀剣をもつ被葬者は成人男性である可能性が高い（第3章第1節、第3章第5節参照）。玉類組成内容をみると、九州北部・日本海側では、ガラス製管玉・ガラス製勾玉、吉備南部では翡翠製勾玉、対馬・近畿北部・東京湾沿岸ではスカイブルー色や紺色のガラス製小玉が多く分布する（第3章第3節参照）。鏡は、九州北部・中部瀬戸内に分布するが、本州日本海側・東日本ではみられない。

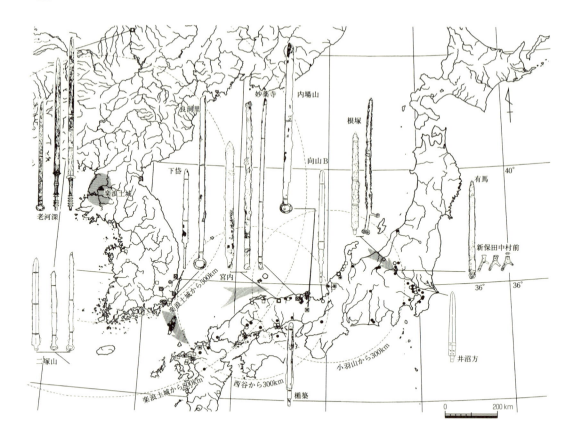

図69 紀元後1世紀から3世紀前半頃における副葬鉄刀剣の分布
(□:素環頭刀・刀　○:長剣　●:短刀)

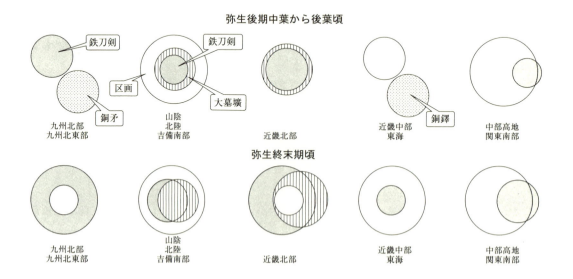

図70 区画・大型墓壙・鉄刀剣副葬・青銅器埋納の関係概念図

表23 弥生後期中葉から後葉頃における弥生墳墓諸要素の大まかな地域性

| | 日本海 | | | | | 瀬戸内 | | 東日本 | |
|---|---|---|---|---|---|---|---|---|---|
| | 対馬 | 九州北部 | 山陰 | 丹後但馬 | 北陸 | 吉備南部 | 近畿中部 | 東海 | 中部高地 関東北西部 関東南部 |
| | a12型 | | a1b型 | | | | a2型 | | a1型 |
| 鉄刀剣副葬 | ○ | ○ | ○ | ○ | ○ | ○ | | | ○ |
| （備考） | 剣が主 | 環刀が主 | 伯耆刀が主 | | 剣が主 | 剣が主 | | | 剣が主 |
| | 広形銅矛副葬あり | 大刀あり | 大刀あり | | | | | | 鹿角製剣柄あり |
| ガラス製管玉副葬 | | | ○ | ○ | ○ | | | | |
| 鉄石英製管玉副葬 | | | | | ○ | | | ○ | ○ |
| 青銅器埋納 | ○ 広形銅矛 | ○ 広形銅矛 | | | | 後期前葉まで○ | ○ 突線鈕式銅鐸 | ○ 三遠式銅鐸 | |
| 大型区画（20m以上） | | | ○ | ○ | ○ | ○ | | | |
| 区画 | | | ○ | ○ | ○ | ○ | ○ | ○ | ○ |
| 墓壙 | S | S | LMS | LMS | LMS | LMS | S | S | MS |
| 木槨 | | | ○ | | | ○ | | | |
| 刳抜き式木棺 | | | ○ | ○ | | | | | |
| 要素同士の相関関係 | | | ○ | ○ | ○ | ○ | | | |

表24 弥生後期中葉から後葉頃における金属器副葬・埋納と区画・墓壙造営の大まかな地域性

| | | 金属器使用（a） | 大型区画・大型墓壙造営（b） |
|---|---|---|---|
| 副葬（1） | | 九州北部・対馬・山陰・吉備南部・近畿北部・北陸・中部高地・関東北西部・関東南部 | 山陰・吉備南部・近畿北部・北陸 |
| 埋納（2） | | 九州北部・対馬・近畿中部・東海 | |

## （3）小結（図70、表23・24）

　上記でみた弥生墳墓の3要素のうち、副葬された金属器は材料・製品の入手（a）、区画・墓壙の造営は労働力動員（b）に労力や時間を消費している側面がある。また、弥生後期頃の日本列島では、九州北部を除き、鉄刀剣や青銅器の副葬（1）と埋納（2）が排他的ないし偏在的な分布を示す傾向を看取した（第3章第4節参照）。すなわち、地域により需要の高い金属器が異なり、流通と消費に反映されたといえる。こうした視点から、弥生後期中葉から後葉頃における各地の弥生墳墓相について、上記のa・bと1・2を組み合わせ、以下のように分類してみた（表24）。

【金属器使用・労働投下重視型】

a1b型地域　鉄器副葬・墓壙・区画重視地域（山陰・吉備南部・近畿北部・北陸）

この地域では、成人男性被葬者への鉄刀剣副葬を伴った墳墓葬送儀礼a1や突出した規模をもつ大型区画や大型墓壙造営bに力を注ぐが、青銅器埋納a2が稀薄である。最上位の区画墓葬送儀礼においては、労働投下と金属器使用の双方とも重視されることになる。山陰では、四隅突出型墳丘墓が体制として採用され（渡辺 2000）、墳墓資料に3段階程度の階層性が看取できる。

【金属器使用重視型】

a12型地域　金属器副葬・埋納併用地域（九州北部・対馬）

この地域では、鉄刀剣などの金属製近接武器副葬a1・広形銅矛埋納a2の双方に力を注ぐが、大型区画・大型墓壙造営行為bが稀薄である。

a1型地域　鉄器副葬重視地域（中部高地・関東北西部・関東南部）

この地域では、鉄剣副葬a1がなされるが、青銅器埋納a2、大型区画・大型墓壙造営bが稀薄である。

a2型地域　青銅器埋納重視地域（近畿中部・東海）

この地域では、突線鈕式銅鐸・三遠式銅鐸埋納祭祀a2に力を注ぐが、鉄製近接武器副葬a1、大型区画・大型墓壙造営bが稀薄である。方形周溝墓を造営しているが、弥生後期では1辺20mを超えるものは少ない。

なお、弥生後期までの上記のような地域性は、弥生終末期ないし古墳前期にいたって、a1b型に収斂されていくといえる。

## 2．東アジアにおける弥生墳墓の地域性

ここでは、漢代併行期の東アジアにおける墳墓の様相を、諸地域ないし遺跡ごとに大きく概観し、弥生墳墓と比較する。

### （1）漢帝国

漢代の墳丘形態は、前漢では方形が尊重され、後漢になると円形に変わるとみられている。漢律に「列侯墳高四丈、関内侯以下至庶人、各有差」（『周礼』春官、鄭玄注所引）とみえるように、文献上、漢代における墳丘高低は、被葬者身分による序列的規制がうかがえる（楊寛 1981）。また、本章第2節でみたように、長陵・陽陵・茂陵をはじめとした前漢皇帝陵の墳丘規模が底辺約153～230m・高さ約25～46.5mであるのに対し、諸侯王墓は底辺約90m・高さ約16m以下のものが多く、明らかに格差がみられる。山陰などの弥生墳丘墓においても、上記のように墳丘規模が被葬者の階層的位置を表示している可能性が高く、墳丘規模という可視的要素がもつ普遍的意義を考えるうえで参考となろう。副葬品は、本章第3節でみたように諸侯王および周辺国王の墳墓棺内には、玉璧や刀剣が副葬される場合が多い。

### （2）楽浪漢墓

墳丘は、被葬者埋葬後に造営される「墳丘後行型」（吉井 2002）で、小規模である。墓壙規模

表25 被葬者性別がわかる老河深遺跡埋葬墓の副葬品

| 埋葬墓名 | 性別 | 管玉 | 鏡 | 釧・腕飾 | 帯鉤 | 帯卡 | 環 | 環刀 | 刀 | 剣 | 矛 | 鏃 | 箭嚢 | 鎌 | 斧 | 錐 | 銜 | 鑣 | 耳飾 | 指輪 | 土器 |
|---|---|---|---|---|---|---|---|---|---|---|---|---|---|---|---|---|---|---|---|---|---|
| 41号 | 成年男女 | 瑪瑙59 | | 腕飾2 | | 3 | | 1 | 3 | 1 | | 2 | 2 | | 1 | | 環1・2 | 1 | 金2 | 銅3 | ○ |
| 97号 | | 瑪瑙43 | 1 | 腕飾2 | | 4 | 6 | 2 | | 1 | 1 | 5 | 1 | 1 | 1 | 1 | | 1 | 金2 | | ○ |
| 14号 | 成年男性 | 瑪瑙3 | | | | 4 | 4 | 1 | 2 | 1 | 1 | 4 | 1 | 1 | 1 | 1 | | 1 | 銀2 | 銅4 | |
| 30号 | | | | | | | | 4 | | | | 2 | | | | | | | | | ○ |
| 54号 | | 瑪瑙1 | | | 1 | 3 | 2 | 2 | 1 | 1 | | 1 | | | | | 環1 | 4 | 3 | 銀2 | ○ |
| 82号 | | 瑪瑙5 | | | | | 1 | 2 | 3 | | | 5 | | 1 | | | | | | 銅1 | ○ |
| 105号 | | 瑪瑙3 | 1 | | | 1 | 5 | 2 | 1 | 1 | | 11 | 1 | | 1 | 1 | | | 金2 | | ○ |
| 107号 | | 瑪瑙1、骨1 | | | | 2 | | 1 | | | | | | | | | | | | | ○ |
| 115号 | | 瑪瑙1、骨1 | | | | 1 | 2 | | 1 | | 1 | 1 | 1 | | 1 | | 環1 | 1 | 鎏金2 | | |
| 127号 | | 瑪瑙1 | | | | | 4 | | | | | 2 | | 1 | 1 | | | | 金1 | | ○ |
| 55号 | 女性 | 瑪瑙114 | | 腕飾2 | | 1 | | 1 | | | | | | 1 | 1 | | | | 金2 | 銅2 | ○ |
| 114号 | | 瑪瑙1 | | 釧2 | | | | | | | | | | | | | | | | | ○ |
| 13号 | 成年女性 | 瑪瑙16 | | 腕飾2 | | | | 1 | | | | | | 環1 | 2 | | | | 金1 | 銀2 銅5 | ○ |
| 39号 | | 瑪瑙3 | | 釧1 | | | | 1 | | | | | | | | | | | | | ○ |
| 44号 | | 瑪瑙21 | | 腕飾1 | | | | | | | | | | | | | 環1 | | | | |
| 70号 | | 瑪瑙1 | | | | | | | | | | | | | | | | | | | |
| 106号 | | 瑪瑙39 | | 腕飾2 | | 2 | | 1 | | | | | | 3 | 1 | | | | 金2 | | ○ |
| 108号 | | 瑪瑙19、骨16 | | 腕飾2 | | | | | | | | | | | | | | | | | |
| 116号 | | 瑪瑙30 | | 釧2 腕飾2 | | | | 1 | | | | | | | 1 | 1 | | | 金2 | 銅1 | ○ |
| 128号 | | 瑪瑙44 | | | | | | 柄1 | | | | | | | | | | | 金2 | 銀1 | ○ |

は、槨規模にあわせて設営される。副葬品は、青銅短剣・鉄短剣・鉄長剣・鉄刀・鉄矛・車馬具・装身具・鏡・農工具・青銅容器・漆器・土器などがあり、紀元後になると青銅短剣・鉄短剣がみられなくなるようである（高久 1995）。これらのうち、被葬者により近い、木槨墓の木棺内に副葬されるものとしては、青銅短剣・鉄短剣・鉄長剣・鉄刀といった近接武器および鏡・装身具が多い傾向がある。また、高久健二の分析によれば、印章・漢式車馬具・鉄長剣といった漢式遺物が、楽浪漢墓のなかでは上位階層を象徴する副葬品であったとみられる（高久 1995）。

## （3）中国北東部

例えば吉林省楡樹市老河深遺跡では、前漢末から後漢初頃に比定される木棺墓が129基検出されており、鮮卑ないし夫餘によるものとみられている。平面図をみると、明確な墳丘はうかがえず、おおむね小型墓壙程度の範疇に留まっている。副葬品は、漢鏡・馬具・甲冑・鉄銅釧・素環頭鉄刀1〜4点・鉄刀1〜4点・長剣1点・鉄矛1点・鉄鎌・鉄斧・耳飾り・指輪・銅牌飾・銅泡・銅腹・瑪瑙製玉類・土器などがあり、北方系文化と漢式系文化が混在する様相を示す。また人骨の残存から、成年男性は長剣・鉄矛・鉄鎌・鉄鏃・箭嚢（鉄製胡禄）・馬具、成年女性は銅釧・腕飾類をも

つ傾向があることがわかっている。瑪瑙製玉類は、成年男性が1～5点に対して、女性は数10点から100点以上もつ場合が多く、相対的に点数が多い。長剣をもつ埋葬墓は、鉄矛・素環頭鉄刀などの近接武器をはじめ、鉄製工具・青銅器類・馬具・金製耳飾りなど多種の副葬品を有する傾向がうかがえる。このことは、鉄剣が、より上位階層の地位を表象する文物であったことを示唆していよう。

一方、鴨緑江中流域では、高句麗に関連するとみられる積石塚が多数存在する（田村1982）。なかでも吉林省集安市では、近年、後漢代に遡るとみられる「墳丘先行型」の大型積石塚が明らかにされてきている（傅佳欣編2004）。このうち、山城下磚廠36号墓は、東辺約28m・西辺約31.5m・南辺約37m・北辺約29.5mの規模を測る平行四辺形状の平面形態をもつ積石塚で、紀元後1世紀頃に位置付けられている。七星山871号墓は、東辺約48m・西辺約40m・南辺約46m・北辺約46mの規模を測る積石塚で、紀元後2世紀頃に位置付けられている。禹山2110号墓は、南北長約66.5m・東西幅約45mの規模を測る長方形状の平面形態をもつ積石塚で、紀元後2世紀前後に位置付けられている。こうした事例は、墳丘という可視的要素が発展した事例であり、同じ吉林省にあっても墳丘がみられない老河深遺跡の様相とは対照的である。

### （4）原三国時代の朝鮮半島南部

原三国時代の朝鮮半島南東部における墳墓の平面図をみると、丘陵上に埋葬墓が密集して造営されており、切り合うものもあることから、墓壙規模を大きく超える発達した墳丘は想定しにくい。副葬品の数量に相関して、棺槨規模が決まり、墓壙規模はこれにあわせたものとなる。原三国時代前期までは小型墓壙の範疇に納まるが、原三国時代後期になると副葬品の拡充化に伴う棺・槨の大型化に対応して、中・大型墓壙が現れる。副葬品は、鉄矛複数・鉄剣・素環頭鉄刀・鉄鎌・刀子・鉄斧・鉄鎌・馬具、ガラス製小玉・瑪瑙製切子玉などの玉類、土器などがある。第3章第5節でふれたように、蔚山市蔚州区下岱遺跡では大型墓壙や潤沢な副葬品をもつ埋葬墓において長剣や素環頭大刀が副葬される傾向にある。原三国時代後期の朝鮮半島南西部における忠清南道天安市清堂洞遺跡の周溝墓でも、他の周溝墓より周溝1辺長や墓壙規模が大きく、木槨をもつ14号墓や22号墓は、素環頭大刀をもち、副葬品種類が多い。

### （5）小結

以上のように墳丘では、楽浪漢墓が「墳丘後行型」であるのに対して、山陰にある弥生後期の墳丘墓では、埋葬時にはある段階までの墳丘・区画が形成されていたと想定されるものが多く、吉林省集安市の積石塚と並んで同時代北東アジアのなかでも大型墳丘を有するという特色をもつ。「墳丘後行型」よりも「墳丘先行型」の墳丘墓において、墳丘規模が大型化しやすいという傾向があるのかもしれない。

墓壙規模は、朝鮮半島などにある墳墓は棺槨が納まる規模に見合ったものである。その棺槨規模は副葬品収納スペースの確保が主因となって決まる。これに対し、弥生墳墓では、棺槨収納に必要なスペース以上の墓壙が設定されていることから、例えば墓壙内棺外空間における何らかの葬送儀礼のスペース確保といった背景を想定する必要がある。

副葬品は、表26のように朝鮮半島の墳墓では多種多様な内容だが、日本列島では甲冑や車馬具

表26 北東アジア各地における墳墓要素の比較（後漢併行期）

| | 区　画 | 墓壙規模 | 副葬品 | | | | | | | | | | | |
|---|---|---|---|---|---|---|---|---|---|---|---|---|---|---|
| | | | 甲冑 | 車馬具 | 鏡 | 鉄戟 | 鉄矛 | 鉄刀 | 鉄剣 | 鉄鏃 | 農工具 | 玉類 | その他 | 土器 |
| 楽浪郡 | | 墳丘後行 | ○ | ○ | ○ | ○ | ○ | ○ | ○ | ○ | ○ | ○ | ○ | ○ |
| 扶餘 | | S | ○ | ○ | ○ | | | | | | | | | |
| 弁・辰韓<br>（半島南東部） | | L・M | ○ | | ○ | | | ○ | ○ | ○ | ○ | ○ | ○ | ○ |
| | | S | | | ○ | | | ○ | △ | ○ | ○ | ○ | ○ | ○ |
| 倭<br>（九州北部） | | S | | | ○ | | | ○ | ○ | ○ | ○ | ○ | ○ | ○ |
| 倭<br>（山陰・北陸等） | 方系墳丘<br>など | L・M | | | | | | ○ | ○ | | | ○ | | |
| | | S | | | | | | | | ○ | ○ | ○ | | |
| 倭<br>（近畿中部・東海） | 方形周溝 | S | | | | | | | | | | ○ | | |

注）△は、比較的少数の事例を示す。

が欠落している。漢鏡や鉄刀・長剣の副葬は、大きくは漢の影響が周辺地域に受容されたとみてよいだろう。こうした鉄刀・長剣は、扶餘・楽浪郡・朝鮮半島南部・山陰などにおいて上位階層の地位を象徴・表示する文物であった点で共通している。岡村秀典は、弥生後期前半の佐賀県神埼郡吉野ヶ里町三津永田遺跡104号甕棺墓にみられるような素環頭鉄刀について、漢帝国が倭人を外臣として冊封し、その統治を保障したことの象徴として下賜したものであったと踏み込んで解釈した（岡村 1999：pp.62-65）。原三国時代前期に朝鮮半島南部における素環頭鉄刀の出土例が少ないことからすれば、当該期頃の九州北部で出土する素環頭鉄刀は、漢帝国との直接的な政治関係の象徴としてもたらされた可能性は十分に考えられる。ただし、中国北東部では長剣が、弥生後期中葉以降の日本列島本州日本海側では鉄刀・長剣が、独自の拵えに改変されている点は留意しなければならない（村上 2000：p.168）。村上恭通が指摘するように、鉄刀・長剣は、漢帝国の権威に裏打ちされた地位を象徴する文物と見なされた一方で、各地域のアイデンティティが表現されたものでもあったことがうかがえるのである。また、中国北東部や日本列島のように、これらが成人男性被葬者に副葬される点は普遍的類似性といえる。玉類では、朝鮮半島などで瑪瑙製玉類、日本列島では翡翠製勾玉・鉄石英製管玉がみられるなど、比較的、地域の伝統が残存する傾向が強いようだが、一方でガラス製玉類など共通してみられる要素もある。また朝鮮半島などでは、棺槨内に土器が納められるが、弥生墳墓では埋め戻し終了後に土器が検出される場合が多く、質的に異なるものといえよう。

## 3．地域性の背景

上記でみてきた地域性の背景について考えたい。金属器使用・労働投下重視型とした弥生後期後葉頃の山陰は、墳墓の様相から中間層が挟在するおよそ3段階程度の階層化した社会であったと想定できる。階層最上位の墳墓は大型区画・大型墓壙・副葬品内容の相関関係が高いことから、労働

動員力と副葬品入手力の双方を持ち合わせていたといえる。一方、金属器使用重視型のうち青銅器埋納重視地域とした弥生後期の近畿中部や東海では、墳墓の様相をみると表面的に2段階程度の階層差がうかがえ、比較的平板的な社会であったと想定できる。ただし、集落規模・内容などの格差といった諸要素も総合的に検討し、社会組織がどの程度、墓制に直結して反映されるのかといった問題をふまえつつ、諸地域社会の特性を浮き彫りにする必要がある。いずれにしても、弥生終末期をさかのぼる弥生後期後葉頃の山陰では、階層化した社会関係を墓制によって表現するシステムをもっていたわけである。

　副葬行為についてみると、漢帝国から周辺地域に向かって、甲冑・車馬具が欠落しながら、その他の鉄器類や鏡の副葬風習が波及していった。前節でみたように、弥生中期後半に九州北部でみられた前漢鏡の副葬は、前漢王墓でみられる璧の代替としての価値が付与された可能性がある。また九州北部の近接武器副葬は、前漢文化の影響が強まっていく弥生中期中葉頃以降、北東アジア青銅器文化の系譜をひく銅剣から鉄刀剣へと移行していく。成人男性を中心に副葬されたことが濃厚な、鋭利で光沢がある大型の鉄刀剣は、上位階層の地位を象徴・表示するうえで、より普遍的価値をもった器物であった。図69のように、弥生後期から終末期における墳墓の副葬品内容をみると、長剣・鉄刀が分布するのは、九州北部・吉備南部・日本海側諸地域に多く、ひとつには水運による朝鮮半島との流通アクセス利便性といった地勢的要因が想定できる。すなわち、朝鮮半島ないし中国大陸との交流の密接度が、副葬品の入手やそれらを副葬する風習・思想の受容につながったと想定される。さらに踏み込めば、こうした交流の活発化が社会の階層化へと歩みを進める刺激になった可能性も一考しておきたい。また、巨視的に俯瞰すれば、日本列島内に鉄刀・長剣などの舶載鉄器副葬が浸透する範囲の周辺部において、大型区画や大型墓壙の造営に力が注がれているようにもみえる[21]。つまり日本列島においては、中国大陸ないし朝鮮半島の鉄刀・長剣副葬の影響が及ぶ範囲の周辺地域ほど、社会の階層化が進行したり、首長の権威が伸長したりした、あるいはそうした社会組織が墓制に表現されやすかったと解釈できないだろうか。こうした現象の要因を明確に説明することは難しいが、ひとつの背景としては、第3章第4節でもふれたように朝鮮半島南東部から供給される鉄器流通の掌握と差配が密接に関連しているものと考えておきたい。なお、山陰における四隅突出型墳丘墓の展開は、あえて朝鮮半島南部にはない特異な墳丘形態を採用し、大型化させることで、地域の独自性を強調しているようにも思われる。

　単純化して捉えれば、東アジアにおいて漢帝国は、歴史的な社会段階の進行を先導する中心地域であり、周辺地域は漢帝国の文物・情報・思想・刺激に遭遇し、選択的に受容する構図にあったといえる。漢帝国の影響力の強大化に触発された周辺地域にとっては、逆にアイデンティティの自覚や発露にも作用したであろう。東アジア諸地域における墓制について考えるうえで、一面ではこうした漢帝国からの影響および諸地域の独自性・伝統性を考慮にいれた視角を必要とする。なお、漢鏡・素環頭鉄刀など、漢系文物が漢帝国から周辺地域へ地理的勾配をもって動く文物交流に加えて、朝鮮半島南東部の慶尚南道金海市良洞里遺跡などで出土した北方系動物形帯鉤に示唆されるような周辺地域同士の個別的広域交流も認められる。弥生墳墓から出土する南海産貝輪もこうした広域交流の一例であろう[22]。こうした周辺地域同士の影響関係についても留意しておかなければならない。

## 4．まとめ

　上記のように、弥生墳墓の地域性を考える際には、漢帝国や周辺諸地域との影響関係という視点が必要となる。こうした同時代東アジア空間における中心・周辺地域、周辺地域同士など、様々に交錯した社会段階・類型同士での複合的、多元的影響関係という視点をもって、漢帝国・中国北東部・韓諸地域墳墓と弥生墳墓との比較研究を進める必要がある。

註
（1）　例えば、近畿北部・山陰の前期古墳では、近畿中部の王権との結びつきを示す三角縁神獣鏡が出土する一方で、弥生墳丘墓の伝統をうかがわせる方形原理の墳丘平面形態を堅持しており、在地集団の自立性・主体性をうかがうことができる（岩本 2014）。
（2）　本章第2節における漢代墳墓の記述にあたり、各報文のほか、劉慶柱・李毓芳 1991、黄展岳 1998、黄暁芬 2000 などを参考にした。
（3）　漢尺は約 23 cm、1 丈は約 2.3 m。
（4）　黄暁芬の定義で、「玄室全体もしくは後室のみを囲む回廊施設を伴う点を特徴とするタイプ」（黄暁芬 2000）。
（5）　漢代は、1 歩＝ 6 尺。
（6）　ただし、第2章第2節でみたように、九州北部や近畿中部などでは、弥生前期から墳丘ないし周溝によって埋葬墓を区画した事例がみられる。墳丘や周溝によって区画するという、こうした発想のルーツについては、中国大陸ないし朝鮮半島からの伝播を視野に入れておく必要があろう。
（7）　璧は、西周以来、封建君主が臣下に地位・任務を与えるときの下賜品、また臣下による上長への返礼、同等者同士の贈り物、神を祀るときの捧げものなどに使われ、天円地方の思想が起こると、天のシンボルと考えられるようになる（林巳 1959）。礼器としての璧は、徳、すなわち生命を再生させる力をもつものであり、天上の神々や祖先の霊魂をよらしめる道具だった。副葬品としては、龍山文化・良渚文化から漢代の墳墓においてみられる（林巳 1969 ほか）。
（8）　前代の戦国時代でも、長沙 406 号墓（図 61-1）における玉璧の副葬状況をみると、内棺内部の被葬者頭部両側にそれぞれ1面ずつ、両膝関節部の下にそれぞれ1面ずつ、被葬者頭頂部側の内棺と外棺の間に1面が立てかけるように配置してあり、頭部を意識していることがうかがえる。また玉璧は、玉衣の頭頂部にもはめこまれている。大形徹は、漢墓の竪穴墓や横穴墓が基本的に密閉空間であることから、魂が頭蓋骨頂部の縫合部分の囟門（泉門）を抜け、璧の孔を通って、天界にワープできると考えた。すなわち、玉衣の頭頂部にはめ込まれている玉璧は、魂が天界と往来する通り道のためにあると解釈するのである（大形 2000：pp.62-64）。長沙 406 号墓・臨沂洪家店墓・徐州后桜山墓などにみられる頭頂部に置かれた玉璧もそうした意味があるのかもしれない。
（9）　古代中国では、頭頂部の囟門、目2・耳2・鼻孔2・口1・下半身2の9か所の竅すなわち九竅、関節などに悪霊や邪気が侵入することを防ぐことによって、遺体の腐敗を防止できると考えられた（大形 2000）。
（10）　本章第4節における漢鏡の編年については、岡村秀典の研究による漢鏡1～4期（岡村 1984）、漢鏡5～6期（岡村 1993）、漢鏡7期（岡村 1999：pp.125-139）を参照した。
（11）　弥生中期の日本列島において、鏡以外の器物による「重ね置き副葬」としては、立岩堀田遺跡 36 号甕棺墓で被葬者右側に刀子1点・鉄矛1点・鉄鑓1点が重ね置かれた事例がある。
（12）　立岩堀田遺跡 10 号甕棺墓における a＋b 型副葬では、前代の青銅器文化の伝統をひく中細形銅矛が、

前漢鏡に重ねられていた。このことを積極的に解釈して、弥生中期後半のa＋b型副葬は、弥生中期初頭から前半に先行してみられた青銅製武器と単数の鏡を重ねるa型副葬をもとに、複数の鏡を重ねるb型副葬のアイデアが付加されて成立したものと考えておきたい。三雲南小路1号甕棺墓や須玖岡本遺跡D地点甕棺墓でも銅矛、銅剣などが出土しており、多量の前漢鏡に重ねられていた可能性があろう。

(13) 古墳前期における鏡の副葬配置パターンの類型化やその意味については、藤田和1993、福永伸1995、岩本2004などで整理検討されてきた。前期古墳において複数面の鏡を副葬する際の配置には、遺体や木棺を囲むように並べる身体包囲型、頭部側に集中して配置する頭部集中型、頭部側と足部側に置き分ける頭足分離型、人体埋葬が伴わない施設に埋置された埋納施設型などに類型化されている（福永伸1995）。本章第4節であげた古墳前期のa＋b型副葬では、紫金山古墳・東之宮古墳の事例を除くと、埋葬墓長辺両側や被葬者頭部周辺に配置される場合が多く、大半は身体包囲型や頭部集中型の範疇に含まれると考えられる。

(14) 前期古墳に副葬された三角縁神獣鏡などの鏡面向きについては、既に岩本2004などで網羅的な検討がなされている。これによれば、三角縁神獣鏡などが遺体に接する状態で副葬される場合は鏡背を上にし、棺外に立て並べて包囲するように配置される場合は、埋葬墓外側に鏡面を向けるものが多い。

(15) 神仙思想は、戦国時代ないしそれ以前に、山東半島北部沿岸地方を起点にひろまった、長生の術を体得するための民間信仰である（下出1968）。なお道教は、5世紀初頭頃になって体裁が整ったと考えられているもので（下出1968）、神仙思想を中心に道家・易・陰陽・五行・卜筮・讖緯・天文などの説や巫の信仰を加え、仏教の体裁や組織にならって宗教的な形にまとめられた、不老長生を主な目的とする現世利益的な宗教である（窪1956）。

(16) 『漢書』霍光伝には、漢の朝廷から璧・玉衣・梓宮・黄腸題湊のほか、官署で製作された銅鏡を入れる器である東園温明などの葬具が下賜される記述がある。こうした記述から、高倉洋彰は、三雲南小路遺跡1号甕棺墓や須玖岡本遺跡D地点甕棺墓にみられる多量の前漢鏡やガラス璧などが、前漢帝国から奴国王・伊都国王へ下賜された品であるとみる（高倉1995：pp.140-148）。三雲南小路遺跡1号甕棺墓からは推定面径約27.3cmの重圏彩画鏡1面、面径19.3cmの四乳雷文鏡1面、須玖岡本遺跡D地点甕棺墓からは推定面径約23.0〜23.6cmの草葉文鏡3面など、面径20cm前後を超える漢鏡2期の大型鏡、および面径16cm前後を測る漢鏡3期の中型鏡が出土している。岡村秀典は、このうち王侯へ配布される大型鏡については間接的にもたらされ、中型鏡については漢帝国から政治的、儀礼的に直接贈与されたものと考える（岡村1999：pp.10-26）。論者によって細かな見解の相違があるものの、王侯への配布鏡を含む多量の前漢鏡の入手という事実を積極的に重視すれば、三雲南小路遺跡1号甕棺墓・須玖岡本遺跡D地点甕棺墓の造墓集団が、前漢の皇帝陵や王墓における副葬行為に関する情報を得ていたことは十分想定されると考える。ただし高倉は、三雲南小路遺跡1号甕棺墓のガラス璧について、単に鏡を重ね置く際の緩衝材であったとみているが（高倉1993）、筆者は前漢王墓にみられるような多量の玉璧と同様の意味をもたせてガラス璧を用いたものと考えたい。

(17) 重松明久は、卑弥呼の「鬼道」について検討するなかで、葛洪著『抱朴子』雑応篇にある「明鏡の九寸以上なるを用ひて自ら照し、思存する所有ること七日七夕なれば、則ち神仙を見るべく、（中略）明鏡は或は一つを用ひ、或は二つを用ふ。之を日月鏡と謂ふ。或は四つを用ひて之を四規と謂ふ。四規なれば之を照らす時、前後左右に各一を施すなり。四規を持ちふるときは、見れ来る所の神甚だ多し。」という神仙術における鏡使用法の記述から、大分県宇佐市赤塚古墳の三角縁神獣鏡を立て並べた出土状態が、こうした「四規」を示唆するものとして注目した（重松明1969：pp.104-105）。

(18) 弥生中期後半頃の九州北部における棺外副葬は、鉄戈が用いられる場合が多い（藤田等1987、小山田1995、禰宜田2005）。弥生後期初頭ないし前半段階における鉄戈の廃絶（高倉1990、川越1993）と、当該期に始まる破砕鏡の棺外副葬とは連動する現象かもしれない。

(19) b型副葬、a＋b型副葬の場合、「重ねる」行為自体の意味は副次的で、むしろ鏡や他の器物を列状に連結させて、結界を創出することに一義的な意識が働いていたとも解釈できる。いずれにしても、重ね合

(20) 土壙墓・木棺墓・木槨墓・石棺墓などの墓壙規模を長軸6.0m前後以上の大型墓壙、長軸3.5〜6.0m前後の中型墓壙、長軸3.5m前後以下の小型墓壙に区分する（第2章第3節参照）。

(21) ただし、鉄刀・長剣副葬にみられる弥生後期の中国大陸・朝鮮半島からの影響と日本列島における弥生墳丘墓の墳丘の直接的な系譜とは無関係であると考える。例えば四隅突出型墳丘墓の墳丘形態は、弥生中期の方形貼石墓をもとに突出部が発達した墓制であると推定している。

(22) このほか例えば、中国南部の雲南省石寨山遺跡・同李家山遺跡、東南アジアのベトナム国ランヴァク遺跡などで出土している装飾品にみられるような、動物同士が争うモチーフの動物闘争文の分布から、当地域と中国北方地域との交流が想定されている（今村啓 2002など）。漢帝国周辺同士における個別的な文物交流の一例であろう。

# 終章　弥生墳墓の意義

## 第1節　弥生墳墓の変遷と特色

　前章までにおいて、日本列島に展開した弥生墳墓の墓域・区画・墓壙・副葬品などの様々な属性について、地域的な比較検討を進めてきた。さらに、朝鮮半島や中国大陸における墳墓との比較によって、弥生墳墓の特徴を描き出し、その背景についても若干の考察を加えた。具体的には、まず日本列島各地の弥生墳墓を対象にして、第2章で墓域構成や墓壙規模、未成人埋葬の様相について、第3章で副葬品の地域的様相について検討した。つづいて第4章では、弥生時代と社会段階が類似する二里頭文化期・二里岡文化期の中原や年代的に併行する漢帝国や朝鮮半島諸地域における墳墓の様相を概観したうえで、弥生墳墓との比較検討をおこなった。

　以下、こうした検討で得られた具体的な諸成果について再度要約しておきたい。まず、第2章と第3章において墳墓の諸要素の格差について検討したところ、九州北部では弥生中期初頭頃から、本州西部では弥生中期中葉ないし後葉頃から、一部の墳墓において以下の志向性が再確認できた。

① 墓域構成の群集状態から単独化へ。
② 大型区画・墳丘の出現。山陰では貼石による墳丘外表処理の入念化。
③ 墓壙規模の拡大化・巨大化。
④ 金属製品・ガラス製品の副葬。副葬玉類の多量化。

　こうした、単に遺体を埋葬するという一義的目的を超越した墳墓内容の背景には、葬送行為ないし葬送儀礼が占める社会的重要度の増大化が想定できる。ただし、地域・時期によっては、①から④の一部の志向性が、後退する局面も看取できる。また、朝鮮半島南部と比較すると、日本列島では、②ないし③の要素が先導的に現れ、④が追随する傾向がうかがえる。これに対し、朝鮮半島南部では、①や②の現象は比較的稀薄で、群集状態を示す同一墓域のなかで、副葬品内容や埋葬墓の規模に格差がみられる点が特徴的である。

　ここで再度、①から④の要素がどのように現れ推移し、弥生時代のなかで画期を見出すことができるのか、確認しておきたい。第4章第5節の表22で整理した通り、弥生中期中葉から後葉頃には、九州北部・近畿北部・近畿中部・東海などで大型区画の造営が散見されるようになる一方、鉄刀剣といった大型鉄器の副葬は、九州北部に限定されている。こうした大型鉄器の分布範囲は、前漢鏡の大まかな分布とも重なるとみて大過ないであろう。一方、山陰、江の川中・上流域、近畿北部では、弥生中期中葉頃から墳丘に貼石を施した方形貼石墓（肥後 2010）が出現してくる。すなわち、地理的に朝鮮半島に近い九州北部では、金属製品やガラス製品の副葬という墳墓構造の内側

からの入念化が特徴的に認められ、朝鮮半島南部とも類似した様相を示す。一方、本州西部日本海側では、外表に貼石を施した墳丘の造営という墳墓構造の外側からの入念化が、まず特徴的に現れる。

　弥生後期中葉ないし後葉頃にいたると、吉備・山陰・近畿北部・北陸などの本州で大型区画や大型墓壙、鉄刀剣副葬がみられるようになり、一画期をなしている。大型区画や大型墓壙をもつ墳墓は、概ね鉄刀剣・太身ガラス製管玉などの副葬品保有、施朱がみられる。鉄刀剣の棺内副葬は、被葬者が成人男性である可能性が高いので、当該期の大型墓壙を中心主体とする大型区画墓の造営は、社会的に重要な位置を占める有力成人男性の存在を示している。

　また第2章第5節では、未成人埋葬について検討した。3～5歳前後までは土器棺墓、それ以上の幼小児は、区画墓や木棺墓を造営するという一般的傾向がみられ、墓域集団構成員としての資格・認知が反映されている。胎乳幼児は玉類か鏃、弥生後期から終末期の幼小児は玉類か鉄器が、選択的に副葬される場合が多い。また、弥生後期から終末期の近畿北部における幼小児用木棺墓では、同一台状墓に共在する成人埋葬墓の内容によって、副葬玉類の数量に多寡がみられたり、短剣が副葬されたりする事例があり、生来的な血縁系譜によって副葬品格差が表現されている可能性を考えた。しかし一方で弥生時代の段階において、幼小児埋葬が区画墓の中心主体になったり、幼小児に鉄刀剣が副葬されたりする事例は非常に稀であり、普遍的なものとはいえない。

　第4章では、弥生墳墓の特徴について考えるために、東アジア諸地域の墳墓の様相について概観した。まず第4章第1節において、古墳時代に先立つ弥生時代と同様に、初期国家成立前後と目される中国大陸中原の二里頭文化期と二里岡文化期の墓をみた。この時期の中原では、まだ墳丘がみられない。上位階層墓において銅戈などの近接武器が副葬される点は、弥生墳墓との共通性である一方、飲酒儀礼用の青銅製容器や玉礼器の副葬は、王権中枢の儀礼を投影した、中原の特徴を示すものであった。

　第4章第2節では、弥生中期の墳墓とも時代が重なる前漢皇帝陵と竪穴墓壙を有する諸侯王墓を比較検討した。墳丘規模については、前漢皇帝陵が底辺約153～230m・高さ約25～46.5mであるのに対し、諸侯王墓は底辺約90m・高さ約16m以下のものが多いことから、明らかな格差が改めて確認できた。また、竪穴墓壙上部平面規模では、皇帝陵の正確な規模が不明であるものの、諸侯王墓の事例において長辺約12.8m・短辺約10mから長辺約26.8m・短辺約21.2m程度を測る。これと墳丘平面規模とが相関するとすれば、墓壙規模の点でも皇帝陵と諸侯王墓との間に大きな格差があることは明らかである。また、諸侯王墓の墓道は、墓壙の1辺ないし2辺のみにあり、いわゆる「甲」字形・「中」字形にのびるが、前漢6代皇帝・景帝の陽陵では四周にのびる、いわゆる「亜」字形をなすとみられている。『漢旧儀』の記載にあるように、これが前漢皇帝陵の一般的形態とすれば、墓道の数も厳格に規制されていたことがうかがえる。以上のように前漢期の中国大陸においては、被葬者の身分秩序が墳丘・墓壙規模の量的格差、墓道形態の規制などに投影されるという状況を改めて確認することができた。つづく第4章第3・4節において、漢代における王墓などの副葬品配置を概観し、鉄剣と玉璧・鏡の「重ね置き副葬」について検討した。その結果、日本列島の弥生中期後半や古墳前期における複数面の鏡「重ね置き副葬」の系譜が、一部は中国大陸にたどることができるという可能性を考えた。

　最後に第4章第5節において、日本列島における弥生墳墓を東アジア規模の視点から比較検討し

た。まず、弥生後期の日本列島においては、以下のような地域ごとの特徴を読み取ることができた。

① 山陰・吉備南部・近畿北部・北陸：鉄刀剣副葬と大型区画・大型墓壙造営を重視する地域。
② 九州北部・対馬：鉄刀剣副葬と武器形青銅器埋納の双方に力を注ぐ一方、大型区画・大型墓壙造営行為が稀薄な地域。
③ 中部高地・関東北西部・関東南部：鉄刀剣副葬がなされる一方、青銅器埋納、大型区画・大型墓壙造営が稀薄な地域。
④ 近畿中部・東海
青銅器埋納に力を注ぐ一方、鉄刀剣副葬、大型区画・大型墓壙造営が稀薄な地域。

弥生後期における弥生墳墓の副葬品内容をみると、鉄刀・長剣が分布するのは、九州北部・吉備南部・日本海側諸地域などに多い。こうした文物の副葬習俗の淵源は、大きくみると漢帝国に求められると考える。そして、こうした地域において鉄刀・長剣を副葬する一背景としては、水運による朝鮮半島との流通アクセス利便性といった、地勢的な要因が想定できる。その一方で、山陰などでは四隅突出型墳丘墓のような個性的な形態の墳丘墓や大型区画墓・大型墓壙がみられる。以上のような墳墓地域性の背景を考えるうえでは、一面において漢帝国からの様々な影響や諸地域の独自性・伝統性を考慮にいれる必要性を認識した。

次節以降では、第1章における研究史の整理で認識した第1から第3の分析視点による課題について、上記の検討結果をふまえたうえで考察を加え、本書の結論としたい。

## 第2節　死への対応や社会統合の手段としての弥生墳墓儀礼

近親者の死に直面した時、残された者が抱く衝撃や不安、悲しみははかりしれない。人類社会に普遍的にみられる葬送儀礼とは、死者を受け入れ可能な形で表象化することによって、人間の死がもたらすこうした感情を中和するという、死に対する馴致・対抗手段でもある（内堀 1997）。本節では、第1章で課題にあげた第1の視点、すなわち弥生墳墓における葬送儀礼が、集団のどのような死生観に基づいて死という事態に対応し、死者を表象化しようとしたのかについて再検討する。さらに、第1章で課題にあげた第2の視点、すなわちこうした葬送儀礼が、社会の統合強化においてどのような役割を果たしたのかについて考える。もとより先史時代における人間の観念や心理に関わるような、こうしたテーマについて考古学的に考察を加えることは困難な試みではあろう。ここでは牽強付会な議論になってしまうきらいを恐れずに、あえて積極的に踏み込んだ一仮説を示し、遺跡の状況証拠との整合性を検討することでアプローチしていきたい。

### 1. 文化人類学・民俗学における死生観と葬送儀礼の研究

死への対応手段や葬送儀礼の社会的役割という視点から弥生墳墓について考えるうえで、世界各地の民族誌から導かれた文化人類学や日本の民俗学の研究成果についても目配りしておく必要がある。死をめぐる文化人類学的な研究成果は、もとより弥生時代とは時代・地域を異にするものであ

り、安易な援用には慎重でなければならない。しかし一方で、死という人間にとって普遍的なテーマに関わる墳墓資料を解釈するうえで、これらをある程度参照しておくことは無意味ではなかろう。まずここでは、文化人類学・民俗学における死生観と葬送儀礼に関する分析研究成果について概観しておくものとする。

　19世紀後半、世界の多くの社会において、人間や生物の身体に霊が宿っているという宗教的観念、すなわちアニミズムを認めたのは、タイラーであった（タイラー　1962：pp.96-122）。彼は、こうした霊魂は死後も不滅であり、他人や動物の身体に乗り移り生まれ変わったり、天上界や地下界において復活したりするといった信仰が各地で見出されることを説いた（タイラー　1962：pp.123-139）。奈良時代から平安時代にかけての日本においても、『古事記』『万葉集』『日本霊異記』をはじめとした様々な史料の記述内容から、死とは霊魂と肉体が分離する現象であると捉えられていたようである（佐藤　2008：pp.34-47）。なお、この時代の日本人は、死者の霊魂が、山・岬・島など生者が足を運ぶことができるような場所に飛翔すると考えていた。そして、霊魂が一旦ある場所に落ち着いても一貫してそこに留まるという感覚をそれほど強くもってはいなかったらしい（佐藤　2008：pp.43-46）。近現代に眼を向けると、近年までの日本で行われていた葬送儀礼から、死者についての次のような認識が見出されている。すなわち、死の確認から埋葬ないし火葬までの間、死者は遺体と霊魂が一体となったものであると認識された一方で、遺体は霊魂が飛び去って中身が空の状態にもなるために、いつでも他の悪霊が入り込み、魔物などになってしまう不気味で不安定な存在であった（波平　2004：p.80）。したがって、悪霊を追い払うために、出棺の直前まで遺体の上に鏡か短刀・鋏・鎌などの刃物を置いたり、遺体を墓場まで運ぶ際に鉦や銅鑼や空砲を鳴らしたり、埋葬前の墓壙上には青竹を斜め十字に置いたりしたという（波平　2004：pp.78-79）。

　一方、こうした葬送儀礼の分析をめぐっては、20世紀初頭になされたエルツやヘネップの研究が著名である。彼らの研究によれば、死者の霊は一連の葬送儀礼という過渡段階を経て、やがて祖先という地位に移行、死者世界に統合されるという（エルツ　1980、ヘネップ　1995：pp.125-141）。ヘネップは、人の一生の節目において、ある状態から別の状態へと境界を経て移行する際、境界前における「分離儀礼」、境界上の「過渡儀礼」、境界後における「統合儀礼」がみられるとして、これらを「通過儀礼」という概念で説明した（ヘネップ　1995：pp.8-9）。ヘネップによれば、葬送儀礼も通過儀礼のひとつと見なされる。このうち生者の世界との分離儀礼と解釈されるものとして、以下のような事例があげられている。例えば、死体を外に運び出す際の様々な手続き、死者の道具・家屋・宝石・財産などの焼却、妻・奴隷やお気に入りの動物の殉死、沐浴、香油の塗布、浄めの儀礼執行などである。さらに墓・棺・墓地などが作られたり、家や村、部族の領地から魂を追い出すための定期的な儀式が行われたりする。また、葬送儀礼のうち、死者世界との統合儀礼と解釈されるものとしては、葬式や喪が明けた後の祭宴と記念祭があげられている。この宴は、残された集団成員間の、ときには死者との間の絆を新たなものにすることが目的であるという。上記の分離儀礼を日本の民俗事例に求めると、例えば京都府長岡京市や周辺地域では、出棺の時、門口の敷居の上にむしろを敷き、棺が出たあとにそれを外に向かってまくる、そして死者が生前に使っていた食器を割り、藁火を焚くといった儀礼がみられる。これらは死者との関係を断ち切り、棺が通った道をなくして、死者が再び戻って来られないようにする分離儀礼と解釈される（八木　2001：p.205）。

ところで、死は本来的に社会的な出来事であり、しばしば政治的な出来事でもあるといわれる。ある個人の死は政治状況を変え、生き残った人によって政治的に使われる（内堀 1997：p.99）。特に王という人物自身が、政治的秩序の繁栄や存続を体現している社会においては、死せる王をめぐる儀礼が、より社会的、政治的な重要性をもっているようだ。メトカーフとハンティントンによれば、王の死は、政治的に統合されていた社会の象徴を衰えさせ、政治的な暴力が勃発する危険性を顕在化させるという（メトカーフ・ハンティントン 1985：p.219）。そして、永続性と高い権威を象徴する王の遺体が急速に腐乱していく時、集団にとってその対応は重大な問題となる。腐敗していく象徴という問題に対するひとつの解決策は、遺体を何らかのより安定した表象へと置き換えることにあるようだ。

また、青木保の要約によると、様々な儀礼には、2つの方向性が二重性として埋め込まれているという。このことを筆者なりに解釈すると、第1は儀礼そのものが企図している本来の目的を達成しようとする意味論的な方向性、第2は儀礼によって人間関係を再確認・再構築しようとする実行論的な方向性である（青木保 1984：pp.320-328）。青木保が具体例として引用した、ガルシア・マルケスの短編小説『ママ・グランデの葬儀』（マルケス 1979）におけるマコンド王国女王の葬儀には、カトリック葬儀における鎮魂・昇天儀礼という第1の方向性と、絶対的支配者の死を歴史的な記念儀礼として国家をあげて挙行するという第2の方向性という二重性が存在する。ここで描写されている葬祭は、儀礼による社会的地位と権力の誇示的作用であり、それに伴う誇示的消費であり、第1の方向性よりも第2の方向性の方がはるかに肥大化したものとなっている。メトカーフとハンティントンがあげた東南アジア諸地域の事例においても、葬式が王権の威信や求心性を高めたり、王位継承を誇示し、後継者の名声を高めたりするために利用されている（メトカーフ・ハンティントン 1985：pp.178-191）。また、ボルネオのベラワン族のように、遺体や遺骨を安置する霊廟のような記念物を建造することによって、指導者の地位は強固になり、集団の団結が証明され、そこに納められた死者は永続的で遠大な存在になっていくという（メトカーフ・ハンティントン 1985：pp.191-203）。

以上みてきたように、様々な葬送儀礼の手続きによって死者は死者世界に統合され、安定した表象に置き換わっていく。一方で葬送儀礼は、社会の統合や存続を強化し、上位階層の威信を高め、誇示するという政治的側面をもっている。以下では、上記でみた研究成果もふまえつつ、第1章であげた第1と第2の視点について考察を加えたい。

## 2．死への対応手段としての弥生墳墓儀礼

ここでは、第1章で課題にあげた第1の視点、すなわち弥生墳墓の内容や構造の特徴が示す葬送儀礼は、集団がどのような死生観に基づいて死というものに対応し、死者を表象化しようとしたものであったのかについて検討する。上記したように、霊魂不滅の観念は世界各地で普遍的に認められ、奈良時代から平安時代の日本においても浮遊する死者の霊魂が認識されていた。仮に、こうした死生観が弥生時代においても認識されていたとすれば、人間が死んだ時、拠り所を失って浮遊する霊に対してどのように対処するのかという方法論が、弥生墳墓の内容に投影されているといえる。以下では、墳墓の各内容から、こうした点について考えてみたい。

まず、埋葬施設の構造について考える。九州北部にみられる甕棺墓・石棺墓・木蓋土壙墓・石蓋土壙墓では、棺や蓋に粘土の目張りがなされるなど、埋葬施設の密閉化志向が看取できる（小山田 1992）。また、弥生中期の九州北部や弥生後期中葉から終末期の山陰・吉備などでみられる木槨墓は、より被葬者と外部とを遮断するために多重構造化をはかったものといえる。以上のような埋葬施設の内と外を遮断する構造は、悪霊の侵入や遺体の霊が抜け出すことを防ごうとする意識に基づいたものではないだろうか。

つづいて副葬の状況からは、以下のことを推し量ることができよう。弥生中期前半の佐賀県唐津市宇木汲田遺跡58号甕棺墓（図71-1）、弥生中期後半の福岡県朝倉郡筑前町東小田峯2号墳丘墓10号甕棺墓では、上甕と下甕の間隙に刃部を直立させて銅戈や鉄戈が副葬されていた。また、弥生後期前半の佐賀県神埼郡吉野ヶ里町三津永田遺跡104号甕棺墓（図71-2）では、甕棺合口の目張り粘土中に素環頭鉄刀が、弥生後期前半の二塚山遺跡46号甕棺墓（図71-3）では、同じく甕棺合口の目張り粘土中に鉄矛が封じられていた。弥生後期の二塚山遺跡29号石蓋土壙墓では、目張り粘土中から、1面分の波文縁獣帯鏡片が重ね合わせた状態で検出された（図67-1）。同じく弥生後期中葉の二塚山遺跡76号甕棺墓（図71-4）では、甕棺合口の目張り粘土中と直下から破砕された連弧文昭明鏡1面分が検出されている。以上のように九州北部では、弥生中期前半から後期において金属製武器が、弥生後期前半において破砕された鏡が、甕棺合口部や石蓋上などに副葬される。既に小山田宏一らによっても指摘されている通り、こうした事例は、甕棺合口や石蓋・木棺の隙間を意識した副葬配置であり、ここからの悪霊の侵入、あるいは遺体の霊が抜け出し、浮遊するのを防ぐといった意図をうかがうことができよう（小山田 1995、禰宜田 2005）。鋭利で光を反射するという特性をもった、金属器によるこうした行為は、上記の日本の民俗事例でみた、遺体の上に鏡や刃物を置くという風習とも共通した意味をもっていたと解釈できないだろうか。また第3章第3節では、被葬者頭部ないし上半身を中心にした施朱と、頭飾り・首飾り・耳飾りなどの玉類装着との相関関係を看取した。このことから、遺体のなかでもとりわけ頭部に対する処置を重視し、耳・口・鼻孔といった場所からの霊の抜け出しや悪霊侵入を防ぐことが意識されていたと考えたい。

以上のように、弥生人が霊という存在を認識し、辟邪や遺体からの霊抜け出し防止の観念をもっていたと想定することで、埋葬施設・副葬品の内容や構造の思想的背景を整合的に説明することができる。こうした観念は、埋葬後少なくともある一定期間においては、外部からの悪霊侵入を防ぎ、死者の霊を鎮め棺内に留めておきたいといった意識を反映したものではなかろうか。

## 3. 集団統合強化のための弥生墳丘墓の儀礼

ここでは、第1章で課題にあげた第2の視点、すなわち各地域に展開した弥生墳墓において執り行われた葬送儀礼が、社会の統合強化においてどのような役割を果たしたのかについて考察する。ここで焦点になるのは、主にある社会集団の中心的人物、上位階層人物の死に直面した際における葬送儀礼ということになる。

上記したように、遺体が急速に腐敗していく時、集団にとってその対応は重大な問題となる。法医学的な知見では、遺体の白骨化に要する時間は夏場で10日以上、冬では数カ月以上とされる。

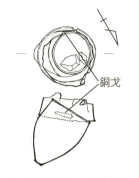
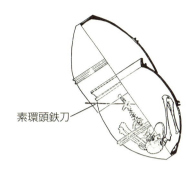

1. 宇木汲田遺跡58号甕棺墓　　2. 三津永田遺跡104号甕棺墓

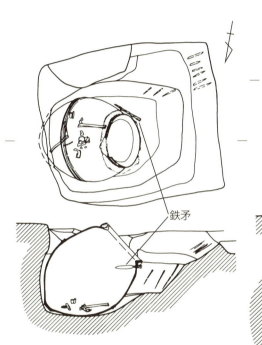
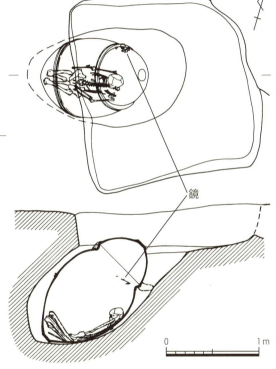

3. 二塚山遺跡46号甕棺墓

4. 二塚山遺跡76号甕棺墓

**図71　甕棺合口付近に金属器を配置した事例**（1/40）

『魏志倭人伝』の「停葬十余日」という記述も考慮すると、弥生時代においては人が死亡すると、基本的には最短でおよそ10日間のうちに墳墓を造営し埋葬したとする推定もある（福島 2000）。ただし、大型化・入念化した墳墓によっては、生前の段階や死を予期した段階でのある程度の造営があったのかもしれない。いずれにしても、王墓と形容されるような大型弥生区画墓にみられる、造墓作業から葬送終了にいたるまでの多大な労力をかけた一連の儀礼行動は、集団が首長の死に直面した際、社会秩序の存続や安定をはかるうえで精力を傾けなければならない営為であったのだろう。以下では、こうした上位階層者の墳墓とみられる弥生墳丘墓を対象にして、そこでの葬送儀礼

が集団統合の強化に及ぼした役割について考えたい。

### (1) 墳丘の意義

墳丘の一義的な機能としては、埋葬墓を視覚的に外部と区画する、被葬者の記憶・イメージを反復的、記念碑的に想起させる、などがあげられよう。つまり墳丘は、埋葬儀礼終了後も、周辺から長期にわたって視認・遙拝することができる特徴をもっている。本州山陰に展開した貼石をもつ墳丘墓は、石という恒久性をもった素材を用いることによって、より墳丘墓の永続的イメージを強調したものであったのかもしれない。こうした可視的で恒久的な構造物は、腐敗する遺体を隠蔽し、安定した表象に置き換える。すなわち現世の集団構成員に対して、墳丘内部に鎮座する被葬者人格の存続を反復的、持続的に意識させる役割を担っていたともいえる。

さて、日本列島では、墳丘ないし周溝による区画が弥生前期頃から出現し、特に近畿中部では方形周溝墓が弥生中期を中心に盛行する。また、山陰や近畿北部では弥生中期中葉頃から方形貼石墓が、山陰や江の川中・上流域では弥生中期後葉頃から四隅突出型墳丘墓が出現し、弥生終末期頃まで展開する。前記したように、本州日本海側や吉備でみられる弥生後期後葉から終末期の墳丘墓は、同時代における北東アジアの墳丘規模と比較しても大型であるという特徴をもっている。重松辰治によっても指摘されているように（重松辰 2006）、まずこうした大型墳丘の構築が、造墓指導者の統率のもとに編成された造墓集団による共同作業であったと考えるなら、墳丘造営行為それ自体が集団の団結意識を醸成し強化する作用をもたらしたであろう。

第2章第3節でふれたように、弥生後期後葉頃の山陰では、大型墳丘墓・大型墓壙、鉄刀剣・ガラス製管玉による副葬品 bs 型、朱という要素の墳墓が最上位に、墳丘墓・中型墓壙、碧玉製管玉などによる副葬品 b 型、朱という要素の墳墓が上位に、区画なしで小型墓壙の墳墓が下位に位置付けられるという序列的な約束事が看取できた。すなわち、こうした墳墓のヒエラルヒッシュな差異は、墳丘の大小や高さ、立地、さらには葬送儀礼の内容・規模といった表現形式に規制があり、被葬者の社会的な序列・地位を投影していたと考える。そして、こうした大小の墳丘墓を視認する集団構成員やそこでの葬送儀礼を体験する参列者達にとっては、社会の中での階層的な関係性を再認識・再生産することに作用したといえよう。山陰における日本海沿岸諸平野では、四隅突出型墳丘墓という地域性・特異性を強く有した平面形態の墳丘墓が造営されている。こうした個性的な墳丘は、造墓集団のアイデンティティを視覚的に表現したシンボルとして機能しよう。そして、特異な形態の墳丘を共有することは、これを媒介として、集団間の結合関係・連帯関係を相互に再認識し、強化することにつながったといえるのではなかろうか。

なお、四隅突出型墳丘墓の突出部のうち、少なくとも一つは、墳丘内部に入るための道として機能したものと推定されている（渡辺 2003）。このことは、墳丘の内と外の出入口が、方形コーナーの特定の突出部に定められていたという導線のプランニングがあったことを示している。儀式の演出において計画的な導線が不可欠であること（近藤雅 1996）を考慮すれば、四隅突出型墳丘墓の墳丘が、一面では儀礼を演出するための舞台装置として機能したことを物語っていよう。

### (2) 大型墳丘墓上での葬送儀礼の意義

墓壙埋土上に残された多量の土器などから、近藤義郎や渡辺貞幸らが岡山県倉敷市楯築墳丘墓や

島根県出雲市西谷3号墓における具体的な葬送儀礼の情景を推定復元したように、これらの墳丘上では大がかりな儀礼が執行された可能性が高い（近藤義 1992b、渡辺 1993）。重松辰治による山陰地域の弥生墳丘墓出土土器の検討によれば、因幡地域における弥生後期前葉から中葉の方形貼石墓や出雲地域における弥生後期後葉以降の四隅突出型墳丘墓など、両地域で墳丘規模が発達する時期の大型墳丘墓の中心的埋葬墓上では、飲食器を中心とした多量の土器群出土事例がみられる場合が多い。すなわち、墳丘規模と儀礼に使用された土器の量とが相関関係にあることから、大型墳丘墓の中心的埋葬墓被葬者の埋葬に際しては、より多くの人々が共飲共食的な内容を伴う葬送儀礼に参加していたことが推定される（重松辰 2006）。

　その際、儀礼の中心的舞台とするために、わざわざ多大な労働力を結集して設営された大型墳丘、さらにそこに立てられた柱ないし建造物は、顕示性と秘匿性を兼ね備えた、視覚的に演出された特殊空間であったといえる。また、平野・河川・湖沼・海岸などを見下ろす、あるいは逆に周囲から遥拝する場所に立地する大型墳丘墓頂部からの眺望は、儀礼参加者に何らかの視覚効果を及ぼすことをねらったものであったのかもしれない。やや想像を交えれば、こうした特殊空間に参集した多くの参列者は、一定の式次第に基づいて挙行された葬送儀礼の共有体験によって、被葬者の死に対する感情・葬送観念をも共有した。本節第2項でふれたメトカーフとハンティントンが述べているように、集団を体現する人物の死によって揺らいだ社会は、こうした一連の儀礼を経ることによって、人心の結合力・一体性を強化させ、安定を取り戻そうとしたのではなかろうか。ただし、この時点で墳丘がどの程度まで完成していたのかについては、個別墳丘墓ごとの検討が必要であろう。

　前述したように、大型墳丘墓の木棺内からは稀少な朱や刀剣、墳丘上からは多量の土器が検出される事例が多い。つまり大型墳丘墓を舞台として、副葬や飲食という消費行為を伴った葬送儀礼が盛大化・複雑化したことを物語っている。近藤義郎は、前方後円墳を代表とする古墳や弥生墳丘墓が示すものは、「単なる埋葬でなく、一定の型式をそなえた首長霊を祀る祭祀行為である」とし、「そこにくりひろげられる盛大な祭りは、（中略）亡き首長が担っていた祖霊からひきついだ霊力を、集団すなわちそれを体現する次代の後継者あるいはその候補が引きつぐための祭式であった」（近藤義 1983：p.170）と考えた。古墳や弥生墳丘墓が、制度化された首長霊継承儀礼の場としての機能をもっていたとする仮説には、目に見えない首長霊という観念やその継承という行為を考古学的にいかに証明するのかという困難な課題が残る。また、そもそも霊肉分離の観念、いいかえれば霊肉二元論が成立していたのか、抜け殻と化した遺体に何のために副葬品を添えるのか、といった疑義が提示されている（広瀬 1999）。一方で近藤義郎自身が述べるように、「もっとも、これはことの半面であり、後継首長ないし候補が、そうした祭祀を通じてのみ集団成員を優位的に規制しうるという自覚の下にあったとすれば、古墳祭祀は、祖霊の霊威継承の儀式を借りた首長の権威発揚の場として、重大な政治的闘いの場であったろう」（近藤義 1983：p.171）とも解釈される。すなわち単に遺体を収容する埋葬施設、標識としての墳丘という意味を超越したレベルでの弥生墳丘墓の大型化・荘厳化、これに伴う葬送儀礼の複雑化という現象は、本節第2項であげた青木保が示す人間関係の再確認・再構築という儀礼の第2の方向性が、弥生墳丘墓祭祀という一大イベントのなかに埋め込まれ、肥大化していったことを首肯させる。つまり、葬送儀礼の主催者が、新たに地域集団をまとめあげていく後継者として必要な権威の継承・誇示や求心性・正統性の教化・強化を

はかるうえで、弥生墳丘墓祭祀はきわめて重要な政治的パフォーマンスであったといえるのである。

## 第3節　弥生墳墓にみる日本列島外からの影響

　本節では、第1章で課題にあげた第3の視点、すなわち中国大陸・朝鮮半島における漢代併行期の墓制が、日本列島の弥生墳墓に与えた影響には、どのようなものが見出せるのかについて検討する。まず、弥生中期から終末期にかけての中国大陸や朝鮮半島の情勢について改めて確認しておきたい。弥生中期に併行する前漢武帝代の紀元前108年前後、朝鮮半島北部には楽浪・臨屯・玄菟・真番の4郡が設置される。その後、楽浪郡以外の3郡は廃止・移建され、一部が楽浪郡に吸収されるなどして大楽浪郡が成立する。弥生後期後葉頃に併行する紀元184年、中国大陸で黄巾の乱が起こり、後漢が弱体化すると、その混乱は楽浪郡にもおよぶ。すなわち、遼東太守の公孫度がここに勢力を伸ばすようになり、紀元204年、嫡子である公孫康は、楽浪郡の南に新たに帯方郡を設置する。紀元238年、後漢から替わった魏の明帝は、司馬懿を遼東に派遣して公孫氏を滅ぼし、帯方・楽浪2郡も接収することになる。

　以上のような動向のなかで、朝鮮半島南部における原三国時代の三韓墳墓は、以下のような変遷をたどっている。高久健二によれば、三韓墳墓の変遷には、紀元前1世紀中葉から後葉における高久の三韓Ⅱ期と、紀元後2世紀後葉から3世紀中葉における三韓Ⅴ期に画期が認められる（高久2001）。三韓Ⅱ期では鉄器類が増加、厚葬墓が出現し、三韓Ⅴ期では、鉄器や土器を大量副葬する大型木槨墓が出現、墳墓群内や墳墓群間の階層化が急速に進行していく。すなわち三韓Ⅴ期では、弁・辰韓地域において、慶尚南道金海市良洞里遺跡162号墓や下垈遺跡44号墓などの大型木槨墓が出現し、集団内部で階層分化が急速に進行するとみられている。また、馬韓地域の忠清南道天安市清堂洞遺跡においても同様の階層分化が進みつつあり（咸舜燮 1995）、こうした社会変化が三韓の各地域において、ほぼ連動して起きていたという。

　三韓Ⅴ期におけるこうした変化の時代背景には、『魏志』韓伝の「桓霊の末、韓濊彊盛にして郡県制する能わず、民多く韓国に流入す」という記述にみられる韓の成長が想定されている。さらに『魏志』倭人伝の記述によると、この時期は桓霊の間、つまり2世紀後半における「倭国大乱」の勃発が想定されている。すなわち、当該期の後漢の衰退に伴って、周辺の朝鮮半島南部や日本列島両地域においては、広域的な緊張状態が生じていたようだ（西谷 2002など）。以上のような、北東アジアないし東アジア全体の動向や時代背景も視野にいれたうえで、以下では弥生墳墓における日本列島外からの影響について、個々の属性ごとに考えてみたい。

### （1）副葬品

　弥生時代の日本列島において中国大陸・朝鮮半島からの文化的影響を最も強く受けたのは、九州北部であろう。常松幹雄は、近藤喬一が弥生時代各時期における様々な文化要素を総体として捉え設定した「遼寧青銅器文化複合」「朝鮮細形銅剣文化複合」「前漢文化複合」（近藤喬 2000）という様相を引用して、九州北部における墳墓の変遷を整理した（常松 2007）。これによれば、有柄磨製

石剣・磨製石鏃などが副葬される弥生前期後半ないし末までが「遼寧青銅器文化複合」、多鈕細文鏡・細形青銅器・翡翠製勾玉・碧玉製管玉などが副葬される弥生前期末ないし中期初頭から中期前葉までが「朝鮮細形銅剣文化複合」、前漢鏡・鉄製武器・中細形青銅器などが副葬される弥生中期中頃から後葉が「前漢文化複合」に対応する。すなわち九州北部における弥生時代各時期の副葬品組成は、中国大陸・朝鮮半島の文化的変遷の影響を受けていることが改めて確認できる。また、第4章第3節で検討したように、弥生中期後半の九州北部でみられた複数の漢鏡を一部分重ねながら配列する鏡重ね置き副葬b型は、前漢王墓における多量の璧を重ね置く副葬方法をヒントにして考案された可能性がある。さらに弥生後期前半では、第4章第5節でもふれた佐賀県神埼郡吉野ヶ里町三津永田遺跡104号甕棺墓の素環頭鉄刀など、後漢の冊封体制のもとで政治的に下賜されたと想定されるような副葬品も散見される。

　そうした日本列島外からの影響は、特に弥生後期中葉頃以降、本州でもみられるようになる。高久健二は、この時期頃の山陰や吉備南部における弥生墳丘墓の大型化や木槨の採用と朝鮮半島南東部における鉄器や土器を大量副葬する大型木槨墓の出現とが、両地域の文化交流を背景に連動して起きた現象であると考える（高久 2001）。また、第3章第5節で述べたように、弥生後期中葉から後葉の本州西部日本海側地域における大型墓壙を有した大型区画墓の中心的埋葬墓では、舶載の長剣・大刀が副葬される。長剣・大刀の副葬と埋葬施設規模や墳丘規模との相関関係は、高久の三韓Ⅴ期である原三国時代後期における朝鮮半島南東部の墳墓や朝鮮半島南西部の周溝墓でもみられる。長剣や大刀という稀少品が、一部の上位階層墳墓に地位の象徴として副葬される現象は、製品供給元のひとつと目される朝鮮半島南部における副葬様式の影響が、本州西部日本海側地域に及んだ可能性を想定させよう。そして、こうした長剣・鉄刀の副葬は、第4章第5節で整理した通り、もともとは漢帝国の副葬様式が伝播してきたものと捉えることができる。また、当該期の後漢の衰退に伴って、韓や倭の社会が軍事的緊張状態に陥ったことが一背景となって、上位階層者において武力的な威厳を誇示しようとする志向性が生じ、鉄製大型近接武器の所有がなされたものとも考えられないだろうか。

　以上の鏡多量副葬や鉄刀剣副葬は、前節第2項でみたように遺体を腐敗から護る辟邪などを意識したものであったことをうかがわせる。西日本を中心にする遺体保存を意識した弥生墓制は、縄文時代後・晩期の九州北部における土器棺墓において推定される火葬の風習（橋口 1999）や弥生前期から中期中葉の東日本における再葬墓にみられるような遺体の大きな改変を伴う処理方法とは明確に異なっているといえよう。ところで、漢代の中国大陸において魂は、「①遺体のなかにじっとおさまっているわけでなく、抜け出すこともある。②抜け出した魂はふらふらととびまわっている。③それでも棺槨（遺体）にまたもどってくる」（大形 2000：p.62）と考えられていたようである。そして当時の昇仙観念によれば、死者が崑崙山などの仙人世界へ順調に昇仙するためには、蘇生するための肉体を腐敗させず大切に保存しておく、霊魂が遺体から遠くへ離れないようにさせる、などの条件が必要であったという（信立祥 1996：p.167）。こうした中国大陸の思想をふまえて、巨視的に俯瞰すると、日本列島西部の弥生墳墓にみられる辟邪によって遺体を保存しようとする意識は、大きくは中国大陸にその淵源を求めることができないだろうか。

## （2）墳丘

　中国の前漢皇帝陵では、秦やそれ以前の方式を踏襲して、陵の近くに「寝」と「廟」を建てる陵寝制度があったと考えられている（楊寛 1981：pp.28-53）。前漢時代の寝は、陵墓の頂上あるいはその傍らなど、陵園の内側にあったと考えられており、「陵寝」とも呼ばれた。当時の人々は、霊魂が陵墓の墓室内に留まっており、そのあたりに寝を設置すれば、死者の霊魂が飲食・起居するのに便であると信じていたからである（楊寛 1981：p.39）。また、前漢時代の廟は、陵園外側の近傍にあったと考えられている。これも当時の人々が、死者の霊魂は陵墓とそのすぐそばの寝のなかに住むと信じていたことから、死者の霊魂が廟に行って、祭祀の典礼を受けやすくさせるようにしたためである（楊寛 1981：p.34）。当時、廟では毎年25回祭祀が行われ、陵寝では、毎日4回食事が奉供されたという。廟の意義としては、「封建社会の中央集権制度において、皇帝は至高無上の統治者であり、人民をあざむき、その統治を維持するために、彼は宗廟に助力を求めなければならず、また個人の地位をひき立たせるために、自己の廟を建造する必要があった」（劉慶柱・李毓芳 1991：p.285）といわれている。以上のような漢代陵寝制度の様相から、先代までの皇帝の霊魂は、陵墓や寝、あるいは廟に存在すると認識され、現皇帝はここでの祭祀遂行の示威によって自身の権威を高め、それを帝国の円滑な統治に利用したことがわかる。以上のような被葬者個人を表象する陵すなわち大型墳丘や付随する建築群における墳墓祭祀は、地方の諸侯国の王墓でも縮小的に模倣された。

　なお陵寝制度の確立時期とされる後漢代になると、皇帝が、皇族や外戚、各郡国から上京した役人、周辺諸国からの来訪者らと陵寝に赴いて、盛大な儀式を挙行する「上陵の礼」が始まる。これによって廟の地位は低下し、陵寝の重要性が増大する。（楊寛 1981：pp.55-63）。こうした「上陵の礼」が始められた背景には、祖先の墓に詣で祭祀を行う「上墓」の風習によって一族の団結を強固にすることが、後漢代に盛んになったことにある。すなわち、この時期以降、王侯墓より下位の地方豪族墓とみられる中小型墓においても、墳丘および付随する建築群や祠堂という小型建築などが造営され、祭祀が行われることが定着し発達したのである（黄暁芬 2000：pp.294-296）。

　さて、日本列島の弥生墳丘墓や初期前方後円墳について広瀬和雄は、遺骸の保護・密閉の意図が強くみられる埋葬施設、共同体の再生産に不可欠な中国鏡・鉄製武器武具・鉄製農耕具・碧玉製腕飾り類などの副葬といった、初期前方後円墳の様式は、亡き首長がカミとなって共同体を守護するといった共同観念が発露しているものとみなした。「その淵源は弥生墳丘墓にまでたどれるから、遅くとも弥生時代後期後半ごろには、現実に生きている首長と亡き首長とがあいまって、いわば二重権力で、農耕共同体の繁栄が保障されているという構造」（広瀬 1999：p.18）が成立したと考える。後継首長が、墳丘墓に鎮座する先代首長の権威・威光を後ろ盾にしながら集団を統治したという仮説は、前述のように、後代まで視認でき、貼石による恒久性を感じさせる墳丘が発達・盛行した一因として、一考すべきものであろう。そして、こうした仕組みないし発想は、弥生社会とは社会段階が大きく異なるものの、上記の漢代中国大陸にみられた墳丘と付随建築による陵寝制度の素朴で表層的な模倣を想起させる。ただし、日本列島において、墳丘墓上ないしその周辺における恒久的な付随建物跡や、葬送儀礼終了後においても長期にわたって継続した祭祀の痕跡といった考古学的証拠は乏しいと言わざるを得ない。第2章第4節でみたように、一部の墳丘墓において、付近に関連を疑わせる建物跡が存在していたり、後世にまで及ぶ祭祀を示唆する遺構が散見されたりす

るが、他の墳丘墓にまで一般化できるかどうかは不明である。したがって現状では、日本列島において弥生墳丘墓が発達した一要因として、漢代の陵寝制度の直接の影響を具体的に想定するには躊躇せざるを得ない。

　その一方で、王魏は前述した「上陵の礼」や「上墓」の風習が、楽浪郡を介するなどして倭国にも伝わり、墳丘墓上での祭祀に影響を与えた可能性を１つの仮説として示している（王魏 2001）。これまでもみてきたように、例えば山陰では、北東アジア青銅器文化の系譜に連なる銅剣や銅鐸による青銅器祭祀が廃絶していく一方で、弥生中期後葉ないし後期頃以降、四隅突出型墳丘墓をはじめとした弥生墳丘墓が発達し、そこを舞台とした儀礼が認められるようになる。こうした墳丘墓祭祀の社会的重要性の増大を説明するうえで、後漢代に盛行する「上墓」の風習の影響を考えることは、考古学的な証明が困難であるとはいえ、興味深い仮説ではある。

　ところで1990年代以降の発掘調査の進展によって、山陰の遺跡では、特に弥生中期後葉頃以降を中心に、以下のような漢文化に由来する遺物の出土例が増加している。すなわち、島根県出雲市姫原西遺跡の弩形木製品・三稜鏃形木製品、麈尾の可能性をもつ団扇形木製品（鈴木裕 2001）、陰陽思想を思わせる月と太陽という意匠の響穴をもつ琴板（足立克 1999）、同天神遺跡の蓋笠骨の可能性をもつ四分枝木製品（岸 1996）、同山持遺跡６区の楽浪土器、同遺跡７区の三稜鏃形木製品、同古志本郷遺跡Ｋ区の三稜鏃、島根県松江市田和山遺跡の楽浪郡由来の可能性がある硯片、島根県松江市沖あがりの楽浪土器、鳥取県鳥取市青谷上寺地遺跡の貨泉・漢鏡などである。なかでも、祭祀行為における漢文化の断片的影響がうかがえる遺物が含まれる点が注目される。こうした漢系文物の出土状況は、本州日本海側に位置する山陰においても、この時期、漢文化の情報が直接・間接に波及していたことをうかがわせよう（田中義 2004・2011：p.221）。こうした漢文化の影響度をどの程度見積もるのかにもよるが、弥生後期頃の山陰において墳丘墓祭祀が盛行していくという潮流の大きな背景のひとつとして「上墓」の風習という情報の波及を考慮しておくことは、あながち荒唐無稽なことではないのかもしれない。

　第４章第５節でもふれたように、前漢帝国武帝の膨張政策以来、様々な先進的文物や情報が周辺地域に拡散し、直接・間接に影響を及ぼした。日本列島の九州北部では、弥生中期中葉ないし後葉以降、漢文化の影響が強まっていった。墓制の面では、上記のように長剣・鉄刀副葬が大きくは漢に由来するものと想定される。一方で本州西部などにおける弥生墳丘墓の墳丘の発達は、個性的な形態を有していたり、朝鮮半島の墳墓と比較して規模的に凌駕するものがみられたりと、独自性を示している。このことは、墳墓祭祀を重視する漢の影響に触発されて墳丘墓を発達させた反面、墳丘形態や規模といった墳墓の個別的な属性においては地域の独自性を盛り込み、自己主張しようとした結果であったことを一考しておきたいのである。

# 主要参考文献

〔日本語文献〕

青木一男　1990「千曲川流域における弥生後期土器棺について」『佐久考古』6 号　pp.174-191

青木　保　1984『儀礼の象徴性』岩波書店

青柳種信　1822『柳園古器略考』1976 年復刻版　文献出版

東　潮　1986「鉄・銅の武器—鉄剣・鉄刀・鉄戈・鉄矛」『弥生文化の研究 9　弥生人の世界』雄山閣　pp.70-86

足立克己　1999「B 区出土木製品について」『姫原西遺跡』一般国道 9 号出雲バイパス建設予定地内埋蔵文化財発掘調査報告 2　島根県教育委員会ほか　pp.204-205

足立啓二　1998『専制国家史論』柏書房

飯島武次　1985『夏殷文化の考古学研究』山川出版社

飯島武次　2003『中国考古学概論』同成社

飯島武次　2012『中国夏王朝考古学研究』同成社

池田満雄ほか　1980「四隅突出型方形墓をめぐって」『古代の出雲を考える 2　西谷墳墓群』出雲考古学研究会　pp.38-42

池田満雄ほか　1985「結びにかえて」『古代の出雲を考える 4　荒島墳墓群』出雲考古学研究会　pp.44-52

池淵俊一　1993「鉄製武器に関する一考察—古墳時代前半期の刀剣類を中心として—」『古代文化研究』第 1 号　島根県古代文化センター　pp.41-104

池淵俊一　1998「山陰における弥生時代鉄器の様相」『門生黒谷 I 遺跡・門生黒谷 II 遺跡・門生黒谷 III 遺跡』一般国道 9 号（安来道路）建設予定地内埋蔵文化財発掘調査報告書 14　島根県教育委員会ほか　pp.285-294

池淵俊一　2001「日本海沿岸地域における弥生時代鉄器の普及—山陰地方を中心に—」『日本海（東海）がつなぐ鉄の文化』鉄器文化研究会・鳥取県教育委員会　pp.64-69

池淵俊一　2007「山陰における方形区画墓の埋葬論理と集団関係」『四隅突出型墳丘墓と弥生墓制の研究』島根県古代文化センターほか　pp.117-143

池淵俊一・東山信治　2008「島根県の鉄器出土遺跡」『第 36 回山陰考古学研究集会　山陰における弥生時代の鉄器と玉』第 36 回山陰考古学研究集会事務局　pp.60-171

石川日出志　1999「南関東の墓制」『季刊考古学（特集・墳墓と弥生社会）』第 67 号　pp.82-86

石崎善久　2001「舟底状木棺考—丹後の刳抜式木棺—」『京都府埋蔵文化財論集』第 4 集　京都府埋蔵文化財調査研究センター　pp.67-78

石塚尊俊・門脇俊彦　1971『島根県文化財調査報告書』第 7 集　島根県教育委員会

石野博信　1973「三・四世紀の集団墓」『考古学研究』第 20 巻第 2 号　pp.49-64

泉森　皎　1985「刀剣の出土状態の検討—刀剣の呪術的性格の理解のために—」『末永先生米寿記念　献呈論文集』末永先生米寿記念会　pp.393-435

伊藤敏行　1996「群構成論」『関東の方形周溝墓』同成社　pp.331-347

今尾文昭　1982「素環頭鉄刀考」『考古学論攷』橿原考古学研究所紀要第 8 冊　pp.15-62

今村啓爾　2002「ベトナム、ランヴァク遺跡とドンソン文化」『東南アジア考古学最前線』クバプロ　pp.48-57

今村佳子　1998「中国新石器時代の土器棺葬」『古代学研究』144 号　古代学研究会　pp.18-41

岩永省三　1986「剣形祭器」『弥生文化の研究6　道具と技術Ⅱ』雄山閣　pp.106-112
岩松　保　1992a「墓域の中の集団構成（前編）―近畿地方の周溝墓群の分析を通じて―」『京都府埋蔵文化財情報』第44号　京都府埋蔵文化財調査研究センター　pp.14-24
岩松　保　1992b「墓域の中の集団構成（後編）―近畿地方の周溝墓群の分析を通じて―」『京都府埋蔵文化財情報』第45号　京都府埋蔵文化財調査研究センター　pp.1-15
岩本　崇　1997「第76号遺構主体部出土の鉄釧について」『東京都新宿区西早稲田三丁目遺跡Ⅱ』新宿区西早稲田3丁目遺跡調査会　pp.152-163
岩本　崇　2004「副葬配置からみた三角縁神獣鏡と前期古墳」『古代』第116号　pp.87-112
岩本　崇　2014「北近畿・山陰における古墳の出現」『博古研究』第48号　pp.1-31
禹　在柄　1991「素環刀の型式学的研究」『待兼山論叢』第25号史学編　大阪大学大学院文学研究科　pp.83-113
禹　在柄　1999「鉄剣の型式学的研究」大阪大学考古学研究室『国家形成期の考古学―大阪大学考古学研究室10周年記念論集―』大阪大学考古学研究室ほか　pp.431-456
宇垣匡雅　1997「前期古墳における刀剣副葬の地域性」『考古学研究』第44巻第1号　pp.72-92
牛山英昭　1996「弥生時代鉄釧の一例」『考古学雑誌』第81巻第2号　pp.117-127
臼居直之　1999『上信越自動車道埋蔵文化財発掘調査報告書11　長野市内その9』長野県埋蔵文化財センター発掘調査報告書9　長野県埋蔵文化財センター
内堀基光　1997「死にゆくものへの儀礼」『岩波講座文化人類学』第9巻儀礼とパフォーマンス　岩波書店　pp.79-104
梅原末治　1923a「銅剣銅鉾に就いて（一）」『史林』第8巻第1号　pp.20-39
梅原末治　1923b「銅剣銅鉾に就いて（二）」『史林』第8巻第2号　pp.11-30
梅原末治　1923c「銅剣銅鉾に就いて（三）」『史林』第8巻第3号　pp.65-81
梅原末治　1923d「銅剣銅鉾に就いて（四）」『史林』第8巻第4号　pp.50-58
梅原末治　1924a「銅剣銅鉾に就いて（五）」『史林』第9巻第1号　pp.72-85
梅原末治　1924b「銅剣銅鉾に就いて（六）」『史林』第9巻第2号　pp.31-42
梅原末治　1924c「銅剣銅鉾に就いて（七・完）」『史林』第9巻第4号　pp.43-51
梅原末治　1930「須玖岡本発見の古鏡に就いて」『筑前須玖先史時代遺跡の研究』京都帝國大學文學部考古學研究報告第11冊　pp.79-115
梅本健治・佐々木直彦　1998「まとめ」『千代田流通団地造成事業に係る埋蔵文化財発掘調査報告書（Ⅲ）』広島県埋蔵文化財センター調査報告書第161集　広島県埋蔵文化財調査センター　pp.60-73
会下和宏　1999「弥生墳墓の副葬品―中・四国、近畿、北陸地域を中心にして―」『田中義昭先生退官記念文集』田中義昭先生退官記念事業会　pp.27-45
会下和宏　2000「西日本における弥生墳墓副葬品の様相とその背景」『島根考古学会誌』第17集　pp.49-72
会下和宏　2002「弥生墳墓の墓壙規模について―西日本～関東地域の木棺・木槨墓等を中心に―」『島根考古学会誌』第19集　pp.33-63
エルツ、ロベール（内藤莞爾訳）　1980「死の宗教社会学―死の集合表象研究への寄与」『右手の優越―宗教的両極性の研究』垣内出版　pp.31-128
王　巍　1991「仰韶文化前期の社会形態」『博古研究』創刊号　博古研究会　pp.1-19
王　巍　1993『中国からみた邪馬台国政権と倭政権』雄山閣
王　巍　2001「中日古代墳丘墓の比較研究」『東アジアと日本の考古学』Ⅰ墓制①　同成社　pp.63-81
王　巍　2004「中国古代国家形成論」『文化の多様性と21世紀の考古学』考古学研究会　pp.74-99
王　建新　1999『北東アジアの青銅器文化』同成社
王建新・毛利仁美　2001「前漢『後四陵』についての考察」『日本考古学の基礎研究』茨城大学人文学部考古学研究報告第4冊　茨城大学人文学部考古学研究室　pp.356-382

大賀克彦　2001「mutisalah beads の東伝」『ガラスのささやき―古代出雲のガラスを中心に―』平成13年度企画展・古代の技術を考えるⅡ　島根県立八雲立つ風土記の丘　pp.13-18

大賀克彦　2010「弥生時代におけるガラス製管玉の分類的検討」『小羽山墳墓群の研究―研究編―』福井市立郷土歴史博物館　pp.213-230

大形　徹　2000『魂のありか―中国古代の霊魂観―』角川選書

大久保徹也　2007「中部瀬戸内における弥生墓の展開」『四隅突出型墳丘墓と弥生墓制の研究』島根県古代文化センターほか　pp.173-183

大澤正己・影山英明　2002「根塚遺跡出土弥生時代後期鉄剣の金属学的調査」『根塚遺跡』木島平村埋蔵文化財調査報告書No.12　木島平村教育委員会　pp.112-133

大塚初重・井上裕弘　1969「方形周溝墓の研究」『駿台史学』24号　pp.39-110

大野　薫　1994「近畿地方弥生時代の素環刀」『大阪府埋蔵文化財協会研究紀要2』大阪府埋蔵文化財協会　pp.17-28

大場磐雄　1965「方形周溝墓」『日本の考古学・弥生時代』月報3　河出書房　pp.1-3

大庭重信　1999「方形周溝墓からみた畿内弥生時代中期の階層構造」『国家形成期の考古学―大阪大学考古学研究室10周年記念論集―』大阪大学考古学研究室ほか　pp.169-183

大庭康時　1986「弥生時代鉄製武器に関する試論」『考古学研究』第33巻第3号　pp.96-106

大村　直　1991「方形周溝墓における未成人中心埋葬について―家族墓・家長墓説批判―」『史館』第23号　pp.25-79

岡崎敬ほか　1982「縄文時代晩期～弥生時代」『末盧国　佐賀県唐津市・東松浦郡の考古学的調査研究』六興出版　pp.97-456

岡林孝作　2011「木柱・木柵と葬送祭祀」『古墳時代の考古学』3 墳墓構造と葬送祭祀　同成社　pp.169-180

岡林峰夫・黒坪一樹・石崎善久ほか　2004『赤坂今井墳丘墓発掘調査報告書』京都府峰山町文化財調査報告第24集　峰山町教育委員会

岡村秀典　1984「前漢鏡の編年と様式」『史林』第67巻第5号　pp.1-42

岡村秀典　1993「後漢鏡の編年」『国立歴史民俗博物館研究報告』第55集　pp.39-83

岡村秀典　1999『三角縁神獣鏡の時代』吉川弘文館

岡村秀典　2003『夏王朝　王権誕生の考古学』講談社

岡村秀典　2005『中国古代王権と祭祀』学生社

小田富士雄　1977「鉄器」『立岩遺蹟』福岡県飯塚市立岩遺蹟調査委員会　pp.207-242

小田富士雄・韓炳三編　1991『日韓交渉の考古学　弥生時代篇』六興出版

小野山節ほか　1993『紫金山古墳と石山古墳』京都大学文学部博物館図録第6冊　京都大学文学部博物館

鏡山　猛　1939「我が古代社会に於ける甕棺葬」『史淵』21　pp.83-123

鏡山　猛　1941「原始箱式石棺の姿相（一）」『史淵』第25輯　pp.131-164

鏡山　猛　1942「原始箱式石棺の姿相（二・完）」『史淵』第27輯　pp.43-84

鏡山　猛　1955「共同墓地と厚葬の萌芽」『世界考古学大系』第2巻　平凡社　pp.21-33

鏡山　猛　1956a「環溝住居阯小論（一）」『史淵』第67・68合輯　pp.1-26

鏡山　猛　1956b「環溝住居阯小論（二）」『史淵』第71輯　pp.1-23

鏡山　猛　1957「環溝住居阯小論（三）」『史淵』第74輯　pp.43-62

鏡山　猛　1959「環溝住居阯小論（四）」『史淵』第78輯　pp.29-60

勝部明生　1981「弥生時代の鉄製武器」『三世紀の考古学』中巻　学生社　pp.194-212

金関丈夫・坪井清足・金関恕　1961a「佐賀県三津永田遺跡」『日本農耕文化の生成』日本考古学協会　pp.157-171

金関丈夫・坪井清足・金関恕　1961b「山口県土井ヶ浜遺跡」『日本農耕文化の生成』東京堂出版　pp.223-253

亀田修一・白石純　1998「まとめ」『平尾墳墓群』香川県綾歌町教育委員会・岡山理科大学人類学研究室　pp.

　　　　　　　　　　74-77
亀山行雄　1995「土器棺墓について」『津寺遺跡2―山陽自動車道建設に伴う発掘調査―』岡山県埋蔵文化財発掘調査報告98　岡山県教育委員会　pp.577-582
河上邦彦　1991「中国漢代墓の一つの墓制―面罩」『古代の日本と東アジア』小学館　pp.286-311
河上邦彦　1997「石製腕飾類と鏡の配置から見た呪術性」『古代の日本と渡来の文化』学生社　pp.339-365
川越哲志　1993「鉄製武器」『弥生時代の鉄器文化』雄山閣出版　pp.170-253
川越哲志　2000『弥生時代鉄器総覧』広島大学文学部考古学研究室
河村好光　1986「玉生産の展開と流通」『岩波講座日本考古学』3生産と流通　岩波書店　pp.305-334
岸　道三　1996「出雲市天神遺跡出土の四分枝木製品について」『島根考古学会誌』第13集　島根考古学会　pp.27-32
岸本一宏　1987「畿内弥生社会構造に関する一考察―方形周溝型墳丘墓の構造検討を中心として―」『横田健一先生古稀記念文化史論叢』上　創元社　pp.124-149
岸本一宏　1988「近畿地方の弥生時代墳丘墓について―集落構造把握への視点として―」『網干善教先生華甲記念考古学論集』網干善教先生華甲記念会　pp.119-141
木下尚子　1987a「垂飾」『弥生文化の研究』8祭と墓と装い　雄山閣　pp.193-198
木下尚子　1987b「弥生定形勾玉考」『東アジアの考古と歴史』（中）岡崎敬先生退官記念論集　同朋舎出版　pp.541-591
九州テクノリサーチTACセンター・大澤正己　2002「根塚遺跡K区出土鉄剣の金属学的調査」『根塚遺跡』木島平村埋蔵文化財調査報告書No.12　木島平村教育委員会　pp.134-139
忽那敬三　2004「『子ども観』の系譜―子ども墓の比較を通して―」『文化の多様性と比較考古学』考古学研究会50周年記念論文集　考古学研究会　pp.325-334
久保哲正　1986「乙訓地方の弥生時代墓地について―長岡京市神足遺跡を中心にして―」『長岡京古文化論叢』pp.439-446
窪　徳忠　1956『庚申信仰』山川出版社
黒沢　浩　1996「弥生墓制の中の方形周溝墓」『関東の方形周溝墓』同成社　pp.9-20
桑原隆博　1990「弥生時代墳墓の研究ノート―花園遺跡について―」『芸備』第20集　pp.1-6
黄　暁芬　1994「漢墓の変容―槨から室へ―」『史林』第77巻第5号　pp.1-39
黄　暁芬　2000『中国古代葬制の伝統と変革』勉誠出版
黄　展岳　1998「漢代諸侯王墓論述」『考古学報』1998年1期　pp.11-34
洪　潽植（大島隆之訳）　2001「加耶の墳墓」『東アジアと日本の考古学』Ⅰ墓制①　同成社　pp.193-218
甲元眞之　1975「弥生時代の社会」『古代史発掘』4稲作の始まり　講談社　pp.87-98
児玉真一　1982「鉄製素環刀―集団墓出土資料を中心に―」『森貞次郎博士古稀記念古文化論集』上巻　pp.703-724
後藤直・茂木雅博編　2001『東アジアと日本の考古学』Ⅰ墓制①　同成社
小林行雄　1951『日本考古学概説』東京創元社
小林行雄　1959「玉、珠」『図解考古学辞典』東京創元社　pp.30-631
小林利晴　2002「岡山県内の土器棺墓」『環瀬戸内海の考古学―平井勝氏追悼論文集―』下巻　古代吉備研究会　pp.81-97
小山田宏一　1992「破砕鏡と鏡背重視の鏡」『大阪府立弥生文化博物館研究報告』第1集　pp.47-63
小山田宏一　1995「副葬品」『季刊考古学（特集・前期古墳とその時代）』第52号　pp.48-51
近藤喬一　2000「弥生時代」『山口県史　資料編　考古1』山口県　pp.38-52
近藤雅樹　1996「儀式と展示」『展示学事典』ぎょうせい　pp.34-35
近藤義郎　1967「前方後円墳の成立と変遷」『考古学研究』第15巻第1号　pp.24-32
近藤義郎　1977「古墳以前の墳丘墓―楯築遺跡をめぐって―」『岡山大学法文学部学術紀要』第37号　史学篇

pp.1-15
近藤義郎　1983『前方後円墳の時代』岩波書店
近藤義郎　1992a「棺槨」『楯築弥生墳丘墓の研究』楯築刊行会　pp.151-153
近藤義郎　1992b「埋葬祭祀」『楯築弥生墳丘墓の研究』楯築刊行会　pp.154-157
近藤義郎編　1992『楯築弥生墳丘墓の研究』楯築刊行会
近藤義郎・渡辺貞幸・妹尾周三・古川登・東森市良ほか　1995「シンポジウム」『四隅突出型墳丘墓の謎に迫る』出雲市教育委員会　pp.113-152
サーヴィス、エルマン・R.（松園万亀雄訳）　1979『未開の社会組織―進化論的考察―』弘文堂
サーヴィス、エルマン・R.（増田義郎監修）　1991『民族の世界』講談社
サーリンズ、M. D.（青木保訳）　1972『部族民』鹿島研究所出版会
サーリンズ、M. D.（山内昶訳）　1984『石器時代の経済学』法政大学出版局
坂口滋皓　1991「東日本における土器棺墓（1）研究史の再検討を中心として」『神奈川考古』第27号　pp.71-100
阪口英毅編　2005『紫金山古墳の研究　墳丘・副葬品の調査』京都大学大学院文学研究科考古学研究室
佐々木隆彦　1998「折り曲げた副葬鉄器」『九州歴史資料館研究論集』23　pp.3-16
佐藤弘夫　2008『死者のゆくえ』岩田書院
澤谷昌英・田中正治郎　1998「円形周溝墓群」『北陸新幹線埋蔵文化財発掘調査報告書4』長野県埋蔵文化財センターほか　pp.383-387
沢元史代　1991『手島山墳墓群』広島県埋蔵文化財調査センター調査報告書第93集　広島県埋蔵文化財調査センター
潮見　浩　1982『東アジアの初期鉄器文化』吉川弘文館
志賀和子　1994「漢代北方民族における鏡と剣―神仙讖緯思想とシャマニズム―」『考古学と信仰』同志社大学考古学シリーズⅥ　pp.157-169
重松明久　1969『邪馬台国の研究』白陵社
重松辰治　2006「山陰地方における墳丘墓出土土器の検討」『古代文化研究』第14号　pp.1-24
七田忠昭　2005『吉野ヶ里遺跡』日本の遺跡2　同成社
島田貞彦ほか　1930「B地点の発掘」『筑前須玖史前遺跡の研究』京都帝国大学文学部考古学研究報告第11冊　pp.11-17
下條信行　1991「北部九州弥生中期の『国』家間構造と立岩遺跡」『古文化論叢』児嶋隆人先生喜寿記念事業会　pp.77-106
下出積与　1968『神仙思想』日本歴史叢書22　吉川弘文館
焦南峰・王保平　2001「前漢皇帝陵の構造―景帝『陽陵』の発掘から―」『古代文化』第53巻第11号　pp.1-11
白石太一郎　1981「墓と墓地」『三世紀の考古学』中巻　学生社　pp.73-97
白石太一郎　1999『古墳とヤマト政権―古代国家はいかに形成されたか』文春新書
白数真也ほか　2000『大風呂南墳墓群』岩滝町文化財調査報告書第15集　岩滝町教育委員会
信　立祥　1996『中国漢代画像石の研究』同成社
菅谷文則　1991『日本人と鏡』同朋舎出版
菅谷文則　1996「前漢鏡―中国周辺国家の王の鏡―」『季刊考古学（特集・日中交流の考古学）』第54号　pp.48-51
杉崎章ほか　1975「愛知県白山平東之宮古墳」『日本考古学年報』26　pp.212-213
杉本憲二・菅谷文則　1978「中国における鏡の出土状態」『日本古代文化の探求　鏡』社会思想社
杉本二郎・岩瀬透ほか　1986「亀井遺跡31トレンチ」『城山（その1）近畿自動車天理〜吹田線建設に伴う埋蔵文化財発掘調査概要報告書』大阪府教育委員会・大阪文化財センター　pp.195-211

鈴木直人　2000『豊島馬場遺跡と方形周溝墓』北区の遺跡シリーズ1　北区飛鳥山博物館
鈴木裕明　2001「団扇形木製品と麈尾」『日本考古学の基礎研究』茨城大学人文学部考古学研究報告第4冊　pp.330-355
鈴木靖民　1993「日本古代国家形成史の諸段階―首長制社会論の視角から―」『國學院雑誌』第94巻第12号　pp.55-74
角南聡一郎　1999a「西日本の土器棺墓と埋葬遺体」『奈良大学大学院研究年報』第4号　pp.137-166
角南聡一郎　1999b「土器棺の副葬品」『文化財学報』第17集　pp.93-112
角南聡一郎　2002「畿内における弥生墳墓群の特徴―埋葬行為における『子供』と『大人』の関係に注目して―」『月刊考古学ジャーナル2』No.484　pp.14-17
清家　章　1996「副葬品と被葬者の性別」『雪野山古墳の研究』考察編　雪野山古墳発掘調査団　pp.175-200
清家　章　2002「折り曲げ鉄器の副葬とその意義」『待兼山論叢史学編』第36号　pp.1-24
清家　章　2005「女性首長出現の背景」『待兼山考古学論集―都出比呂志先生退任記念―』大阪大学考古学友の会　pp.411-432
妹尾周三　1995「中国山地の四隅突出型墳丘墓について」『四隅突出型墳丘墓の謎に迫る』出雲市教育委員会　pp.33-62
タイラー、E．（比屋根安定訳）　1962『原始文化』誠信書房
高尾浩司　2008「鳥取県の鉄器出土遺跡」『第36回山陰考古学研究集会　山陰における弥生時代の鉄器と玉』第36回山陰考古学研究集会事務局　pp.172-285
高久健二　1995「楽浪墳墓の埋葬主体部―楽浪社会構造の解明―」『古文化談叢』第35集　pp.95-159
高久健二　2000「朝鮮原三国～三国時代」『季刊考古学（特集・副葬を通してみた社会の変化）』第70号　pp.58-61
高久健二　2001「三韓の墳墓」『東アジアと日本の考古学』Ⅰ墓制①　同成社　pp.33-62
高久健二　2002「楽浪郡と三韓」『韓半島考古学論叢』すずさわ書店　pp.249-280
高倉洋彰　1973「墳墓からみた弥生社会の発展過程」『考古学研究』第20巻第2号　pp.7-24
高倉洋彰　1975「右手の不使用―南海産巻貝製腕輪着装の意義―」『九州歴史資料館研究論集』1　pp.1-32
高倉洋彰　1990『日本金属器出現期の研究』学生社
高倉洋彰　1993「前漢鏡にあらわれた権威の象徴性」『国立歴史民俗博物館研究報告』第55集　pp.3-38
高倉洋彰　1995『金印国家群の時代　東アジア世界と弥生社会』青木書店
高島忠平　1979「漢式鏡について」『二塚山』佐賀県教育委員会　pp.200-214
高橋進一　1995「矢藤治山弥生墳丘墓出土の獣形勾玉について」『矢藤治山弥生墳丘墓』矢藤治山弥生墳丘墓発掘調査団　pp.95-96
武末純一　2003「弥生時代の年代」『考古学と暦年代』ミネルヴァ書房　pp.35-78
田中清美　1997「弥生時代の木梛と系譜」『堅田直先生古希記念論文集』真陽社　pp.109-127
田中　琢　1991『倭人争乱』日本の歴史2　集英社
田中義昭　1992「山陰地方における弥生墳丘墓研究の経緯」『山陰地方における弥生墳丘墓の研究』島根大学法文学部考古学研究室　pp.1-17
田中義昭　1996a「弥生時代拠点集落の再検討」『考古学と遺跡の保護　甘粕健先生退官記念論集』甘粕健先生退官記念論集刊行会　pp.101-118
田中義昭　1996b「中海・宍道湖岸西部における農耕社会の展開」『出雲神庭荒神谷遺跡』第1冊　島根県教育委員会　pp.307-338
田中義昭　1997「古代出雲の『邦』と青銅器群」『銅鐸の谷・加茂岩倉遺跡と出雲』アサヒグラフ別冊　pp.50-57
田中義昭　1999「弥生時代」『新修米子市史』米子市　pp.172-274
田中義昭　2004「原始期集落の特性と類型―山陰地方の大規模集落を霊として―」『島根考古学会誌』第20・

21 集合併号　pp.165-188
田中義昭　2011『弥生時代集落址の研究』新泉社
田中義昭・渡辺貞幸編　1992『山陰地方における弥生墳丘墓の研究』島根大学法文学部考古学研究室
田中良之　1993「出土人骨を用いた親族構造研究」『古代の日本』第10巻　角川書店　pp.209-223
田中良之　1995『古墳時代親族構造の研究・人骨が語る古代社会』柏書房
田中良之　2000「墓地から見た親族・家族」『古代史の論点』2 女と男、家と村　小学館　pp.131-152
田辺昭三・佐原真　1966「近畿」『日本の考古学』Ⅲ弥生時代　河出書房　pp.108-140
玉城一枝　1990「弥生・古墳時代の硬玉出土地一覧」『古代翡翠道の謎』森浩一編　新人物往来社　pp.263-324
玉城一枝　1991「弥生・古墳時代の硬玉出土地一覧（補遺）」『古代王権と玉の謎』森浩一編　新人物往来社　pp.199-217
玉城一枝　1994「古墳構築と玉使用の祭祀」『博古研究』第8号　pp.12-34
田村晃一　1982「高句麗積石塚の構造と分類について」『考古学雑誌』第68巻第1号　pp.18-41
田村晃一　1986「手工業製品の対外流通」『岩波講座日本考古学』3 生産と流通　岩波書店　pp.335-377
張光直（小南一郎・間瀬収芳訳）　1989『中国青銅時代』平凡社
都築暢也・七原恵史　1987「方形周溝墓」『朝日遺跡Ⅰ』愛知県教育委員会　pp.91-98
都出比呂志　1970「農業共同体と首長権」『講座日本史』1 古代国家　東京大学出版会
都出比呂志　1984「農耕社会の形成」『講座日本歴史』1 原始・古代1　東京大学出版会　pp.117-158
都出比呂志　1991「日本古代の国家形成論序説―前方後円墳体制の提唱―」『日本史研究』343号　pp.5-39
都出比呂志　1996「国家形成の諸段階―首長制・初期国家・成熟国家―」『歴史評論』551号　pp.3-16
都出比呂志　2000『王陵の考古学』岩波新書
常松幹雄　2006『最古の王墓・吉武高木遺跡』シリーズ遺跡を学ぶ024　新泉社
常松幹雄　2007「北部九州における弥生時代の区画墓と標石」『四隅突出型墳丘墓と弥生墓制の研究』島根県古代文化センターほか　pp.32-52
坪井正五郎　1889「帝国大学の隣地に貝塚の跟跡有り」『東洋学芸雑誌』6-91　pp.195-201
鄭　澄元　1991「韓国―嶺南地域を中心に―」『日韓交渉の考古学　弥生時代篇』六興出版　pp.76-82
寺沢　薫　1990「青銅器の副葬と王墓の形成―北部九州と近畿にみる階級形成の特質（Ⅰ）」『古代学研究』121　pp.1-35
寺沢　薫　1996「弥生の墓―方形周溝墓と四隅突出方形墓」『戦後50年　古代史発掘総まくり』アサヒグラフ別冊　pp.254-261
富樫雅彦・德澤啓一　1995「弥生時代におけるガラス小玉の研究」『東京考古』13　東京考古談話会　pp.39-63
富岡謙蔵　1918「九州北部に於ける銅剣銅鉾及び弥生式土器と伴出する古鏡の年代に就いて」『考古学雑誌』第8巻第9号　pp.1-24
豊島直博　2003「弥生時代の鹿角装鉄剣」『東国史論』第18号　pp.13-26
豊島直博　2004「弥生時代における鉄剣の流通と把の地域性」『考古学雑誌』第88巻第2号　pp.1-37
豊島直博　2005「弥生時代における素環刀の地域性」『待兼山考古学論集―都出比呂志先生退任記念―』大阪大学考古学友の会　pp.227-245
中川　寧　2007「墳墓と集落の対応関係から見た山陰の弥生社会」『四隅突出型墳丘墓と弥生墓制の研究』島根県古代文化センターほか　pp.144-156
中園　聡　1991「墳墓にあらわれた意味―とくに弥生時代中期後半の甕棺墓にみる階層性について―」『古文化談叢』第25集　pp.51-92
中橋孝博・土肥直美・永井昌文　1985「金隈遺跡出土の弥生時代人骨」『史跡・金隈遺跡　発掘調査及び遺跡整備報告書』福岡市埋蔵文化財調査報告書第123集　福岡市教育委員会委員会　pp.43-145

中村大介・秋山浩三　2004「方形周溝墓研究と近畿弥生社会復元への展望」『瓜生堂遺跡1』大阪府文化財センター　pp.499-542
中山平次郎　1917a「九州北部に於ける先史原史両時代中間期物の遺物に就て（一）」『考古学雑誌』第7巻第10号　pp.1-38
中山平次郎　1917b「九州北部に於ける先史原史両時代中間期物の遺物に就て（二）」『考古学雑誌』第7巻第11号　pp.1-34
中山平次郎　1917c「九州北部に於ける先史原史両時代中間期物の遺物に就て（三）」『考古学雑誌』第8巻第1号　pp.16-41
中山平次郎　1917d「九州北部に於ける先史原史両時代中間期物の遺物に就て」『考古学雑誌』第8巻第3号　pp.15-47
中山平次郎　1922a「明治三十二年に於ける須玖岡本発掘物の出土状態（其一）」『考古学雑誌』第12巻第10号　pp.1-24
中山平次郎　1922b「明治三十二年に於ける須玖岡本発掘物の出土状態（其二）」『考古学雑誌』第12巻第11号　pp.31-48
中山平次郎　1927「須玖岡本の遺物」『考古学雑誌』第17巻第8号　pp.1-26
中山平次郎　1929「須玖岡本の鏡片研究（三）」『考古学雑誌』第19巻第2号　pp.26-46
波平恵美子　2004『日本人の死のかたち』朝日選書755　朝日新聞社
仁木　聡　2007「山陰の弥生墓と副葬された玉製品―頭飾を中心にして―」『四隅突出型墳丘墓と弥生墓制の研究』島根県古代文化センターほか　pp.89-106
西江清高　1999「初期王朝の社会と文化」『中国の考古学』世界の考古学7　同成社　pp.163-216
西嶋定生　1961『中国古代帝国の形成と構造』東京大学出版会
西谷　正　1980「日朝原始墳墓の諸問題」『東アジア世界における日本古代史講座』1原始日本文明の系譜　学生社　pp.152-191
西谷　正　2002「東アジア史的視点から日本列島の弥生時代について―環濠を中心として―」『日本海をのぞむ弥生の国々』第3回妻木晩田弥生文化シンポジウム　鳥取県教育委員会　pp.12-22
西村俊範　1979「漢代大型墓の構造」『史林』第62巻第6号　pp.72-115
西本昌弘　1989「楽浪・帯方二郡の興亡と漢人遺民の行方」『古代文化』第41巻第10号　pp.14-27
丹羽野裕　1997「西谷の首長と交流した各地の首長たち」『古代出雲文化展』島根県教育委員会　pp.76-77
禰宜田佳男　2005「弥生時代北部九州における葬送儀礼とその思想的背景」『待兼山考古学論集―都出比呂志先生退任記念―』大阪大学考古学友の会　pp.395-410
野島　永　1991「京都府北部の貼り石方形墳丘墓について」『京都府埋蔵文化財論集』第2集　京都府埋蔵文化財調査研究センター　pp.31-38
野島　永　1997「近畿地方における鉄器の普及とその展開」『第4回鉄器文化研究集会　東日本における鉄器文化の受容と展開発表要旨集』鉄器文化研究会　pp.53-70
野島　永　2000「弥生時代の鉄流通試論」『製鉄史論文集』たたら研究会　pp.45-66
野島　永　2004「弥生時代後期から古墳時代初頭における鉄製武器をめぐって」『考古論集』河瀬正利先生退官記念事業会　pp.541-552
野島　永　2009「鉄器の生産と流通」『弥生時代の考古学』6弥生社会のハードウェア　同成社　pp.43-52
野島永・高野陽子　2002「近畿地方北部における古墳成立期の墳墓（3）」『京都府埋蔵文化財情報』第83号　京都府埋蔵文化財調査研究センター　pp.25-36
野島永・野々口陽子　1999「近畿地方北部における古墳成立期の墳墓（1）」『京都府埋蔵文化財情報』第74号　京都府埋蔵文化財調査研究センター　pp.19-32
野島永・野々口陽子　2000「近畿地方北部における古墳成立期の墳墓（2）」『京都府埋蔵文化財情報』第76号　京都府埋蔵文化財調査研究センター　pp.19-34

乗安和二三　2005「弥生時代における乳幼児埋葬をめぐって」『考古論集―川越哲志先生退官記念論文集―』川越哲志先生退官記念事業会　pp.399-416
橋口達也　1999「甕棺墓の成立」『季刊考古学（特集・墳墓と弥生社会）』第67号　pp.34-38
橋本澄夫　1996「北陸地方の弥生土器」『日本土器事典』雄山閣　pp.484-486
橋本博文　1996「いわゆる纒向型前方後円墳の再検討」『考古学と遺跡の保護』甘粕健先生退官記念論集刊行会　pp.199-221
長谷川達　2001「剣を折る・鏡を割る」『北近畿の考古学』両丹考古学研究会・但馬考古学研究会　pp.109-120
林大智・佐々木勝　2001「北陸南西部における弥生時代の鉄製品」『石川県考古資料調査・集成事業報告書補遺編』石川考古学研究会　pp.165-185
林巳奈夫　1959「璧」『図解考古学辞典』東京創元社　pp.886-887
林巳奈夫　1969「中国古代の祭玉、瑞玉」『東方学報』第40冊　pp.161-323
原ひろ子　1979「『原初社会』における子ども観」『子ども観と発達思想の展開』岩波講座子どもの発達と教育2　岩波書店　pp.221-246
原田保則編　1986『みやこ遺跡』武雄市文化財調査報告書第15集　武雄市教育委員会
春成秀爾　1985「弥生時代畿内の親族構成」『国立歴史民俗博物館研究報告』第5集　pp.1-47
東森市良　1989『四隅突出型墳丘墓』ニュー・サイエンス社
樋口隆康　1975『古代中国を発掘する』新潮選書
肥後弘幸　1994a「墓壙内破砕土器供献（上）―近畿北部弥生墳墓土器供献の一様相―」『みずほ』第12号　pp.18-23
肥後弘幸　1994b「墓壙内破砕土器供献（下）―近畿北部弥生墳墓土器供献の一様相―」『みずほ』第13号　pp.12-17
肥後弘幸　1996「家族墓へのアプローチ」『京都府埋蔵文化財論集』第3集　京都府埋蔵文化財調査研究センター　pp.47-60
肥後弘幸　1997「弥生墳墓における石器、鉄製品、玉類の出土状況の検討―丹後の場合―」『太邇波考古学論集』両丹考古学研究会　pp.49-62
肥後弘幸　1999「近畿北部（丹後・丹波・但馬）の墓制」『季刊考古学（特集・墳墓と弥生社会）』第67号　pp.71-76
肥後弘幸　2007「近畿北部の弥生墓制」『四隅突出型墳丘墓と弥生墓制の研究』島根県古代文化センターほか　pp.184-198
肥後弘幸　2010「方形貼石墓概論」『京都府埋蔵文化財論集』第6集　京都府埋蔵文化財調査研究センター　pp.55-72
平野芳英ほか　1996「銅鐸・武器形青銅器出土地名表」『出雲神庭荒神谷遺跡』第1冊　島根県教育委員会　pp.430-497
広瀬和雄　1993「弥生時代首長イデオロギーの形成」『弥生文化博物館研究報告』第2集　pp.1-35
広瀬和雄　1997『縄紋から弥生への新歴史像』角川書店
広瀬和雄　1999「弥生墳墓と政治関係」『季刊考古学（特集・墳墓と弥生社会）』第67号　pp.14-18
廣瀬時習　1999「弥生時代の管玉流通に関する基礎データ集成」『研究調査報告』第2集　大阪府文化財調査研究センター　pp.91-135
福島孝行　2000「赤坂今井墳丘墓にみる階層性について」『京都府埋蔵文化財情報』第76号　京都府埋蔵文化財調査研究センター　pp.1-10
福島孝行　2010「卓状墓の展開―丹後・但馬・丹波地域の独自的な弥生墓制―」『京都府埋蔵文化財論集』第6集　京都府埋蔵文化財調査研究センター　pp.73-80
福田聖　2007「方形周溝墓における土器使用と群構成」『原始・古代日本の祭祀』同成社　pp.148-187

福永伸哉　1995「三角縁神獣鏡の副葬配置とその意義」『日本古代の葬制と社会関係の基礎的研究』大阪大学文学部　pp.25-78
福永伸哉　1998「鏡の多量副葬と被葬者像」『季刊考古学（特集・前・中期古墳の被葬者像）』第65号　pp.26-28
福永伸哉　2002「交易社会の光と陰―時代のうねりと丹後弥生社会―」『大阪府立弥生文化博物館図録24・青いガラスの燦き』大阪府立弥生文化博物館　pp.94-99
福永伸哉　2004「交易社会の発展と赤坂今井墳丘墓」『赤坂今井墳丘墓発掘調査報告書』峰山町教育委員会　pp.132-142
福永光司　1973「道教における鏡と剣―その思想と源流―」『東方学報』第45冊　pp.59-120（福永光司1987『道教思想史研究』岩波書店　所収）
藤井　整　2001a「近畿地方の弥生土器棺墓」『古代文化』第53号第2号　pp.13-25
藤井　整　2001b「方形周溝墓の被葬者―下植野南遺跡の調査から―」『京都府埋蔵文化財情報』第79号　京都府埋蔵文化財調査研究センター　pp.9-14
藤井　整　2009「近畿地方弥生時代の親族集団と社会構造」『考古学研究』第56巻第3号　pp.40-54
藤田和尊　1993「鏡の副葬位置からみた前期古墳」『考古学研究』第39巻第4号　pp.27-68
藤田憲司　1979「山陰『鍵尾式』の再検討とその併行関係」『考古学雑誌』第64巻第4号　pp.51-82
藤田　等　1966「埋葬」『日本の考古学』Ⅲ弥生時代　河出書房　pp.300-326
藤田　等　1977「玉類・塞杆状ガラス器」『立岩遺蹟』河出書房新社　pp.243-266
藤田　等　1987「鉄戈」『東アジアの考古と歴史』（中）岡崎敬先生退官記念論集　同朋舎出版　pp.479-539
藤田　等　1988「北部九州における弥生時代未成人埋葬について」『日本民族・文化の生成　永井昌文教授退官記念論集（1）』六興出版　pp.573-603
藤田　等　1994『弥生時代ガラスの研究―考古学研究―』名著出版
藤丸詔八郎　1993「破鏡の出現に関する一考察」『古文化談叢』第30集　pp.87-115
藤原好二　1995「副葬品の配置と組成」近藤義郎編『矢藤治山弥生墳丘墓』矢藤治山弥生墳丘墓発掘調査団　pp.87-94
古川　登　1997「北陸地方南西部における弥生時代首長墓の認識」『考古学研究』第43巻第4号　pp.77-97
古屋紀之　2007『古墳の成立と葬送祭祀』雄山閣
ヘネップ、A・ファン（綾部恒雄・綾部裕子訳）　1995『通過儀礼』弘文堂
北條芳隆　1998「弥生時代前期集団墓の構造」『庄・蔵本遺跡』1　徳島大学埋蔵文化財調査室　pp.133-141
北條芳隆　2000「前方後円墳の論理」「前方後円墳と倭王権」『古墳時代像を見なおす』青木書店　pp.3-25
本間元樹　2002「弥生人の副葬品・着装品・供献品」『調査研究報告』第3集　大阪府文化財センター　pp.129-172
本間元樹　2004「弥生時代の伏臥埋葬」『考古論集―河瀬正利先生退官記念論文集―』河瀬正利先生退官記念事業会　pp.419-434
前田清彦　2009「方形周溝墓の造墓計画―群構成の歴史的意義―」『金大考古』65号　pp.5-10
町田　章　1976「環刀の系譜」『奈良国立文化財研究所研究論集』Ⅲ　奈良国立文化財研究所　pp.77-110
松井一明　1998「静岡県における方形周溝墓の埋葬主体部について」『静岡県考古学研究』30　pp.142-164
松井　潔　1996「山陰東部における後期弥生墓制の展開と画期」『考古学と遺跡の保護』甘粕健先生退官記念論集刊行会　pp.119-139
松井　潔　1999「因幡・伯耆・出雲の墓制」『季刊考古学（特集・墳墓と弥生社会）』第67号　pp.54-60
松木武彦　1997「ヤマト政権成立の背景」『卑弥呼誕生』大阪府立弥生文化博物館図録15　大阪府立弥生文化博物館　pp.102-109
松木武彦　1999a「副葬品からみた古墳の成立過程」『国家形成期の考古学―大阪大学考古学研究室10周年記念論集―』大阪大学考古学研究室ほか　pp.185-204

松木武彦　1999b「首長制」『用語解説　現代考古学の方法と理論』Ⅰ　同成社　pp.114-120
松木武彦　2002「吉備地域における首長墓形成過程の再検討―新たな古墳論の構築に向けて―」『環瀬戸内海の考古学―平井勝氏追悼論文集―』下巻　古代吉備研究会　pp.119-136
松木武彦　2007『日本の歴史』第1巻列島創世記　小学館
松本岩雄　2001「弥生青銅器の生産と流通―出雲地域出土青銅器を中心として―」『古代文化』第53巻4号　pp.12-25
松本岩雄　2003a「四隅突出型墓（宮山Ⅳ号墓）」『宮山古墳群の研究』島根県古代文化センター調査研究報告書16　島根県古代文化センターほか　pp.130-134
松本岩雄　2003b「出雲の四隅突出型墓」『宮山古墳群の研究』島根県古代文化センター調査研究報告書16　島根県古代文化センターほか　pp.157-180
馬目順一　1987「幼児用の壺・甕棺墓」『弥生文化の研究』8祭と墓と装い　雄山閣　pp.153-159
マリノフスキー（寺田和夫・増田義郎訳）　1967「西太平洋の遠洋航海者」『マリノフスキー・レヴィ＝ストロース』世界の名著59　中央公論社　pp.55-342
マルケス、G・ガルシア（桑名一博・安藤哲行訳）　1979「ママ・グランデの葬儀」『ママ・グランデの葬儀』国書刊行会　pp.143-163
水野正好　1972「古墳発生の論理（1）」『考古学研究』第18巻第4号　pp.26-39
溝口孝司　1998「カメ棺墓地の移り変わり」『弥生人のタイムカプセル』福岡市博物館　pp.58-61
溝口孝司　2000「墓地と埋葬行為の変遷―古墳時代の開始の社会的背景の理解のために―」『古墳時代像を見なおす』青木書店　pp.201-273
光本　順　2002「弥生から古墳時代における副葬配置の展開―岡山地域の事例と分析―」『環瀬戸内海の考古学―平井勝氏追悼論文集―』下巻　古代吉備研究会　pp.149-166
宮川芳照　1983「東之宮古墳」『犬山市史』史料篇3　犬山市　pp.61-80
宮村良雄　1992「豊岡の弥生墳墓と墓壙内破砕土器供献」『上鉢山・東山墳墓群』豊岡市文化財調査報告第26集　豊岡市教育委員会　pp.120-129
村上恭通　1999「鉄製武器形副葬品の成立とその背景―三韓・三国時代と前方後円墳成立期を対象として―」『白木原和美先生古稀記念献呈論文集先史学・考古学論究Ⅲ』龍田考古会　pp.59-85
村上恭通　2000「鉄器生産・流通と社会変革―古墳時代の開始をめぐる諸前提―」『古墳時代像を見なおす』青木書店　pp.137-200
村上恭通　2001「日本海沿岸地域における鉄の消費形態―弥生時代後期を中心にして―」『古代文化』第53巻4号　pp.52-72
メトカーフ、ピーター・ハンティントン、リチャード（池上良正・池上冨美子訳）　1996『死の儀礼　葬送習俗の人類学的研究』未來社
茂木雅博　1972「方形周溝墓論」『常陸須和間遺跡』雄山閣　pp.177-190（茂木雅博　1987『墳丘よりみた出現期古墳の研究』雄山閣　所収）
茂木雅博　1984「方形周溝墓と墳丘墓」『季刊考古学』第9号　pp.59-63（茂木雅博　1987『墳丘よりみた出現期古墳の研究』雄山閣　所収）
森貞次郎　1982「管玉」『末盧国　佐賀県唐津市・東松浦郡の考古学的調査研究』六興出版　pp.311-314
森本岩太郎・吉田俊爾　1988「新保遺跡出土人骨について」『新保遺跡Ⅱ　弥生・古墳時代集落編』関越自動車道（新潟線）地域埋蔵文化財発掘調査報告書第18集　群馬県教育委員会・群馬県埋蔵文化財調査事業団　pp.463-466
森本岩太郎・吉田俊爾　1990「有馬遺跡出土の弥生時代後期の人骨について」『有馬遺跡Ⅱ　関越自動車道（新潟線）地域埋蔵文化財発掘調査報告書第32集』群馬県教育委員会・群馬県埋蔵文化財調査事業団　pp.425-431
森本六爾　1927a「甕棺に関する一考察（上）」『史学』第6巻第1号　pp.39-67

森本六爾　1927b「甕棺に関する一考察（下）」『史学』第6巻第2号　pp.133-152
森本六爾　1933「筑前須玖の立石遺跡」『歴史と地理』第32巻第2号　pp.19-27
諸墨知義・山岸良二　1996「千葉県の方形周溝墓」『関東の方形周溝墓』同成社　pp.75-96
八木　透　2001「死をめぐる民俗―弔いの諸相」『日本の通過儀礼』思文閣出版　pp.203-208
柳田康雄　1985「銅鏡」『三雲遺跡　南小路編』福岡県文化財調査報告書第69集　福岡県教育委員会　pp.9-24
柳田康雄　1986a「北部九州の古墳時代」『前方後円墳の世紀』日本の古代5　中央公論社　pp.155-188
柳田康雄　1986b「墓」『三世紀の九州と近畿』河出書房新社　pp.36-53
柳田康雄　2000「平原1号墓」『平原遺跡』前原市文化財調査報告書第70集　前原市教育委員会　pp.9-71
山岸良二編　1996『関東の方形周溝墓』同成社
山口　敏　1994「瀬名遺跡出土の弥生人骨」『瀬名遺跡Ⅲ（遺物編Ⅰ）』静岡県埋蔵文化財調査研究所調査報告第47集　静岡県埋蔵文化財調査研究所　pp.211-216
山田康弘　1997「縄文時代の子供の埋葬」『日本考古学』第4号　日本考古学会　pp.1-39
山田康弘　2000「山陰地方における列状配置墓域の展開」『島根考古学会誌』第17集　島根考古学会　pp.15-38
楊　寛（西嶋定生・尾形勇・太田侑子訳）　1981『中国皇帝陵の起源と変遷』学生社
横須賀倫達　2001「古墳時代ガラス小玉の製作技法」『日本考古学の基礎研究』茨城大学人文学部考古学研究室　pp.95-112
吉井秀夫　2002「朝鮮三国時代における墓制の地域性と被葬者集団」『考古学研究』第49巻第3号　pp.37-51
リーチ、エドモンド・R（関本照夫訳）　1995『高地ビルマの政治体系』弘文堂
劉慶柱・李毓芳（来村多加史訳）　1991『前漢皇帝陵の研究』学生社
渡辺貞幸　1988「定型化する古墳以前の墓制」『定型化する古墳以前の墓制』第Ⅲ分冊　埋蔵文化財研究会　pp.33-38
渡辺貞幸　1993「弥生墳丘墓における墓上の祭祀―西谷3号の調査から―」『島根考古学会誌』第10集　pp.153-160
渡辺貞幸　1995「西谷3号墓の調査について」『四隅突出型墳丘墓の謎に迫る』出雲市教育委員会　pp.9-32
渡辺貞幸　1997「基調講演資料・四隅突出型研究の諸問題」『四隅突出型墳丘墓とその世界』第25回山陰考古学研究集会資料　pp.1-7
渡辺貞幸　1998「加茂岩倉遺跡と四隅突出型墳丘墓」『加茂岩倉遺跡と古代出雲』季刊考古学別冊7　雄山閣　pp.30-40
渡辺貞幸　2000「古代出雲―動乱の時代から『王国』の時代へ―」『神々の源流』大阪府立弥生文化博物館図録20　大阪府立弥生文化博物館　pp.90-95
渡辺貞幸　2003「四隅突出型弥生墳丘墓の『突出部』」『新世紀の考古学―大塚初重先生喜寿記念論文集―』大塚初重先生喜寿記念論文集刊行会　pp.219-234
渡辺貞幸編　1992「西谷墳墓群の調査（Ⅰ）」『山陰地方における弥生墳丘墓の研究』島根大学考古学研究室　pp.1-79

〔韓国語文献〕

咸　舜燮　1995「編年과位階」『清堂洞Ⅱ』国立博物館古跡調査報告第27冊　pp.154-165
韓炳三・李健茂　1978『朝島貝塚』国立中央博物館古跡調査報告第9冊　国立中央博物館
金宰賢・田中良之　1998「林堂地域出土人骨에 대한 分析」『慶山林堂遺跡（Ⅰ）～（Ⅵ）附録』韓国文化財保護財団学術調査報告第5冊　韓国文化財保護財団発掘調査事業団　pp.1-55
全　榮来　1991『韓国青銅器時代文化研究』新亜出版社

〔中国語文献〕

河北省文物研究所　1981「河北定県40号漢墓発掘簡報」『文物』1981-8　pp.1-10

湖南省博物館　1981「長沙象鼻嘴一号西漢墓」『考古学報』1981-1　pp.111-130

山東大学考古学系など　1997「山東長清県双乳山一号墓発掘簡報」『考古』1997-3　pp.1-9

四部叢刊初編経部　1967『周礼十二巻』台湾商務印書館

徐州博物館　1993「徐州后桜山西漢墓発掘報告」『文物』1993-4　pp.29-45

石家荘図書館文物考古小組　1980「河北石家荘市北郊西漢墓発掘簡報」『考古』1980-1　pp.52-55

中国科学院考古研究所編　1959「刀」『洛陽焼溝漢墓』中国田野考古報告集　考古学専刊丁種第6号　pp.193-194

中国社会科学院考古研究所　1989『北京大葆台漢墓』文物出版社

長沙市文化局文物組　1979「長沙咸家湖西漢曹撰墓」『文物』1979-3　pp.1-16

南京博物院　1990「近十年来江蘇考古的新成果」『文物考古工作十年』文物出版社

傅佳欣編　2004『集安高句麗王陵—1990〜2003年集安高句麗王陵調査報告—』文物出版社

〔英語文献〕

Earle, T. 1991 The evolution of chiefdoms. In *Chiefdoms: power, economy, and ideology*, edited by T. Earle, Cambridge University Press: pp.1-15

Flannery, Kent V. 1972 Cultural Evolution of Civilization. In *Annual Review of Ecology and Systematics*, 3 : pp.399-426

Renfrew, C. and Bahn, P. 1991 How were societies organized? In *Archaeology: Theories Methods and Practice*. Thames and Hudson: pp.173-224

## 挿 図 出 典

- 図 1-1　力武卓治・横山邦継編　1996『吉武遺跡群』福岡市埋蔵文化財調査報告書第 461 集　福岡市教育委員会
- 図 1-2　七田忠昭　1997『吉野ヶ里遺跡』佐賀県文化財調査報告書第 132 集　佐賀県教育委員会
- 図 1-3　岡部裕俊・牟田華代子　2002『三雲・井原遺跡Ⅱ　南小路地区編』前原市文化財調査報告書第 78 集　前原市教育委員会
- 図 1-4　柳田康雄・角浩行編　2000『平原遺跡』前原市文化財調査報告書第 70 集　前原市教育委員会
- 図 1-5　長嶺正秀・末永弥義編　1985『下稗田遺跡』行橋市文化財調査報告書第 17 集　下稗田遺跡調査指導会
- 図 2-1　中野知照・松本美佐子　2001『新井三嶋谷墳丘墓発掘調査報告書』岩見町教育委員会
- 図 2-2　今岡一三・平石充・松尾充晶　2006『青木遺跡Ⅱ　弥生～平安時代編』国道 431 号道路改築事業（東林木バイパス）に伴う埋蔵文化財発掘調査報告書　島根県教育委員会
- 図 2-3　坂本豊治編　2006『西谷墳墓群　平成 14 年度～16 年度の調査』出雲市教育委員会
- 図 2-4　松本岩雄編　2003『宮山古墳群の研究』島根県古代文化センター調査研究報告書 16　島根県教育委員会
- 図 3　坂本豊治編　2006『西谷墳墓群　平成 14 年度～16 年度の調査』出雲市教育委員会
- 図 4-1　加藤晴彦編　2005『日吉ヶ丘遺跡』加悦町文化財調査報告第 33 集　加悦町教育委員会
- 図 4-2　奥村清一郎編　1988『寺岡遺跡』京都府野田川町文化財調査報告第 2 集　京都府野田川町教育委員会
- 図 4-3　今田昇一編　1998『三坂神社墳墓群・三坂神社裏古墳群・有明古墳群・有明横穴群［北部マスターズビレッジ整備事業関連遺跡発掘調査報告書］』京都府大宮町文化財調査報告書第 14 集　大宮町教育委員会
- 図 4-4　白数真也ほか　2000『大風呂南墳墓群』岩滝町文化財調査報告書第 15 集　岩滝町教育委員会
- 図 4-5　岡林峰夫・石崎善久　2001『赤坂今井墳丘墓第 3 次発掘調査概要報告書』京都府峰山町文化財調査報告第 21 集・京都府遺跡調査概報第 100 冊　峰山町教育委員会・京都府埋蔵文化財調査研究センター
- 図 5-1～2　斉藤優・青木豊昭編　1976『太田山古墳群』北陸自動車道関係遺跡調査報告書第 8 集　福井県教育委員会
- 図 5-3～4　古川登・御嶽貞義・青木敬ほか　2010『小羽山墳墓群の研究』福井市立郷土歴史博物館
- 図 5-5　大塚初重　1986「原目山墳墓群」『福井県史』資料編 13 考古　pp.153-158
- 図 5-6　松井政信　1995「南春日山墳墓群」『第 10 回発掘調査報告会資料』福井県埋蔵文化財調査センター
- 図 6-1　妹尾周三　1987『佐田谷墳墓群』広島県埋蔵文化財調査センター調査報告書第 63 集　広島県埋蔵文化財調査センター
- 図 6-2　間壁忠彦・間壁葭子・藤田憲司　1977「岡山県真備町黒宮大塚古墳」『倉敷考古館研究集報』第 13 号　pp.1-55
- 図 6-3　近藤義郎　1986「雲山鳥打弥生墳丘墓群」『岡山県史』第 18 巻　考古資料　岡山県　pp.182-183
- 図 6-4　近藤義郎編　1992『楯築弥生墳丘墓の研究』楯築刊行会
- 図 6-5　國木健司　1993『石塚山古墳群』綾歌町教育委員会
- 図 7-1　福井英治編　1982『田能遺跡発掘調査報告書』尼崎市文化財調査報告第 15 集　尼崎市教育委員会
- 図 7-2　田中清美　1986「大阪府大阪市加美遺跡の調査―弥生中期後半の大型墳丘墓を中心に―」『日本考古学年報』37　日本考古学協会　pp.305-312
- 図 7-3　石黒立人編　1991『朝日遺跡Ⅰ』愛知県埋蔵文化財センター調査報告書第 30 集　愛知県埋蔵文化財

調査センター

図 7-4　赤塚次郎編　1990『廻間遺跡』愛知県埋蔵文化財センター調査報告書第 10 集　愛知県埋蔵文化財センター

図 7-5　石井寛ほか　1980『折本西原遺跡』横浜市埋蔵文化財調査委員会

図 8-1　赤塚次郎編　1997『西上免』愛知県埋蔵文化財センター調査報告書第 73 集　愛知県埋蔵文化財センター

図 8-2　赤塚次郎編　2001『川原遺跡』愛知県埋蔵文化財センター調査報告書第 91 集　愛知県埋蔵文化財センター

図 9-1　林孝澤・郭東哲　2000『金海良洞里古墳文化』東義大学校博物館学術報告 7（日本語版）　東義大学校博物館

図 9-2　釜山大學校博物館　1997『蔚山下岱遺蹟―古墳Ⅰ』釜山大學校博物館研究叢書第 20 輯

図 11-1　山田清朝編　1995『東武庫遺跡』兵庫県文化財調査報告第 150 冊　兵庫県教育委員会

図 11-2　森田克行・橋本久和　1977『安満遺跡発掘調査報告書　9 地区の調査』高槻市文化財調査報告書第 10 冊　高槻市教育委員会

図 11-3　山本輝雄・久保哲正　1980「長岡第 9 小学校建設にともなう発掘調査概要・長岡京跡右京第 10・28 次調査（7 ANMMB 地区）」『長岡京市文化財調査報告書』第 5 冊　長岡京市教育委員会　pp.1-115

図 11-4　坪井清足・藤井章徳編　2006『曲川遺跡発掘調査報告書　2004 年度調査』元興寺文化財研究所

図 12-1　西口陽一ほか　1984『山賀（その 3）近畿自動車道天理～吹田線建設に伴う埋蔵文化財発掘調査概要報告書』大阪文化財センター

図 12-2　田代克己ほか　1971『瓜生堂遺跡　中央南幹線下水管渠築造に伴う遺跡調査概報』中央南幹線内西岩田瓜生堂遺跡調査会

図 12-3　赤木克視　1980『瓜生堂　近畿自動車道天理～吹田線建設に伴う埋蔵文化財発掘調査概要報告書』大阪文化財センター

図 13-1　会下和宏　1994「岡崎遺跡の方形周溝墓について」『研究紀要　財団法人京都市埋蔵文化財研究所』第 1 号　pp.95-108

図 13-2　福井英治編　1982『田能遺跡発掘調査報告書』尼崎市文化財調査報告第 15 集　尼崎市教育委員会

図 13-3　高萩千秋ほか　1983『成法寺遺跡―八尾市光南町 1 丁目 29 番地の調査―』八尾市教育委員会

図 13-4　一瀬和夫編　1987『久宝寺南（その 2）近畿自動車道天理～吹田線建設に伴う埋蔵文化財発掘調査概要報告書』大阪文化財センター

図 14　森屋美佐子・亀井聡編　2007『久宝寺・竜華地区発掘調査報告書Ⅶ　寝屋川流域下水道竜華水みらいセンター水処理施設等建設事業に伴う発掘調査地』大阪府文化財センター調査報告書第 156 集

図 15-1　渡辺貞幸編　1992「西谷墳墓群の調査（Ⅰ）」『山陰地方における弥生墳丘墓の研究』島根大学考古学研究室　pp.1-79

図 15-2～3　近藤正　1972『仲仙寺古墳群』安来市教育委員会

図 15-4　水口晶郎　2000『長曽土壙墓群・刻畑 1 号墳』安来市埋蔵文化財調査報告第 33 集　安来市教育委員会

図 15-5　原田雅弘ほか　1996『宮内第 1 遺跡・宮内第 4 遺跡・宮内第 5 遺跡・宮内 2・63～65 号墳』鳥取県教育文化財団調査報告書 48　鳥取県教育文化財団

図 15-6　今田昇一編　1998『三坂神社墳墓群・三坂神社裏古墳群・有明古墳群・有明横穴群［北部マスターズビレッジ整備事業関連遺跡発掘調査報告書］』京都府大宮町文化財調査報告書第 14 集　大宮町教育委員会

図 15-7　柳田康雄・角浩行編　2000『平原遺跡』前原市文化財調査報告書第 70 集　前原市教育委員会

図 15-8　力武卓治・横山邦継編　1996『吉武遺跡群』福岡市埋蔵文化財調査報告書第 461 集　福岡市教育委員会

図15-9　李健茂ほか　1989「義昌茶戸里遺蹟發掘進展報告Ⅰ」『考古學誌』第1輯　韓國考古美術研究所　pp.5-174

図15-10　林孝澤・郭東哲　2000『金海良洞里古墳文化』東義大学校博物館学術報告7（日本語版）　東義大学校博物館

図16-1　長瀬高浜：西村彰滋ほか　1982『長瀬高浜遺跡Ⅳ』鳥取県教育文化財団調査報告書11　鳥取県教育文化財団、八峠興編　1997『長瀬高浜遺跡Ⅶ』鳥取県教育文化財団調査報告書49　鳥取県教育文化財団ほか、友田：岡崎雄二郎・中尾秀信・佐々木稔　1983「友田遺跡」『松江圏都市計画事業乃木土地区画整理事業区域内埋蔵文化財包蔵地発掘調査報告書』松江市教育委員会

図16-2　門上谷：平川誠　1988「紙子谷遺跡」『定型化する古墳以前の墓制』第Ⅰ分冊　埋蔵文化財研究会　pp.420-424、宮内：原田雅弘ほか　1996『宮内第1遺跡・宮内第4遺跡・宮内第5遺跡・宮内2・63～65号墳』鳥取県教育文化財団、松原：谷口恭子編　2012『松原1号墓　県道鳥取鹿野倉吉線道路改良事業にかかる発掘調査報告書』鳥取市文化財団、仙谷：松本哲編　2000『妻木晩田遺跡群発掘調査報告書Ⅲ　大山スイス村リゾート開発事業に伴う発掘調査報告Ⅲ』大山町埋蔵文化財調査報告書17集　大山町教育委員会ほか、布施鶴指奥：中村徹ほか　1992『鳥取市東桂見遺跡・鳥取市布施鶴指奥墳墓群』鳥取県教育文化財団

図17-1　宮内：原田雅弘ほか　1996『宮内第1遺跡・宮内第4遺跡・宮内第5遺跡・宮内2・63～65号墳』鳥取県教育文化財団、西谷3号：渡辺貞幸編　1992「西谷墳墓群の調査（Ⅰ）」『山陰地方における弥生墳丘墓の研究』島根大学考古学研究室　pp.1-79、渡辺貞幸　1993「弥生墳丘墓における墓上の祭儀─西谷3号墓の調査から─」『島根考古学会誌』第10集　pp.153-160、仲仙寺：近藤正　1972『仲仙寺古墳群』安来市教育委員会、沢下：椿真治　2008『恵谷古墳群・岩鼻古墳群・上講武殿山城跡・砥石遺跡・沢下遺跡・元宮遺跡』島根原子力線新設に伴う埋蔵文化財発掘調査報告書1　島根県教育委員会、桂見：平川誠　1984『桂見墳墓群』鳥取市文化財報告書18　鳥取市教育委員会、西桂見：前田均ほか　1984『西桂見遺跡Ⅱ』鳥取市文化財報告書16　鳥取氏教育委員会ほか、服部：谷口恭子編　2001『服部墳墓群』鳥取市文化財団、大城谷：横田登・野津研吾　1999『西郷町運動公園整備事業に伴う大城遺跡発掘調査報告書』隠岐島後教育委員会

図17-2　桂見：平川誠　1984『桂見墳墓群』鳥取市文化財報告書18　鳥取市教育委員会、宮山：前島己基　1974『宮山古墳群』安来市教育委員会、島田黒谷Ⅲ：池淵俊一ほか　1994『明子谷遺跡・島田黒谷Ⅱ遺跡・島田黒谷Ⅲ遺跡・猫ノ谷遺跡』一般国道9号（安来道路）建設予定地内埋蔵文化財発掘調査報告書Ⅵ　島根県教育委員会ほか、糸谷：松藤和人編　1994『糸谷古墳群』同志社大学文学部考古学調査報告第9冊　同志社大学文学部文化学科、桂見：平川誠　1984『桂見墳墓群』鳥取市文化財報告書18　鳥取市教育委員会

図19-1　小山浩和・湯村功ほか　2009『梅田萱峯遺跡Ⅴ　一般国道9号（東伯中山道路）の改築工事に伴う埋蔵文化財発掘調査報告書ⅩⅩⅣ』鳥取県埋蔵文化財センター調査報告書28　鳥取県埋蔵文化財センター

図19-2　渡辺貞幸　1993「弥生墳丘墓における墓上の祭儀─西谷3号墓の調査から─」『島根考古学会誌』第10集　pp.153-160

図20-1　加藤晴彦編　2005『日吉ヶ丘遺跡』加悦町文化財調査報告第33集　加悦町教育委員会

図20-2　松本岩雄編　2003『宮山古墳群の研究』島根県古代文化センター調査研究報告書16　島根県教育委員会

図21-1　近藤義郎編　1992『楯築弥生墳丘墓の研究』楯築刊行会

図21-2　七田忠昭ほか　1994『吉野ヶ里』佐賀県教育委員会

図22　柳田康雄・角浩行編　2000『平原遺跡』前原市文化財調査報告書第70集　前原市教育委員会

図23-1　柳田康雄・角浩行編　2000『平原遺跡』前原市文化財調査報告書第70集　前原市教育委員会

図23-2　岡林峰夫・石崎善久　2001『赤坂今井墳丘墓第3次発掘調査概要報告書』京都府峰山町文化財調査

報告第 21 集・京都府遺跡調査概報第 100 冊　峰山町教育委員会・京都府埋蔵文化財調査研究センター

図 24-1　　近藤義郎編　1992『楯築弥生墳丘墓の研究』楯築刊行会

図 24-2　　加藤光臣ほか　1981『松ヶ迫遺跡群発掘調査報告』広島県教育委員会

図 24-3　　岡林峰夫・石崎善久　2001『赤坂今井墳丘墓第 3 次発掘調査概要報告書』京都府峰山町文化財調査報告第 21 集・京都府遺跡調査概報第 100 冊　峰山町教育委員会・京都府埋蔵文化財調査研究センター

図 25-1〜3　古川登・御嶽貞義・青木敬ほか　2010『小羽山墳墓群の研究』福井市立郷土歴史博物館

図 26-1　　今田昇一編　1998『三坂神社墳墓群・三坂神社裏古墳群・有明古墳群・有明横穴群［北部マスターズビレッジ整備事業関連遺跡発掘調査報告書］』京都府大宮町文化財調査報告書第 14 集　大宮町教育委員会

図 26-2　　今田昇一編　2001『左坂古墳（墳墓）群 G 支群［丹後大宮農業協同組合ライスセンター建設関連調査報告書］』京都府大宮町文化財調査報告第 20 集　大宮町教育委員会

図 28　　原田雅弘ほか　1996『宮内第 1 遺跡・宮内第 4 遺跡・宮内第 5 遺跡・宮内 2・63〜65 号墳』鳥取県教育文化財団調査報告書 48　鳥取県教育文化財団

図 29-1　　門上谷：平川誠　1988「門上谷遺跡」『定型化する古墳以前の墓制』第 I 分冊　埋蔵文化財研究会 pp.420-424、佐田谷：妹尾周三　1987『佐田谷墳墓群』広島県埋蔵文化財調査センター調査報告書第 63 集　広島県埋蔵文化財調査センター、布施鶴指奥：中村徹ほか　1992『鳥取市東桂見遺跡・鳥取市布施鶴指奥墳墓群』鳥取県教育文化財団、松原：谷口恭子編　2012『松原 1 号墓　県道鳥取鹿野気吉線道路改良事業にかかる発掘調査報告書』鳥取市文化財団、仙谷：松本哲編　2000『妻木晩田遺跡群発掘調査報告書 III　大山スイス村リゾート開発事業に伴う発掘調査報告書 III』大山町埋蔵文化財調査報告書 17 集　大山町教育委員会ほか、下坂：中野知照　1990『下坂 1 号墓』郡家町教育委員会、順庵原：石塚尊俊・門脇俊彦 1971『島根県文化財調査報告書』第 7 集　島根県教育委員会、田尻山：向田裕始　1978「田尻山古墳群」『中国縦貫自動車道建設に伴う埋蔵文化財発掘調査報告』1　広島県教育委員会、宮内：原田雅弘ほか 1996『宮内第 1 遺跡・宮内第 4 遺跡・宮内第 5 遺跡・宮内 2・63〜65 号墳』鳥取県教育文化財団、阿弥大寺：真田廣幸ほか　1981『上米積遺跡群発掘調査報告 II—阿弥大寺地区—』倉吉市教育委員会、歳ノ神：佐々木直彦編　1986『歳ノ神遺跡群・中出勝負峠墳墓群』広島県埋蔵文化財調査センター調査報告書第 49 集　広島県埋蔵文化財調査センター、波来浜：門脇俊彦　1973『波来浜遺跡発掘調査報告書　第 1・2 次緊急調査概報』島根県江津市

図 29-2　　西谷 3 号：渡辺貞幸編　1992「西谷墳墓群の調査（I）」『山陰地方における弥生墳丘墓の研究』島根大学考古学研究室　pp.1-79、小羽山：古川登・御嶽貞義・青木敬ほか　2010『小羽山墳墓群の研究』福井市立郷土歴史博物館、宮内：原田雅弘ほか　1996『宮内第 1 遺跡・宮内第 4 遺跡・宮内第 5 遺跡・宮内 2・63〜65 号墳』鳥取県教育文化財団調査報告書 48　鳥取県教育文化財団、仲仙寺：近藤正　1972『仲仙寺古墳群』安来市教育委員会、大城：横田登・野津研吾　1999『西郷町運動公園整備事業に伴う大城遺跡発掘調査報告書』隠岐島後教育委員会、大谷後口谷：森下哲哉　1986『大谷・後口谷墳丘墓発掘調査報告書』倉吉市教育委員会、沢下：椿真治　2008『恵谷古墳群・岩鼻古墳群・上講武殿山城跡・砥石遺跡・沢下遺跡・元宮遺跡』島根原子力線新設に伴う埋蔵文化財発掘調査報告書 1　島根県教育委員会、桂見：平川誠　1984『桂見墳墓群』鳥取市文化財報告書 18　鳥取市教育委員会、布志名大谷：錦田剛志ほか　2001『布志名大谷 III 遺跡』一般国道 9 号松江道路（連結部）建設予定地内埋蔵文化財発掘調査報告書 2　島根県教育委員会、来見：山本清　1989「松江市矢田町来美の四隅突出型方形墳丘」『間内越 1 号墓・間内越遺跡』松江市教育委員会　pp.49-56

図 30　　桂見：平川誠　1984『桂見墳墓群』鳥取市文化財報告書 18　鳥取市教育委員会、大木権現山：石井悠編　1979『大木権現山古墳群』東出雲町教育委員会、安養寺：勝部昭　1985「安養寺墳墓群」『荒島墳墓群』古代の出雲を考える 4　出雲考古学研究会　pp.14-22、宮山：前島己基　1974『宮山古墳群』安来市教育委員会、糸谷：松藤和人編　1994『糸谷古墳群』同志社大学文学部考古調査報告第 9 冊　同志社大学文学部文化学科、客山：丹羽野裕ほか　2002『馬場遺跡・杉ヶ撓遺跡・客山墳墓群・連行遺跡』島根県

教育委員会、松尾頭：松本哲編　2000『妻木晩田遺跡群発掘調査報告書Ⅰ　大山スイス村リゾート開発事業に伴う発掘調査報告Ⅰ』大山町埋蔵文化財調査報告書 17 集　大山町教育委員会ほか、藤和：名越勉　1992「東伯耆地域の弥生墳墓・墳丘墓」『山陰地方における弥生墳丘墓の研究』島根大学考古学研究室、父原：長田康平　1997「鳥取県日野郡溝口町父原墳丘墓群」『日本考古学年報』48　日本考古学協会

図 32-1　河合英夫　1986『峯遺跡群発掘調査報告書』峯遺跡群発掘調査団、佐藤明人編　1990『有馬遺跡Ⅱ　関越自動車道（新潟線）地域埋蔵文化財発掘調査報告書第 32 集』群馬県埋蔵文化財調査事業団発掘調査報告第 102 集　群馬県教育委員会ほか、寺島孝典編　1995『本村東沖遺跡Ⅱ』長野市の文化財第 67 集　長野市教育委員会、阪田正一ほか　1986『八千代市ヲサル山遺跡』萱田地区埋蔵文化財調査報告書Ⅲ　千葉県文化財センターほか

図 32-2　佐藤明人編　1990『有馬遺跡Ⅱ　関越自動車道（新潟線）地域埋蔵文化財発掘調査報告書第 32 集』群馬県埋蔵文化財調査事業団発掘調査報告第 102 集　群馬県教育委員会ほか

図 33-1　鶴田典昭編　1999『上信越自動車道埋蔵文化財発掘調査報告書 8』長野県埋蔵文化財センターほか、青木和明・寺島孝典ほか　1992『篠ノ井遺跡群（4）』長野市の埋蔵文化財第 46 集　長野市教育委員会、佐藤明人編　1990『有馬遺跡Ⅱ　関越自動車道（新潟線）地域埋蔵文化財発掘調査報告書第 32 集』群馬県埋蔵文化財調査事業団発掘調査報告第 102 集　群馬県教育委員会ほか、青木義修ほか　1994『井沼方遺跡発掘調査報告書（第 12 次）』浦和市遺跡調査会報告書第 185 集　浦和市遺跡調査会、高橋敦ほか　1987『針ヶ谷遺跡群』富士見市遺跡調査報告第 27 集　富士見市遺跡調査会

図 33-2　神村透編　1972『長野県中央道埋蔵文化財包蔵地発掘調査報告書　飯田地区その 2』長野県教育委員会ほか、会川田強・大平理恵編　1998『七社神社前遺跡Ⅱ』北区埋蔵文化財調査報告第 24 集　北区教育委員会、佐藤明人編　1990『有馬遺跡Ⅱ　関越自動車道（新潟線）地域埋蔵文化財発掘調査報告書第 32 集』群馬県埋蔵文化財調査事業団発掘調査報告第 102 集　群馬県教育委員会ほか、寺島孝典編　1995『本村東沖遺跡Ⅱ』長野市の文化財第 67 集　長野市教育委員会

図 34　有馬：佐藤明人編　1990『有馬遺跡Ⅱ　関越自動車道（新潟線）地域埋蔵文化財発掘調査報告書第 32 集』群馬県埋蔵文化財調査事業団発掘調査報告第 102 集　群馬県教育委員会ほか、新保田中村前：相京健史・小島敦子編　1993『新保田中村前遺跡Ⅲ』群馬県埋蔵文化財調査事業団発掘調査報告書第 151 集　群馬県埋蔵文化財調査事業団、新保：佐藤明人編　1988『新保遺跡Ⅱ　弥生・古墳時代集落編』関越自動車道（新潟線）地域埋蔵文化財発掘調査報告書第 18 集　群馬県教育委員会ほか、石墨：水田稔・石北直樹　1985『石墨遺跡　関越自動車道（新潟線）地域埋蔵文化財調査報告書 K.C.Ⅶ』沼田市教育委員会

図 39-1～2　力武卓治・横山邦継編　1996『吉武遺跡群』福岡市埋蔵文化財調査報告書第 461 集　福岡市教育委員会

図 39-3　今田昇一編　2001『左坂古墳（墳墓）群 G 支群 ［丹後大宮農業協同組合ライスセンター建設関連調査報告書］』京都府大宮町文化財調査報告第 20 集　大宮町教育委員会

図 39-4～6　谷口恭子編　2012『松原 1 号墓　県道鳥取鹿野吉倉吉線道路改良事業にかかる発掘調査報告書』鳥取市文化財団

図 40-1～2　今田昇一編　1998『三坂神社墳墓群・三坂神社裏古墳群・有明古墳群・有明横穴群 ［北部マスターズビレッジ整備事業関連遺跡発掘調査報告書］』京都府大宮町文化財調査報告書第 14 集　大宮町教育委員会

図 41-1　小田富士雄ほか　1977『立岩遺蹟』河出書房新社

図 41-2　岡林峰夫・黒坪一樹・石崎善久ほか　2004『赤坂今井墳丘墓発掘調査報告書』京都府峰山町文化財調査報告第 24 集　峰山町教育委員会

図 42-1～3　西村彰滋ほか　1982『長瀬高浜遺跡Ⅳ』鳥取県教育文化財団調査報告書 11　鳥取県教育文化財団

図 42-4　真鍋昭文編　1995『持田町 3 丁目遺跡』埋蔵文化財発掘調査報告書第 58 集　愛媛県埋蔵文化財調査センター

図42-5～6　北條芳隆編　1998『庄・蔵本遺跡1』徳島大学埋蔵文化財調査室第1巻　徳島大学埋蔵文化財調査室

図42-7　石隈喜佐雄・七田忠昭編　1979『二塚山』佐賀県文化財調査報告書第46集　佐賀県教育委員会

図42-8～9　黒田恭正ほか　1983『丹後大山墳墓群』京都府丹後町文化財調査報告第1集　丹後町教育委員会

図42-10　大崎紀子　1993『清水井遺跡』君津郡市文化財センター発掘調査報告書第92集　君津郡市文化財センターほか

図42-11　梅本健治編　1994『中国横断自動車道建設に伴う埋蔵文化財発掘調査報告Ⅳ』広島県埋蔵文化財調査報告第132集　広島県埋蔵文化財調査センター

図42-12～13　玉井功ほか　1982『巨摩・瓜生堂　近畿自動車道天理～吹田線建設に伴う埋蔵文化財発掘調査概要報告書』大阪文化財センター

図42-14　今田昇一編　1998『三坂神社墳墓群・三坂神社裏古墳群・有明古墳群・有明横穴群［北部マスターズビレッジ整備事業関連遺跡発掘調査報告書］』京都府大宮町文化財調査報告第14集　大宮町教育委員会

図47-1～10・12・17～18　尹容鎮ほか　1993『大邱八達洞遺蹟』慶北大学校博物館叢書18

図47-11・13～14・19　国立慶州博物館　2003『慶州朝陽洞遺蹟Ⅱ』

図47-15～16・20～21　嶺南文化財研究院　2001『慶州舎羅里遺蹟Ⅱ』嶺南文化財研究院学術調査報告第32冊

図47-22　高倉洋彰ほか　1974「佐保浦赤碕遺跡」『対馬　浅茅湾とその周辺の考古学調査』長崎県文化財調査報告書第17集　長崎県教育委員会　pp.199-214

図47-23～25　森貞次郎ほか　1969「シゲノダン遺跡」『対馬　豊玉村佐保シゲノダン・唐崎の青銅器を出土した遺跡の調査報告』長崎県文化財調査報告書第8集　長崎県教育委員会　pp.2-13

図47-26・33・35・37　小田富士雄ほか　1977『立岩遺蹟』河出書房新社

図47-27・29・39　井上裕弘編　1978『山陽新幹線関係埋蔵文化財調査報告』第9集　福岡県教育委員会

図47-28・36・38　力武卓治・横山邦継編　1996『吉武遺跡群』福岡市埋蔵文化財調査報告書第461集　福岡市教育委員会

図47-30～31　坂田邦洋　1976「経隈墳墓」『対馬の考古学』縄文文化研究会　pp.63-93

図47-32　原田保則編　1986『みやこ遺跡』武雄市文化財調査報告書第15集　武雄市教育委員会

図47-34・41　小田富士雄　1974「下ガヤノキ遺跡」『対馬　浅茅湾とその周辺の考古学調査』長崎県文化財調査報告書第17集　長崎県教育委員会　pp.299-323

図47-40　石橋新次編　1985『柚比遺跡群範囲確認調査第3年次概要報告書　安永田遺跡の調査』鳥栖市教育委員会

図47-42　高瀬哲郎　1991『志波屋六本松乙遺跡　九州横断自動車道関係埋蔵文化財発掘調査報告書13』佐賀県文化財調査報告書第103集　佐賀県教育委員会

図47-43　石隈喜佐雄・七田忠昭編　1979『二塚山』佐賀県文化財調査報告書第46集　佐賀県教育委員会

図48-1　嶺南大学校博物館　1987『陜川苧浦里古墳A発掘調査報告』嶺南大学校博物館学術調査報告8

図48-2～5・7～9・11～12・14　嶺南埋蔵文化財研究院　1998『浦項玉城里古墳群Ⅰ・Ⅱナ地区』嶺南埋蔵文化財研究院学術調査報告第14冊

図48-6・35　国立慶州博物館　2003『慶州朝陽洞遺蹟Ⅱ』

図48-10・16～22・25～27・29・32～33　釜山大學校博物館　1997『蔚山下垈遺蹟―古墳Ⅰ』釜山大學校博物館研究叢書第20輯

図48-15・28・30・34　林孝澤・郭東哲　2000『金海良洞里古墳文化』東義大学校博物館学術報告7（日本語版）東義大学校博物館

図48-31　安春培　1984『昌原三東洞甕棺墓』釜山女子大学博物館遺蹟調査報告第1輯

図49-1　原田雅弘ほか　1996『宮内第1遺跡・宮内第4遺跡・宮内第5遺跡・宮内2・63～65号墳』鳥取県教育文化財団調査報告書48　鳥取県教育文化財団

図49-2　網谷克彦編　1991『若狭中核工業団地関係遺跡発掘調査報告書』福井県教育委員会
図49-3・7・10・23・26・28　白数真也ほか　2000『大風呂南墳墓群』岩滝町文化財調査報告書第15集　岩滝町教育委員会
図49-4　谷尾内晋司　1974『金沢市七ツ塚墳墓群　北陸自動車道関係埋蔵文化財発掘調査概報』石川県教育委員会
図49-5・8・11　吉原佳市　1997『根塚遺跡・大塚遺跡・平塚遺跡』木島平村教育委員会
図49-6　近藤義郎編　1992『楯築弥生墳丘墓の研究』楯築刊行会
図49-9・27　佐藤明人編　1990『有馬遺跡Ⅱ　関越自動車道（新潟線）地域埋蔵文化財発掘調査報告書第32集』群馬県埋蔵文化財調査事業団発掘調査報告第102集　群馬県教育委員会ほか
図49-12　小林理恵　1997「田端西台通遺跡出土の遺物について」『文化財研究紀要』第10集　東京都北区教育委員会　pp.51-58
図49-13・18　瀬戸谷晧編　2002『妙楽寺墳墓群　民間開発事業にかかる弥生集団墓の発掘調査報告書』豊岡市文化財調査報告書第32集　豊岡市教育委員会
図49-14　小田富士雄　1976『高島遺跡』北九州埋蔵文化財調査会
図49-15　立石泰久編　1990『西石動遺跡　九州横断自動車道関係埋蔵文化財発掘調査報告書12』佐賀県文化財調査報告書第97集　佐賀県教育委員会
図49-16　荒川正巳　1998『梨ヶ谷遺跡発掘調査報告』広島市歴史科学教育事業団
図49-17　青木義修ほか　1994『井沼方遺跡発掘調査報告書（第12次）』浦和市遺跡調査会報告書第185集　浦和市遺跡調査会
図49-19　平良泰久・岡田晃治編　1987「帯城墳墓群Ⅱ」『埋蔵文化財発掘調査概報』京都府教育委員会　pp.48-76
図49-20　滝口宏ほか　1979『上総国分寺台発掘調査概報』市原市教育委員会・上総国分寺台遺跡調査団
図49-21・25　石崎喜久・高橋あかね　1995「金谷古墳群（1号墓）」『京都府遺跡調査概報』第66冊　京都府埋蔵文化財調査研究センター　pp.71-104
図49-22　石崎善久・黒坪一樹　2000「赤坂今井墳丘墓・今井城跡・今井古墳発掘調査概要」『京都府遺跡調査概報第92冊』京都府埋蔵文化財調査研究センター
図49-24　柳田康雄編　1996『徳永川ノ上遺跡Ⅱ』一般国道10号線椎田道路関係埋蔵文化財調査報告第7集　福岡県教育委員会
図51-1・9　原田雅弘ほか　1996『宮内第1遺跡・宮内第4遺跡・宮内第5遺跡・宮内2・63～65号墳』鳥取県教育文化財団調査報告書48　鳥取県教育文化財団
図51-2・5　釜山大学校博物館　1988『釜山老圃洞遺蹟』釜山大学校博物館遺蹟調査報告第12冊
図51-3　中川渉編　1993『多紀郡西紀町　内場山城跡　近畿自動車道舞鶴線関係埋蔵文化財調査報告書』兵庫県文化財調査報告書第126冊　兵庫県教育委員会
図51-4・6　韓永熙・咸舜燮　1993「天安清堂洞第4次発掘調査報告」『清堂洞』国立博物館古蹟調査報告第25冊　pp.1-206
図51-7　原田大六　1991『平原弥生古墳』平原弥生古墳調査報告書編纂委員会
図51-8・11　嶺南埋蔵文化財研究院　1998『浦項玉城里古墳群Ⅰ・Ⅱナ地区』嶺南埋蔵文化財研究院学術調査報告第14冊
図51-10　日高正晴・岩永哲夫　1986『宮崎県文化財調査報告書』第29集　宮崎県教育委員会
図51-12　釜山大學校博物館　1997『蔚山下岱遺蹟―古墳Ⅰ』釜山大學校博物館研究叢書第20輯
図51-13　松本岩雄編　2003『宮山古墳群の研究』島根県古代文化センター調査研究報告書16　島根県教育委員会
図51-14　緑川正實・海老澤稔　1993『原田北遺跡・原田西遺跡　土浦北工業団地造成地内埋蔵文化財調査報告書Ⅰ』茨城県教育財団文化財調査報告第80集　茨城県教育財団

図54　瀬戸谷晧編　2002『妙楽寺墳墓群　民間開発事業にかかる弥生集団墓の発掘調査報告書』豊岡市文化財調査報告書第32集　豊岡市教育委員会

図55　楊光輝　1999『偃師二里頭　1959年～1978年考古発掘報告』中国大百科全書出版社

図56-1　楊光輝　1999『偃師二里頭　1959年～1978年考古発掘報告』中国大百科全書出版社

図56-2　中国社会科学院考古研究所二里頭隊　1983「1980年秋河南偃師二里頭遺址発掘簡報」『考古』1983-3　pp.199-205

図56-3　湖北省博物館・北京大学考古専業盤龍城発掘隊　1976「盤龍城1974年度田野考古紀要」『文物』1976-2　pp.5-15

図57　茂木雅博・張建林編　2006『中国皇帝陵の測量調査　西漢陽陵と唐靖陵』茨城大学人文学部考古学研究報告第9冊　茨城大学人文学部考古学研究室

図59-1～2　中国社会科学院考古研究所など　1980『満城漢墓発掘報告』文物出版社

図59-3　広州市文物管理委員会等　1981『広州漢墓』文物出版社

図59-4　山東省荷澤地区漢墓発掘小組　1983「巨野紅土山西漢墓」『考古学報』1983-4　pp.471-500

図60-1　臨沂地区文物組　1980「山東臨沂西漢劉疵墓」『考古』1980-6　pp.493-495

図60-2　南京博物院　1973「銅山小亀山西漢崖洞墓」『文物』1973-4　pp.21-35

図61-1～2　中国科学院考古研究所編　1957『長沙発掘報告』科学出版社

図62-1　力武卓治・横山邦継編　1996『吉武遺跡群』福岡市埋蔵文化財調査報告書第461集　福岡市教育委員会

図62-2　福島日出海　1987『嘉穂地区遺跡群Ⅳ』嘉穂町文化財調査報告書第7集　嘉穂町教育委員会

図62-3　川崎公敏・近藤義行　1987『芝ヶ原古墳』城陽市埋蔵文化財調査報告書第16集　城陽市教育委員会

図62-4　岡林孝作編　2008『ホケノ山古墳の研究』奈良県立橿原考古学研究所

図63-1　藤田等・高島忠平・岡崎敬・森貞次郎・山崎一雄　1982「宇木汲田遺跡」『末盧国　佐賀県唐津市・東松浦郡の考古学的調査研究』六興出版　pp.135-178

図63-2～3　小田富士雄ほか　1977『立岩遺蹟』河出書房新社

図63-4　草場啓一編　1993『隈・西小田遺跡群　隈・西小田土地区画整理事業に伴う埋蔵文化財発掘調査概報』筑紫野市教育委員会

図63-5　井上裕弘編　1978『山陽新幹線関係埋蔵文化調査報告』第9集　福岡県教育委員会

図63-6　近藤義郎編　1991『権現山51号墳』権現山51号墳刊行会

図63-7　尾崎喜左雄ほか　1970『前橋天神山古墳図録』前橋市教育委員会

図63-8　河上邦彦編　1999『黒塚古墳調査概報』大和の前期古墳Ⅲ　学生社

図63-9　伊達宗泰・小島俊次・森浩一　1963『大和天神山古墳』奈良県史跡名勝天然記念物調査報告第22冊　奈良県教育委員会

図63-10　小林行雄　1952『福岡県糸島郡一貴山村銚子塚古墳研究』便利堂

図64-1　朱貴　1960「遼寧朝陽十二台営子青銅短剣墓」『考古学報』1960-1　pp.63-71

図64-2　瀋陽故宮博物館・瀋陽市文物管理弁公室　1975「瀋陽鄭家窪子的両座青銅時代墓葬」『考古学報』1975-1　pp.141-156

図64-3　李健茂・徐聲勲　1988『咸平草浦里遺蹟』国立光州博物館学術叢書第14冊　国立光州博物館ほか

図64-4～6　吉林省文物考古研究所　1987『楡樹老河深』文物出版社

図65-1　国立慶州博物館　2003『慶州朝陽洞遺蹟Ⅱ』

図65-2　嶺南文化財研究院　2001『慶州舎羅里遺蹟Ⅱ』嶺南文化財研究院学術調査報告第32冊

図65-3、図66　林孝澤・郭東哲　2000『金海良洞里古墳文化』東義大学校博物館学術報告7（日本語版）　東義大学校博物館

図67-1　石隈喜佐雄・七田忠昭編　1979『二塚山』佐賀県文化財調査報告書第46集　佐賀県教育委員会

図67-2　中川寿賀子　1994「茶ノ木ノ本遺跡」『八女市南部地区県営圃場整備事業地内埋蔵文化財調査概報

挿図出典　259

　　　　　　5』八女市文化財調査報告第34集　八女市教育委員会　pp.18-22
図67-3　柳田康雄・角浩行編　2000『平原遺跡』前原市文化財調査報告書第70集　前原市教育委員会
図67-4　柳田康雄編　1996『徳永川ノ上遺跡Ⅱ』一般国道10号線椎田道路関係埋蔵文化財調査報告第7集　福岡県教育委員会
図67-5　高橋哲郎　1989「寄居遺跡」『老松山遺跡　九州横断自動車道関係埋蔵文化財調査報告書10』佐賀県文化財調査報告書第92集　佐賀県教育委員会　pp.275-314
図68-1　石隈喜佐雄・七田忠昭編　1979『二塚山』佐賀県文化財調査報告書第46集　佐賀県教育委員会
図68-2　椿真治編　1993『みそのお遺跡』岡山県埋蔵文化財発掘調査報告87　岡山県教育委員会
図69　吉林省文物考古研究所　1987『楡樹老河深』文物出版社、釜山大學校博物館　1997『蔚山下岱遺蹟—古墳Ⅰ』釜山大學校博物館研究叢書第20輯、林孝澤・郭東哲　2000『金海良洞里古墳文化』東義大学校博物館学術報告7（日本語版）東義大学校博物館、石隈喜佐雄・七田忠昭編　1979『二塚山』佐賀県文化財調査報告書第46集　佐賀県教育委員会、原田雅弘ほか　1996『宮内第1遺跡・宮内第4遺跡・宮内第5遺跡・宮内2・63〜65号墳』鳥取県教育文化財団調査報告書48　鳥取県教育文化財団、瀬戸谷晧編　2002『妙楽寺墳墓群　民間開発事業にかかる弥生集団墓の発掘調査報告書』豊岡市文化財調査報告書第32集　豊岡市教育委員会、中川渉編　1993『多紀郡西紀町内場山城跡　近畿自動車道舞鶴線関係埋蔵文化財調査報告書』兵庫県文化財調査報告第126冊　兵庫県教育委員会、近藤義郎編　1992『楯築弥生墳丘墓の研究』楯築刊行会、網谷克彦編　1991『若狭中核工業団地関係遺跡発掘調査報告書』福井県教育委員会、吉原佳市　1997『根塚遺跡・大塚遺跡・平塚遺跡』木島平村教育委員会、佐藤明人編　1990『有馬遺跡Ⅱ　関越自動車道（新潟線）地域埋蔵文化財発掘調査報告書第32集』群馬県埋蔵文化財調査事業団発掘調査報告第102集　群馬県教育委員会ほか、金子浩昌ほか　1994『新保田中村前遺跡Ⅳ』群馬県埋蔵文化財調査事業団発掘調査報告第176集　群馬県埋蔵文化財調査事業団、青木義修ほか　1994『井沼方遺跡発掘調査報告書（第12次）』浦和市遺跡調査会報告書第185集　浦和市遺跡調査会
図71-1　藤田等・高島忠平・岡崎敬・森貞次郎・山崎一雄　1982「宇木汲田遺跡」『末盧国　佐賀県唐津市・東松浦郡の考古学的調査研究』六興出版　pp.135-178
図71-2　金関丈夫・坪井清足・金関恕　1961「佐賀県三津永田遺跡」『日本農耕文化の生成』日本考古学協会　pp.157-171
図71-3〜4　石隈喜佐雄・七田忠昭編　1979『二塚山』佐賀県文化財調査報告書第46集　佐賀県教育委員会

## 挿表出典

表2　三雲南小路：青柳種信　1822『柳園古器略考』1976年復刻版　文献出版、柳田康雄編　1985『三雲遺跡　南小路編』福岡県文化財調査報告書第69集　福岡県教育委員会、岡部裕俊・牟田華代子　2002『三雲・井原遺跡Ⅱ　南小路地区編』前原市文化財調査報告書第78集　前原市教育委員会、日吉ヶ丘：加藤晴彦編　2005『日吉ヶ丘遺跡』加悦町文化財調査報告第33集　加悦町教育委員会、太田山：斉藤優・青木豊昭編　1976『太田山古墳群』北陸自動車道関係遺跡調査報告書第8集　福井県教育委員会、亀山：山本昭治　1973『鯖江市西大井古墳群』鯖江市教育委員会、田能：福井英治編　1982『田能遺跡発掘調査報告書』尼崎市文化財調査報告第15集　尼崎市教育委員会、小羽山：古川登・御嶽貞義・青木敬ほか　2010『小羽山墳墓群の研究』福井市立郷土歴史博物館、桂見：平川誠　1984『桂見墳墓群』鳥取市文化財報告書18　鳥取市教育委員会、宮山：前島己基　1974『宮山古墳群』安来市教育委員会、松本岩雄編　2003『宮山古墳群の研究』島根県古代文化センター調査研究報告書16　島根県教育委員会、原目山：大塚初重　1986「原目山墳墓群」『福井県史』資料編13考古　pp.153-158

表3　東奈良G4地区：埋蔵文化財研究会　1982『第11回埋蔵文化財研究会　西日本における方形周溝墓をめぐる諸問題〈資料〉』、東武庫：山田清明編　1995『東武庫遺跡』兵庫県文化財調査報告第150冊　兵庫県教育委員会、池上Ⅰ地区：第2阪和国道内遺跡調査会　1971『昭和46年度第2阪和国道内遺跡発掘調査報告書』4、山賀：森井貞雄ほか　1983『山賀（その2）近畿自動車道天理〜吹田線建設に伴う埋蔵文化財発掘調査概要報告書』大阪文化財センター、西口陽一ほか　1984『山賀（その3）近畿自動車道天理〜吹田線建設に伴う埋蔵文化財発掘調査概要報告書』大阪文化財センター、安満9区：森田克行・橋本久和　1977『安満遺跡発掘調査報告書　9地区の調査』高槻市文化財調査報告書第10冊　高槻市教育委員会、楠葉野田西52次：桑原武志　1997「楠葉野田西遺跡（第52次調査）現地説明会資料」『枚方市文化財年報18（1996年度分）』枚方市文化財研究調査会　pp.80-85、岡崎：辻裕司・鈴木廣司　1985「尊勝寺跡」『昭和58年度京都市埋蔵文化財調査概要』京都市埋蔵文化財研究所　pp.50-51、会下和宏　1994「岡崎遺跡の方形周溝墓について」『研究紀要　財団法人京都市埋蔵文化財研究所』第1号　pp.95-108、網伸也・会下和宏・桜井みどり　1995「成勝寺跡」『平成4年度京都市埋蔵文化財調査概要』京都市埋蔵文化財研究所　pp.46-51、京都大学構内BE29区：岡田保良・吉野治雄　1979「京大理学部遺跡BE29区の発掘調査」『京都大学構内遺跡調査研究年報　昭和53年度』京都大学埋蔵文化財調査研究センター　pp.17-38、南栗ヶ塚：白川成明・原秀樹・岩崎誠　1983「長岡京跡右京第39次（7ANQMK地区）調査概要」『長岡京市文化財調査報告書』第11冊　長岡京市教育委員会　pp.53-72、下植野南：藤井整・石井清司・野島永ほか　2004『下植野南遺跡Ⅱ』京都府遺跡調査報告書第35冊　京都府埋蔵文化財調査研究センター、亀井・城山：寺川史郎・尾谷雅彦ほか　1980『亀井・城山　寝屋川南部流域下水道事業長吉ポンプ場築造工事関連埋蔵文化財発掘調査報告書』大阪文化財センター、中西靖人・宮崎泰史・西村尋文編　1982『亀井遺跡　寝屋川南部流域下水道事業長吉ポンプ場築造工事関連埋蔵文化財発掘調査報告書』Ⅱ　大阪文化財センター、高島徹・広瀬雅信・畑暢子編　1983『亀井　近畿自動車天理〜吹田線建設に伴う埋蔵文化財発掘調査概要報告書』大阪文化財センター、杉本二郎・岩瀬透ほか　1986『城山（その1）近畿自動車天理〜吹田線建設に伴う埋蔵文化財発掘調査概要報告書』大阪府教育委員会・大阪文化財センター、広瀬和雄ほか　1986『亀井（その2）近畿自動車天理〜吹田線建設に伴う埋蔵文化財発掘調査概要報告書』大阪文化財センター、神足右京10次：山本輝雄・久保哲正　1980「長岡第9小学校建設にともなう発掘調査概要・長岡京跡右京第10・28次調査（7ANMMB地区）」『長岡京市文化財調査報告書』第5冊　長岡京市教育委員会　pp.1-115、鬼虎川：上野利明編　1987『鬼虎川遺跡第12次発掘調査報告』

東大阪市文化財協会ほか、**西ノ辻**：菅原章太編　1988『西ノ辻遺跡・鬼虎川遺跡』東大阪市文化財協会、**宮之前**：富田好久　1971「弥生時代の池田」『新版池田市史』概説編　pp.15-25、**鈴の宮**：北野俊明編　1983『鈴の宮Ⅲ—都市計画街路南花田鳳西町線建設予定地内—』堺市文化財調査報告第11集　堺市教育委員会、**三河**：坂靖　1996「三河遺跡発掘調査概報」『奈良県遺跡調査概報1995年度（第一分冊）』奈良県立橿原考古学研究所　pp.1-12、**東土川**：野島永ほか　2000『長岡京跡左京二条三・四坊・東土川遺跡』京都府遺跡調査報告書第28冊　京都府埋蔵文化財調査センター、**服部**：大橋信弥・山崎秀二　1987『服部遺跡Ⅱ』滋賀県教育委員会、**交北城ノ山**：瀬川芳則　1986「交北城ノ山遺跡」『枚方市史』第12巻　pp.28-34、**瓜破**：永島暉臣愼編1983『瓜破遺跡　大阪市土木局施工の大阪市平野区瓜破6丁目側道舗装新設工事に伴う遺跡発掘調査報告書』大阪市文化財協会、**池上F地区**：石神怡ほか　1970『池上・四ツ池』第2阪和国道内遺跡調査会、**原**：坂靖 1992『原遺跡』五條市教育委員会、**星丘西C地区**：瀬川芳則　1986「星丘西遺跡」『枚方市史』第12巻　pp.61-75、**東奈良A 6-FGIJK地区**：田代克己ほか　1979『東奈良遺跡発掘調査概報』Ⅰ　東奈良遺跡調査会、**瓜生堂**：田代克己ほか　1971『瓜生堂遺跡　中央南幹線下水管渠築造に伴う遺跡調査概報』中央南幹線内西岩田瓜生堂遺跡調査会、赤木克視　1980『瓜生堂　近畿自動車道天理～吹田線建設に伴う埋蔵文化財発掘調査概要報告書』大阪文化財センター、田代克己ほか　1981『瓜生堂遺跡Ⅲ』瓜生堂遺跡調査会、**四ツ池Ⅰ地区**：第2阪和国道内遺跡調査会　1971『昭和46年度第2阪和国道内遺跡発掘調査報告書』4、**郡家川西48-F地区**：堀江門也　1975『嶋上郡衙跡発掘調査概要Ⅴ　高槻市郡家本町・清福寺町・川西町所在』大阪府教育委員会、**楠・荒田町13次**：丸山潔・中村大介　1997「楠・荒田町遺跡第13次調査」『平成6年度神戸市埋蔵文化財年報』神戸市教育委員会　pp.59-62、**巨摩廃寺**：玉井功ほか　1982『巨摩・瓜生堂　近畿自動車道天理～吹田線建設に伴う埋蔵文化財発掘調査概要報告書』大阪文化財センター、**西畑**：小栗明彦　1995「壱分遺跡群　西畑遺跡・一水口遺跡発掘調査概報」『奈良県遺跡調査概報1994年度（第一分冊）』奈良県立橿原考古学研究所　pp.1-9、**郡家川西65-OP地区**：富成哲也　1979『嶋上郡衙跡発掘調査概要3　高槻市郡家本町・清福寺町・川西町・今城町所在』高槻市文化財調査概要Ⅲ　高槻市教育委員会、**紅茸山**：原口正三　1973「紅茸山遺跡」『高槻市史』第6巻　考古編　pp.39-45、**寺中**：吉識雅仁・岸本一宏ほか　1989『寺中遺跡　淡路縦貫道関係埋蔵文化財調査報告書Ⅳ』兵庫県文化財調査報告第64冊　兵庫県教育員会、**久宝寺**：一瀬和夫編　1987『久宝寺南（その2）近畿自動車道天理～吹田線建設に伴う埋蔵文化財発掘調査概要報告書』大阪文化財センター、**若槻カナヤケ地区**：服部伊久男　1990『若槻遺跡カナヤケ地区発掘調査概要報告書』大和郡山市文化財調査概要16　大和郡山市教育委員会、**久宝寺竜華地区**：森屋美佐子・亀井聡編　2007『久宝寺・竜華地区発掘調査報告書Ⅶ　寝屋川流域下水道竜華水みらいセンター水処理施設等建設事業に伴う発掘調査地』大阪府文化財センター調査報告書第156集、**馬場**：木村泰彦　1989「左京第176次（7 ANLZS地区）調査概報」『長岡京市埋蔵文化センター年報昭和62年度』長岡京市埋蔵文化財センター　pp.86-89、**亀井北**：小野久隆・服部文章ほか　1986『亀井北（その1）』大阪文化財センター、山上弘ほか　1986『亀井北（その2）』大阪文化財センター、**成法寺**：高萩千秋ほか　1983『成法寺遺跡—八尾市光南町1丁目29番地の調査—』八尾市教育委員会、**東郷**：原田昌則　1987「東郷遺跡（第20次調査）発掘調査概要報告」『八尾市埋蔵文化財発掘調査概要昭和61年度』八尾市文化財調査研究会　pp.247-285、**太田**：今尾文昭・大西貴夫　1994「太田遺跡第1次発掘調査概報1993年度」『奈良県遺跡調査概報1993年度（第二分冊）』奈良県立橿原考古学研究所　pp.1-10、**田能**：福井英治編　1982『田能遺跡発掘調査報告書』尼崎市文化財調査報告第15集　尼崎市教育委員会、**矢部**：寺沢薫編　1986『矢部遺跡　国道24号線橿原バイパス建設に伴う遺跡調査報告Ⅱ』奈良県史跡名勝天然記念物調査報告第49冊　奈良県教育委員会

表4　**高木**：副島邦弘編　1977『九州縦貫自動車道関係埋蔵文化財調査報告ⅩⅢ』福岡県教育委員会、**吉武高木**：常松幹雄　1986『吉武高木』福岡市埋蔵文化財調査報告書第143集　福岡市教育委員会、**平原**：原田大六　1991『平原弥生古墳』平原弥生古墳調査報告書編纂委員会、柳田康雄・角浩行編　2000『平原遺跡』前原市文化財調査報告書第70集　前原市教育委員会、**西谷3号**：渡辺貞幸　1993「弥生墳丘墓にお

ける墓上の祭儀―西谷3号墓の調査から―」『島根考古学会誌』第10集 pp.153-160、**仲仙寺**：近藤正 1972『仲仙寺古墳群』安来市教育委員会、**宮山**：前島己基 1974『宮山古墳群』安来市教育委員会、**安養寺**：勝部昭 1985「安養寺墳墓群」『荒島墳墓群』古代の出雲を考える4 出雲考古学研究会、**宮内**：原田雅弘ほか 1996『宮内第1遺跡・宮内第4遺跡・宮内第5遺跡・宮内2・63〜65号墳』鳥取県教育文化財団、**阿弥大寺**：真田廣幸ほか 1981『上米積遺跡群発掘調査報告Ⅱ―阿弥大寺地区―』倉吉市教育委員会、**大谷後口谷**：森下哲哉 1986『大谷・後口谷墳丘墓発掘調査報告書』倉吉市教育委員会、**藤和**：名越勉 1992「東伯耆地域の弥生墳墓・墳丘墓」『山陰地方における弥生墳丘墓の研究』島根大学考古学研究室 pp24-40、**新井三嶋谷**：中野知照・松本美佐子 2001『新井三嶋谷墳丘墓発掘調査報告書』岩見町教育委員会、**松原**：谷口恭子編 2012『松原1号墓 県道鳥取鹿野倉吉線道路改良事業にかかる発掘調査報告書』鳥取市文化財団、**門上谷**：平川誠 1988「門上谷遺跡」『定型化する古墳以前の墓制』第Ⅰ分冊 埋蔵文化財研究会 pp.420-424、**桂見**：平川誠 1984『桂見墳墓群』鳥取市文化財報告書18 鳥取市教育委員会、**妙楽寺**：櫃本誠一編 1975『但馬・妙楽寺遺跡群』豊岡市教育委員会、瀬戸谷晧編 2002『妙楽寺墳墓群 民間開発事業にかかる弥生集団墓の発掘調査報告書』豊岡市文化財調査報告書第32集 豊岡市教育委員会、**立石**：瀬戸谷晧編 1987『兵庫県豊岡市北浦古墳群・立石墳墓群』豊岡中核工業団地予定地内埋蔵文化財発掘調査報告3 豊岡市教育委員会、**寺岡**：奥村清一郎編 1988『寺岡遺跡』京都府野田川町文化財調査報告第2集 京都府野田川町教育委員会、**日吉ヶ丘**：加藤晴彦編 2005『日吉ヶ丘遺跡』加悦町文化財調査報告第33集 加悦町教育委員会、**坂野丘**：中谷雅治編 1979『坂野・坂野丘遺跡・坂野4号墳発掘調査報告書』京都府弥栄町文化財調査報告第2集 弥栄町教育委員会、**三坂神社**：今田昇一 1998『三坂神社墳墓群・三坂神社裏古墳群・有明古墳群・有明横穴群［北部マスターズビレッジ整備事業関連遺跡発掘調査報告書］』京都府大宮町文化財調査報告書第14集 大宮町教育委員会、**大風呂南**：白数真也ほか 2000『大風呂南墳墓群』岩滝町文化財調査報告書第15集 岩滝町教育委員会、**帯城**：平良泰久・岡田晃治編 1987『帯城墳墓群Ⅱ』『埋蔵文化財発掘調査概報』京都府教育委員会、**金谷**：石崎喜久・高橋あかね 1995「金谷古墳群（1号墓）」『京都府遺跡調査概報』第66冊 京都府埋蔵文化財調査研究センター、**坂野丘**：中谷雅治編 1979『坂野・坂野丘遺跡・坂野4号墳発掘調査報告書』京都府弥栄町文化財調査報告第2集 弥栄町教育委員会、**浅後谷南**：竹611一彦・河野一隆 1998「浅後谷南城跡・浅後谷南墳墓」『京都府遺跡調査概報』第83冊 京都府埋蔵文化財調査研究センター、**赤坂今井**：岡林峰夫・黒坪一樹・石崎善久ほか 2004『赤坂今井墳丘墓発掘調査報告書』京都府峰山町文化財調査報告第24集 峰山町教育委員会、**内場山**：中川渉編 1993『多紀郡西紀町 内場山城跡 近畿自動車道舞鶴線関係埋蔵文化財調査報告書』兵庫県文化財調査報告第126冊 兵庫県教育委員会、**向山B**：網谷克彦編 1991『若狭中核工業団地関係遺跡発掘調査報告書』福井県教育委員会、**小羽山**：古川登・御嶽貞義・青木敬ほか 2010『小羽山墳墓群の研究』福井市立郷土歴史博物館、**王山**：寺村光晴ほか 1966『王山・長泉寺山古墳群』福井県教育委員会、**原目山**：大塚初重 1986「原目山墳墓群」『福井県史』資料編13 考古 pp.153-158、**乃木山**：松井政信 1992「乃木山古墳」『第7回発掘調査報告会』福井県埋蔵文化財調査センター、赤澤徳明 1993「乃木山（のぎさん）古墳」『東日本における古墳出現過程の再検討』日本考古学協会新潟大会実行委員会 p.138、**矢谷**：加藤光臣ほか 1981『松ヶ迫遺跡群発掘調査報告』広島県教育委員会、**鋳物師谷2号**：小野一臣ほか 1977「岡山県清音村鋳物師谷2号墳出土の土器」『倉敷考古館研究集報』第13号 pp.56-69、**都月坂**：近藤義郎 1986「都月坂2号弥生墳丘墓」『岡山県史』第18巻 考古資料 岡山県 p.120、**半田山**：渡辺昇ほか 1989『半田山 山陽自動車道関係埋蔵文化財調査報告Ⅸ』兵庫県文化財調査報告書第65冊 兵庫県教育委員会、**田能**：福井英治編 1982『田能遺跡発掘調査報告書』尼崎市文化財調査報告第15集 尼崎市教育委員会、**久宝寺**：一瀬和夫 1987『久宝寺南（その2）近畿自動車道天理〜吹田線建設に伴う埋蔵文化財発掘調査概要報告書』大阪文化財センター、**中宮ドンバ**：大竹弘之 1988「中宮ドンバ遺跡」『定型化する古墳以前の墓制』第Ⅱ分冊―近畿、中部以東編―』埋蔵文化財研究会 pp.122-126、**熊野本**：滋賀県埋蔵文化財センター 1998「弥生時代後期の墳丘墓が検出される 新旭町熊野本遺跡」『滋賀埋文ニュース』第223号 pp.2-3、**神谷原**：吉田

格・大村直　1981『神谷原Ⅰ』八王子椚田遺跡調査会、**常代**：伊藤伸久・甲斐博幸　1995『常代遺跡』君津郡市考古資料刊行会、**小田部新地**：山口直樹　1984『小田部新地遺跡』市原市文化財センター調査報告書第 4 集　市原市文化財センターほか、**向神納星**：稲葉昭智編　1995『大竹遺跡群発掘調査報告書Ⅳ』君津郡市文化財センター発掘調査報告書第 103 集　君津郡市文化財センターほか、**前三舟台**：佐伯秀人　1992『前三舟台遺跡』君津郡市文化財センター発掘調査報告書第 82 集　君津郡市文化財センターほか、**川島**：戸倉茂行『川島遺跡発掘調査報告書』君津郡市文化財センター発掘調査報告書第 66 集　君津郡市文化財センターほか、**境**：小沢洋　1985『境遺跡』君津郡市文化財センター発掘調査報告書第 8 集　君津郡市文化財センター、**畑沢**：佐伯秀人編　1989『星谷上古墳・畑沢遺跡』君津郡市文化財センター発掘調査報告書第 43 集　君津郡市文化財センターほか、**神門 3 号**：浅利幸一ほか　1989「神門 3 号墳」『市原市文化財センター年報　昭和 62 年度』市原市文化財センター　pp.23-29、**神門 4 号**：田中新史　1977「市原市神門 4 号墳の出現とその系譜」『古代』第 63 号　pp.1-21、滝口宏ほか　1979『上総国分寺台発掘調査概報』市原市教育委員会・上総国分寺台遺跡調査団、**小田部**：杉山晋作ほか　1977『古墳時代研究Ⅰ—千葉県市原市小田部古墳の調査—』古墳時代研究会、**星久喜**：田川良・高橋政充　1984「星久喜遺跡発掘調査報告」『千葉市文化財調査報告書』第 8 集　千葉市教育委員会　pp.1-91、**大崎台**：柿沼修平ほか　1986・1987『大崎台遺跡発掘調査報告』ⅠⅡⅢ　佐倉市大崎台 B 地区遺跡調査会

表5　**スダレ**：橋口達也編　1976『スダレ遺跡』穂波町教育委員会、**比恵**：横山邦継編 1983『比恵遺跡』福岡市埋蔵文化財調査報告書第 94 集　福岡市教育委員会、**鎌田原**：福島日出海　1993「福岡県嘉穂郡嘉穂町鎌田原遺跡」『日本考古学年報』44（1991 年度版）　pp.599-602、**西谷 3 号**：渡辺貞幸編　1992「西谷墳墓群の調査（Ⅰ）』『山陰地方における弥生墳丘墓の研究』島根大学考古学研究室　pp.1-79、**安養寺**：勝部昭　1985「安養寺墳墓群」『荒島墳墓群』古代の出雲を考える 4　出雲考古学研究会　pp.14-22、**布施鶴指奥**：中村徹ほか　1992『鳥取市東桂見遺跡・鳥取市布施鶴指奥墳墓群』鳥取県教育文化財団、**小羽山**：古川登・御嶽貞義・青木敬ほか　2010『小羽山墳墓群の研究』福井市立郷土歴史博物館、**乃木山**：松井政信　1992「乃木山古墳」『第 7 回発掘調査報告会』福井県埋蔵文化財調査センター、赤澤徳明　1993「乃木山（のぎさん）古墳」『東日本における古墳出現過程の再検討』日本考古学協会新潟大会実行委員会　p.138、**佐田谷**：妹尾周三　1987『佐田谷墳墓群』広島県埋蔵文化財調査センター調査報告書第 63 集　広島県埋蔵文化財調査センター、**楯築**：近藤義郎編　1992『楯築弥生墳丘墓の研究』楯築刊行会、**雲山鳥打**：近藤義郎　1986「雲山鳥打弥生墳丘墓群」『岡山県史』第 18 巻　考古資料　岡山県　pp.182-183、**芝ヶ原**：川崎公敏・近藤義行　1987『芝ヶ原古墳』城陽市埋蔵文化財調査報告書第 16 集　城陽市教育委員会

表8　**奥ヶ原**：和田嘉之編　1992『奥ヶ原遺跡』山口県教育財団・山口県教育委員会、**木崎**：辻田耕次ほか　1976『朝田墳墓群』Ⅰ　山口県教育委員会、**糸谷**：戸成崇和ほか　1979『朝田墳墓群』Ⅳ　山口県教育委員会、**長瀬高浜**：西村彰滋ほか　1982『長瀬高浜遺跡Ⅳ』鳥取県教育文化財団調査報告書 11　鳥取県教育文化財団、**内場山**：中川渉編　1993『多紀郡西紀町　内場山城跡　近畿自動車道舞鶴線関係埋蔵文化財調査報告書』兵庫県文化財調査報告第 126 冊　兵庫県教育委員会、**赤坂今井**：岡林峰夫・黒坪一樹・石崎善久ほか　2004『赤坂今井墳丘墓発掘調査報告書』京都府峰山町文化財調査報告第 24 集　峰山町教育委員会、**甫崎天神山**：浅倉秀昭・柴田英樹　1994「甫崎天神山遺跡」『山陽自動車道建設に伴う発掘調査 8』岡山県埋蔵文化財発掘調査報告 89　岡山県教育委員会　pp.589-900、**津寺・西川区**：亀山行雄ほか　1995『津寺遺跡 2』岡山県埋蔵文化財発掘調査報告 98　岡山県教育委員会、**矢坂山**：水内昌康　1958「備前矢坂山出土の 2 個の銅鐸」『古代吉備』1 集　古代吉備研究会　pp.12-14、**原尾島・三股ヶ・丸田区**：柳瀬昭彦ほか　1994『百間川原尾島遺跡 3　旭川放水路（百間川）改修工事に伴う発掘調査Ⅸ』岡山県埋蔵文化財発掘調査報告 88　岡山県教育委員会、**便木山**：神原英朗　1971『岡山県営山陽新住宅市街地開発事業用地内埋蔵文化財発掘調査概報 2』山陽町教育委員会、**持田 3 丁目**：真鍋昭文編　1995『持田町 3 丁目遺跡』埋蔵文化財発掘調査報告書第 58 集　愛媛県埋蔵文化財調査センター、**祝谷 6 丁目**：下條信行　1991「松山平野と道後城北の弥生文化—西瀬戸内の対外交流—」『松山大学構内遺跡』松山市文化

財調査報告書第 20 集　松山市教育委員会ほか　pp.137-150、**朝美澤**：松村淳・梅木謙一　1994「朝美澤遺跡 1 次調査地」『大峰ヶ台丘陵の遺跡』松山市文化財調査報告書第 40 集　松山市教育委員会ほか　pp.5-44、**福音小学校構内**：梅木謙一・武正良浩編　1995『福音小学校構内遺跡』松山市文化財調査報告書第 50 集　松山市教育委員会ほか、**水満田**：岡田俊彦　1980「水満田遺跡」『一般国道 33 号線砥部道路関係埋蔵文化財発掘調査報告書Ⅰ』埋蔵文化財発掘調査報告書第 2 集　愛媛県埋蔵文化財調査センター　pp.91-280、**桧木田**：井櫻達　1990『県営圃場整備事業（宇和地区）埋蔵文化財調査報告書』宇和町教育委員会、**斎院烏山**：作田一耕編　1998『斎院・古照新松山空港道路建設に伴う埋蔵文化財調査報告書』埋蔵文化財調査報告書 67　愛媛県埋蔵文化財調査センター、**ひびのきサウジ**：高橋啓明　1990『ひびのきサウジ遺跡発掘調査報告書』土佐山田町教育委員会、**大井**：六車恵一・藤井直正　1952「讃岐発見勾玉収蔵の壷形土器」『古文化』第 1 巻第号　p.40、**玉津田中**：深井明比古ほか　1996『玉津田中遺跡　第 5 分冊』兵庫県文化財調査報告第 135-5 冊　兵庫県教育委員会、**東武庫**：山田清朝編　1995『東武庫遺跡』兵庫県文化財調査報告第 150 冊　兵庫県教育委員会、**安満**：森田克行・橋本久和　1977『安満遺跡発掘調査報告書　9 地区の調査』高槻市文化財調査報告書第 10 冊　高槻市教育委員会、**会下山**：村川行弘・石野博信　1964『会下山遺跡』芦屋市文化財調査報告第 3 集　芦屋市教育委員会、**池田下**：白石耕治編　1991『池田下遺跡』和泉丘陵内遺跡調査会、**法貴寺**：長谷川俊里　1983「法貴寺遺跡発掘調査概報」『奈良県遺跡調査概報 1982 年度（第二分冊）』奈良県橿原考古学研究所　pp.366-375、**唐古・鍵**：藤田三郎　1984『唐古・鍵遺跡黒田大塚古墳』田原本町教育委員会、**太田・黒田**：栗本美香　1996「太田・黒田遺跡第 24 次調査」『和歌山市埋蔵文化財発掘調査年報』3　和歌山市文化体育振興事業団　pp.74-77、**有馬**：佐藤明人編　1990『有馬遺跡Ⅱ　関越自動車道（新潟線）地域埋蔵文化財発掘調査報告書第 32 集』群馬県埋蔵文化財調査事業団発掘調査報告第 102 集　群馬県教育委員会ほか、**小泉**：望月静雄　1995『小泉弥生時代遺跡』飯山市埋蔵文化財調査報告第 42 集　飯山市教育委員会ほか、**周防畑 B**：林幸彦　1982「周防畑 B 遺跡」『長野県史　考古資料編・主要遺跡（北・東信）』長野県史刊行会　pp.674-681、**篠ノ井・聖川堤防地点**：青木和明・寺島孝典ほか　1992『篠ノ井遺跡群（4）長野市の埋蔵文化財第 46 集　長野市教育委員会、**篠ノ井・新幹線地点**：田中正治郎編　1998『北陸新幹線埋蔵文化財発掘調査報告書　長野市内その 4』長野県埋蔵文化財センター発掘調査報告書 44　長野県埋蔵文化財センター、**松節**：矢口忠良編　1986『塩崎遺跡群Ⅳ　市道松節―小田井神社地点遺跡』長野市の埋蔵文化財第 18 集　長野市教育委員会ほか、**石川条里**：市川隆之ほか　1997『石川条里遺跡　中央自動車道長野線埋蔵文化財発掘調査報告書 15』長野県埋蔵文化財センター発掘調査報告書 26　長野県埋蔵文化財センターほか、**竹田峯**：高村博文ほか　1986『西裏・竹田峯』佐久市埋蔵文化財調査センター調査報告書第 1 集　佐久市埋蔵文化財調査センターほか、**牛出古窯**：土屋積ほか　1997『飯田古屋敷遺跡・玄照寺跡・がまん淵遺跡・沢田鍋土遺跡・清水山窯跡・池田端窯跡・牛出古窯遺跡　上信越自動車道埋蔵文化財発掘調査報告書 13』長野県埋蔵文化財センター発掘調査報告書 24　長野県埋蔵文化財センター、**差渋**：樫村宣行　1995『差渋遺跡　一般国道 6 号東水戸道路改築工事地内埋蔵文化財調査報告書 3』茨城県教育財団文化財調査報告第 103 集　茨城県教育財団、**柳沢**：佐藤次男ほか　1972『柳沢遺跡調査報告』那珂湊市文化財調査報告Ⅰ　那珂湊市教育委員会ほか

表 9　**西谷 3 号**：渡辺貞幸編　1992「西谷墳墓群の調査（Ⅰ）」『山陰地方における弥生墳丘墓の研究』島根大学考古学研究室　pp.1-79、**手島山**：沢元史代　1991『手島山墳墓群』広島県埋蔵文化財調査センター調査報告書第 93 集　広島県埋蔵文化財調査センター、**門田 A**：三好和弘ほか　1999『門田 A 遺跡・東槙木山第 1・4 号古墳』広島県埋蔵文化財調査センター調査報告書第 183 集　広島県埋蔵文化財調査センター、**みそのお**：椿真治編　1993『みそのお遺跡』岡山県埋蔵文化財発掘調査報告 87　岡山県教育委員会、**巨摩廃寺**：玉井功ほか　1982『巨摩・瓜生堂　近畿自動車道天理〜吹田線建設に伴う埋蔵文化財発掘調査概要報告書』大阪文化財センター、**三坂神社**：今田昇一編　1998『三坂神社墳墓群・三坂神社裏古墳群・有明古墳群・有明横穴群［北部マスターズビレッジ整備事業関連遺跡発掘調査報告書］』京都府大宮町文化財調査報告書第 14 集　大宮町教育委員会、**左坂**：今田昇一編　2001『左坂古墳（墳墓）群 G 支群

［丹後大宮農業協同組合ライスセンター建設関連調査報告書］』京都府大宮町文化財調査報告第 20 集　大宮町教育委員会、**上鉢山・東山**：瀬戸谷晧編　1992『上鉢山・東山墳墓群・広域営農団地農道整備事業にかかわる埋蔵文化財発掘調査報告書』豊岡市文化財調査報告書第 26 集・豊岡市立郷土資料館報告書第 26 集　豊岡市教育委員会、**立石・山崎**：瀬戸谷晧編　1994『立石山崎古墳群　民間開発事業にかかる埋蔵文化財発掘調査概要』豊岡市文化財調査報告書 27　豊岡市教育委員会、**土屋ヶ鼻**：瀬戸谷晧ほか 1994『加陽土屋ヶ鼻遺跡群』豊岡市文化財調査報告書 29　豊岡市教育委員会、**妙楽寺**：櫃本誠一編　1975『但馬・妙楽寺遺跡群』豊岡市教育委員会、瀬戸谷晧編　2002『妙楽寺墳墓群　民間開発事業にかかる弥生集団墓の発掘調査報告書』豊岡市文化財調査報告書第 32 集　豊岡市教育委員会、**小羽山**：古川登・御嶽貞義・青木敬ほか　2010『小羽山墳墓群の研究』福井市立郷土歴史博物館

表 12　**大友**：藤田等・東中川忠美　1981『大友遺跡』呼子町文化財調査報告書第 1 集　呼子町教育委員会、**根獅子**：坂田邦洋　1973「長崎県根獅子遺跡の発掘調査」『考古学ジャーナル』79 号　pp.14-18、**浜郷**：小田富士雄　1970「五島列島の弥生文化　総説篇」『人類学考古学研究室報告』第 2 号別冊　長崎大学医学部解剖学第二教室（小田富士雄　1983『九州考古学研究　弥生時代篇』学生社　pp.528-588　所収）、**吉野ヶ里**：七田忠昭　1997『吉野ヶ里遺跡』佐賀県文化財調査報告書第 132 集　佐賀県教育委員会、**上月隈**：榎本義嗣編　2000『上月隈遺跡群 3　第 3 次調査報告』福岡市埋蔵文化財調査報告書第 634 集　福岡市教育委員会、**立岩堀田**：小田富士雄ほか　1977『立岩遺蹟』河出書房新社、**隈・西小田**：草場啓一編　1993『隈・西小田遺跡群　隈・西小田土地区画整理事業に伴う埋蔵文化財発掘調査概報』筑紫野市教育委員会、**西新町**：常松幹雄ほか　1982『西新町遺跡』福岡市埋蔵文化財調査報告書第 79 集　福岡市教育委員会、**吹上**：渡邉隆行編　2006『吹上Ⅳ　6 次調査の記録』日田市埋蔵文化財調査報告書第 70 集　日田市教育委員会、**田能**：福井英治編　1982『田能遺跡発掘調査報告書』尼崎市文化財調査報告第 15 集　尼崎市教育委員会、**加美**：田中清美　1986「大阪府大阪市加美遺跡の調査―弥生中期後半の大型墳丘墓を中心に―」『日本考古学年報』37　日本考古学協会　pp.305-312、**道場山**：川述昭人編　1978『九州縦貫自動車道関係埋蔵文化財調査報告 XXV』福岡県教育委員会、**三津永田**：金関丈夫・坪井清足・金関恕　1961「佐賀県三津永田遺跡」『日本農耕文化の生成』日本考古学協会　pp.157-171、**二塚山**：石隈喜佐雄・七田忠昭編　1979『二塚山』佐賀県文化財調査報告書第 46 集　佐賀県教育委員会、**松山**：吉田基衛　1980「付編　松山遺跡緊急調査報告」『松ヶ迫遺跡』糸田町文化財調査報告書第 1 集　糸田町教育委員会　pp.55-60、**壬生西谷**：藤田広幸編　1989『壬生西谷遺跡』広島県埋蔵文化財センター調査報告書第 75 集　広島県埋蔵文化財調査センター、**城山**：花本哲志編　1996『城山』広島県埋蔵文化財文化財調査センター調査報告書第 137 集　広島県埋蔵文化財調査センター、**女男岩**：間壁忠彦・間壁葭子　1974「女男岩遺跡」『倉敷考古館研究集報』第 10 号　pp.13-49、**楯築**：近藤義郎編　1992『楯築弥生墳丘墓の研究』楯築刊行会、**白鷺山**：松本正信　1984「白鷺山箱式石棺」『龍野市史』第 4 巻　pp.214-219

表 18　**二里頭**：中国科学院考古研究所二里頭工作隊　1975「河南偃師二里頭遺址三・八区発掘簡報」『考古』1975-5　pp.302-309、中国科学院考古研究所二里頭工作隊　1976「偃師二里頭遺址新発現的銅器和玉器」『考古』1976-4　pp.259-263、中国社会科学院考古研究所二里頭隊　1983「1980 年秋河南偃師二里頭遺址発掘簡報」『考古』1983-3　pp.199-205、中国社会科学院考古研究所二里頭隊　1985「1982 年秋偃師二里頭遺址九区発掘簡報」『考古』1985-12　pp.1085-1094、中国社会科学院考古研究所二里頭工作隊　1984「1981 年河南偃師二里頭墓葬発掘簡報」『考古』1984-1　pp.37-40、中国社会科学院考古研究所二里頭工作隊　1986「1984 年秋河南偃師二里頭遺址発現的几座墓葬」『考古』1986 年第 4 期　pp.318-323、中国社会科学院考古研究所二里頭工作隊　1992「1987 年偃師二里頭墓葬発掘簡報」『考古』1992-4　pp.294-303、楊光輝　1999『偃師二里頭　1959 年～1978 年考古発掘報告』中国大百科全書出版社、**東馬溝**：洛陽博物館　1978「洛陽東馬溝二里頭類型墓葬」『考古』1978-1、**李家嘴**：湖北省博物館・北京大学考古専業盤龍城発掘隊　1976「盤龍城 1974 年度田野考古紀要」『文物』1976-2　pp.5-15、**白家荘**：河南文物工作隊第一隊　1955「鄭州市白家荘商代墓葬発掘簡報」『文物参考資料』1955-10　pp.24-42、**北二七路**：河南省文物研究所　1983「鄭州北二七路新発現三座商墓」『文物』1983-3、**楼子湾**：湖北省博物館　1976「1963 年

湖北黄陂盤龍城商代遺址」『文物』1976-1　pp.49-59、**鄭州商城**：河北省博物館・鄭州市博物館　「鄭州商代城遺址発掘報告」『文物資料叢刊』1　pp.1-47、**瑠璃閣**：安志敏ほか　1956『輝県発掘報告』中国田野考古報告集第1号　中国科学院考古研究所、**銘功路西側**：鄭州市博物館　1965「鄭州市銘功路西側的両座商代墓」『考古』1965-10　pp.500-506

# お わ り に

　本書は、これまでの発表論文を大幅に加筆修正し、新たに書き下ろした文章を加えて再構成したものである。元になった既発表論文は、下記の通りである。

第 1 章　墳墓からみた弥生社会の研究史（2010「弥生墳墓の研究史」『博古研究』第 40 号）
第 2 章　墓域・区画・墓壙の様相
　　第 1 節　墓域構成の変化、区画墓の展開（2011「墓域構成の変化、区画墓の展開」『弥生時代の考古学 4　古墳時代への胎動』同成社）
　　第 2 節　近畿中部における方形周溝墓の配置形態（1998「方形周溝墓の配置形態に関する一考察―畿内地域を中心として―」『博古研究』第 15 号）
　　第 3 節　弥生墳墓の墓壙規模―木棺墓・木槨墓を中心に―（2002「弥生墳墓の墓壙規模について―西日本～関東地域の木棺・木槨墓等を中心に―」『島根考古学会誌』第 19 集）
　　第 4 節　区画墓に付随するその他の遺構（2013「弥生墳丘墓に付随する様々な遺構」『みずほ別冊　弥生研究の群像―七田忠昭・森岡秀人・松本岩雄・深澤芳樹さん還暦記念―』大和弥生文化の会）
　　第 5 節　未成人埋葬の様相（2007「弥生時代の未成人埋葬」『日中交流の考古学』同成社）
第 3 章　副葬行為の地域性と変遷
　　第 1 節　西日本の様相（2000「西日本における弥生墳墓副葬品の様相とその背景」『島根考古学会誌』第 17 集）
　　第 2 節　東日本の様相―中部から関東を中心に―（2002「東日本の弥生墳墓副葬品に関する覚書―中期後半以降の中部～関東地域を中心に―」『博古研究』第 23 号）
　　第 3 節　玉類副葬（2001「弥生時代の玉類副葬―西日本～関東を中心にして―」『日本考古学の基礎研究　茨城大学考古学研究室 20 周年記念論集』茨城大学人文学部考古学研究室）
　　第 4 節　鉄器副葬（2007「鉄器副葬からみた弥生墳墓」『四隅突出型墳丘墓と弥生墓制の研究』島根県古代文化センター・島根県埋蔵文化財調査センター）
　　第 5 節　鉄剣・鉄刀（2007「弥生時代の鉄剣・鉄刀について」『日本考古学』第 23 号）
第 4 章　東アジアからみた弥生墳墓
　　第 1 節　二里頭文化期・二里岡文化期における墓の様相（新稿）
　　第 2 節　前漢皇帝陵と諸侯王墓の墳丘・墓壙（2006「前漢皇帝陵と諸侯王墓の様相について」『中国皇帝陵の測量調査（西漢陽陵と唐靖陵）』茨城大学人文学部考古学研究報告第 9 冊　茨城大学人文学部考古学研究室）
　　第 3 節　漢墓における璧・鏡・刀剣の副葬配置（2009「漢代における璧・鏡・刀剣の副葬配置

について」『渡邊貞幸先生退職記念論集　考古学と歴史学』）
- 第4節　漢代併行期前後の東アジアにおける鏡の「重ね置き副葬」（2011「弥生時代〜古墳時代前期における鏡の『重ね置き副葬』」『日本考古学』第32号）
- 第5節　東アジアからみた弥生墳墓の地域性（2004「東アジアからみた弥生墳墓の地域性―弥生中期後葉〜終末期を中心に―」『文化の多様性と比較考古学　考古学研究会50周年論文集』考古学研究会）

終章　弥生墳墓の意義
- 第1節　弥生墳墓の変遷と特色（新稿）
- 第2節　死への対応や社会統合の手段としての弥生墳墓儀礼（新稿）
- 第3節　弥生墳墓にみる日本列島外からの影響（新稿）

　本書で弥生墳墓をテーマに設定した萌芽的な動機は、京都市埋葬文化財研究所在職中の1992年、発掘調査の機会を与えていただいた京都市六勝寺跡下層にひろがる岡崎遺跡において方形周溝墓10基の検出に恵まれたことにある。ちょうど、島根大学の田中義昭先生や渡邊貞幸先生が手がけられた『山陰地方における弥生墳丘墓の研究』（田中義・渡辺編1992）や岡山大学の近藤義郎先生らによる『楯築弥生墳丘墓の研究』（近藤義編1992）が刊行されるなどして、学界で弥生墳丘墓がより注目されていた頃だった。こうした自身の調査経験と学界動向がきっかけとなり、弥生墳丘墓に対する関心が膨らんでいくことになった。その後、1997年には島根県安来市大成古墳、2004年には島根県出雲市西谷2号墓など、島根大学法文学部考古学研究室による弥生墳丘墓や前期古墳の発掘調査に参加させていただいた。そこでは、墳丘造営にかけられた多大な労力について実感し、墳丘造営と埋葬施設設営との関係や大型墳丘の意義についての問題意識、そこで執行されたであろう葬送儀礼について想像力を働かせるうえで貴重な経験となった。本書の第2章や終章第2節は、以上のような調査経験が動機となっている。

　筆者が就職した1990年代は、バブル経済崩壊後の景気刺激策のためにたくさんの大型公共事業が断行され、それに伴う多大な件数の発掘調査が実施された時期でもある。こうして蓄積されてきた厖大な発掘調査データを少しでも無駄にせず活用したいという思いから、弥生墳墓の副葬品データを網羅的に集成して整理した成果が第3章になる。ここで集成が根幹になったのは、地域性が顕著に表現されるのが弥生墳墓の特色であるとすれば、網羅的なデータから帰納する方法によって、その地域性や時期的変遷を具体的に明らかにしていく必要があると考えたからである。

　また1997年と1998年には、茨城大学人文学部考古学研究室の茂木雅博先生のお誘いで、中国陝西省考古研究所と共同による前漢景帝陽陵と孝景王皇后陵、唐僖宗靖陵の陵園測量調査に参加させていただいた。この時の経験が、第4章や終章第3節の東アジアからみた弥生墳墓の比較検討の視点につながっている。果てしなく続く黄土大地のなかに、圧倒的な規模で聳立する陽陵の墳丘を何度も登り降りした体験は、東アジア世界の中心にある漢帝国の威容を実感するに余りあるものだった。東アジアの東辺に位置する日本列島の社会が、文明化へと歩みを踏み出した弥生時代の特質を叙述するうえで、中国文明圏との接触という事象は欠かすことができない視点だろう。弥生墳墓の構造や内容のなかに、どの程度中国大陸の影響が見出せるのか、あるいは比較考古学的にどのような相違点があるのかということに焦点をあてて考察を加えた。

終章第2節では、墳墓という遺構資料を単に表面的に観察整理することのみに留まるのではなく、それを残した弥生人の死に対する観念の領域にまでより踏み込みたいという関心から考察したものである。また、そもそも弥生墳丘墓がなぜ大型化したのかという素朴な疑問から、本来、死者を葬送するための儀礼が内包する政治的な側面についても改めて考察した。過去に行われた葬送儀礼の精神的、社会的、政治的意義を考えることは、当然、現代社会における死をめぐる諸問題を考えるうえでも無関係ではない。こうした問題意識の背景には、中年に達した筆者自身の内面に、生が永遠なものではなく、やがては死んでいくという現実感が膨らんできたことによるのかもしれない。

　本書は、以上のような個人的関心や問題意識を背景としてまとめたものである。墓にとって普遍的な要素である区画・墓壙・副葬品を広範囲にわたって取り上げ、諸地域における特徴を明らかにし、歴史的、社会的意義について素描できたと考える。しかし本書では、弥生時代社会の様々な営為の全体のうち、墳墓ないし墳墓における儀礼というひとつの断片を俎上にのせて検討したにすぎない。したがって墳墓以外の考古資料からも、第1章で認識した第1から第3の視点に関連するテーマについて検討できる余地は多く残されている。第1視点とした弥生人の死への対応手段については、墳墓が一連の葬送儀礼の最終的な結果を示しているにすぎないことを念頭に置いて、墳墓以外の場での儀礼の過程についてもアプローチする必要があろう。弥生時代以前や以降の時代における墳墓資料との比較検討や文化人類学・民俗学的視点による総合的な追究も求められる。第2視点の儀礼による社会統合強化については、青銅器埋納をはじめとする様々な祭祀活動も検討素材とすべきであろう。第3視点の日本列島外からの文化的影響については、集落遺跡から出土する朝鮮半島系・漢系文物も包括した追究が必要である。さらには、東南アジアなど、漢帝国周辺諸地域の墓制との比較考古学的研究もあげられる。

　今後は、こうした墳墓以外、前後の時代、他地域の資料も包括的に検討し、東アジア世界の周辺に展開した古代国家成立前段階に位置付けられる弥生社会の特質について、より総合的に明らかにしていくことを課題にしていきたいと考えている。


　本書は、2014年11月に広島大学大学院文学研究科に提出した学位請求論文をもとにしている。学位論文の作成では、広島大学大学院の野島永先生から、ご多忙のなかにもかかわらず懇切丁寧なご指導をいただいた。また、論文提出にあたってお世話をいただいた竹廣文明先生・古瀬清秀先生をはじめ、西別府元日先生、岡山大学大学院の新納泉先生からは、様々な有益なご教示をいただいた。そして、これまで永年にわたって学問の基礎からご指導いただき、叱咤激励をいただいてきた、恩師である茨城大学の茂木雅博先生、島根大学の田中義昭先生・渡邊貞幸先生・髙安克巳先生に改めて深謝いたします。また日頃より、大橋泰夫先生・大日方克己先生・岩本崇先生・及川穣先生・平郡達哉先生をはじめとした島根大学の諸先生方からは多大なご支援をいただいてきた。本書の出版にあたっては、同成社社長の佐藤涼子氏と編集の三浦彩子氏に大変お世話になった。そのほか、多くの諸先生・諸学兄・関係諸機関の皆様のおかげで何とか本書を形にすることができた。すべての方の御芳名を挙げることはできないが、ここに明記して厚く御礼申し上げます。

　稲村繁・井之口茂・入月俊明・岩本崇・袁靖・王巍・太田礼子・大橋泰夫・大日方克己・及川穣・角田徳幸・勝部昭・川上みね子・川崎保・川西宏幸・神庭滋・菅野智則・木澤直子・黒沢崇・

櫻岡悠・塩谷修・十文字健・宍道正年・鈴木裕明・髙安克已・竹廣文明・田中浩子・田中義昭・地村彰之・中西朋子・生田目和利・新納泉・西尾克己・西別府元日・野坂俊之・野島永・野原大輔・林正久・平岩俊哉・平郡達哉・古瀬清秀・本田信之・松木武彦・松本岩雄・松本雅美・三原一将・茂木雅博・柳澤亮・山田康弘・横須賀倫達・吉田広・吉野健一・米川暢敬・渡邊貞幸（敬称略）。

最後に、3年前と昨年に他界した父と岳父に、本書を捧げることをお許しいただきたい。

  2015年10月21日

                          会下和宏

## 遺跡索引

〔日　本〕

**【あ行】**

愛野向山　109, 126
青木　15, 17
青谷上寺地　235
赤坂今井　8, 19, 25, 66, 68, 71, 72, 74, 76, 93, 127, 129, 130
朝田　137
朝日　23, 25, 113, 114
愛宕4号墓　109
安満　32, 37, 40
阿弥大寺　166
有馬　56, 75, 79, 105, 108, 112, 114, 124, 133, 166
安徳台　137
安養寺　101
E5　166
一貫山銚子塚　194, 197, 204
池上　30
石揚　112
石墨　112, 114
石塚山2号墓　21, 27
糸谷1号墓　50, 101
井沼方　108
井原鑓溝　1, 91
鋳物師谷1号墓　3, 93, 126
鋳物師谷2号墓　3, 21, 54
伊与部山　3
岩見北山1号墓　93
上田原　108, 113
宇木汲田　2, 90, 119, 189, 195, 197, 228
宇津木　3, 111
馬坂　113
梅田萱峯　15, 61, 69, 71, 72, 73, 176
瓜生堂　30, 37, 40, 41
瓜破北　21
扇谷　134
王山　55
王子ノ台　108
大井戸八木　109
大崎台　23
大城　100, 123
大谷後口谷　50
大田南2号墳　19

太田山1号墓　19, 25
太田山2号墓　19, 25, 27, 125, 126
大友　95
大風呂南　8, 19, 55, 68, 72, 92, 139, 150, 163, 195
大山　79, 91, 133, 138
岡崎　37, 39, 40
岡の段C地点　54, 90, 119, 125, 130, 133
沖丈　90, 119
小田部　23, 109, 126
小田部新地　166
小羽山　19, 27, 55, 70, 71, 72, 92, 100, 123, 124, 126, 133, 139
帯城　154
折本西原　23

**【か行】**

かがり松鼻　126
頭無A　166
片山鳥越　69, 72
桂見　100
桂見1号墓　27, 93, 101, 139
桂見2号墳　27
金谷1号墓　55, 124
金隈　74
鎌田原　53, 57
加美　21, 25, 41, 42, 55, 91, 101, 120, 134
上鉢山・東山　138
亀井・城山　41, 85
亀山2号墓　19, 25
加茂C　112
川戸下　105
川原　23, 25
観音寺　108, 166
北通　108
北山　126
久宝寺　39, 42, 55
久宝寺・竜華地区　40, 41
草刈　108
隈・西小田　192, 195, 197
熊野本　126
雲山鳥打1号墓　21, 54, 120, 123
黒木南鼻　126
黒塚　193, 197, 204, 209
黒宮大塚　21, 120
郡家川西　30, 40

小池13号墓　　　54
郷境　　21, 163
荒神谷　　94
神足　　30, 35, 37, 40, 41
神門3号墓　　108, 109, 110, 112, 113, 115, 116
神門4号墓　　108, 109, 110, 112, 113, 114, 115, 116, 126
神門5号墓　　23
交北城ノ山　　30
古浦砂丘　　90, 119, 127
小敷田　　105, 113
古曽部・芝谷　　92
巨摩廃寺　　37, 41, 42, 79, 91, 127, 134
権現山51号墳　　193, 197, 204, 209

【さ行】

歳勝土　　30, 111
西願寺　　138, 195
西条52号墓　　3
歳ノ神　　54, 80
坂野丘　　54, 55, 126
桜馬場　　91
佐古川・窪田　　90, 119
左坂　　17, 79, 83, 91, 120, 126, 127, 138, 156
佐田峠3号墓　　21
佐田峠4号墓　　21
佐田谷1号墓　　54
佐田谷3号墓　　21, 25
沢下6号墓　　100, 123
山王丸山　　125
山持　　235
汐井掛　　54, 93
塩津山6号墓　　17, 98
塩津山10号墓　　17, 98
紫金山　　194, 220
志高　　54
七野1号墓　　20, 124
篠ノ井・新幹線地点　　79, 123, 132
篠ノ井・聖川堤防地点　　108, 109, 123, 166
芝ヶ原　　69, 93, 126, 193, 195
清水井　　124, 133
下稲田H地区1号墓　　14
下谷地　　113
順庵原B　　73
順庵原1号墓　　4, 73, 133
庄・蔵本　　90, 119, 130
松月院境内　　105
上東　　75
成法寺　　39, 42
白鷺山　　93
城山　　126

志波屋六本松乙　　137, 147
新保　　75, 79, 112
新保田中村前　　112
新本立坂　　54, 120
陣山　　21, 54
須玖岡本　　1, 2, 3, 6, 14, 90, 119, 190, 197, 203, 204, 220
須倉城　　80
スダレ　　53
瀬名　　79, 80
袖高林　　164
園部黒田　　93

【た行】

高木　　53
高島　　154
高津尾　　93
高部30号墓　　25
高部32号墓　　25
駄坂舟隠　　90, 125, 133
田尻山1号墓　　54
龍川五条　　119
立石　　124
立岩堀田　　2, 90, 125, 130, 137, 147, 190, 195, 197, 219
楯築　　4, 9, 21, 25, 54, 57, 59, 63, 68, 72, 92, 115, 120, 123, 133, 138, 211, 230
田能　　21, 25, 27, 39, 41, 55, 74, 95, 101, 126, 127, 134
田端西台通　　108, 109
田和山　　235
茶ノ木ノ本　　137, 206, 207
仲仙寺　　17, 50, 100, 123
長平台　　112
土橋　　41
鶴尾神社4号墓　　93
鶴ヶ岡1号墳　　105
手島山　　79, 80
寺岡SX56　　17, 25, 54
天神　　235
土井ヶ浜　　3
東西里　　117, 201
トウトゴ山　　138
塔ノ首　　91, 126
藤和　　50
徳永川ノ上　　54, 206
常代　　23, 111, 113
豊島馬場　　105
都月坂2号墓　　3
殿山　　21
殿山38号墓　　54
友田　　125, 127, 139

豊谷1号墓　　90, 133
豊富谷丘陵　　93
頓田高見　　137, 147
土壇原Ⅵ　　92

【な行】
内場山　　55, 93, 139, 156
長瀬高浜　　119, 125, 130, 134, 139
中野美保　　15
中村　　114
奈具　　17, 25
梨ヶ谷　　138, 195
七社神社前　　109
七ツ塚　　19, 124, 150
波来浜　　139
新井三嶋谷1号墓　　15, 25, 49, 66, 72
西桂見　　25, 98, 100
西川津　　134
西上免SZ01　　23
西谷2号墓　　17, 98
西谷3号墓　　4, 9, 17, 25, 50, 53, 55, 57, 63, 66, 71, 72, 92, 98, 100, 114, 123, 139, 231
西谷4号墓　　17, 53, 98
西谷9号墓　　25, 53, 101
西野Ⅲ　　92, 138
西吉田　　91, 120
西早稲田3丁目　　109
入野中山　　80
根田第6号墳　　109
根塚　　108, 112, 152, 166
納所　　30
乃木山　　20, 55, 93, 139

【は行】
萩原1号墓　　93
廻間SZ01　　23
畑沢　　109, 133
服部3号墓　　139
原田　　192, 193, 195, 207
原目山　　3, 20, 27, 55, 93, 126, 139
春山B　　105
比恵　　3
東小田峯　　6, 14, 137, 192, 228
東奈良　　30, 40
東之宮　　194, 220
東武庫　　32, 40
樋尻道　　130
美生　　23
姫原西　　235
日吉ヶ丘SZ01　　17, 19, 25, 27, 54, 61, 63, 72, 73, 125, 133

日吉ヶ丘SZ02　　25, 63, 72
平尾2号墓　　138
平原　　2, 14, 53, 60, 66, 71, 124, 126, 130, 138, 156, 166, 206, 207
吹上　　137
布志名大谷Ⅲ　　101
布施鶴指奥　　43, 139
二塚山　　53, 95, 126, 130, 133, 138, 147, 156, 160, 162, 163, 204, 206, 207, 228
文脇　　109
弁財天池　　166
法貴寺　　42
ホケノ山　　193, 195
星丘西　　30, 40
細口源田山　　125, 127
堀部第1　　90, 119, 127, 139
本村東沖　　109, 123, 133

【ま行】
前田山　　93
前橋天神山　　194, 197, 204
曲川　　35, 40
松原1号墓　　98, 127
丸尾台　　138, 156
丸山東　　108
三河　　41
三雲南小路　　1, 6, 14, 25, 27, 90, 119, 189, 190, 197, 203, 204, 209, 220
三坂神社　　17, 55, 83, 91, 120, 126, 127, 130, 134, 138
みそのお　　21, 54, 163, 207
三津永田　　2, 91, 95, 138, 156, 217, 228, 233
南春日山1号墓　　19, 25
南栗ヶ塚　　30, 40
峯　　166
宮内　　17, 43, 53, 73, 97, 98, 114, 139
みやこ　　138, 156, 163, 207
宮之前　　21, 30, 41
宮山　　93
宮山Ⅳ号墓　　27, 50, 63, 69, 72, 73, 101, 139
宮脇　　124, 133
妙楽寺　　83, 139, 160, 164
向山　　113
妻木晩田・仙谷3号墓　　139
妻木晩田・洞ノ原　　80
妻木晩田・松尾頭1号墓　　101
向ヶ丘　　1
向神納里　　111, 120
向山B　　92, 139, 150, 164
宗祐池西　　21, 54
女男岩　　21
持田町3丁目　　90, 119, 130

門上谷1号墓　　17, 43, 98
門田・辻田　　137, 192, 195

【や行】

八尾南　　42
安永田　　137
矢谷MD1号墓　　54, 68
矢藤治山　　93
矢野　　123
山賀　　35, 37, 80
山下　　113
大和天神山　　194, 197, 204, 209
山中　　23
横田　　138, 147, 156, 167
吉武高木　　53, 90, 117, 125, 127, 130, 133, 189, 195, 197
吉武樋渡　　6, 14, 25, 137, 147
吉野ヶ里　　14, 25, 69, 74, 119
四ツ池　　30
四辻　　54, 91, 137
四辻峠　　21
寄居　　206

【わ行】

和田山9号墓　　156
鰐石　　119
ヲサル山　　109

〔韓　国〕

槐亭洞　　117, 201
下岱　　29, 56, 117, 142, 150, 156, 165, 167, 232
合松里　　117
下鳳里　　156
牛山里　　117
九政洞　　155
九鳳里　　201
漁隠洞　　201
玉城里　　29, 142, 150, 156
五林洞　　117
三東洞　　150
舍羅里　　117, 147, 156, 199, 201
松菊里　　117
上紫浦里　　117
清堂洞　　156, 165, 232
積良洞　　117
草浦里　　198
素素里　　117, 201
大谷里　　201
茶戸里　　56, 117, 142, 147
大坪里　　117

朝島　　167
朝陽洞　　117, 142, 147, 201
苧浦里　　138
徳川里　　116
南城里　　117, 201
八達洞　　142, 147, 156
坪里洞　　201
平呂洞　　117
鳳渓洞　　117
龍潭洞　　138, 150
良洞里　　29, 56, 117, 142, 147, 150, 165, 201, 218, 232
林堂　　147, 167
老圃洞　　142, 156

〔中　国〕

安陵　　178
渭陵　　178, 179
禹山2110号墓　　216
延陵　　178
義陵　　178, 179
侯家荘　　176, 182
洪家店　　185, 219
紅土山　　185, 186, 187, 203
康陵　　178, 179
后桜山　　185, 219
山城下磚廠36号墓　　216
七星山871号墓　　216
十二台営子　　201
小亀山　　185, 187
焼溝　　154, 187, 200
神居山1・2号墓　　181
西荒山屯　　201
石寨山　　221
石家荘　　180, 183
象崗　　183, 185, 187, 203
双乳山1号墓　　181, 185
象鼻嘴1号墓　　181, 183
大葆台1号墓　　181, 185
大葆台2号墓　　181
趙家堡子　　201
長沙　　187, 200, 219
長陵　　178, 214
鄭家窪子　　197, 200, 201, 202
鄭州商城　　175
陡壁山1号墓　　180
杜陵　　178
二里頭　　169, 175, 176
八角廊40号墓　　181
覇陵　　178
半坡　　85

平陵　　178
満城1号墓　　183, 185, 202, 203
満城2号墓　　183, 185, 202, 203
茂陵　　178, 179, 214
陽陵　　178, 182, 214, 224
李家山　　221

李家嘴　　176
老河深　　167, 187, 199, 200, 215, 216

〔ヴェトナム〕

ランヴァク　　221

## 墓制の展開にみる弥生社会

■著者略歴■
**会下和宏**（えげ・かずひろ）
1969年、島根県生まれ。
1992年、茨城大学人文学部卒業。
（財）京都市埋蔵文化財研究所、島根大学埋蔵文化財調査研究センター助手などを経て、
現在、島根大学学術情報機構ミュージアム准教授。博士（文学）。
〔主要著作〕
・「弥生時代の未成人埋葬」『日中交流の考古学』同成社、2007年。
・「弥生時代の鉄剣・鉄刀について」『日本考古学』第23号、2007年。
・「海況変遷と遺跡群③　宍道湖・中海」『縄文時代の考古学4』同成社、2010年。
・「墓域構成の変化、区画墓の展開」『弥生時代の考古学4』同成社、2011年。

2015年11月8日発行

著　者　会下和宏
発行者　山脇洋亮
印　刷　亜細亜印刷㈱
製　本　協栄製本㈱

発行所　東京都千代田区飯田橋4-4-8
　　　　（〒102-0072）東京中央ビル　㈱同成社
　　　　TEL 03-3239-1467　振替 00140-0-20618

Ⓒ Ege Kazuhiro 2015. Printed in Japan
ISBN978-4-88621-708-0 C3021